Les métamorphoses ou L'Âne d'or

1787

APULÉE

CONTENU

VOLUME I

Avis sur cette nouvelle édition

Toutes les éditions, soit latines, soit traduites en françois de l'Ane d'or d'Apulée, manquoient absolument. Le texte sur-tout étoit devenu très-rare. Celui qui passe pour le plus correct est accompagné des notes de Pricœus ; et, malgré la célébrité dont il jouit pour son exactitude, il y a des fautes considérables dont l'errata qui est à la fin, ne renferme que la plus petite partie. On a donc vérifié celui-ci sur tous ceux qui existent, et on se flatte d'être parvenu à sa parfaite correction.

Dans la traduction, on a suivi l'auteur le plus scrupuleusement qu'il a été possible, sans cependant s'asservir à le rendre mot à mot.

Cet ouvrage, rempli d'esprit et de peintures brillantes, est une satire continuelle des désordres dont les magiciens, les prêtres, les impudiques et les voleurs remplissoient le monde du temps d'Apulée. Outre ces, sujets qui sont très-divertissans, on y voit avec plaisir les mœurs et les coutumes des anciens, et le onzième livre contient des choses très-curieuses sur leur religion. Ceux qui cherchent la pierre philosophale prétendent que ces métamorphoses contiennent les mystères du grand-œuvre, ce qui paroît difficile à croire.

On auroit pu étendre les remarques qui sont à la fin de chaque livre ; mais on s'est borné à celles qui étoient absolument nécessaires. Pour donner une parfaite intelligence de cet auteur, j'ai cru devoir rapporter ici les différens jugemens portés par les biographes sur sa personne et sur son ouvrage.

Extrait du dictionnaire historique, par une société de gens de lettres par une Société de Gens de Lettres.

Luce Apulée naquit à Madaure, en Afrique, d'une famille distinguée, et fit ses études à Carthage, à Athènes et à Rome. Il dépensa presque tout son bien à faire des voyages pour satisfaire sa curiosité, et perfectionner sa philosophie. De retour de ses courses, il plaida à Rome pour échapper à la misère. Il épousa ensuite une riche veuve qui répara ses affaires. Les parens de sa femme l'accusèrent de s'être servi de la magie pour avoir son cœur et sa bourse, et d'avoir fait mourir Pontianus, fils de cette dame ; mais il se lava de cette double accusation devant Claudius Maximus, proconsul d'Afrique, par une Apologie que nous avons encore, et que S. Augustin appelle un discours éloquent et fleuri. Vous vous étonnez, dit-il à ses juges, qu'une femme se soit remariée après treize ans de viduité ! étonnez-vous plutôt qu'elle ait tant attendu ; vous croyez qu'il a fallu de la magie pour qu'une veuve de son âge épousât un jeune homme ! c'est cette jeunesse qui prouve que la magie étoit superflue. Le temps a épargné peu d'ouvrages d'Apulée, quoiqu'il en eût beaucoup composé en vers et en prose ; le plus connu de ceux que nous avons est sa Métamorphose ou l'Ane d'or en onze livres. C'est une fiction allégorique pleine de leçons de morale cachées sous des plaisanteries ingénieuses. On y distingue sur-tout l'épisode touchant des amours de Psyché et de Cupidon, imité et développé par La Fontaine, dans son roman de ce nom. Ses autres productions roulent sur la philosophie Platonicienne, que l'auteur avoit embrassée. Nous avons parlé de son apologie, et nous l'avons louée, quoiqu'on y trouve quelquefois les déclamations d'un réthoricien, et les fausses idées d'un philosophe superstitieux.

Apulée étoit d'une jolie figure, savant, homme d'esprit. On a observé cependant qu'avec toutes ces qualités, et l'art magique qu'on lui supposoit, il ne put jamais parvenir à aucune magistrature. Ce ne fut pas par indifférence philosophique ; car il se faisoit un honneur d'avoir un emploi de prêtre, qui lui donnoit l'intendance des jeux publics, et il disputa vivement contre ceux qui s'opposoient à l'érection d'une statue dont les habitans d'Oëa voulurent l'honorer. Il dit cependant quelque part, qu'il auroit acheté, au prix de son patrimoine, le mépris de ce patrimoine. Son cœur étoit généreux ; il soulagea les indigens ; il secourut ses amis ; il reconnut les soins de ses maîtres ; il dota leurs filles ; et sa libéralité fut cause en partie de l'indigence dans laquelle il fut réduit pendant quelque temps. L'impertinente crédulité des Payens attribua à notre Philosophe une foule de miracles qu'ils osèrent comparer à ceux de Jésus-Christ. Les éditions françoises de l'Ane d'or de 1623, 1631 et 1648 sont recherchées à cause des figures[1], &c. &c.

Note

1. Toutes ces mêmes figures ont été gravées de nouveau pour cette

présente édition ; en outre, pour la traduction, on l'a rétablie conforme à ces mêmes éditions où il n'y a pas eu de retranchemens, &c.

Extrait du dictionnaire de Moréry

Apulée (Lucius Saturantius Apuleius), philosophe Platonicien, natif de Madaure, ville d'Afrique, vivoit dans le iie siècle, sous l'empire d'Antonin et de Marc Aurèle. Il étoit fils de Thésée ; homme de naissance, et de Salvia, parente de Plutarque [1] et du philosophe Sentus. Après avoir étudié à Carthage, il alla à Athènes où il s'attacha à la doctrine de Platon ; et ensuite à Rome, où ayant goûté la jurisprudence, il devint célèbre avocat ; mais la philosophie avoit tant de charmes pour lui, qu'il la préféra à l'étude du droit. Il épousa une riche veuve nommée Pudentilla, qui étoit d'Oëa, ville que nos géographes modernes croient être Tripoli. Sicilius Æmilianus accusa Apulée, devant Claudius Maximus, proconsul d'Afrique, d'avoir fait mourir Pontianus, fils de Pudentilla, et de s'être servi de charmes magiques pour se faire aimer de cette dame. Apulée se défendit devant le proconsul, par une apologie que nous avons encore, et que S. Augustin appelle un discours très-éloquent et très-fleuri. Quoique, dans ce discours, il se lave du soupçon de magie, comme d'un crime, il paroît cependant d'ailleurs qu'il étoit grand magicien ; les Payens au moins l'ont tenu pour tel, et même quelques-uns ont osé comparer ses prétendus miracles à ceux de J.C. Il écrivit divers autres ouvrages, dont nous avons perdu une partie, que nous trouvons cités par différens auteurs. Ceux qui nous restent, sont les Métamorphoses ou l'Ane d'or, dont nous allons parler ; Liber de Mundo, de Dogmatâ Platonis, sive de Philosophiâ, Libri III. 1°. de Philosophiâ naturali, 2°. de Philosophiâ morali, 3°. de Syllogismo cathegorico, de Deo Socratis, liber ; Florida ; Apologia. Jean de Wouver a donné une édition des Œuvres d'Apulée. S. Augustin, lib. 8 de Civitate Dei, cap. 12. et 19. Photius, cod. 129. Scriverius, in Vitâ et edit. Apuleii. Saumaise, Scalig. Vossius, &c.

L'explication que M. Warburton donne de la Métamorphose de ce philosophe, nous a paru assez singulière pour en donner ici l'extrait. Attaché au paganisme jusqu'à la superstition, Apulée avoit été initié dans les mystères de presque tous les Dieux ; et dans quelques-uns, il en avoit rempli les fonctions les plus importantes : il le dit lui-même dans son Apologie, devant le proconsul d'Afrique. Il y parle aussi d'un discours sur la majesté d'Esculape, peu de jours après son arrivée à Oëa ; et l'on conjecture que ce discours étoit une invective contre contre le christianisme, ce qui étoit fort d'usage alors.

L'animosité commune à toute la secte d'Apulée contre le christianisme, et la superstition qui lui étoit particulière, furent soutenues et fortifiées par des motifs personnels. Il avoit épousé une riche veuve, contre le gré des parens de son premier mari, qui tachèrent de faire rompre son mariage, en l'accusant d'avoir suborné l'amour de cette femme par le moyen de la magie : il en fut accusé juridiquement devant le proconsul d'Afrique, par Licinius Emilianus, beau-frère de sa femme.

M. Warburton prétend que cet Emilianus étoit chrétien ; et les preuves ou les conjectures qu'il en apporte, tirées du caractère qu'Apulée donne lui-même d'Emilianus, paroissent plus que plausibles. Ainsi, conclut-il, l'aversion du philosophe contre son accusateur a dû contribuer à augmenter ses préventions contre les chrétiens, et son zèle pour le paganisme ; et c'est ce zèle qui lui a fait enfanter sa Métamorphose, qui n'est autre chose, selon l'auteur Anglois, qu'un traité ingénieux, écrit pour montrer l'utilité des mystères, et en recommander la pratique. Il est évident que cet ouvrage n'a été fait que depuis son accusation, puisque ses ennemis n'en ont fait aucun usage pour seconder leur attaque, et qu'ils avoient pu y trouver des traits favorables à leur dessein. Il faut se rappeller que les anciens regardoient l'initiation aux mystères, comme la délivrance d'un état de mort ou de vie, de brutalité ou de misère, et comme le commencement d'une vie nouvelle, d'une vie de vertu, de raison et de bon sens. C'est précisément par-là qu'Apulée s'est proposé de rendre les mystères recommandables. A examiner avec attention les particularités de son ouvrage, on reconnoît qu'il est écrit avec beaucoup d'art et de délicatesse, et que rien n'étoit plus propre que la fable dont il a fait choix pour répondre à son but. Le fondement de l'allégorie que présente cette fable est un conte Milésien, espèce de badinage qui étoit alors à la mode. L'usage qu'en fit Apulée fut de déguiser, sous l'appas du plaisir, des instructions sérieuses et utiles. Lucien a abrégé la même fable que le philosophe de Madaure a paraphrasée : et originairement elle n'est ni de l'un ni de l'autre ; elle est d'un certain Lucius de Patras, qui raconta lui-même sa métamorphose en âne, et ses aventures sous cette forme. C'est sur ce conte fameux et populaire qu'Apulée a construit son ouvrage ; la métamorphose qui en est la base convenant extrêmement à son sujet, puisque cette supposition est du ressort de la métempsycose, une des doctrines fondamentales des mystères.

Lucius commence son histoire par se représenter lui-même sous la forme d'un jeune homme qui a un amour immodéré pour les plaisirs, et une curiosité égale pour les arts de la magie. Les extravagances où ses passions l'entraînèrent, le métamorphosèrent bientôt en bête brute. Par ce début, Apulée insinue que la brutalité accompagne le vice, comme une punition qui en est inséparable ; et se conformant aux idées populaires, il représente ce châtiment sous celle d'une métamorphose réelle. En faisant intervenir la passion du jeune homme pour la magie, comme une des causes de sa métamorphose, il se justifie personnellement, et justifie en même-temps tous les mystères de l'accusation de magie ; puisqu'il paroît que celle-ci, loin d'être innocente, est accompagnée de châtimens les plus sévères ; et que, loin d'être soutenue par les mystères, ceux-ci étoient seuls capables de remédier aux suites que cet art attiroit à ceux qui l'exerçoient. Lucius, ou l'auteur, s'étant représenté réduit par ses vices à un état de brutalité, expose en détail les misères de cette condition ; il fait le récit de ses aventures, et raconte comment il est successivement tombé sous l'empire de toutes les passions et de tous les vices. Et, comme l'objet principal de cette pièce est de faire voir que la religion pure, c'est-à-dire celle que l'auteur estimoit telle, étoit le seul remède aux vices de l'homme, de crainte qu'on n'abusât de ce principe, il a soin d'avertir que l'attachement à une religion superstitieuse et corrompue, ne sert qu'à plonger ceux qui la suivent dans des misères encore plus grandes ; ce qu'il confirme par l'histoire de ce qui lui est arrivé avec les prêtres de Cybèle, qui étoient des mandians. Il raconte leurs infâmies dans le viiie et le ixe livre ; leurs mystères corrompus servent de contraste aux rits d'Isis, que l'auteur vante comme épurés, et dont la description et l'éloge finissent le récit de la fable.

Se plongeant de plus en plus dans la débauche, Lucius prêt à commettre tout ce qu'il y a de plus abominable, sent sa nature se révolter ; il abhorre l'idée du crime qu'il a projetté ; il s'échappe de ses gardiens ; il court vers le rivage de la mer ; et là, dans la solitude, il commence à réfléchir sérieusement sur l'état dont il est déchu, et sur celui où il est métamorphosé. La vue de son état l'oblige d'avoir recours aux cieux. L'éclat de la lune, et le silence de la nuit secondent les efforts de la religion sur son ame, et en augmentent les impressions : il se purifie sept fois de la manière prescrite par Pythagore ; il adresse ensuite sa prière à la Lune ou à Isis, l'invoquant par ses différens noms de Cérès Eleusienne, de Vénus céleste, de Diane et de Proserpine. Un doux sommeil assoupit ses sens : Isis lui apparoît en songe ; elle se montre à lui par une lumière éblouissante, semblable à celle qui, dans les mystères, représentoit l'image apparente de la divinité ; et le discours qu'elle lui tient répond exactement à l'idée que l'on y donnoit de la nature de Dieu, en quoi consistoit le grand secret de ces cérémonies sacrées. Elle lui apprend ensuite les moyens dont il se doit servir pour sa guérison. On célébroit le jour suivant une fête en son honneur, et il devoit y avoir une procession de ses adorateurs. Elle lui apprend donc que le prêtre qui devoit la conduire, tiendroit en ses mains une guirlande de roses qui auroient la vertu de lui rendre sa première forme ; mais, comme il est fort difficile de rompre l'habitude du vice, elle lui dit : ne craignez point qu'il y ait rien de difficile dans ce que je vous prescris ; car, dès que je viens à votre secours, et que je me présente à vous, j'ordonne au ministre sacré d'exécuter ce qui est nécessaire pour cette fin. Par où elle insinue ce que l'on enseignoit dans les mystères, que le secours du ciel étoit toujours prêt à seconder les efforts de ceux qui s'adonnoient à la vertu. Pour reconnoître la faveur qu'elle lui accorde, elle exige qu'il lui consacre tout le reste de sa vie : elle lui promet une vie heureuse et glorieuse en ce monde, et qu'après elle le recevra dans les champs élisées. C'étoit aussi ce que l'on exigeoit des initiés, et ce qu'on leur promettoit. Lucius se trouve alors confirmé dans la résolution d'embrasser une vie vertueuse. La procession en l'honneur d'Isis commence ; le prêtre conduit les initiés, une guirlande de roses entre les mains. Lucius s'approche, dévore les roses, et, suivant la promesse de la Déesse, il reprend la forme humaine. Cette guirlande représente celle dont les initiés étoient couronnés, et la vertu des roses figure celle des mystères. Dès qu'il a recouvré la forme humaine, comme il se trouvoit nud, le prêtre le couvre d'une toile. C'étoit l'usage de donner à ceux qui aspiroient à l'initiation, une robe faite de lin. Le prêtre dit ensuite à Lucius : après avoir essuyé beaucoup de travaux, de vicissitudes, de tempêtes, vous êtes enfin arrivé au port de la paix, et à l'autel de la miséricorde. La naissance, les dignités, la science vous ont été inutiles ; entraîné par vos passions, vous avez remporté le prix fatal d'une malheureuse curiosité ; mais la fortune aveugle, après vous avoir conduit dans les plus dangereux écueils, vous a engagé par l'indiscrétion de ses propres excès, à embrasser ces usages religieux. Qu'elle sévisse à présent, qu'elle exhale toutes ses fureurs, qu'elle cherche d'autre sujet pour exercer ses cruautés, l'infortune ne peut se faire sentir à ceux dont la majesté de notre Déesse s'est approprié les services.... Prenez un visage riant, convenable à la blancheur des habits dont vous êtes revêtu. Accompagnez d'un pas nouveau la pompe de la déesse Isis, source de salut. Que les impies ouvrent les yeux, qu'ils voient et reconnoissent leur erreur. Dégagé de ses anciennes peines, Lucius triomphe de sa fortune par la providence de la grande Isis.

Ce passage développe le sens de l'allégorie, en montre la morale, et prouve le but de l'ouvrage d'Apulée. Le prêtre prend occasion des bienfaits que Lucius a reçus, pour l'inviter à entrer dans les mystères d'Isis : en conséquence il est initié, et la description qu'Apulée donne de cette cérémonie, est précisément celle qui s'observoit à l'initiation. Celle-ci étant finie, Lucius adresse sa prière à Isis dans des termes qui répondent au grand secret des mystères, lequel on exigeoit des initiés. Après cela, l'auteur, conformément à ses sentimens et à sa pratique, recommande la multiplicité des initiations.

L'examen de toutes ces circonstances ne permet pas de douter, conclut M. Watburton, que le véritable dessein d'Apulée n'ait été de recommander l'initiation aux mystères, en opposition à la religion chrétienne qui s'introduisoit par-tout. La catastrophe de la pièce, l'onzième livre entier ne roule que sur ce sujet, qui se trouve traité avec toute la gravité et le sérieux que l'on pouvoit attendre d'un auteur sincère et rempli de la plus grande superstition. Voyez les dissertations sur l'union de la religion, de la morale et de la politique, tirées d'un ouvrage (anglois) de M. Warburton, et mis en françois par M. Silhouette, tom. I, Dissertation VII.

Extrait du dictionnaire historique et critique de Bayle

Apulée (Lucius), en latin, Apulejus, philosophe Platonicien, connu de tout le monde par le fameux ouvrage de l'Ane d'or, a vécu au deuxième siècle, sous les Antonins[1].

Il étoit de Madaure[2], colonie romaine dans l'Afrique, sa famille étoit considérable[3] ; il fut bien élevé, il étoit bien fait de sa personne, il avoit de l'esprit, il devint savant ; mais il se rendit suspect de magie, et cette mauvaise réputation fait beaucoup de tort encore aujourd'hui à sa mémoire. Il étudia premièrement à Carthage, puis à Athènes, ensuite à Rome[4] où il apprit la langue latine sans le secours de qui que ce fût. Une insatiable curiosité de tout savoir, l'engagea à faire divers voyages, et à s'enrôler dans diverses confréries de religion[5]. Il vouloit voir le fond de leurs prétendus mystères, et c'est pour cela qu'il demandoit à y être initié. Il dépensa presque tout son bien dans ces voyages[6], de sorte qu'étant retourné à Rome, et se voulant consacrer au service d'Osiris, il n'avoit pas assez d'argent pour soutenir la dépense, à quoi l'exposoient les cérémonies de la réception. Il engagea jusqu'à son habit pour faire la somme nécessaire ; après quoi, il gagna sa vie à plaider des causes ; et, comme il étoit assez éloquent et assez subtil, les procès, et même les grands procès ne lui manquoient pas (Apul. Mét. lib. xi.). Mais il se mit encore plus à son aise par le moyen d'un bon mariage, que par le moyen de la plaidoirie. Une veuve[7] nommée Pudentilla, qui n'étoit ni jeune, ni belle, mais qui avoit besoin d'un mari, et beaucoup de biens, le trouva fort à son goût. Il ne fit point le renchéri : il ne se soucia point de réserver sa bonne mine, sa propreté[8], son esprit et son éloquence pour quelque jeune tendron ; il épouse de bon cœur la riche veuve, dans une maison de campagne, auprès d'Oëa, ville maritime d'Afrique. Ce mariage lui attira un fâcheux procès : les parens des deux fils de cette dame prétendirent qu'il s'étoit servi de sortilèges pour s'emparer de son cœur et de son argent[9]. Ils le déférèrent comme un magicien (l'accusateur s'appelloit Sicinius Emilianus ; il étoit frère du premier mari de Pudentilla), non pas devant des juges chrétiens, ainsi qu'un commentateur prétend que S. Augustin l'assure ; mais devant Claudius Maximus, proconsul d'Afrique, et payen de religion. Il se défendit avec beaucoup de vigueur ; nous avons l'apologie qu'il prononça devant les juges : c'est une très belle pièce ; on y voit des exemples des plus honteux artifices que la mauvaise foi d'un impudent calomniateur soit capable de mettre en jeu[10]. On a observé qu'Apulée, avec tout son art magique, ne put jamais parvenir à aucune magistrature, quoiqu'il fût de bonne maison, qu'il eût été fort bien élevé, et que son éloquence fût fort estimée. Ce n'est point par un mépris philosophique, poursuivit-il, qu'il a vécu hors des emplois politiques ; car il se faisoit honneur d'avoir une charge de prêtre, qui lui. donnoit l'intendance des jeux publics, et il disputa vivement contre ceux qui s'opposoient à l'érection d'une statue, dont les habitans d'Oëa le voulurent honorer (S. Augustin, epist. 5.). Rien ne montre plus sensiblement l'impertinente crédulité des Payens, que d'avoir dit qu'Apulée avoit fait un si grand nombre de miracles[11], qu'ils égaloient ou même qu'ils surpassoient ceux de Jésus Christ. Il y eut sans doute bien des gens qui prirent pour une histoire véritable tout ce qu'il raconte dans son Ane d'or. Je m'étonne que S. Augustin ait été flottant sur cela (Aug. de Civit. Dei, lib. 18.), et qu'il n'ait pas certainement su qu'Apulée n'avoit donné ce livre que comme un roman (Apul. in Prolog. Asini aureï). Il n'en étoit pas l'inventeur, la chose venoit de plus loin, comme Moréry l'a entrevu[12] dans les paroles de Vossius, qu'il n'a pas bien entendues. Quelques payens ont parlé de ce roman avec mépris[13]. Apulée avoit été extrêmement laborieux[14]. Il avoit composé plusieurs livres[15], les uns en vers, les autres en prose, dont il n'y a qu'une partie qui ait résisté aux injures du temps. Il se plaisoit à déclamer, et il le faisoit avec l'applaudissement de tout l'auditoire. Lorsqu'il se fit ouïr à Oëa, les auditeurs s'écrièrent tout d'une voix, qu'il lui falloit conférer l'honneur de la bourgeoisie (Apul. Apol.). Ceux de Carthage l'écoutèrent favorablement, et lui érigèrent une statue (Id. Florid.) : plusieurs autres villes lui firent le même honneur (Ibid.). On dit que sa femme lui tenoit la chandelle pendant qu'il étudioit ; mais je ne crois pas qu'il faille prendre cela au pied de la lettre : c'est apparemment une figure de l'éloquence gauloise de Sidonius Apollinaris, Legentibus meditantibusque candelas et candelabra tenuerunt (Apol. Sid. epist. x, lib. 2.) : plusieurs critiques ont publié des notes sur Apulée[16]. Je ne sache point qu'on ait d'autres traductions françoises de l'Ane d'or qu'en vieux gaulois[17] : on a raison de prendre ce livre pour une satire continuelle des désordres dont les magiciens, les prêtres, les impudiques, les voleurs, &c. remplissoient alors le monde[18] s'en voudroit donner la peine, et qui auroit la capacité requise (il faudroit qu'il en eût beaucoup), pourroit faire sur ce roman un commentaire fort curieux et instructif, et où l'on apprendroit bien des choses que les commentateurs précédens, quelques bons qu'ils puissent être d'ailleurs, n'ont point dites. Il y a quelques endroits fort sales dans ce livre d'Apulée. On croit que l'auteur y a mis quelques épisodes de son invention, et entre autres celui de Psiché. Horum certè noster ita imitator fuit, ut è suo sinu innumerabilia protulerit, atque inter cætera venustissimum illud Psyches [texte grec] (Julius Florid. comment. ad usum Delphini in Apuleium.). Cet épisode a fourni la matière d'une excellente pièce de théâtre de Molière, et d'un fort joli roman à La Fontaine.

Done
1. Et non pas sous Domitien, avec Apollonius de Tyane, comme l'assure Anastase de Nicée, Quæstione xxiii, in scripturam. Pierre Pithon, rejettant bien loin ceux qui disent qu'Apulée a vécu après Théodose, prouve qu'il a vécu environ le temps d'Antonin Pius et après. Ce sentiment est appuyé sur

de si bonnes raisons, que je ne vois personne qui ne l'embrasse. Il est manifeste qu'un Scipion Orsitus, qu'un Lollianus Avitus, qu'un Claudius Maximus, qu'un Lollius Urbicius, desquels Apulée parle comme de personnes vivantes, ont vécu sous les Antonins. Le père Noris critique mal Elmenhorst : il lui impute d'avoir avoué son ignorance sur le temps auquel Apulée a vécu, et il lui montre deux passages de l'Apologie d'Apulée, dans l'un desquels Antonin n'est point qualifié Divus, et dont l'autre fait mention du proconsul Lollianus Avitus, qui fut consul l'an 144. L'absence de Divus est une assez bonne preuve qu'Antonin vivoit encore. Le père Noris n'auroit pas tort, si celui qu'il a critiqué n'avoit point dit ce que l'on va lire. Quo anno natus (Apuleius), non liquido liquet. Verisimiliter tamen possumus adserere eum temporibus Antonini Pii Divorumque fratrum vixisse. Meminit enim Lolliani Aviti, Lollii Urbicii Pudentis, et Scipionis Orphiti Coss. qui sub Antonino præcipuè floruerunt summis macti honoribus ut constat ex l. 3, ff. de his qui testamentis, &c. et l. 3, ff. de Decurion. Le passage où Antonin n'est point qualifiéDivus, contient les reproches qu'Apulée fait au fils de sa femme, sur ce qu'il produisoit des lettres d'amour de sa mère, Hucusque à vobis miserum istum puerum depravatum, ut matris suæ epistolas, quas putat amatorias, pro tribunali proconsulis, recitet apud virum sanctissimum Claudium Maximum, ante has Imperatoris Pii statuas filius matris suæ pudenda exprobret stupra, et amores objectet. Jonsius se trompe doublement, lorsque, pour prouver qu'Apulée a vécu au temps que je lui assigne, il dit que ce philosophe donne à Antonin Pius l'éloge de Divus ; le fait est faux, et la conséquence que l'on en tire est nulle.

2. Cette ville qui avoit appartenu à Syphax, fut donnée à Massinissa par les Romains. Neque hoc eo dixi, quo me patriæ meæ pæniteret, etsi adhuc oppidum Syphacis essemus : quo tamen victo, ad Masinissam regem concessimus, munere populi Romani, ac deinceps veteranorum militum novo conditu, splendidissima colonia sumus. (Apul. Apologia.) Peu auparavant, il avoit dit qu'il n'avoit point de honte de participer, comme Cyrus, à deux nations différentes : De patriâ meâ verò quod eam sitam Numidiæ et Gætuliæ in ipso confinio meis scriptis ostendisti, quibus memet professus sum...... Seminumidam et Semigætulum, non video quid sit in ea re pudendum, haud minùs quàm Cyro majori quod genere mixto fuit, Semimedus ac Semipersa. Un certain homme qui se voulut ériger en censeur général vers la fin du xvie siecle, nous tombe ici entre les mains. Après avoir dit que Lucien, sous la forme prétendue d'un âne, enseigne mille impudicités, il ajoute, Apuleius hunc imitatus,ut vir Græcus se latinè nescivisse ingenuè confessus, in Asino aureo planè rudit (Claudius Verderius). Premièrement, il n'est pas vrai qu'Apulée avoue qu'il n'entend point le latin ; il dit seulement, 1°. qu'il l'ignoroit la première fois qu'il vint à Rome ; 2°. qu'il l'apprit sans maître. En second lieu, il n'est peint vrai qu'il

fut Grec. Madaure étoit une colonie Romaine : et, lorsqu'il se veut justifier par l'exemple des autres poëtes, il cite les Grecs comme étrangers, et les Latins comme ses compatriotes. Fecere tamen et alii talia, et.... apud Græcos Tejus quidam..... Apud nos verò Ædituus, et Portius et Catulus (Apuleii Apol.). Ce qu'il y a de vrai, c'est que la langue latine n'étoit pas commune à Madaure. Apulée, fils d'un des premiers magistrats, n'y entendoit rien quand il vint à Rome. Le fils de Pudentilla, sa femme, n'entendoit que le punique, et un peu de grec, que sa mère, originaire de Thessalie, lui avoit appris.loquitur nunquam nisi punicè, et si quid adhuc à matre græcissat : latinè enim neque vult, neque potest (ibid.).

3. Son père se nommoit Thésée : on ne le sait que par ces paroles : Si contentus lare parvulo, Thesei illius cognominis patris tui virtutes æmulaveris (Apul. Metam. lib. 1.). Il avoit exercé à Madaure la charge de Duumvir. C'étoit la première dignité d'une colonie. In quâ coloniâ patrem habui loco principe Duumviralem cunctis honoribus perfunctum (Idem. Apul.). Sa mère nommée Salvia étoit originaire de Thessalie, et descendoit de la famille de Plutarque. Il le dit lui-même, dès le commencement de son roman. S. Augustin a reconnu qu'Apulée étoit de bonne maison : c'est dans sa ve lettre. Voyez la 5e note ci-après.

4. On ne trouveroit point cette gradation, si l'on s'arrêtoit au prologue de son roman, puisqu'il n'y parle point de Carthage. Il se contente de dire que ses premières études ont été celles de la langue grecque dans la Grèce, et qu'après cela, il vint à Rome où il étudia le latin, sans le secours d'aucun maître. Ibi linguam Attidem primis pueritiæ stipendiis merui, mox in urbe latia advena studiorum Quiritium indigenam sermonem ærumnabili labore, nullo magistro præeunte, aggressus excolui. Cette narration est trompeuse : elle n'est rien moins qu'exacte : il la faut rectifier par d'autres passages d'Apulée. Se faut-il étonner qu'un autre raconte mal les actions d'autrui ? ne raconte-t-il pas quelquefois les siennes bien confusément ? voici ces autres passages de notre auteur. Il dit aux Carthaginois qu'il a étudié dans son enfance chez eux, et qu'il a même commencé d'y embrasser la secte Platonicienne. Sum vobis nec lare alienum, nec pueritiâ invisitatus, nec magistris peregrinus, nec secta incognitus..... Enimverò, et pueritiâ apud vos, et magistri vos ; et secta, licet Athenis Atticis confirmata, tamen hic inchoata est (Apul. Florid.) : à quoi il ajoute, Hanc ego vobis mercedem, Carthagenienses, ubique gentium dependo, pro disciplinis quas in pueritiâ sum apud vos adeptus. Ubique enim me vestræ civitatis alumnum fero (Ibid.). Quelques pages après, il fait un dénombrement des sciences qu'il étudia dans Athênes. Prima cratera litteratoris ruditatem eximit : secunda grammatici doctrinâ instruit : tertia rethoris eloquentiâ armat. Hactenus à plerisque potatur. Ego et alias crateras Athenis bibi : Poeticæ commentam, Geometricæ limpidam, Musicæ dulcem, Dialecticæ austerulam, enim vero universæ Philosophiæ inexplebilem, scilicet nectaream (Ibid.). Quelques-uns

veulent qu'il ait étudié dans la Grèce en deux différens temps ; d'abord, avant que d'étudier à Carthage, et puis, lorsqu'il eut étudié dans cette ville. Ils ne parlent point de Rome : ils prétendent que ce fut à Carthage qu'il apprit la langue latine (Tillemont, Hist. des Emp. tom. II.). Ce dernier fait est visiblement démenti par le prologue de l'Âne d'or.

5. Il se fait dire ces paroles dans le IIIe liv. de l'Ane d'or. *Paveo et formido solidè domus hujus operta detegere, et arcana dominæ meæ revelare secreta. Sed melius de te doctrinaque tua præsumo, qui præter generosam natalium dignitatem, præter sublime ingenium, sacris pluribus initiatus, profecto nosti sanctam silentii fidem* (Apul. Metam.). Il finit son roman par le narré de son entrée dans la religion d'Osiris. Ce fut à Rome, que cet honneur lui arriva. Il ne fut gueres parmi le commun des initiés ; il monta bientôt aux premiers grades. *Denique per dies admodum pauculos, Deus Deorum magnorum potior, et majorum summus, et summorum maximus, et maximorum regnator Osiris non in alienam quampiam personam reformatus, sed coram illo suo venerando me dignatus afflamine, per quietem præcipere visus est.... Ac ne sacris suis gregi cætero permixtus deservirem, in collegium me Pastophororum suorum, imo inter ipsos decurionum quinquennales elegit.* Avant que de venir à Rome, il avoit été initié aux mystères d'Isis : ce furent les prémices de son humanité recouvrée. Il mêle dans la description de ces sortes de cérémonies plusieurs nobles sentimens, et qui ne sont dignes que de la vraie religion. Tel est, par exemple, celui-ci. *Te jam nunc obsequio religionis nostræ dedica, et ministerii jugum subi voluntarium, nam cum cœperis Deæ servire tunc magis senties fractum tuæ libertatis* (Apul. Metam.). Ceux qui l'accusèrent de magie, lui objectèrent, entre autres choses, qu'il conservoit, je ne sais quoi dans un mouchoir, avec une singulière superstition. Voici ce qu'il répondit : *Vindicam cujusmodi illas res in sudario obvolutas laribus Pontiani commendarim ? Mos sibi geretur. Sacrorum pleraque initia in Græcia participavi. Eorum quædam signa et monumenta tradita mihi à sacerdotibus sedulo conservo. Nihil insolitum, nihil incognitum dico. Vel unius liberi patris symmistæ, qui adestis, scitis quid domi conditum celetis, et absque omnibus profanis tacitè veneremini. At ego, ut dixi, multijuga sacra, et plurimos ritus, varias cerimonias, studio veri et officio erga Deos didici. Nec hoc ad tempus compono, sed adhinc fermè triennium est, cum primis diebus quibus Oeam veneram, publicè disserens de Æsculapii majestate, eadem ista prae me tuli, et quot sacra nossem percensui. Ea disputatio celebratissima est, vulgo legitur, in omnium manibus versatur...... Etiamne cuiquam mirum videri potest, cui sit ulla memoria religionis hominum tot mysteriis Deorum conscium, quædam sacrorum crepundia domi adservare, atque ea lineo texto involvere, quod purissimum est rebus divinis velamentum* (Idem. Apol.). Il est probable que, si Apulée étoit magicien, son crime étoit incomparablement moindre que celui des

magiciens d'aujourd'hui, parce qu'il ne savoit pas qu'il n'y eût que de mauvais génies qui s'attachassent à faire certaines choses à la présence de certaines cérémonies. Il croyoit, avec les Platoniciens, que de bons génies pouvoient aussi faire cela (S. August. Cit. de Dieu, liv. 8, chap. 19.). J'ai cité, dans le texte de cet article, S. Augustin qui témoigne qu'Apulée avoit une dignité de religion, qui lui donnoit l'intendance des combats des gladiateurs. Sacerdos provinciæ pro magno fuit, ut munera ederet venatoresque vestiret (August. Epist. 5.). Enfin je trouve que notre auteur s'étoit consacré au culte d'Esculape, l'une des principales divinités des Carthaginois, et qu'il avoit même une dignité dans ce collège. Principium mihi apud vestras aureis auspiratissimum ab Æsculapio Deo capiam, qui arcem vestræ Carthaginis indubitabile numine propitius respicit. Ejus Dei hymnum græco et latino carmine vobis sic canam, jam illi à me dedicatum. Sum enim non enim non ignotus illius Sacricola, nec recens cultor, nec ingratus Antistes (Apul. Florid.).

6. Ce ne fut point la seule cause de la pauvreté où il tomba ; il fit des dépenses beaucoup plus louables : il s'en vanta du moins, lorsqu'il répondit au reproche qu'on lui avoit fait de sa misère. Ad istum modum desponsus sacris, sumptuum temeritate contra votum meum retardabar : nam et viriculas patrimonii peregrinationis attriverant impensè (Apul. Metam. lib. xi.). C'est ainsi qu'il parle, en représentant l'embarras où il se trouvoit à Rome, au sujet de sa vocation à la confrérie d'Osiris. Il étoit hypothéqué à cette mystérieuse congrégation, les promesses étoient données ; mais, comme on n'a jamais rien fait pour rien, il falloir payer quelque chose pour les cérémonies inaugurales, et il n'avoit pas de quoi fournir à cette dépense ; il fallut, pour ainsi dire, qu'il vendît jusqu'à sa chemise : la divinité qui le pressoit, ne lui indiqua point d'autre ressource. Jamque sæpiculè non sine magna turbatione stimulatus postremo jussus veste ipsa mea quamvis parvula distracta sufficientem corrasi summulam, et idipsum præceptum fuerat specialiter. Ad tu, inquit, si quam rem voluptati struendæ moliieris laciniis tuis nequaquam parceres, nunc tantas cerimonias aditurus impœnitendæ te pauperiei contaris committere (Apul. Metam. lib. xi.). Alors il n'attribuoit son indigence qu'aux frais de ses voyages ; mais, dans l'autre rencontre dont j'ai parlé, il dit qu'il avoit dépensé beaucoup à faire de bonnes œuvres, à secourir ses amis, à reconnoître les soins de ceux qui l'avoient instruit, à doter les filles de quelques-uns d'eux. Il ajoûte qu'il n'avoit pas fait difficulté d'acheter, au prix de son patrimoine, le mépris de son patrimoine : mépris qui est un bien plus considérable que le patrimoine même. C'est parler en philosophe cela. Si tamen nescis, c'est ainsi qu'il adresse la parole à son délateur (Apul. Apol.), profiteor mihi ac fratri meo relictam à patre H-S. vicies, paulò secus ; idque à me longa peregrinatione et diutinis studiis, et crebris liberalitatibus modicè imminutum. Nam et amicorum plerisque opem tuli, et magistris plurimis gratiam retuli,

quorumdam etiam filias dote auxi. Neque enim dubitassem equidem, vel universum patrimonium impendere, ut adquirerem mihi quod majus ut, contemptum patrimonii. Il avoit fait des réflexions très-solides et très-morales sur la pauvreté (Apul. Apol.).

7. L'accusateur d'Apulée la soutenoit âgée de 60 ans (ibid.) : il avoit son but, il croyoit prouver par-là que la passion qu'elle avoit conçue pour l'accusé n'étoit point naturelle, mais l'effet de quelque charme magique. Apulée fit voir qu'elle n'avoir gueres plus de 40 ans ; et que, si elle en avoit passé près de 14 dans l'état de veuve, ce n'avoit nullement été par aversion pour le mariage, mais à cause des oppositions de son beau-père : qu'enfin cet état de continence lui avoit ruiné la santé, jusques-là que les médecins et les sages-femmes s'accordèrent à dire qu'il n'y avoit point de meilleur remède aux suffocations qui la tourmentoient que le mariage (ibid.). Une femme, à qui l'on dit cela, et qui n'a gueres de temps à perdre, si elle veut mettre à profit ce qui lui reste d'années de fécondité, n'a nul besoin d'être contrainte par la force des sortilèges à se choisir un époux. Ce fut le raisonnement d'Apulée, et il a beaucoup de force. Eo scrupulo liberata, cum à principibus viris in matrimonium peteretur, accrevit sibi diutius in viduitate non permanendum. Quippè ut solitudinis tædium perpeti posset ; tamen ægritudinem corporis ferre non poterat. Mulier sancte pudica, tot annis viduitatis sine culpâ, sine fabulâ absuetudine conjugis torpens, et diutino situ viscerum saucia, vitiatis infimis uteri, sæpè ad extremum vitæ discrimen doloribus obortis examinabatur. Medici cum obstetricibus consentiebant, penuria matrimonii morbum quæsitum. Malum indies augeri, ægritudinem ingravescere : dùm ætatis aliquid supersit, nuptiis valetudinem medicandam (Apul. Apol.). C'est un malheur pour une femme, que certains procès où il faut dire cent choses en pleine audience, qu'on aimeroit mieux cacher, soit que l'infirmité naturelle y ait plus de part que l'infirmité morale, soit qu'elle y ait moins de part (voyez la note 9.). Sans ce procès, Apulée se fût bien gardé d'indiquer la cause des maux dont Pudentilla avoit été tourmentée pendant son veuvage. Elle y trouvoit néanmoins quelque petite douceur ; car, puisqu'elle avoit tant souffert, c'étoit une marque qu'elle ne s'étoit point servi du souverain remede. On n'allégua point aux juges cette conséquence ; mais on assura que cette veuve avoit vécu chastement, et qu'il n'avoit couru d'elle aucun mauvais bruit. Revenant à son âge, je dis qu'Apulée étoit sans doute plus jeune qu'elle ; car elle avoit un fils qui avoit été à Athênes le camarade d'Apulée (Apul. Apolog.), mais j'ajoute qu'il ne l'épousa pas sans espérance d'en avoir des enfans. Il le témoigne, lorsqu'il répond au reproche qu'on lui faisoit de s'être allé marier à la campagne. Après avoir répondu qu'on avoit pris ce parti afin d'éviter les frais que les nôces leur auroit coûté dans la ville, il ajoute que la campagne est un poste beaucoup plus favorable que la ville, en matière de fécondité, et que se coucher sur l'herbe, et à l'ombre des ormeaux et au milieu d'une infinité de

productions qui naissent du sein fertile de la terre, ne peut qu'apporter bonheur à de nouveaux mariés qui veulent avoir des enfans. Il eût bien fait de garder cette pensée pour ses Florida, je veux dire pour ces déclamations de réthoricien, où il lâche la bride à toutes les fausses pensées de son imagination. Cet endroit gâte son Apologie : il n'est digne, ni des juges à qui il parloit, ni de la cause qu'il plaidoit. Immo si verum velis, uxor ad prolem multo auspicacius in villa quam in oppido ducitur : in solo uberi, quam in loco sterili : in agri cespite, quam in fori silice : mater futura in ipso materno si nubat sinu, in segete adulta super fæcundam glebam. Vel enim sub ulmo marita cubet in ipso gremio terræ matris inter soboles herbarum, et propagines vitium, et arborum germina (Apul. Apol.). On verra ci-après, note 9, qu'on déclara en pleine audience, que Pudentilla n'étoit point belle, et que son contrat de mariage contenoit des clauses qui supposoient qu'elle étoit encore en âge d'avoir des enfans.

8. Voici quelques parties de son portrait. At illa obtusum in me conversa, en, inquit, sanctissimæ Salviæ matris generosa proles, sed et cætera corporis inexplicabiliter ad regulam congruentia, inenormis proceritas, succulenta gracilitas, rubor temperatus ; flavum et inaffectatum capillitium ; oculi cæsii quidem, sed vigiles, et in aspectu micantes prorsus aquilino, quoquò versum floridi : speciosus et immeditatus incessus (Metam. lib. xi.). Ses accusateurs lui reprochèrent sa beauté (Apolog.), ses beaux cheveux, ses belles dents, son miroir. Sur les deux premiers chefs, il répondit qu'il étoit fâché que l'accusation fût fausse. Quod utinam tàm graviæ formæ et facundiæ crimina verè mihi approbrasset ! non difficilè ei respondissem quod Homericus Alexander Hectori :

Munera Deum gloriosissima nequaquam aspernanda :

Quæ tamen ab ipsis tribui sueta, multis volentibus non obtingunt.

Hæc ego de formâ respondissem. Præterea, licere etiam philosophum esse vultu liberali. Pythagoram, qui primum sese philosophum nuncuparit, eum sui sæculi excellentissima forma fuisse : item Zenonem..... sed hæc defensio, ut dixi, aliquam multum à me remota est : cui, præter formæ mediocritatem, continuatio etiam litterati laboris omnem gratiam corpore deterget, habitudinem tenuat, succum exorbet, colorem oblitterat, vigorem debilitat. Capillus ipse, quem isti aperto mendacio ad lenocinium decoris promissum dixere, vides quàm non sit amœnus ac delicatus, horrore implexus atque impeditus ; stuppeo tomento assimilis, et inæqualiter hirtus, et globosus, et congestus : prorsus inenodabilis diutina incuria, non modò comendi, sed saltem expediendi et discriminandi (Apolog.). A l'égard du troisième chef, il ne se défendit point d'avoir envoyé à un ami une poudre qui étoit propre à bien nettoyer les dents, et d'y avoir joint des vers qui contenoient une description exacte des effets de cette poudre : il soutint que tout le monde, et principalement ceux qui parloient en public, devoient avoir un soin tout particulier de tenir nette leur bouche. Il eut là un beau champ pour rendre bonne sa cause, et pour tourner en ridicule son adversaire, quoi qu'apparemment il eût donné lieu à la critique, par une trop grande affectation de se distinguer des autres savans. Voilà comment certaines causes sont aisées à défendre, encore qu'on ait un peu de tort. *Vidi ego dudum* (répondit-il, Apol.), *vix risum quosdam tenenteis, cum mundicias oris videlicet orator ille aspere accusaret, et dentifricium tanta indignatione pronuntiaret, quanta nemo quisquam venenum. Quidni ? crimen haud contemnendum philosopho, nihil in se sordidum sinere, nihil uspiam corporis apertum, immundum pati ac fœtulentum ; præsertim os, cujus in propatulo et conspicuo usus homini creberrimus ; sive ? cuipiam osculum ferat, seu cum cuiquam sermocinetur, sive in auditorio dissertet, sive in templo preces alleget. Omnem quippe hominis actum sermo præit : qui, ut ait poeta præcipuus, è dentium muro proficiscitur.* Faisons le même jugement de la dernière accusation. Ce n'est pas un crime à un docteur, dans quelque faculté que ce soit, d'avoir un miroir : mais, s'il le consultoit trop, quand il s'habille, on l'en pourroit critiquer fort justement. Dans le temps d'Apulée, la morale étoit beaucoup plus rigide qu'aujourd'hui, par rapport à l'extérieur ; car il n'ose point convenir qu'il se serve de son miroir. Il soutient qu'il le pourroit faire, et il le prouve par plusieurs raisons philosophiques qui, pour dire la vérité, sont beaucoup plus ingénieuses, que judicieusement placées ; mais il nie qu'il consulte son miroir. *Sequitur de speculo longa illa et censoria oratio, de quo pro rei atrocitate pænè diruptus est Pudens, clamitans, habet speculum philosophus, possidet speculum philosophus. Ut igitur habere concedam, ne aliquid objecisse te credas, si negaro, non tamen ex eo me accipi necesse est exornari quoque ad speculum solere..... Plurimis rebus possessu careo, usu fruor : quod si neque habere utendi argumentum est, neque non utendi non habere, et speculi non tam possessio culpatur quam inspectio, illud etiam doceat necesse est quando et quibus præsentibus in speculum inspexerim, quoniam, ut res est, majus piaculum decernis speculum philosopho, quam Cereris mundum profano videre* (Apolog.). Voyez l'invective de Juvenal (Sat. 2, vers. 99.) contre l'empereur Othon, qui comptoit son miroir pour l'une des principales pièces de son équipage de guerre :

Ille tenet speculum pathici gestamen Othonis,
Actoris Aurunci spolium : quo se ille videbat
Armatum, cum jam tolli vexilla juberet,
Res memoranda novis annalibus atque recenti
Historia, speculum civilis sarcina belli.

Au reste, il me semble, (je n'ose néanmoins l'affirmer,) qu'Apulée avoit en vue son procès, lorsqu'il décrivit dans l'une de ses harangues celui d'Apollon et de Marsyas. Il suppose que Marsyas débuta par louer ses cheveux entortillés, sa barbe affreuse, sa poitrine velue ; et par reprocher à Apollon une propreté extrême : *Marsias, quod stultitiæ maximum specimen* est, non intelligens se deridiculo haberi, priusquam tibias occiparet inflare prius de se et Apolline quædam deliramenta barbarè effutivit : laudans sese quod erat et coma relicinus, et barba squallidus, et pectore hirsutus, et arte tibicen, et fortuna egenus, contrà Apollinem, ridiculum dictu adversis virtutibus culpabat. Quod Apollo esset et coma intonsus, et genis gratus, et corpore glabellus, et arte multiscius, et fortuna opulentus..... Lingua fatidica seu tute oratione, seu versibus malis, utrobique fecundia æquipari..... Risere Musæ, cum audirent hoc genus crimina, sapienti exoptanda, Apollini objectata et tibicinem illum certamine superatum, velut ursum bipedem, corio execto nudis et laceris visceribus reliquerunt (Apul. Florid.). Notez qu'Apulée assure que son accusateur n'étoit qu'un gros paysan fort laid. Mihi istud crede quamquam teterrimum os tuum minimum à Thyesta vagiis demutet, tamen profecto discendi cupidine speculum inviseres, et aliquando relicto aratro mirârere tot in facie tua sulcos rugarum. At ego non mirer, si boni consulis me de isto distortissimo vultu tuo dicere, de moribus tuis multo truculentioribus reticere (Apul. Apolog.).

9. Apulée n'avoit pas besoin d'une grande justification, par rapport au premier article ; car, puisque, par des raisons de santé, Pudentilla s'étoit déterminée à un second mariage, avant même que d'avoir vu ce prétendu magicien, la jeunesse, la bonne mine, le beau caquet, l'esprit et les autres agrémens d'Apulée, étoient un charme plus que suffisant à le faire aimer de cette dame. Il eut les occasions les plus favorables de gagner son amitié ; car il logea quelque temps chez elle : le fils aîné de Pudentilla le voulut absolument ; et ce fut lui qui souhaita qu'il se mariât avec elle, et qui le sollicita à y songer (Apul. Apol.). Apulée ménagea finement tous ses avantages, et poussa dans le ridicule, par des traits vifs et agréables, ses accusateurs. « Vous vous étonnez, leur disoit-il, qu'une femme se soit remariée après treize ans de viduité : il est bien plus étonnant qu'elle ne se soit pas plutôt remariée.Vous croyez qu'il a fallu de la magie pour obliger une veuve de son âge à se marier avec un jeune garçon : et au contraire, c'est ce qui montre que la magie eût été bien superflue ». Cur mulier libera tibi nupsit post annos tredecim viduitatis ? quasi non magis mirandum sit quot tot annis non nupserit..... Ac enim major natu non est juvenem aspernata. Igitur hoc ipsum argumentum est nihil opus magia fuisse ut nubere vellet mulier viro, vidua cælibi, major juniori. (Apol.). [Si l'arrêt des juges eût été formé sur la sentence qui fut prononcée en pareil cas à-peu-près par la mère d'Alexandre le Grand, il eût été admirable. [texte grec] Rex Philippus deperibat Thessalicam quandam mulierem, quæ veneficio eum circumvenisse dicebatur : operam dedit Olympias, ut eam in suam redigeret potestatem : cùm in conspectum ea reginæ venisset, neque formâ tantùm videretur egregia, sed et collocuta esset neque abjectè neque imprudenter : « facessent, inquit Olympias, tibi tua in teipsa sunt reposita veneficia » *] Voilà pour l'article de la conquête du cœur. L'autre article, qui est celui de

l'argent, fait naître quelques soupçons, non pas de magie, mais d'avarice. On a de la peine à croire que ce mariage n'ait pas été un sacrifice à des raisons d'intérêt. Ne condamnons pas néanmoins Apulée sans l'entendre. Il offre de prouver par son contrat de mariage, qu'il ne se fit rien donner par Pudentilla ; mais qu'il se fit seulement promettre une somme assez modique, en cas qu'il lui survécût, et en cas qu'il vînt des enfans de leur mariage. Il fait voir par plusieurs faits, combien sa conduite avoit été désintéressée, et combien il étoit raisonnable qu'il exigeât de sa femme la somme qu'elle lui avoit promise. C'est-là, qu'en pleine audience, il est obligé de faire des confessions, dont Pudentilla se seroit très-bien passée. Il dit qu'elle n'étoit ni belle ni jeune, ni un sujet qui pût tenter en mille manières, de recourir aux enchantemens, et qu'il ne faudroit pas s'étonner qu'elle eût fait de grands avantages à un homme comme lui. *Quod institui pergam disputare, nullam mihi causam fuisse Pudentillam veneficiis ad nuptias prolectandi, formam mulieris et ætatem ipsi ultro improbaverunt, idque mihi vitio dederunt talem uxorem causâ avaritiæ concupisse, atque adeo primo dotem in congressu grandem et uberem rapuisse......* Quamquam quis omnium vel exiguè rerum peritus culpare auderet, si mulier vidua et mediocri forma, at non ætate mediocri nubere volens, longa dote et molli conditione invitasset juvenem neque corpore, neque animo, neque fortunâ, pænitendum.....* (Apolog.) Il dit que Pontianus, fils de Pudentilla, ne lui proposa le mariage de sa mère que comme une charge, et comme une action d'ami et de philosophe ; je veux dire une action plus convenable à un bon ami de Pontianus, et à un philosophe, que ne seroit pas d'attendre un parti où il pût trouver en même-temps les richesses et la beauté. *Confidere sese fore ut id onus recipiam, quoniam non formosa pupilla, sed mediocri facie mater liberorum mihi offeratur. Sin hæc reputans formæ et divitiarum gratiâ me ad aliam conditionem reservarem, neque pro amico, neque pro philosopho facturum* (Apolog.). Il relève extrêmement les avantages d'une fille sur une veuve. « Une belle fille, dit-il, quelque pauvre qu'elle soit, vous apporte une grosse dot, un cœur tout neuf, la fleur et les premières épreuves de sa beauté. C'est avec une grande raison que tous les maris font un si grand cas de la fleur du pucelage. Tous les autres biens qu'une femme leur apporte, sont de telle nature, qu'ils peuvent les lui rendre, s'ils ne veulent point lui avoir de l'obligation ; elle peut les retirer, elle peut les recouvrer ; celui-là seul ne se peut rendre, il reste toujours au pouvoir du premier époux. Si vous épousez une veuve, et qu'elle vous quitte, elle remporte tout ce qu'elle vous a apporté, vous ne pouvez point vous vanter de retenir quoi que ce soit qui lui ait appartenu ». Il remarque plusieurs autres inconvéniens des mariages avec des veuves, et il conclut qu'il en auroit coûté bon à Pudentilla, pour se marier, si elle n'avoit pas trouvé en lui une humeur de philosophe. *Virgo formosa, etsi sit oppidò pauper, tamen abundè dotata est. Affert quippè ad maritum novam animi indolem, pulchritudinis gratiam,* floris rudimentum. Ipsa virginitatis commendatio jure meritoque omnibus maritis acceptissima est. Nam quodcunque aliud in dotem acceperis, potes cum libuit ne sis beneficio obstrictus omne ut acceperas retribuere ; pecuniam renumerare, mancipia restituere, domo demigrare, prædiis cedere. Sola virginitas cum semel accepta est reddi nequitur : sola apud maritum ex rebus dotalibus remanet. Vidua autem qualis nuptiis venit, talis divortio digreditur. Nihil affert irreposcibile, sed venit jam ab alio præflorata : certè tibi, ad quæ velis, minimè docilis : non minus suspectans novam domum, quam ipsa jam ob unum divortium suspectanda : sive illa morte amisit maritum, ut scævi ominis mulier, et infandi conjugii, minimè appetenda : seu repudio digressa est, utramvis habebat culpam mulier : quæ aut tam intolerabilis fuit ut repudiaretur, aut tam insolens, ut repudiarer. Ob hæc et alia viduæ dote aucta procos solicitant. Quod Pudentilla quoque in alio marito fecisset, si philosophum spernentem dotis non reperisset (Apolog.).

Il y auroit bien des réflexions à pousser sur ce discours d'Apulée, si l'on n'avoit autre chose à faire que cela ; mais, quelque pressé que je sois de passer à d'autres articles, je dirai pourtant deux choses ; l'une, que ce bien, que l'on ne retire jamais d'entre les mains d'un mari, est fort chimérique et que, qui que ce soit en feroit crédit sur cette impérissable possession : l'autre qu'Apulée n'avoit pas considéré, selon toutes leurs espèces, les désavantages des veuves, il n'a rien dit des veuves qui n'ont pas eu d'enfans : aussi ne se trouvoit-il point dans le cas. Un chanoine de Paris, qui fut embrasser à Genève, la religion protestante, l'an 1672, eut bientôt démêlé parmi les femmes qu'il vit au temple une jeune veuve, riche et bien faite. Il trouva bientôt l'occasion de lui parler, et plus il la vit, plus il connut qu'elle seroit bien son fait ; mais, comme il n'avoit apporté de France que l'embonpoint des personnes de sa profession, et quelques lumières sur les abus du papisme, on le rebuta un peu fièrement. Il me fit confidence de ce rebut, et se plaignit moins du fond même de l'affaire, que des manières (il n'en parloit jamais sans dire, est modus in rebus.). Je lui représentai ingénument qu'il avoit eu tort de se commettre, vu l'état présent de sa fortune, et la grande volée de la dame. Il m'avoua qu'elle étoit trop riche pour un homme comme lui ; « mais il faut rabattre beaucoup de ses richesses, poursuivit-il, à cause qu'elle n'a point eu d'enfans : cela seul y fait une brèche de trente ou quarante mille livres. Sans la présomption qu'elle est stérile, je l'estimerois d'autant un meilleur parti que je ne fais, vu sur-tout que mon frère unique n'a point d'héritiers, et que ma famille court risque de périr, si je ne laisse postérité ». Je ne voulus point entrer en dispute avec un homme qui avoit examiné si précisément cette matière : je lui en laissai toutes les compensations et les évaluations. Je me contentai de croire que l'envie de ne point laisser périr sa race avoit été pour lui une vive source de lumières.

• Voyez ce passage, tom. ix, pag. 278 de la belle édition françoise de cet ouvrage, de la traduction d'Amyot, qui vient de paroître chez J Fr. Bastien, Libraire à Paris ; cette édition est bien préférable à celle de Vascosan par le goût, par l'exactitude, &c.

10. Je produirai seulement un de ces exemples, afin qu'on voie que, dans tous les siècles, l'esprit de la calomnie a été de forger des preuves par des lambeaux ou par des extraits infidèles de ce que quelqu'un a dit ou écrit. Les accusateurs d'Apulée, pour le convaincre de magie, alléguèrent une lettre que sa femme avoit écrite pendant qu'il la recherchoit : ils soutinrent qu'elle avoit avouée dans cette lettre qu'Apulée étoit magicien, et qu'il l'avoit ensorcelée. Il ne leur étoit pas difficile de faire accroire qu'elle avoit écrit cela ; car ils ne lisoient que certains mots de sa lettre, détachés de ce qui les précédoit et de ce qui les suivoit : et personne ne les pressoit de lire tout. Apulée les couvrit enfin de honte, en faisant lire tout le passage de la lettre de Pudentilla. Il paroît que, bien loin de se plaindre d'Apulée, elle le justifioit, et se mocquoit finement des accusateurs. Voyez ses paroles, vous y trouverez que les mêmes termes précisément peuvent être ou l'accusation ou la justification d'Apulée, selon qu'on les détache de ce qui précède, ou qu'on ne les détache pas. [texte grec] Cum enim vellem nubere propter eas causas, quas dixi, tu ipse persuasisti mihi, ut hunc præ omnibus eligerem, admirans virum, et cupiens reddere eum nobis familiarem meâ operâ. Nunc verò cùm nefarii et maligni vos sollicitant, Apuleius repentè Magus factus est, et ego incantata sum ab eo. Certè amo eum. Venite nunc ad me, donec adhuc sum compos mentis (Apolog.). Il exagéra, comme il faut, cette sorte de fourberie. Ses paroles sont dignes d'être gravées en lettres d'or en mille lieux, pour étonner, s'il est possible, les calomniateurs qui, en tout pays et en tout siècle, se servent de semblables infidélités. Multa sunt (dit-il, Apol.), quæ sola prolata calomnia possunt videri obnoxia. Cujavis oratio insimulari potest, si ea quæ ex prioribus nexa sunt principio sui defraudentur, si quædam ex ordine scriptorum ad libidinem supprimantur, si quæ simulationis causa dicta sunt, adseverantis pronunciatione quam exprobrantis legantur.

11. On auroit de la peine à croire qu'il eût été ainsi parlé des miracles d'Apulée, si des gens dignes de foi ne l'attestoient ; mais, nous voyons que cette impertinence des payens étoit tellement prônée au siècle de S. Augustin, qu'on pria ce grand prélat de la réfuter. Precator accesserim ut ad ea vigilantius respondere digneris, in quibus nihil amplius dominum quàm alii homines facere potuerunt, fecisse vel gessisse mentiuntur. Apollonium siquidem suum nobis et Apuleium aliosque magicæ artis homines in medium proferunt, quorum majora contendunt extitisse miracula (Marcell. ad August.). S. Augustin se contenta de répondre que, si Apulée avoit été un si puissant magicien, il n'eût point vécu avec l'ambition qui le possédoit dans une condition aussi petite que l'avoit été la sienne ; que d'ailleurs, il s'est défendu de la magie, comme d'un grand crime. On parloit de ses

prétendus miracles, long-temps avant S. Augustin (August. epist. 5.) ; car Lactance s'étonne que l'auteur qu'il a réfuté, n'eût pas joint Apulée à Apollonius de Tyane. Voluit ostendere Apollonium vel patria, vel etiam majora fecisse. Mirum quod Apuleium prætermisit cujus solent et multa et mira memorari(Lactant. div. Inst. l. 5, c. 3.). Apulée a eu le destin de bien d'autres gens : on n'a parlé de ses miracles qu'après sa mort ; ses accusateurs ne lui objectèrent que des vétilles, ou prouvèrent le plus mal du monde ce qui pouvoit avoir l'apparence de sortilège. Mais je ne sais comment accorder S. Augustin avec Apulée. L'un dit qu'Apulée ne put jamais parvenir à aucune charge de judicature, ad aliquam judiciariam reipublicæ potestatem (August. epist. 5.). L'autre se vante d'occuper le poste que son père avoit occupé ; son père, dis-je, qui avoit passé par toutes les charges de sa patrie. In quâ coloniâ patrem habui loco principe Duumviralem cunctis honoribus perfectum. Cujus ego locum in ea republica exinde ut participare curiam cœpi nequaquam degener pari spero honore et existimatione tueor (Apul. Apol.).

12. Rapportons premièrement les paroles de Moréry : « La Métamorphose de l'Ane d'or est une paraphrase de ce qu'il avoit pris dans Lucien (*), comme celui-ci l'avoit tiré de Lucius de Patras, dont parle Photius..... Il y a même apparence qu'Apulée tira de sa source même le sujet de la fable qu'il a accommodée à sa façon ; car il savoit très-bien la langue grecque et la latine ». Pour bien juger si Moréry mérite d'être critiqué, il faut comparer avec ce qu'il vient de dire le passage de Vossius qui lui a servi d'original. De ætate Lucii Patrensis non liquet, nisi quod antiquior credatur Luciano, quippè qui inde compilasse videatur Lucium seu Asinum suum, uti ex Luciano postea Asinum suum aureum excripsit Apuleius. Nisi is potius ex eodem Lucii fonte sua hausit, et hoc sanè verisimilius est. Nempè ut Lucium in epitomen redegit Lucianus, ità paraphrasin Lucii scripsit Apuleius, sed ille græcè, hic latinè (Vossius de hist. græc.). Il est clair que Moréry n'a pas entendu la pensée de Vossius, et qu'il ne devoit pas dire que l'ouvrage d'Apulée est la paraphrase de celui de Lucien. Il devoit dire que Lucius de Patras avoit été abrégé par Lucien, et paraphrasé par Apulée. Le raisonnement que Moréry enferme dans ces paroles « car il savoit très-bien la langue grecque et la latine », ne vaut rien du tout. Mettez en forme ce raisonnement, vous y trouverez cet enthymème. « Il savoit très-bien la langue grecque et la latine ; donc il a tiré de sa source même, le sujet de cette fable qu'il a accommodée à sa façon, c'est-à-dire, donc, il n'a pas paraphrasé Lucien, mais Lucius de Patras. » Cet enthymème est ridicule : il ne faut pas moins savoir la langue grecque, pour se servir de Lucien, que pour se servir de Lucius ; et il ne sert de rien de savoir la langue latine, pour accommoder à sa façon, un sujet emprunté de Lucius. La Fontaine ne peut-il pas accommoder à sa façon un conte d'Ouville ? Il seroit d'un plus grand usage qu'on ne pense de critiquer la fausse logique des auteurs. Les jeunes

gens qui sont nés pour composer, profiteroient beaucoup de bonne heure à une telle critique. (*) On peut consulter à cet effet une traduction complette des Œuvres de cet auteur, la première qui ait existé, et la seule qui existe absolument conforme au texte, sans altération ou interprétation différente du sens de cet auteur grec. A Paris, chez J. Fr. Bastien.

13. Je ne veux point d'autres preuves pour prouver que quelques payens en ont parlé avec mépris, que la lettre où l'Empereur Sévère se plaint au Sénat des honneurs qu'on avoit rendus à Claudius Albinus. On lui avoit donné entre autres louanges, celle de savant. L'Empereur ne pouvoit souffrir qu'une telle louange eût été donnée à un homme qui s'étoit uniquement rempli l'esprit des contes et des rapsodies d'Apulée. Major fuit dolor quod illum pro literato laudandum plerique duxistis, quum ille nœniis quibusdam analibus occupatus inter Milesias punicas Apuleii sui, et ludicra literaria consenesceret (Capitolin in Clod. Albin.). Macrobe a renvoyé aux nourrices tous les romans semblables à l'Ane d'or d'Apulée. Vel argumenta fictis casibus amatorum referta quibus vel multum se arbiter exercuit, vel Apuleium nonnunquam lusisse miramur. Hoc totum fabularum genus quod solas aurium delicias profitetur, è sacrario suo in nutricum cunas sapientiœ tractatus eliminat (Macrob. Saturnal. lib. 1.).

14. Voyez ce qu'il dit lui-même, quand il répond à son adversaire, sur le chapitre de l'éloquence. De eloquentiâ verò, si qua mihi fuisset, neque mirum neque invidiosum deberet videri, si ab ineunte œvo unis studiis litterarum ex summis viribus deditus, omnibus aliis spretis voluptatibus, ad hoc œvi, haud sciam anne super omneis homines impenso labore, diuque noctuque, cum despectu et dispendio bonœ valetudinis, eam quœsissem (Apul. Apolog.).

15. Voyez la Dissertation de Vitâ et Scriptis Apul. que Wower a mise à la tête de son édition, et que Fleury, Scholiaste Dauphin, a fait imprimer à la tête de la sienne. On peut dire qu'Apulée étoit un génie universel : il y a peu de sujets qu'il n'ait maniés. Il a traduit le Phédon de Platon, et l'Arithmétique de Nicomachus ; il a écrit de Republica, de Numeris, de Musica ; On cite ses Questions de table, ses Lettres à Cerellia, qui étoient un peu bien libres, ses Proverbes, sonHermagoras, ses Ludicra. Il parle lui-même de ce dernier, legerunt, dit-il, (Apul. in Apol.) è Ludicris meis epistolium de dentifricio, versibus scriptum. Nous avons encore son Ane d'or en onze livres, son Apologia, ses traités de Philosophia naturali, de Philosophiâ morali, de Syllogismo categoricio, de Deo Socratis, de Mundo, et ses Florida. Quant à ses Lettres à Cerellia, je ne veux point omettre la pensée d'un savant critique (Freder. Gronov.). Il croit que le nom de Cicéron doit être inséré dans le passage d'Ausone, où il est parlé de ces lettres ; car c'est à Cicéron qu'on a reproché d'avoir eu des liaisons peu louables avec Cerellia, et de lui avoir écrit trop librement. Sur ce pied-là, il faut lire ainsi dans Ausone,Esse Apuleium in vita philosophum, in

epigrammatis amatorem, Ciceronis in præceptis omnibus exstare severitatem, in epistolis à Cærelliam subesse petulantiam.

16. Philippe Beroalde en publia de fort amples sur l'Ane d'or à Venise, in-fol. l'an 1504 ; Godescalc Stewechius, Pierre Colvius, Jean Wower, &c. ont travaillé sur toutes les Œuvres d'Apulée. Priceus a publié à part l'Ane d'or avec quantité d'observations (*), &c. (*) C'est d'après tous ces commentateurs que l'on a vérifié le texte de cette présente édition.

17. Ceci s'écrivoit l'an 1694 ; cependant, dans toutes les éditions différentes de ces traductions imprimées dans plusieurs pays, ni Bayle, ni La Croix du Maine et Du Verdier ne font mention de celle imprimée à Paris en 1648, et revue par Jean La Coste, libraire : cette édition est absolument complette sans retranchemens, ni adoucissemens quelconques, en outre elle est enrichie de figures. Note de l'éditeur. Voyez aussi celle qui se trouve dans l'extrait du dictionnaire historique par une société de gens de lettres, qui précède ceci.

18. Voici ce que je trouve dans la note de Fleury : Tota porrò hæc metamorphosis Apuleiana, et stilo, et sententiâ, satyricon est perpetuum (ut rectè observavit Barthius, advers. l. 51, cap. 11.), in quo magica deliria, sacrificulorum scelera, adulterorum crimina, furum et latronum impunitæ factiones, palàm differuntur. Il ajoute que les chercheurs de la pierre philosophale y prétendent trouver les mystères du grand œuvre.

Vie d'Apulée

Luce Apulée, philosophe platonicien, vivoit sous les Antonins. Il seroit difficile de marquer précisément le temps de sa naissance. On conjecture assez vraisemblablement, qu'il vint au monde sur la fin de l'empire d'Adrien, vers le milieu du deuxième siècle. Il étoit de Madaure[1], ville d'Afrique et colonie romaine, sur les confins de la Numidie et de la Gétulie. Sa famille étoit considérable, et il paroît par plusieurs endroits de ses ouvrages, qu'il parle volontiers de la grandeur de sa maison. Son père, nommé Thésé, avoit exercé à Madaure la charge de Duumvir, qui étoit la première dignité d'une colonie, et Salvia sa mère, originaire de Thessalie, étoit de la famille du célèbre Plutarque. Il fut parfaitement bien élevé. On lui fit faire ses premières études à Carthage, ensuite alla à Athênes, où les beaux arts et les sciences fleurissoient encore. Il s'y appliqua à la poésie, à la musique, à la dialectique et à la géométrie. Comme il étoit né avec un génie merveilleux, il fit en peu de temps de grands progrès dans toutes ces sciences ; mais celle où il s'attacha particulièrement, et où il se donna tout entier, ce fut la philosophie. Il choisit celle de Platon qui, dès sa première jeunesse, lui avoit paru préférable à toutes les autres, et il devint un de ses plus fameux sectateurs. Il quitta Athênes pour aller à Rome, où il apprit la langue latine, par le seul usage et sans le secours d'aucun maître. Il y étudia la jurisprudence, et y plaida, plusieurs causes avec un très-grand succès. Mais une insatiable curiosité de tout savoir l'engagea à parcourir le monde, et à se faire même initier dans plusieurs mystères de religion pour les connoître à fond. Il retourna à Rome, ayant presque consumé tout son bien dans ses études et dans ses voyages ; en sorte que, se voulant faire recevoir prêtre d'Osiris, il se trouva fort embarrassé, et fut obligé de vendre, pour ainsi dire, jusqu'à ses habits pour fournir aux frais de son initiation. Il s'attacha ensuite au barreau, où son éloquence lui acquit une fort grande réputation, et lui donna le moyen de vivre commodément. Au bout de quelque temps il retourna en Afrique ; l'envie de revoir sa famille, et de ramasser le peu qui lui restoit de son patrimoine, lui fit sans doute faire ce voyage. Il y tomba malade dans Oëa[2], ville maritime. Un nommé Pontianus, qui l'avoit connu à Athènes, l'engagea de venir loger avec lui chez sa mère, où il espéroit qu'étant mieux soigné que par-tout ailleurs, sa santé se rétabliroit plus aisément. Cette femme, nommée Pudentilla, étoit une veuve fort riche, et n'avoit que deux enfans. Pontianus l'aîné, sachant bien qu'elle avoit envie de se remarier, sollicita Apulée de songer à l'épouser. Il aimoit mieux qu'il devînt son beau-père que quelqu'autre qui n'auroit pas été si honnête homme que lui. Il y a apparence que notre philosophe voyant le mauvais état de ses affaires, accorda assez volontiers à son ami cette marque d'amitié qu'il exigeoit de lui. Pudentilla, de son côté, ne fut pas long-temps sans être touchée du mérite de son hôte. Elle trouvoit en lui un jeune homme parfaitement bien fait de sa personne, un philosophe, dont les mœurs et les manières n'avoient rien de sauvage, et qui avoit tout l'agrément et la politesse des gens du monde. Elle fut bientôt déterminée en sa faveur, et elle résolut de l'épouser, dès qu'elle auroit marié son fils qui avoit jetté les yeux sur la fille d'un nommé Ruffin. Le mariage de Pontianus ne fut pas plutôt achevé, que Ruffin regardant par avance la succession de Pudentilla comme le bien de son gendre et de sa fille, crut qu'il devoit mettre tout en usage pour la leur conserver entière en rompant le mariage d'Apulée. Il changea donc entièrement les dispositions de l'esprit de Pontianus qui avoit lui-même engagé cette affaire, et il le porta à faire tous ses efforts pour en empêcher la conclusion. Mais ce fut en vain qu'il s'y opposa. Sa mère n'écouta que son inclination ; elle épousa Apulée dans une maison de campagne proche d'Oëa. Peu de temps après, Pontianus mourut. Son oncle nommé Emilianus se joignit à Ruffin pour concerter les moyens de perdre Apulée. Ils publièrent qu'il avoit empoisonné Pontianus, qu'il étoit magicien, et qu'il s'étoit servi de sortilèges pour captiver la cœur de Pudentilla. Ils ne se contentèrent pas de répandre ces calomnies dans le monde, Emilianus les fit plaider par ses avocats, dans un procès qu'il avoit contre Pudentilla. Apulée demanda qu'il eût à se déclarer sa partie dans les formes, et à signer ce qu'il avançoit. Emilianus pressé sur cela, n'osa le faire sous son nom, parce que les faux accusateurs étoient condamnés à des peines proportionnées à l'importance de leur accusation ; mais le fit sous le nom du second fils de Pudentilla, nommé Sicinnius Pudens, que sa grande jeunesse mettoit à couvert de la rigueur des loix. Apulée fut donc déféré comme un Magicien, non pas devant des juges chrétiens, comme l'a dit S. Augustin[3], mais devant Claudius Maximus, proconsul d'Afrique, et payen de religion. Il se défendit merveilleusement bien. Le discours qu'il prononça pour sa justification est très-éloquent et plein de traits admirables. Ses ennemis n'osèrent, dans leur accusation le charger de la mort de Pontianus ; ils se retranchèrent à l'accuser d'être magicien. Ils s'efforçoient de le prouver par quantité de choses qu'ils rapportoient, mais principalement parce qu'il s'étoit emparé de l'esprit et du cœur de Pudentilla, et qu'il n'étoit pas naturel qu'une femme à son[4] âge fût susceptible d'une passion amoureuse, et songeât à se remarier, comme s'il y avoit un âge, où le cœur des femmes fût si bien fermé à la tendresse, qu'on eût besoin de recourir à la magie pour les rendre sensibles. « Vous vous étonnez, disoit Apulée à ses accusateurs, qu'une femme se soit remariée après treize ans de viduité ; il est bien plus étonnant qu'elle ne se soit pas remariée plutôt ». Ils lui objectoient qu'il cherchoit des poissons rares et extraordinaires pour les disséquer. Ils lui reprochoient encore qu'il étoit beau, qu'il avoit de beaux cheveux, de belles dents, et un miroir, choses indignes d'un philosophe. Apulée répond à tous ces reproches avec tout l'esprit et toute l'éloquence possible. Il ne manque pas même par une infinité de traits vifs et ingénieux, de faire tomber le ridicule de ses accusations sur ses accusateurs. A l'égard de son miroir, il prouve par plusieurs raisons qu'il pourroit s'en servir sans crime. Il n'ose cependant avouer qu'il le fasse ; ce qui fait voir que la morale, par rapport à l'extérieur, étoit beaucoup plus rigide en ce temps-là, qu'elle ne l'est aujourd'hui. On l'accusoit encore d'avoir dans sa maison quelque chose dans un linge, qu'il cachoit avec soin, et qui, sans doute, lui servoit à ses sortilèges ; d'avoir fait des vers trop libres, et de plusieurs autres bagatelles, qui ne valent pas la peine d'être rapportées. Apulée se justifia parfaitement bien sur tout ce qu'on lui reprochoit, peignit Ruffin et Emilianus ses accusateurs, avec les couleurs qu'ils méritoient l'un et l'autre, et fut renvoyé absous.

Il passa le reste de sa vie tranquillement et en philosophe ; il composa plusieurs livres, les uns en vers, les autres en prose, dont nous n'avons qu'une partie. Il a traduit le Phedon de Platon et l'Arithmétique de Nicomachus. Il a écrit, de la République, des Nombres et de la Musique. On cite aussi ses Questions de Tables, ses Lettres à Cerellia, qui étoient un peu libres, ses Proverbes, son Hermagoras et ses Ludicra. Tous ces ouvrages ne sont point venus jusqu'à nous ; il ne nous reste de lui que ses Métamorphoses ou son Ane d'or, son Apologie, ses Traités de la Philosophie morale, du Syllogisme, du Démon de Socrate, du Monde et ses Florides, qui sont des fragmens de ses déclamations. Il est aisé de juger par les différens sujets, qu'Apulée a traités, qu'il avoit un grand génie, et propre à toutes sortes de sciences. Son éloquence, jointe à sa profonde érudition, le faisoit admirer de tous ceux qui l'entendoient, et il fut en si grande estime, même de son vivant, qu'on lui éleva des statues à Carthage, et dans plusieurs autres villes. A l'égard de son Ane d'or, il a pris le sujet de cette métamorphose de Lucien ou de Lucius de Patras, qui étoit avant Lucien, et qui en est l'original ; mais il l'a infiniment embelli par quantité d'épisodes charmantes, sur-tout par la fable de Psiché, qui a toujours passé pour le plus beau morceau de l'antiquité en ce genre-là ; et tous ces incidens sont si ingénieusement enchaînés les uns aux autres, et si bien liés au sujet, qu'on peut regarder l'Ane d'or, comme le modèle de tous les romans. Il est plein de description et de portraits admirables, et l'on ne peut nier qu'Apulée ne fût un fort grand peintre ; ses expressions sont vives et énergiques ; il hasarde à la vérité quelquefois certains termes qui n'auroient pas été approuvés du temps de Cicéron, mais qui ne laissent pas d'avoir de l'agrément, parce qu'ils expriment merveilleusement bien ce qu'il veut dire. Beaucoup de savans dans tous les siècles ont parlé d'Apulée avec beaucoup d'estime, et lui ont donné de grands éloges. S. Augustin entre autres en fait mention[5] comme d'un homme de naissance, fort bien élevé et très éloquent. Mais une chose surprenante, et qui fait bien voir l'ignorance et la superstition des peuples de ces temps-là, c'est que bien des gens prirent l'Ane d'or pour une histoire véritable, et ne doutèrent point, qu'Apulée ne fût très-savant dans la magie[6]. Cette opinion ridicule se fortifia en vieillissant et s'augmenta tellement dans la suite, que les Payens soutenoient qu'il avoit fait un si grand nombre de[7] miracles, qu'ils égaloient, ou même qu'ils surpassoient ceux de Jésus-Christ. On auroit de la peine. à dire qu'une telle impertinence eût été en vogue, si des personnages dignes de foi ne l'attestoient, et si nous ne voyions pas qu'on pria[8] S. Augustin de la réfuter. Ce Saint Père se contenta de répondre, qu'Apulée[9], avec toute sa magie, n'avoit jamais pu parvenir à aucune charge de Magistrature, quoiqu'il fût de bonne maison, et que son éloquence fût fort estimée, et qu'on ne pouvoit pas dire que ce fût par un mépris philosophique qu'il vivoit hors des grands emplois, puisqu'il se faisoit honneur d'avoir une charge de Prêtre, qui lui donnoit l'intendance des jeux publics, et qu'il disputa avec beaucoup de chaleur contre ceux qui s'opposoient à l'érection d'une statue, dont les habitans d'Oëa le vouloient honorer, outre qu'on voit par son Apologie, qu'il se défendit d'être magicien, comme d'un grand crime.

Notes

1. Aujourd'hui Madaro, petit bourg du royaume de Tunis.

2. Aujourd'hui Tripoli, ville capitale du royaume de ce même nom.

3. De la Cité de Dieu, liv. 8, chap. 19.

4. L'accusateur soutenoit qu'elle avoit 60 ans ; mais Apulée prouva

qu'elle n'en avoit guère plus de 40.

5. S. August. epist. 5.

6. S. Jérôme, sur le Pseaume 81. Lactant. Instit. Divin. l. 3, chap. 5. Marcellin à S. Augustin.

7. S. Augustin, Epître 5.

8. Marcellin à S. Augustin, Epître 4.

9. S. Augustin, Epître 5.

Sommaires

LIVRE PREMIER.

Luce Apulée s'achemine en Italie, à dessein de s'instruire dans l'art magique. Il rencontre deux autres voyageurs, et marchant de compagnie, ils font certains contes étranges et incroyables d'un bateleur et charlatan. Apulée raconte un effet merveilleux de magie qui lui fut raconté par Aristomène ; et comme arrivé dans la ville d'Hypate, et y achetant de quoi souper, il fit rencontre d'un ancien compagnon d'école, commissaire des vivres, qui, sous ombre de contrôler ce qu'il avoit acheté, lui fit perdre, et son argent, et son poisson.

LIVRE SECOND.

Apulée visitant toutes les places de la ville d'Hypate, reconnoît Byrrhêne, femme riche, qui l'invite à venir demeurer chez elle. Il y voit une statue dont il fait une superbe description. Byrrhêne l'avertit de ne pas se fier à la femme de son hôte Milon, qui passoit pour une très grande magicienne. Apulée devient amoureux de la servante de son hôtesse ; il raconte ses amours, et la garde faite au cadavre d'un mort, dont le nez et les oreilles furent magiquement coupées au gardien. Apulée retournant de nuit dans son logis, a une étrange avanture d'outres vêtus en homme par la force de la magie.

LIVRE TROISIÈME.

Les magistrats arrivent le lendemain avec leurs sergens dans le logis d'Apulée, et le traduisent en justice comme un meurtrier. Le peuple s'y rend en foule. Sa partie l'accuse d'homicide ; il soutient son innocence, plaide sa cause en excellent orateur. Deux vieilles arrivent qui se disent parentes des morts. Apulée découvre les corps par ordre du magistrat, et voit que ce ne sont que des outres. Chacun éclate de rire, et l'on célébra ainsi joyeusement la fête du dieu Ris. Photis montre à Apulée sa maîtresse Pamphyle, qui se transformoit en oiseau, par le moyen d'un onguent magique ; il brûle lui-même du désir de se transformer en hibou ; mais par l'imprudence de Photis, s'étant frotté d'un onguent différent, il est changé en âne. Récit qu'il fait d'un vol commis par des voleurs, lesquels emmenent l'âne et les autres montures chargées des meubles de Milon.

LIVRE QUATRIÈME.

Apulée transformé en âne raconte les pénibles traverses qu'il a souffertes sous cette forme, dans différentes courses et voyages en conservant néanmoins toute sa raison humaine. Avantures des voleurs à qui il appartenoit alors. Conte qu'il fait d'un homme qui, se transformant en ours, dressa l'appareil d'un jeu devenu public. Fable des amours de Cupidon et de Psiché.

LIVRE CINQUIÈME.

Demeure de Psiché, les amours de Cupidon. Visite des sœurs de Psiché contre laquelle elles ont beaucoup de jalousie. Conseils qu'elles lui donnent pour connoître son mari. Blessure qu'elle lui fait. Ses malheurs, et cruauté de Vénus à son égard.

Livre I

LES MÉTAMORPHOSES:
ou
L'ANE D'OR D'APULÉE,
PHILOSOPHE PLATONICIEN,

LIVRE PREMIER.

Je vais vous conter diverses fables dans ce discours Milésien (1), donc le récit charmera vos oreilles, pourvu que vous ne dédaigniez pas de lire un ouvrage écrit dans le style facétieux et enjoué des auteurs Egyptiens (2). Vous y verrez avec étonnement les Métamorphoses surprenantes de plusieurs personnes changées en différentes formes (3), et remises ensuite dans leur état naturel. Je vais commencer ; mais d'abord apprenez en peu de mots qui je suis.

Ma famille tire son ancienne origine d'Hymet (4) dans l'Attique, de l'Isthme (5) de Corinthe et de Tænare (6) dans le territoire de Sparte, provinces renommées pour leur fertilité, et qui ont été célébrées dans des ouvrages immortels. Or, ce fut dans la ville d'Athènes, où je commençai d'étudier la langue grecque ; j'allai ensuite à Rome, j'y appris celle du pays avec une peine et un travail incroyable, n'étant guidé par aucun Maître (7). Ainsi, je vous prie, avant tout, de m'excuser s'il m'arrive de faire quelques fautes, en parlant une langue qui m'est étrangère, que je préfère cependant à la mienne, parce que cette légèreté de style s'accorde déjà en quelque façon avec celui que j'ai dessein d'employer. Voici donc l'histoire de ce qui m'est arrivé en Grèce (8) ; elle vous fera plaisir : prêtez-moi toute votre attention.

J'allois pour quelque affaire en Thessalie, d'où je suis aussi originaire, ayant l'honneur de descendre, du côté de ma mère, du fameux Plutarque (9), et du philosophe Sextus, son petit-fils (10). Après avoir traversé de hautes montagnes, de profondes vallées, des prés et des plaines, monté sur un cheval blanc du pays, qui étoit fort fatigué, aussi-bien que moi, je mis pied à terre pour me délasser un peu de ma sédentaire lassitude (11), en marchant quelque temps. Je débridai mon cheval, qui étoit tout en sueur, je lui frottai soigneusement le front(12), et le menai au pas, jusqu'à ce qu'il se fût soulagé, en faisant ses fonctions ordinaires et naturelles. Pendant qu'en chemin faisant, baissant la tête et tournant la bouche sur le flanc, il arrachoit de côté et d'autre quelque bouchée d'herbe le long des prés par où nous passions, je joignis deux hommes qui d'aventure marchoient un peu devant moi. En prêtant l'oreille à leurs discours, j'entendis l'un dire à l'autre, en éclatant de rire : de grace, cesse de me faire des contes aussi ridicules et aussi outrés. Ces mots excitans vivement ma curiosité (13) ; je vous prie, leur dis-je, de vouloir bien me faire part de votre entretien : ce n'est point par aucune envie de savoir vos secrets que je vous le demande, mais par le désir que j'ai d'apprendre tout ou au moins beaucoup : et même l'agrément de la conversation, diminuera la fatigue que nous avons à monter ce côteau.

Mais celui qui venoit de parler, continuant : ce que tu me contes, dit-il, est aussi vrai que si on disoit, que par des paroles magiques, on peut forcer les rivières à remonter vers leur source, rendre la mer immobile, enchaîner les vents, arrêter le soleil (14), forcer la lune à jeter de l'écume (15), arracher les étoiles des cieux, faire cesser le jour et suspendre le cours de la nuit. Alors reprenant la parole avec plus de hardiesse : je vous prie, dis-je à celui qui avoit commencé ces premiers discours, ne vous rebutez pas de les continuer. Ensuite m'adressant à l'autre : et vous, lui dis-je, qui vous opiniâtrez à rejeter ce qui est peut-être très-véritable, vous ignorez apparemment que beaucoup de choses passent pour fausses mal-à-propos, parce que l'on n'a jamais entendu, ni vu rien de pareil, ou parce qu'on ne peut les comprendre ; et, si on les examine avec un peu de soin, on les trouve non-seulement véritables, mais même fort aisées à faire. Car je vous dirai qu'un soir, soupant en compagnie, comme nous mangions à l'envie les uns des autres d'un gâteau fait avec du fromage, j'en voulus avaler un morceau un peu trop gros, qui s'attacha à mon gosier, et m'ôtant la respiration (16), me mit à deux doigts de la mort ; cependant j'ai vu depuis à Athènes, de mes propres yeux, un charlatan à cheval, devant le portique Pœcile (17), qui avaloit une épée par la pointe : et dans le moment, pour très-peu de chose qu'on lui donnoit, il s'enfonçoit par la bouche un épieu jusqu'au fond des entrailles, en sorte que le fer lui sortoit par les aînes, et la hampe par la nuque du cou, au bout de laquelle paroissoit un jeune enfant charmant qui, comme s'il n'eût eu ni os, ni nerfs, dansoit et se plioit de manière que tous ceux qui étoient présens en étoient dans l'admiration. Vous auriez cru voir ce fameux serpent que le Dieu de la médecine porte entortillé de plusieurs lubriques embrassemens, autour de sa baguette noueuse et pleine de rameaux à demi-coupés (18). Mais vous, camarade, continuez, je vous prie, ce que vous avez commencé ; si celui-ci ne veut pas vous croire ; pour moi, je vous promets d'y ajouter foi, et par reconnoissance du plaisir que vous me ferez, je paierai votre écot à la première hôtellerie.

Je vous remercie, dit-il, et vous suis obligé de l'offre que vous me faites. Je vais reprendre le commencement de ce que je racontois ; mais auparavant je jure par le Dieu de la lumière, qui voit tout, que je ne vous dirai rien qui ne soit très-vrai, et vous n'aurai pas lieu d'en douter un moment, si vous allez dans cette prochaine ville de Thessalie, où cette histoire passe pour certaine parmi tout ce qu'il y a d'habitans, la chose étant arrivée publiquement et connue par conséquent de tout le monde. Mais, afin que vous sachiez auparavant qui je suis, quel est mon pays et mon trafic, je vous dirai que je suis d'Ægine (19), et que je parcoure ordinairement la Thessalie, l'Ætolie et la Béotie, où j'achette du miel de, Sicile, du fromage, et d'autres denrées propres aux cabarets. Or ayant appris qu'à Hipate, ville la plus considérable de la Thessalie, il y avoit des fromages nouveaux, excellens et à bon marché, j'y courus à dessein de tout acheter ; mais étant parti sous de mauvais auspices, je me trouvai frustré, comme il arrive assez souvent, du gain que j'espérois faire ; car un marchand en gros, nommé Lupus (20), avoit tout enlevé la veille que j'y arrivai. Me sentant donc fort fatigué du voyage précipité et inutile que je venois de faire, je m'en allai le soir même aux bains publics (21). Dans le moment, j'apperçois un de mes camarades, nommé Socrates, assis par terre, à moitié couvert d'un mauvais manteau tout déchiré ; il étoit pâle, maigre et défait, comme sont d'ordinaire ces pauvres malheureux rebuts de la fortune, qui demandent l'aumône au coin des rues. Quoiqu'il fût mon ami, et que je le reconnusse fort bien, cependant l'état misérable dans lequel je le voyois, fit que je ne m'approchai de lui qu'avec quelque incertitude. Hé, lui dis-je, mon cher Socrates, qu'est-ceci ? en quel état es-tu ? quelle honte ? ta famille affligée a déja pris le deuil de ta mort, le juge de ta province a nommé par une sentence des tuteurs à tes enfans, et ta femme, après tes funérailles, fort changée par son affliction, et ayant presque perdu les yeux à force de pleurer, est contrainte par ses parens à faire succéder à la tristesse de ta maison, les réjouissances d'une nouvelle nôce, pendant qu'à notre grande confusion tu parois ici plutôt comme un spectre, que comme un homme. Aristomenes, me dit-il, tu ne connois donc pas les détours trompeurs, les vicissitudes et les étranges revers de la fortune. Après ces mots, il cacha la rougeur (21) de son visage avec son méchant haillon rapetassé, de manière que la moitié du corps lui demeura découverte : ne pouvant soutenir plus longtemps la vue d'un si triste spectacle, je lui tends la main, et tâche de le faire lever. Mais ayant toujours le visage couvert ; laisse, me dit-il, laisse jouir la fortune tout à son aise de son triomphe sur moi. Enfin je le décide à me suivre, et dans le moment je dépouille un de mes vêtemens et je l'en habille, ou pour mieux dire, je l'en couvre ; ensuite je le fais mettre dans le bain, je prépare moi-même l'huile et les autres choses nécessaires pour le nettoyer. Je le frotte avec soin, afin d'ôter cette crasse épaisse qui le couvroit : lorsqu'il fut bien net et bien propre, tout las que j'étois, j'aide à marcher à ce malheureux qui ne pouvoit se soutenir, et je le mène à mon hôtellerie avec bien de la peine. Je le fais réchauffer dans un bon lit, je lui fais donner à manger et à boire (23), et je tâche de le réjouir par d'agréables discours. Déjà la conversation commençoit à se tourner du côté de la plaisanterie ; nous étions en train de dire de bons mots, et de railler, lorsque tirant du fond de sa poitrine un soupir douloureux, et se frappant le visage, en relevant ses cheveux qui couvroient son front, misérable que je suis ! s'écria-t-il, pour avoir eu la curiosité d'aller à un fameux spectacle de gladiateurs, je suis tombé dans ce déplorable état ; car vous savez que j'étois allé en Macédoine (24) pour y gagner quelque chose ; comme je m'en revenois, après dix mois de séjour, avec un assez bonne somme d'argent, un peu avant que d'arriver à Larisse (25) pour voir le spectacle dont je viens de vous parler, je fus assailli dans un certain chemin creux et écarté, par une troupe de grands voleurs, qui ne me laissèrent échapper qu'après m'avoir pris tout ce que j'avois. Ainsi, réduit à la dernière nécessité, j'allai loger chez une vieille cabaretière nommée Meroé (26), mais qui étoit encore femme galante. Je lui contai le sujet de mon voyage, et la triste avanture qui venoit de m'arriver dans le même jour ; quand je lui eus fait le récit de tout ce dont je me ressouvenois, elle me traita fort humainement, me donna très-bien à souper, et gratuitement ; ensuite, abandonnée aux transports d'une passion déréglée, elle me fit part de son lit : depuis ce fatal moment où j'ai connu cette malheureuse, je me suis trouvé comme ensorcelé, jusqu'à lui donner mes habits, que les honnêtes voleurs avoient bien voulu me laisser, et tout ce que je gagnois en exerçant le métier de fripier, pendant que je me portois bien. C'est ainsi que ma mauvaise fortune et cette bonne femme m'ont enfin réduit dans l'état où vous m'avez trouvé. En vérité, lui dis je, vous méritez de souffrir ce qu'il y a de plus cruel au monde, si toutefois quelque chose peut l'être davantage que ce qui vous est arrivé, d'avoir préféré un infâme plaisir, une vieille débauchée, à votre femme et à vos enfans. Mais, effrayé de mes reproches, il porta son doigt sur sa bouche, taisez-vous, taisez-vous, me dit-il, d'un air surpris et effrayé ; et regardant de tous côtés, comme un homme qui craint qu'on ne l'écoute, gardez-vous bien, continua-t-il, de parler mal d'une femme qui a un pouvoir divin, de crainte que votre langue indiscrète ne vous attire quelque chose de fâcheux. Comment, lui dis-je, quelle sorte de femme est-ce donc que cette personne si puissante, cette reine cabaretière ? C'est, dit-il, une magicienne à qui rien n'est impossible, qui peut abaisser les cieux, suspendre le globe de la terre, endurcir les eaux, détremper les montagnes, élever dans l'olympe les esprits infernaux, en précipiter les Dieux, obscurcir les astres, éclairer le Ténare même. Quittez, je vous prie, lui dis-je, ce style tragique, ployez ce rideau comique, et parlez un langage ordinaire. Voulez-vous, me dit-il, entendre une ou deux, ou même un plus grand nombre des choses qu'elle a faites ? car de vous dire que non-seulement les gens du pays l'aiment éperdument, mais encore les Indiens, les Æthiopiens (27), enfin les Antichthones mêmes (28) de l'un et l'autre hémisphère, c'est un des moindres effets de son art, c'est une bagatelle, au prix de ce qu'elle sait faire : écoutez ce qu'elle a exécuté aux yeux de plusieurs personnes. D'un seul mot, elle a changé en castor un de ses amans qui avoit eu commerce avec une autre femme dont il étoit amoureux, afin qu'il lui arrivât la même chose qu'à cet animal, qui, pour se délivrer des chasseurs, se coupe lui-même les testicules (29). Elle a transformé en grenouille un cabaretier de ses voisins, qui tâchoit de lui ôter ses pratiques, et présentement ce vieillard nageant dans un de ses tonneaux (30), et s'enfonçant dans la lie, invite d'une voix rauque ses anciens chalans, le plus gracieusement qu'il peut. Pour se venger d'un Avocat qui avoit plaidé contre elle, elle l'a changé en bélier, et tout bélier qu'il est, il avocasse encore. Et parce que la femme d'un de ses amoureux avoit tenu d'elle quelques discours pleins de raillerie et de mépris, lorsqu'elle fut prête d'accoucher, elle lui resserra la matrice, et l'empêchant de se délivrer, elle la condamna à une perpétuelle grossesse. Depuis huit ans que cette pauvre malheureuse est en cet état, on dit qu'elle a le ventre aussi gros et aussi tendu, que si elle devoit accoucher d'un éléphant (31). Enfin cette magicienne, par ses méchancetés, irrita l'indignation et la haine du public, au point qu'il fut résolu qu'elle seroit lapidée le lendemain ; mais elle sut fort bien s'en garantir par la force de son art, et détourner l'effet de ce complot : et, comme cette Médée (32) qui avoit obtenu de Créon la permission de différer son départ d'un jour, le brûla dans son palais avec sa fille qu'il alloit marier à Jason ; celle-ci ayant fait ses enchantemens autour d'une fosse, pour évoquer les esprits des morts (33), (ainsi qu'elle-même étant ivre me l'a conté depuis peu) elle enferma tellement tous les habitans de la ville dans leurs maisons par la force de ses charmes, que pendant deux jours entiers, il leur fut impossible d'en enfoncer les portes, ni même d'en percer les murs, jusqu'à ce qu'enfin ils s'écrièrent tous d'une voix suppliante, lui protestant avec serment qu'ils n'attenteroient rien contre sa personne, et même que, si quelqu'un avoit quelque mauvaise intention contre elle, ils la secoureroient de tout leur pouvoir. Etant ainsi appaisée, elle remit toute la ville en liberté ; mais pour celui qui étoit le premier auteur de l'assemblée qui s'étoit tenue contre elle, elle le transporta pendant la nuit avec sa maison entière ; savoir, le terrein, les murailles, les fondemens, enfin telle qu'elle étoit, à cent milles de-là, dans une ville située sur le haut d'une montagne fort élevée, qui par conséquent manquoit d'eau ; et, comme les maisons des habitans étoient si serrées qu'il n'y avoit point de place pour celle-là, elle la planta devant la porte de la ville, et se retira chez elle. Vous me contez-là, lui dis-je, mon cher Socrates, des choses bien surprenantes et bien cruelles ; le scrupule où vous m'avez jeté, me donne de l'inquiétude, ou plutôt une grande crainte que cette vieille, par le secours de son art et de ses esprits (34), n'ait connoissance de ce que nous avons dit ; c'est pourquoi couchons-nous de bonne heure, et après avoir un peu reposé, fuyons de ces lieux, et nous en éloignons avant le jour, autant qu'il nous sera possible. Comme j'achevois de donner ce conseil, le bon Socrates qui étoit fatigué, et qui avoit bu un peu plus qu'à l'ordinaire, dormoit déjà, et ronfloit de toute sa force. Pour moi, ayant fermé les verroux, et rangé mon lit contre la porte, je me jetai dessus ; la peur m'empêcha d'abord quelque temps de dormir ; enfin je m'assoupis un peu environ sur le minuit (35). A peine étois-je endormi, que la porte s'ouvre avec plus de fracas, que si des voleurs l'eussent enfoncée, les barres et les gonds mêmes se brisent et s'arrachent de manière qu'elle tombe par terre. Mon lit qui étoit fort petit, dont un des pieds étoit rompu et pourri, est renversé par la violence de cet effort, et je me trouve dessous étendu sur le plancher. Alors je sentis qu'il y a de certaines affections (36) qui produisent des effets qui leur sont contraires ; et, comme il arrive souvent qu'on pleure de joie, de même, au milieu de l'extrême frayeur dont j'étois saisi, je ne pus m'empêcher de rire, me voyant d'Aristomènes changé en tortue (37). Etant donc ainsi par terre, le lit renversé sur mon dos, et, regardant de côté la suite de cette avanture, je vois entrer deux vieilles femmes : la première portoit une torche ardente, et l'autre une éponge et un poignard. En cet état, elles s'approchent de Socrates, qui dormoit profondément. Celle qui tenoit le poignard, commença à dire : Voici, mon cher Endimion (38), ma sœur Panthie ; voici mon Catamite (39), qui, jour et nuit, a abusé de ma jeunesse ; voici celui qui, méprisant mon amour, non-seulement me diffame par ses discours, mais médite encore sa fuite ; et moi, malheureuse, abandonnée, comme Calipso, par la fourberie de cet Ulisse (40), je passerai le reste de ma vie dans les pleurs. Me montrant ensuite à sa sœur avec sa main : Pour Aristomènes, dit-elle, ce bon conseiller, qui l'engage à cette fuite, qui est présentement à deux doigts de la mort, étendu par terre sous son lit, d'où il regarde tout ceci, croit-il qu'il m'aura offensé impunément ? Je ferai en sorte tantôt, que dis-je, dans un moment, et même tout-à-l'heure, qu'il se repentira des propos qu'il a tenus de moi, et de sa curiosité présente. Je ne l'eus pas plutôt entendue parler ainsi, qu'il me prit une sueur froide, avec un tremblement si violent, que le lit qui étoit sur mon dos, en étoit tout agité. Que ne commençons-nous donc, ma sœur, dit la bonne Panthie, par mettre celui-ci en pièces à la manière des Bacchantes (41), ou après l'avoir lié comme il faut, que ne le châtrons-nous ? Sur cela, Meroé prit la parole, car je voyois bien par les effets que c'étoit celle-là-même, dont Socrates m'avoit tant parlé. Non, dit-elle, laissons au moins vivre celui-ci, afin qu'il couvre d'un peu de terre le corps de ce misérable (42) ; ensuite ayant panché la tête de Socrates, elle lui plonge son poignard dans la gorge jusqu'au manche, et recueille le sang qui en sortoit, dans un petit vase, avec tant de soin, qu'il n'en paroissoit pas une seule goutte. Voilà ce que j'ai vu de mes propres yeux. La bonne Meroé ne voulant pas même, comme je crois, oublier aucune des cérémonies qui s'observent aux sacrifices (43), met sa main droite dans la blessure, et la plongeant jusqu'au fond de ses entrailles, elle arrache le cœur de mon pauvre camarade, pendant qu'il sortoit par cette plaie une voix, ou plutôt des sons mal articulés, et que ce malheureux rendoit l'esprit avec les bouillons de son sang. Panthie boucha cette ouverture, quoiqu'elle fût fort grande, avec une éponge, en disant : Et toi, éponge, née dans la mer, garde-toi de passer par la rivière. Cela fait, elles ôtèrent le lit de dessus moi, et les jambes écartées sur mon visage, elles m'inondèrent entièrement d'une eau sale et d'une odeur infecte. A peine furent-elles sorties, que la porte se relève et se remet à sa place, les gonds rentrent dans leurs trous ; les barres qui étoient derrière se rapprochent, les verroux se referment ; et moi étendu comme j'étois par terre, faible, nud, gelé, et tout mouillé, comme si je n'eusse fait que de sortir du ventre de ma mère, demi-mort, ou plutôt survivant à moi-même, et comme un homme destiné au dernier supplice, que sera-ce de moi, disois-je, quand on trouvera demain matin cet homme égorgé ? Qui pensera que je dirai des choses seulement vraisemblables, lorsque je dirai la vérité ? Ne devois-tu pas au moins appeler du secours, me dira-t-on, si tu n'étois pas capable, fort comme tu es, de résister à une femme (44). On égorge un homme à tes yeux, et tu ne dis mot ! Mais, pourquoi n'a-tu pas eu le même sort que lui ? Pourquoi la cruauté de cette femme a-t-elle ménagé la vie d'un homme qui, témoin de son crime, pouvoit en révéler l'auteur ? Ainsi, puisque tu as échappé à la mort dans cette occasion, meurs maintenant. Voilà ce que je songeois en moi-même, pendant que la nuit se passoit ; c'est pourquoi je jugeai n'avoir rien de mieux à faire que de me dérober de ce lieu, avant la pointe du jour, et de m'éloigner du mieux que la peur me le permettroit. Je prends mon petit paquet, et j'ôte les verroux ; je mets la clef dans la serrure, je la tourne et retourne, et ne puis enfin qu'avec beaucoup de peine ouvrir cette bonne et sûre porte qui s'étoit ouverte d'elle-même la nuit dernière. Holà, dis-je, où es-tu ? ouvre-moi la porte de l'hôtellerie, je veux partir avant le jour. Le portier qui étoit couché par terre auprès de la porte, me répond à moitié endormi : Eh quoi ! ne sais-tu pas que les chemins sont remplis de voleurs, toi qui veux partir pendant la nuit ? Si tu te sens coupable de quelque crime, et que tu cherches la mort, nous n'avons pas des têtes de citrouilles (45) à donner pour la tienne. Il fera jour dans un moment, lui dis-je ; de plus, qu'est-ce que les voleurs peuvent prendre à un pauvre voyageur. ? Ne sais-tu pas, maître fou, que dix hommes, même des plus forts, ne sauroient en dépouiller un qui est tout nud. Ce valet, accablé de sommeil, se tournant alors de l'autre côté : Que sais-je, dit-il à demi-endormi, si tu ne cherches point à te sauver, après_ avoir égorgé le compagnon avec lequel tu vins hier au soir ! Je crus dans ce moment que la terre s'ouvroit sous mes pieds jusqu'au fond des enfers, et que je voyois Cerbère (46) prêt à me dévorer. Je connus bien alors que ce n'étoit pas par compassion que la bonne Meroé m'avoit laissé la vie, mais plutôt par cruauté, afin que je mourusse par le supplice de la croix. Etant donc retourné dans ma chambre, je délibérois, tout troublé, de quelle manière je pourrois me donner la mort ; mais, comme la fortune ne me présentoit d'autres armes pour cet effet, que celles que mon lit pouvoit me fournir : Mon cher lit, lui dis-je, toi qui as tant souffert avec moi, qui as été complice et juge de tout ce qui s'est passé cette nuit, et qui, dans mon. malheur, est le seul témoin que je puisse produire de mon innocence, prête-moi quelque arme favorable pour descendre promptement aux enfers. En même-temps je détache une corde dont il étoit entrelacé, et l'ayant jetée par un bout sur un petit chevron qui avançoit au-dessus de la fenêtre, après l'avoir bien attachée, je fais un nœud coulant à l'autre bout ; pour tomber de plus haut, je monte sur le lit, et passant ma tête dans la corde ; d'un coup de pied que je donne sur ce qui me soutenoit, je m'élance en l'air, afin d'être étranglé par mon propre poids ; mais la corde qui étoit vieille et pourrie se rompt sur-le-champ ; je tombe sur Socrates, dont le lit étoit proche du mien, et je roule à terre avec lui. Dans cet instant, le portier entre brusquement, criant de toute sa force : Où es-tu, toi qui avois si grande hâte de partir de nuit, et qui es encore couché. Alors, soit par ma chûte, soit par le bruit qu'avoit fait ce valet en m'appelant, Socrates s'éveille effrayé, et se leve le premier : En vérité, dit-il, ce n'est pas sans raison que ces valets d'hôtellerie sont haïs de tous ceux qui y logent ; car cet importun entrant avec trop de curiosité dans notre chambre, dans l'intention, je crois, de dérober quelque chose, m'a révcillé par ses cris, comme je dormois d'un profond sommeil. Ces paroles me ressucitent et me remplissent d'une joie inespérée. Eh bien, dis-je, portier si fidèle, voilà mon camarade, mon père et mon frère tout ensemble, que, dans ton ivresse, tu m'accusois, cette nuit, d'avoir assassiné : en même-temps j'embrassois Socrates de tout mon cœur ; mais lui, frappé de la mauvaise odeur dont ces Sorcières (47) m'avoient infecté, me repousse rudement : Retire-toi plus loin, me dit-il, tu m'empoisonnes ; et dans le moment, il me demanda en riant, qui m'avoit ainsi parfumé ; mais je tournai la conversation sur autre chose, par quelques mauvaises plaisanteries que je trouvai sur le champ, et lui tendant la main : Que ne partons-nous, lui dis-je, et que ne profitons-nous de la fraîcheur du matin pour gagner pays ? Je prens mon paquet, je paye l'hôte, et nous nous mettons en chemin. Nous n'avions pas beaucoup marché, que le soleil (48) commença à paroître et à répandre ses premiers rayons. Je regardois avec une curieuse attention la gorge de mon camarade, à l'endroit où je lui avois vu enfoncer le poignard, et je disois en moi-même : Extravagant que tu es, le vin (49) dont tu avois trop bu, t'a fait rêver d'étranges choses (50) ! Voilà Socrates entier, sain et sauf. Où est cette plaie ? où est cette éponge ? et enfin, où est cette cicatrice si profonde et si récente ? Et m'adressant à lui : Ce n'est pas sans raison, lui dis-je, que les habiles médecins tiennent que l'excès de boire et de manger cause des songes terribles et épouvantables ; car, pour avoir un peu trop bu hier au soir, j'ai rêvé cette nuit des choses si cruelles et si effroyables, qu'il me semble encore à l'heure qu'il est, être tout couvert et souillé de sang humain. Socrates souriant à ce récit : on ne t'a pas, dit-il, arrosé de sang, mais bien d'urine : cependant je te dirai aussi que j'ai rêvé cette nuit qu'on m'égorgeoit (51), car j'ai senti de la douleur au gosier : et il m'a semblé encore qu'on m'arrachoit le cœur, et même dans ce moment, je me trouve mal, les jambes me manquent, j'ai peine à me soutenir, et je voudrois bien avoir quelque chose à manger pour reprendre des forces. Voilà, lui dis-je, ton déjeûner tout prêt ; et mettant en même-temps ma besace par terre, je lui présente du pain et du fromage. Asseyons-nous contre cet arbre, lui dis-je. Cela fait, je me mets aussi à déjeûner ; et, comme je le regardois manger avec avidité, je le vois pâlir à vue d'œil (52) ; enfin sa couleur naturelle changea au point que mon imagination me représentant ces furies que j'avois vues la nuit, la peur fit que le premier morceau de pain, quoique petit, que j'avois mis dans ma bouche, s'arrêta dans mon gosier sans pouvoir changer de place. La quantité de gens qui passoit par-là, augmentoit encore ma frayeur : qui pourroit croire en effet que de deux hommes qui cheminent ensemble, l'un soit tué sans qu'il y ait de la faute de l'autre ? Enfin, après que Socrates eut beaucoup mangé, il commença à avoir une soif extraordinaire ; car il avoit dévoré avec avidité une bonne partie d'un excellent fromage. Assez près de l'arbre sous lequel nous étions, un agréable ruisseau couloit lentement, et formoit une espèce de marais tranquille, dont les eaux étoient brillantes comme de l'argent ou du crystal. Tenez, lui dis-je, rassasiez votre soif de cette belle eau. Il se lève, et, couvert de son petit manteau, il se met à genoux à l'endroit le plus uni du bord du ruisseau, pour satisfaire sa brûlante soif. Il avoit à peine touché l'eau du bout des lèvres, que la plaie de sa gorge s'ouvre profondément ; l'éponge qui étoit dedans tombe ensuite avec un peu de sang, et son corps, privé de vie, alloit tomber dans l'eau, si, le retenant par un pied, je ne l'eusse retiré sur le bord avec assez de peine. Ayant pleuré mon pauvre camarade, autant que le temps me le permettoit, je le couvris de sable, et le laissai pour toujours dans le voisinage de cette rivière. Quant à moi, tout tremblant et saisi de frayeur, j'allai me cacher dans les endroits les plus écartés et les plus solitaires ; et, comme si j'eusse été coupable d'un meurtre, je me suis banni volontairement de ma maison et de mon pays, et je me suis établi en Ætolie, où je me suis remarié. Voilà ce qu'Aristomènes nous raconta.

Rien n'est plus fabuleux que ce conte, dit celui qui avoit paru si incrédule, dès le commencement ; rien n'est plus absurde que ce mensonge. Puis se retournant de mon côté, et vous, continua-t-il, qui, par votre figure et vos manières, me paroissez un homme instruit, vous donnez dans une fable de cette nature ? Pour moi, dis-je, je crois qu'il n'y a rien d'impossible, et que tout arrive aux hommes de la manière que les destins (53) l'ont ordonné. Car il nous arrive quelquefois à vous et à moi, ainsi qu'à tous les hommes, plusieurs choses extraordinaires et presque incroyables, qu'un ignorant à qui on les conteroit, ne croiroit jamais. Quant à moi, je ne doute nullement de la vérité de tout ce qu'il vient de nous dire, et je le remercie de tout mon cœur du plaisir que son agréable récit nous a fait ; car ce rude et long chemin ne m'a ni fatigué, ni ennuyé ; il semble même que mon cheval ait eu part à mon plaisir, puisque, sans le fatiguer, je suis arrivé à la porte de cette ville, non sur son dos, mais comme porté par mes oreilles (54). Ainsi finit notre conversation et le chemin que nous faisions ensemble ; car ces deux hommes prirent à gauche pour gagner quelques bourgades qui n'étoient pas éloignées. Pour moi, je m'arrêtai au premier cabaret que je rencontrai dans la ville, et je demandai à l'hôtesse (55) qui étoit une vieille femme : Est-ce ici Hipate ? Oui, me répondit-elle. Connaissez-vous Milon, l'un des premiers de la ville, lui dis-je ? Elle se mit à rire. Il est vrai, dit-elle, que Milon est le premier de cette ville, puisqu'il demeure à l'entrée, hors l'enceinte des murailles. Ma bonne mère, lui dis-je, sans plaisanterie, dites-moi, je vous prie, quel homme c'est, et où est sa maison ? Voyez-vous, me dit-elle, ces dernières fenêtres, qui d'un côté ont vue sur la campagne, et de l'autre sur cette prochaine ruelle ; c'est la demeure de ce Milon, qui est puissamment riche, et qui a beaucoup d'argent comptant ; mais c'est un homme déshonoré et qui est d'une avarice sordide (56) ; il prête beaucoup à usure sur de bons gages d'or et d'argent : Toujours veillant sur son trésor, il se tient renfermé dans sa petite cahute avec sa femme, qui passe sa vie aussi sordidement que lui. Ils n'ont qu'une jeune servante ; et il est toujours habillé comme un gueux. Sur cela je me mis à rire : Mon ami Déméas a bien de la bonté et de la prévoyance, dis-je, de m'avoir adressé dans mon voyage à un homme, chez qui je puis loger, sans craindre la fumée ni l'odeur de la cuisine. Ensuite j'avançai quelques pas, et m'approchai de sa porte, que je trouvai bien baricadée ; j'y frappai de toute ma force, en appelant quelqu'un. Après un peu de temps, parut une jeune fille. Holà, dit-elle, vous qui avez frappé si rudement à notre porte, sur quoi voulez-vous emprunter ? Etes-vous le seul qui ne sachiez pas que nous ne prêtons que sur des gages d'or et d'argent ? Ayez meilleure opinion de moi, lui dis-je ; dites-moi plutôt, si votre maître est au logis. Oui, dit-elle ; mais, pourquoi me le demandez-vous ? J'ai, lui dis-je, des lettres â lui rendre de la part d'un ami qu'il a à Corinthe, nommé Déméas. Pendant que je vais l'avertir, dit-elle, attendez là : aussi-tôt elle rentre dans la maison, et referme la porte aux verroux. Etant revenue un moment après, elle l'a rouvre, et me dit que son maître me demandoit ; j'entre et le trouve couché sur un petit grabat, prêt à souper. Sa femme étoit assise à ses pieds (57), et il n'y avoit encore rien sur la table. Si-tôt qu'il me vit : Voici, dit-il, où vous logerez. Je vous suis fort obligé, lui dis-je ; en même-temps je lui présentai la lettre de Déméas. Après qu'il l'eut lue fort vîte : Je sais le meilleur gré du monde, dit-il, à mon ami Déméas de m'avoir adressé un hôte de votre mérite. En même temps, il fait retirer sa femme, et me prie de m'asseoir à sa place ; et comme par honnêteté j'en faisois difficulté, me tirant par mon habit : Asseyez-vous-là, me dit-il, car la peur que nous causent les voleurs, fait que nous n'avons pas ici de chaises, ni même les meubles nécessaires. J'obéis. Je jugerois aisément, continua-t-il, à votre bonne mine et à cette honnête pudeur que je vois répandue sur votre visage, que vous êtes de bonne maison, quand même mon ami Déméas ne m'en assureroit pas dans sa lettre. Je vous supplie donc de ne point mépriser ce méchant petit logis ; vous coucherez dans cette chambre prochaine, où vous ne serez pas mal. N'ayez point de répugnance de loger chez nous ; car l'honneur que vous ferez à ma maison la rendra plus considérable, et ce ne sera pas une petite gloire pour vous, si vous imitez les vertus du grand Thésée, dont votre père portoit le nom, qui ne dédaigna point de loger dans la petite maison de la bonne femme Hecale (58). Ensuite, ayant appelé sa servante : Fotis, dit-il, prens les hardes de notre hôte ; serre-les avec soin dans cette chambre ; porte-lui promptement de l'essence pour se frotter, du linge pour s'essuyer, avec tout ce qui lui sera nécessaire, et conduis-le aux bains prochains ; il doit être fatigué du long et fâcheux chemin qu'il a fait. Réfléchissant alors sur l'avarice de Milon ; et voulant me concilier encore mieux ses bonnes graces : Je n'ai pas besoin, lui dis-je, de toutes ces choses, que j'ai soin de porter toujours avec moi dans mes voyages, et l'on m'enseignera aisément les bains ; ce qui m'importe le plus, c'est que mon cheval, qui m'a porté gaiement, ait ce qu'il lui faut : tenez, dis-je à Fotis, voilà de l'argent, achetez-lui du foin et de l'orge (59). Cela fait, et mes hardes serrées dans ma chambre, en allant aux bains, je passe au marché afin d'y acheter quelque chose pour mon souper. J'y trouvai quantité de beau poisson, et en ayant marchandé, on me fit cent deniers ce qu'on me donna ensuite pour vingt. Comme je sortois du marché, Pithias, mon ancien camarade du temps que nous faisions nos études à Athènes, ayant été quelque temps à me reconnoître, vint m'embrasser avec toute la tendresse et la cordialité possible : Mon cher Lucius (60), me dit-il, il y a bien long-temps que je ne vous ai vu, nous ne nous sommes point rencontrés depuis que nous avons quitté nos études, quel est le sujet de votre voyage ? Je vous l'apprendrai demain, lui dis-je ; mais qu'est ceci ? Je vous félicite, car je vous vois vêtu en magistrat, et des huissiers avec des faisceaux marchent devant vous (61) ? Je suis Ædile (62), me dit-il, et j'ai cette année inspection sur les vivres : si vous avez quelque chose â acheter, je peux vous y rendre service. Je le remerciai, ayant suffisamment de poisson pour mon souper. Mais Pithias appercevant mon panier, et l'ayant secoué pour mieux voir ce qui étoit dedans ; Combien, dit-il, avez-vous acheté ce fretin ? A peine, lui dis-je, ai-je pu l'obtenir du marchand pour vingt deniers. Alors me prenant par la main, et me ramenant sur le champ au marché : Qui vous a vendu, me dit-il, cette mauvaise drogue ? Je lui montrai un vieillard qui étoit assis dans un coin. Aussi-tôt il se met à le réprimander avec beaucoup d'aigreur, suivant l'autorité que lui donnoit sa charge d'Ædile. Ha ha, dit-il, vous n'avez garde d'épargner les étrangers, puisque vous écorchez ainsi nos amis ! Pourquoi vendez-vous si cher de méchans petits poissons ? Vous rendrez cette ville, qui est la plus florissante de la Thessalie, déserte et inhabitable par la cherté de vos denrées ; mais vous en serez puni : car tout présentement je vais vous apprendre, comme pendant le temps de mon exercice, ceux qui font mal sont châtiés. Et renversant mon panier au milieu de la place, il commanda à un de ses huissiers de marcher sur mes poissons, et de les écraser. Mon brave Pithias, content d'avoir ainsi montré sa sévérité, me conseilla de me retirer : Il me suffit, mon cher Lucius, continua-t-il, d'avoir fait cet affront à ce petit vieillard. Surpris et consterné d'avoir perdu mon souper et mon argent, par le bel exploit de mon sage et prudent camarade, je m'en vais aux bains ; je m'en retournai ensuite au logis de Milon, et me retirai dans ma chambre. Je n'y fus pas plutôt, que la servante Fotis vint me dire que son maître me demandoit ; mais ayant déjà bien reconnu l'avarice de cet homme, je lui répondis que je le priois de m'excuser, ayant plus besoin de me reposer que de manger, fatigué comme j'étois de mon voyage : ce qui lui ayant été rapporté, il vint lui-même, et me prenant par la main, il tâchoit par ses honnêtetés de me tirer hors de ma chambre ; et, comme je m'en défendois le plus civilement que je pouvois, je ne vous quitterai pas, me dit-il, que vous ne veniez avec moi ; et accompagnant cela d'un serment, je fus contraint, malgré que j'en eusse, de céder à son opiniâtreté, et de le suivre jusqu'à son petit grabat, où, étant assis : Comment se porte, me dit-il, notre ami Déméas, sa femme, ses enfans ? Comment va son ménage ? Je lui rendis compte de tout ; ensuite il s'informa plus particulièrement du sujet de mon voyage ; quand je l'eus satisfait pleinement, il commença à me demander en détail des nouvelles de mon pays, des principaux de la ville ; et enfin de celui qui en étoit le gouverneur ; mais s'appercevant que, fatigué du voyage et de cette longue conversation, je m'endormois, que la moitié des paroles me demeuroit à la bouche, et que, n'en pouvant plus, je bégayois à chaque mot, il me permit enfin de m'aller coucher. Ainsi, accablé de sommeil, et non de bonne chère, je me sauvai du repas imaginaire de cet avare vieillard, qui ne m'avoit régalé que d'un entretien fort ennuyeux, et retournant dans ma chambre, j'y pris le repos que je desirois depuis long-temps.

Fin du premier Livre.

REMARQUES SUR LE PREMIER LIVRE.

Les Métamorphoses ou l'Ane d'Or. L'on fut si charmé de cet ouvrage d'Apulée lorsqu'il parut, qu'on le nomma l'Ane d'or par excellence ; épithete que les anciens ont donnée à plusieurs ouvrages qu'ils en croyoient dignes, comme aux vers de Pythagore, qu'on nomme les vers d'or.

(1) Je vais vous conter diverses fables dans ce discours Milésien. Les anciens appeloient fable ou discours Milésien les poëmes ou fables amoureuses, et les ouvrages en prose qui rouloient sur des choses plaisantes et agréables, et qui étoient pleins d'aventures et de folies divertissantes. Les premiers de ces sortes de contes ont été faits par des habitans de la ville de Milet en Ionie, gens qui vivoient dans le luxe, les délices et la galanterie ; et ces premiers contes ont été cause qu'on a appelé dans la suite ces sortes d'ouvrages fables Milésiennes. On nomme aussi Milésies, les onze livres de cette métamorphose d'Apulée, à cause de la galanterie du style. Ovide, au second des tristes, se plaint d'être banni pour ses livres d'amour, plutôt qu'Aristides, poëte grec, pour ses Milésies, ouvrage plein d'impudicités et de mollesse.

(2) Un ouvrage écrit, &c. Il y a dans le latin, papyrum Ægyptiam, sur un papier d'Égypte. Papyrus est le nom d'un arbrisseau qui croît dans les marais de ce pays-là. Il est de la grosseur d'un bras, long de dix coudées, grêle par le haut de son écorce ; on en tissoit des habits, des couvertures. On les séparoit en plusieurs feuilles minces, et l'on en faisoit le papier de la manière décrite dans Pline, I. xv de l'histoire naturelle, chap. 11 et 12. On parle ordinairement des Égyptiens, comme de gens mols et débauchés, faisant profession de rire et de composer des chansons lascives. Quintilien taxe les délices d'Alexandre en Égypte, comme les plus molles de toutes. Ce peuple étoit vif, naturellement porté à la plaisanterie. Selon Flavius Vopiscus, c'étoient de grands faiseurs d'épigrammes et de ces sortes de chansons que nous nommons vaudevilles. (3) Personnes changées. C'est une grande question parmi les savans : savoir, si les hommes peuvent être transformés en d'autres images de loups, d'anes, chevaux, &c. (4) Hymet est une montagne dans le territoire d'Athènes, renommée pour le marbre et le miel qu'on y recueille. L'orateur Lucius Crassus, eut six colonnes de ce marbre, longue chacune de douze pieds. Le miel d'Hymet (qu'on appelle aussi de l'Attique) surpasse tous les autres en bonté. Pline et Gallien l'approuvèrent dans les médicamens. (5) Isthme. Les détroits du Péloponèse (ou la Morée), restreint entre les deux mers, l'Égée ou Archipel, et l'Ionienne s'appelle isthme. Au milieu de cet isthme est la ville de Corinthe que Ciceron appelle l'œil de toute la Grèce, et qui se nommoit anciennement Ephyra. Les cinq sortes d'exercices qu'on faisoit aux jeux-publics qui se célébroient tous les ans en cet isthme, augmentent sa réputation. Il en est amplement parlé dans la Mithologie françoise, liv. 5,

chap. 4. (6) Tænar. C'est le nom d'un cap de mer et d'une ville, au territoire de Laconie, dont la capitale s'appelle Lacédémone, du nom de son fondateur, fils. de Sémélé. On dit qu'il vivoit du temps de Moyse. Depuis, elle a été nommée Sparte, de Spartus, fils, ou Sparta, fille de Pharonée, roi d'Argos ; d'abord c'étoit une ville sans murailles. Le roi Agesilaus interrogé pourquoi Sparte n'étoit point clause ; voila, dit-il, en montrant les habitans armés, les murs de Sparte. Ces peuples ont adopté une brièveté singulière dans leurs écrits et dans leurs discours, qu'on appelle laconisme. (7) Sans aucun maître. Ainsi Manlius, sénateur romain, se rendit lui-même et sans aucun maître, parfait en beaucoup de sciences. Ainsi saint Augustin se glorifie d'avoir entendu les livres des arts libéraux et les cathégories d'Aristote. (8) Je vais vous conter l'histoire de ce qui m'est arrivé en Grèce. Le texte dit, fabulam graecam insipimus. Il se peut entendre comme je l'ai expliqué, ou, si l'on veut, comme quelques-uns le prétendent : Je vais vous conter une fable prise d'un auteur grec, parce qu'Apulée en a tiré le sujet de Lucien, ou de Lucius de Patras, auteurs grecs. Ou bien parce qu'il feint que ceci soit arrivé en Thessalie, province grecque. (9) Ayant l'honneur de descendre du côté maternel du fameux Plutarque. Plutarque étoit cependant de Chéronée, ville de Béotie, et non de Thessalie, dont l'auteur dit qu'il tire son origine du côté maternel ; mais il se peut faire que les ancêtres de Salvia sa mère, étoient venus de Béotie s'établir en Thessalie. (10) Et du philosophe Sextus, son petit-fils. Ce Sextus fut précepteur de l'empereur Marc-Antonin. arts sédentaires, cellulaires, ceux qui s'exercent par des gens assis oisivement sur des selles. Le roi Numa en a permis la pratique aux esclaves seulement et aux forains, parce qu'ils détruisent la vigueur de l'esprit et du corps. (12) Je lui frottai soigneusement le front. Aristote, au second des problèmes, dit que les gros animaux suent principalement par le front, parce qu'ils ont la tête humide et large, et que le front est plus proche du cerveau, partie très-grande. (13) Curiosité. Julius Fermicus, 7, Mathes : dit que Ceux qui naissent sous l'étoile de la chevre, sont envieux de toutes choses, et qu'ils recherchent sans cesse à apprendre des nouveautés. La curiosité est toujours signe de babil, elle porte plus de dommage que de profit à ceux qui l'aiment. (14) Arrête le soleil. Les anciens croyoient que, par enchantement, il étoit possible de suspendre le cours du soleil. Saint Ambroise appelloit cet astre œil du monde, cœur du ciel, plaisir du jour, beauté des cieux, et grace de nature. (15) Forcer la lune à jetter de l'écume. Les anciens croyoient que les sorciers avoient le pouvoir par des paroles magiques, de forcer la lune à jetter de l'écume sur les herbes, dont elles se servoient ensuite pour leurs enchantemens. Cette prétendue écume se nommoit lunar virus. Les hommes ignorant anciennement les causes naturelles, regardoient les éclipses du soleil et de la lune, comme de mauvais augures, pour détourner ce dont ils croyoient être menacés, ils faisoient bruire et retentir quantité de vaisseaux d'airain et de cuivre. (16) M'ôtant la respiration. Nous avons deux petits canaux à la gorge par l'un desquels passe dans l'estomach tout ce que nous buvons et tout ce que nous mangeons, qui, pour cet effet, s'appele mangeoire : par l'autre, passe l'esprit de la bouche aux poumons ; et de là, remonte à la bouche et aux narines ; c'est par la même voie que se fait aussi le passage de la voix : on la nomme trachée-artère. Quelquefois les alimens demeurent dans ce canal, et ils bouchent le passage de l'esprit ; c'est ce qui arriva à Apulée. Pour prévenir cet accident, il y a une petite languette passée entre les deux canaux, qui s'appele épiglotte, qui couvre le canal de l'esprit en mangeant et en buvant. (17) Pœcile. Ce mot signifie peint ou bigaré, à cause de la variété des peintures qu'on y voyoit ; c'étoit la galerie dans laquelle les Stoïciens tenoient leurs écoles. (18) Vous auriez cru voir ce fameux serpent. Esculape, dieu de la médecine, à qui Homère, et après lui, Ovide, donne pour pere, Apollon, et pour mère, Coronis, fille du roi Phlegyas, laquelle étant grosse d'Esculape, ne laissa pas de s'abandonner à un nommé Ischys, fils d'Elatus ; mais Diane, indignée de l'infidélité que Coronis avoit faite à Appollon son frère, la tua d'un coup de flèche : et comme on étoit prêt de brûler son corps, Mercure ou, selon Pindare, Apollon lui-même, vint tirer l'enfant des entrailles de sa mère. Il fut nommé Esculape, des mots égyptiens esch qui veut dire, chèvre, et cheleph, qui signifie chien, parce qu'il fut nourri par une chèvre, et gardé par un chien. Les Epidauriens furent les premiers qui lui bâtirent un temple, et qui instituèrent des fêtes à son honneur, en quoi ils furent suivis des Athéniens et de plusieurs autres peuples de la Grèce. Sanchun Iathon prétend que le premier qu'on ait nommé Esculape, est Egyptien, et il le met au rang des Dieux puissans avec Mercure. Ainsi, ce n'est pas sans raison que Pline dit, que les Egyptiens se vantoient d'avoir les premiers inventé la médecine. On ne peut douter qu'il n'y ait eu plusieurs Esculapes ; et que le plus ancien n'ait été celui des Égyptiens. Cicéron en donne trois à la Grèce, ce qui fait connoître que le nom d'Esculape ayant une fois été porté de l'Égypte dans la Grèce, on le donna à plusieurs de ceux qui inventèrent quelque nouvelle manière de panser les plaies, et de guérir les maladies. Le temple d'Esculape à Épidaure étoit le plus fameux de la Grèce. On y voyoit sa statue faite d'or et d'ivoire, assise sur un trône de même matière, tenant d'une main un bâton plein de nœuds, appuyant l'autre sur la tête d'un serpent, avec un chien à ses pieds. Sur les murailles du temple pendoient quantité de tablettes, sur lesquelles étoient écrites les diverses maladies pour lesquelles on avoit eu recours à ce Dieu, et les divers remèdes dont on s'étoit servi pour les guérir. C'est sur ces inscriptions qu'Hippocrate composa, à ce qu'on dit, ses traités de médecine. On a consacré le serpent, qui est l'emblème de la prudence, au Dieu de la médecine, pour marquer que cette vertu étoit éminemment nécessaire à un médecin, et pour signifier aussi, que par son secours, le malade doit quitter ses maux et ses infirmités, comme le serpent quitte sa vieille peau. Par le bâton d'Esculape, on fait entendre que ceux qui relèvent de maladie, ont besoin de se ménager beaucoup, pour ne point retomber ; ou bien, parce que la médecine est comme le bâton et le soutien de la vie, et les nœuds de ce bâton marquent la difficulté de cet art. (19) Égine. C'est une isle ainsi nommée du nom d'Égine, mère d'Éaqua, l'un des juges infernaux ; quelques-uns disent d'Égie. C'est une ville dans la Morée, où l'on dit que Jupiter a été nourri par une chèvre, et que, pour ce sujet on lui donna ce nom ; car aix en grec, signifie chèvre. (20) Lupus. C'est une allusion pour comparer ce marchand qui avoit tout acheté, à la gloutonnerie et à la voracité de cet animal qui égorgeroit volontiers tout le troupeau dans lequel il s'est jeté. (21) Je m'en allai le soir même aux bains publics. Le bain étoit fort en usage chez les Grecs et les Romains. Ils le prenoient pour leur santé, pour se tenir le corps propre et net, et souvent pour le seul plaisir, dans de grands bâtiment publics, qui renfermoient un bain pour les hommes, et un autre pour les femmes. Dans les premiers temps de la république de Rome, que le luxe n'avoit point encore corrompu les mœurs, les Romains ne songèrent dans la construction de ces édifices, qu'à l'utilité et la commodité. Mais, dans la suite, les choses vinrent à un tel excès, qu'on ne pouvoit rien imaginer au-delà de la grandeur et de la magnificence de ces superbes bâtimens. Les marbres les plus rares y étoient employés. On y voyoit des colonnes sans nombre, aussi bien que des statues de bronze, d'albâtre et de porphyre. Ces vastes édifices qui, par leur étendue, paroissoient comme autant de villes, renfermoient des portiques, des allées, des bosquets, des canaux, des jeux de longue paume, des salles et une infinité d'appartemens séparés ; les uns, pour se déshabiller, les autres, pour suer, et d'autres, pour se faire dépiler et frotter d'essences parfumées des odeurs les plus exquises. M. Agrippa fit construire cent soixante-dix bains publics, avec tous les ornemens et la magnificence possible. Sous l'empereur Auguste, on fit des dépenses prodigieuses pour des bains qui avoient des appartemens pour l'été, et d'autres pour l'hiver. Mais ceux qu'Antoninus Caracalla fit bâtir au pied du Mont Aventin, et ceux de Dioclétien surpassoient de beaucoup en grandeur et en beauté tous ceux qu'on avoit vus auparavant. Ils étoient si spacieux, dit Lipse, que, dans ceux d'Antoninus Caracalla, dix-huit cent personnes pouvoient se baigner sans s'incommoder. (22) Rougeur. Le visage d'un homme vergogneux rougit ordinairement, parce que, comme dit Aristote en ses problèmes, le sang s'épand du cœur par toutes les parties de son corps, et occupe la superficie. Or cette rougeur est un bon signe dans un jeune homme, et comme disoit Diogène le Cynique, c'est la couleur de vertu. Ainsi les savans remarquent que Pompée ne paroissoit jamais en compagnie sans rougir. Quintilien dit que c'est un vice de rougir, mais un vice aimable qui engendre les vertus. (23) Manger et boire. Ces deux actions chassent les tristesses et passions de l'esprit, et facilitent le repos. (24) Macédoine. Cette ville a été fort illustrée par ses deux rois, Philippe et

Alexandre, et notamment sous ce dernier qui l'a rendue chef de l'Empire. Macédo, petit-fils de Deucalion, lui a donné son nom. (25) Larisse. Plusieurs villes ont eu ce nom en diverses provinces ; celle dont il est ici question, étoit dans la Thessalie ; elle a été bâtie par les Cyclopes qu'on surnomment Gastrochires, comme qui diroit Ventrimains, parce qu'ils se nourrissent du travail de leurs mains. (26) Meroé. Ce nom signifie autant que vin pur, comme qui diroit, qui n'a point appris à mettre de l'eau dans son vin. C'est ainsi qu'Ausone parle d'une bonne biberonne à laquelle, pour cet effet, on avoit, donné un semblable nom. (27) Æthiopiens. Homère, au Ier de l'Odissée fait cette division de l'Æthiopie. Strabon en parle amplement au Ier de sa géographie. Pline, au Ve, regarde comme bien fondée, l'opinion de ceux qui mettent deux Æthiopies au-dessus des déserts d'Afrique, notamment Homère qui partage ces peuples en deux. (28) Antichthones. Ceux lui habitent sous la Zone Hiemale que la Torride sépare d'avec nous. Ce nom signifie autant que : habitant une terre contraire ou opposée. Antipodes, ceux qui tiennent la plus basse partie de notre Zone : Antipes, ceux qui demeurent en la Zone opposite aux Antichthones. (29) Les Testicules. Le castor est mis au rang des animaux amphibies. Suivant l'opinion populaire, cet animal croit qu'on ne tâche de le prendre que parce que ses testicules sont fort utiles dans la médecine, et que, pour ce sujet ne pouvant éviter d'être pris, il se sauve par le moyen que porte le texte ; mais il faut plutôt suivre l'opinion d'un savant naturaliste. Le castor ne peut se châtrer lui-même, parce que ses testicules sont petites, fort étroites et adhérentes à son épine, et il est impossible de les lui ôter sans qu'il en meurt ; il a bien deux petites follicules qui lui pendent accouplées ensemble, qui ont une grande vertu en médecine. En effet . les Médecins appellent castorea les drogues qui guérissent plusieurs maladies, les étourdissemens, les tremblemens, vices de nerfs, maux d'estomach, paralysie, sciatique, maux de col, &c. (30) Grenouilles nageant dans un tonneau. L'eau est l'élément des grenouilles ; de-là vient le proverbe : verser du vin aux grenouilles qui s'emploie lorsque l'on donne des choses inutiles à ceux qui les reçoivent ; on dit au contraire verser de l'eau aux grenouilles, de ceux qui donnent des choses plaisantes et profitables à ceux qui les reçoivent. (31) Eléphant. L'éléphant, dit-on, porte dix ans : de là vient ce proverbe : plutôt enfantera l'éléphant. Tirons le mot enfanter de fan, fan d'éléphan, fan de biche, &c. et nous trouverons qu'il peut aussi bien dire des brutes, comme le latin, parere. Aristote dit que l'éléphant ne porte son petit que deux ans. (32) Médée. Les amours de Jason et de Médée, l'homicide commis par elle en la personne de son propre frère, après sa fuite, pour courir après son amant. Le divorce qu'il fit avec elle pour épouser Glauca ou bien Creüsa, fille de Créon, roi de Corinthe ; ses regrets et l'horrible vengeance qu'elle en tira, sont contenus fort au long avec l'explication physique et morale dans la mythologie, l. 6, ch. 7. (33) Ayant fait ses enchantemens autour d'une fosse. Les sacrifices se faisoient sur des autels élevés pour les Dieux du ciel, à terre pour les divinités terrestres, et dans une fosse pour les divinités infernales. Nous lisons dans Homère, qu'Ulisse creusa une fosse d'une coudée de profondeur, dans laquelle il versa du vin mêlé de miel, du vin pur, de l'eau et du sang des victimes, pour évoquer les ombres des morts, et particulièrement l'ombre de Tiresias. Silius, au 13e. des puniques, à son imitation, dit que Scipion en fit de même une fois. Cette sorte de sacrifice magique et assez fréquente dans les auteurs latins. (34) Esprits. Tout démon est ailé, comme dit Tertulien dans son apologie ; en un moment ils parcourent tout, ils apprennent tout ce qui se passe, et ils le rapportent de même. (35) Enfin je m'assoupis environ sur le minuit. Il.y a dans le texte : environ à la troisième veille de la nuit. Les anciens partageoient la nuit en quatre veilles, et chaque veille cemprenoit trois heures. La première veille de la nuit étoit depuis six heures jusqu'à neuf, et ainsi des autres. La discipline militaire fit faire cette division, parce que les soldats ne pouvoient se tenir aux écoutes toute la nuit. Les historiens nomment souvent les premières 2, 3 et 4 veilles de la nuit. (36) Affections. Les philosophes appellent affections les mouvemens de nos esprits, comme la crainte, le couroux, l'amour, la haine. Aristote, au 2 des éthiques, dit que les affections ne sont ni vertus ni vices ; pour ce sujet, elles ne méritent ni louanges ni blâme. Il y en a deux espèces, selon Quintilien, au liv. 6. Les unes sont brusques, les autres posées ; les unes conviennent à la tragédie, les autres à la comédie. (37) Me voyant d'Aristomènes changé en tortue. Parce qu'il étoit sous son lit, comme une tortue sous la coquille. (38) Endymions. Quelques-uns disent Hedyosmion, qui vaut autant à dire comme doucet, nom fort convenable aux amoureux. Apulée semble faire plusieurs allusions à ce fameux Endymion. Le sujet de cette fable est venu de ce que Endymion ayant observé le premier la multiforme-nature de la lune, le bruit courut, à cause du temps qu'il employoit à l'observation de son cours, qu'elle s'étoit amouraché de lui. (39) Catamite. Comme qui diroit mon cœur, mon mignon, mes amours. Les anciens appeloient Ganymèdes, concubin et les délices de Jupiter, généralement ces garçons qui tiroient un grand profit de la prostitution de leur corps. (40) Abandonné comme Calipso par la fourberie de cet Ulisse. Ulisse, après le siège de Troye, s'en retournant en son royaume d'Ithaque, fut jetté par la tempête sur les bords de l'isle d'Ogygie, où régnoit Calipso, fille de Thetis. Cette nymphe devint éperdument amoureuse de lui, et le retint auprès d'elle pendant sept ans par le charme des plaisirs. Ulisse enfin, par l'ordre de Jupiter, se remit en mer, et la quitta malgré ses regrets et ses larmes, pour rejoindre sa femme Penelopé. (41) Que ne commençons-nous donc, ma sœur, par mettre celui-ci en pièces à la manière des Bacchantes. Les Bacchantes étoient les compagnes et les prêtresses du Dieu Bacchus. Ces femmes vêtues de peaux de tigre et de panthères, entroient en fureur lorsqu'elles célébroient ses mystères. Elles couroient par les montagnes toutes échevelées, avec un thyrse à la main, qui étoit un bâton entouré de lierre, criant de toute leur force, et répétant souvent evohe Bacche. Elles mirent Panthée en pièces sur le mont Citheron, parce qu'il s'étoit mocqué des fêtes de Bacchus, les voulant faire passer pour des folies et des extravagances. Elles déchirèrent aussi Orphée pour une autre raison. Bacchantes, Bacchos, Bacchanales viennent de Bacchein, comme qui diroit enrager. Voyez l'histoire de Bacchus eu la mythologie, liv. 5, chap. 13. (42) Afin qu'il couvre d'un peu de terre le corps de ce misérable. C'est un reste de pitié de Méroé pour l'ame du pauvre Socrates, qui, suivant l'opinion des payens, auroit été errante sur les bords du Cocyte, sans pouvoir le passer, si son corps n'avoit pas été inhumé. (43) Ne voulant même, comme je crois, oublier aucune des cérémonies qui s'observent aux sacrifices, &c. Les prêtres, après avoir égorgé la victime, ne manquoient pas de l'ouvrir et d'en tirer les entrailles, par l'inspection desquels ils prétendoient connoître si le sacrifice avoit été agréable à la Divinité, et souvent même l'Haruspice par cet examen prédisoit à ceux qui avoient offert la Victime, les choses à venir sur lesquelles ils l'interrogeoient. (44) Résister à une femme. Aristote, dans ses problémes, dit que c'est chose plus criminelle de tuer une femme qu'un homme, parce qu'elle est plus foible. (45) Citrouille. Manière de parler pour faire entendre que la tête de l'homme ne se reproduit pas de graines comme les citrouilles. (46) Cerbère. Les Mythologiens disent que Cerbère est le gardien des enfers, et qu'Hercules l'emmena hors des enfers. Liv. 3, chap. 5 de la mythologie, on trouve l'explication de cette fable. (47) Sorcières ou Lamies. Ce sont des esprits qui vont de nuit, espèces de loups garoux qui dévorent les enfans, elles sont fort portées à l'amour, et très-lascives. Elles aiment notamment les beaux hommes. Leur nom vient de Laimos, gloutonnerie. (48) Etoile du jour. Cette étoile se nomme Lucifer porte jour ; ainsi qu'un autre soleil, elle devance le jour au matin. Elle est si claire que ses rayons sont suffisans pour dissiper les plus grosses ténèbres, le soleil ensuite par sa venue éclaire le monde. Elle se prend aussi pour le soleil même à qui proprement appartient cet effet. (49) (Boire). Caton, au 2 liv. de l'agriculture, dit, si vous desirez bien boire dans un banquet, et bien souper, mangez devant votre repas d'un chou crud au vinaigre, et quelques feuilles après le repas, elles vous rendent au même état que si vous n'eussiez ni bu ni mangé, et vous laissent boire autant que bon vous semble. (50) Etranges choses. Socrates, en la police de Platon, dit que la partie de l'esprit qui participe d'entendement et de raison, languit, assoupie chez ceux qui dorment, mais que celle qui tient du naturel bestial, étant étourdie par un immodéré boire et manger, s'éveille et tourmente horriblement par les visions nocturnes. C'est pourquoi Platon commande que le corps soit si bien disposé, quand l'on va se coucher, que rien ne puisse apporter ou frayeur ou trouble dans l'esprit. Pythagore défendoit à ses disciples de manger des fèves, d'autant que cette nourriture engendre ordinairement des songes grossiers. (51) On m'égorgeoit. Socrates pense avoir vu en songe ce qu'il avoit enduré par illusion ; c'est ainsi que l'art magique abuse les hommes par certains prestiges. S. Augustin, dans son 18e. de la cité de Dieu, dit : que la fantaisie de l'homme est capable de diverses formes ; il raconte l'histoire d'un homme auquel il étoit arrivé par force magique de rester dans son lit comme dormant sans se pouvoir réveiller que quelques jours après. Cet homme raconte ensuite ce qui lui est arrivé : qu'il étoit devenu cheval, et qu'il avoit porté des provisions de guerre parmi les autres vivandiers. Un autre homme soutint que de nuit il avoit vu venir un philosophe qui lui avoit expliqué quelques points de la philosophie platonique qu'il avoit refusé déja d'entendre. Ce philosophe lui demandoit pour quelle raison il faisoit maintenant ce qu'il n'avoit pas voulu faire en étant requis ; je ne l'ai pas fait, ce dit-il, mais bien ai-je songé l'avoir fait. (53) Les Destins. Séneque dit au livre du gouvernement du monde, les destins nous conduisent, et jadis il fut ordonné que l'on riroit de quoi l'on pleureroit. La doctrine payenne enseignoit que toutes choses qui naissent animaux, plantes, villes, n'avoient pas seulement leur genre particulier qui les gouvernoit perpétuellement, mais aussi qu'elles étoient soumises à la puissance des parques et du destin ; de façon que, quand quelque chose venoit à naître, elle devoit mourir au bout de certain terme, selon l'ordre des destinées, ou par l'épée, ou par le feu, ou d'ennui, ou par quelque autre désastre et constellation inévitable non-seulement aux hommes, mais aux Dieux mêmes, comme ils le représentoient par la statue de Jupiter Olympien dans son temple à Mégare. Il portoit sur sa tête l'effigie des parques et des heures, comme leur étant soumis. (54) Porté par mes oreilles. Les discours plaisans et facétieux allègent la fatigue des voyageurs, en sorte qu'ils paraissent portés par leurs oreilles, c'est pourquoi Xerxès, roi de Perse, disoit que l'esprit de l'homme habite aux oreilles. (55) Hôtesse tavernière. Platon, au 2 de la république, dit bien que cette espèce de gens est nécessaire aux grandes villes et bien policées, mais dans son livre des loix, il en défend la pratique aux bourgeois, comme ne devant être exercée que par des personnes abjectes et serviles. (56) Sordide. On appelle ainsi les avares dont la bassesse de l'ame les rend capables de la plus grande saleté ; ces ames chétives ne font aucun cas de la vertu, elles ne s'occupent que de richesses. (57) Sa femme étoit assise à ses pieds. Ce n'étoit pas la coutume, sur-tout en Grèce, que les femmes se trouvassent dans les banquets avec les hommes. Ciceron, dans la 3e oraison contre Verrès. Tùm ille negavit moris esse Græcorum ut in convivio virorum mulieres accumberent. Il dit que ce n'étoit pas la coutume chez les Grecs que les femmes se trouvassent dans les banquets des hommes. Quand elles mangeoient avec leurs maris, elles étoient assises à leurs pieds. Cela se voit encore dans plusieurs bas-reliefs de ce temps-là. (58) Si vous imitez ainsi les vertus du grand Thésée, dont votre père portoit le nom, qui ne dédaigna point de loger dans la petite maison de la bonne femme Hecalê. On voit par ce passage que le père d'Apulée se nommoit Thésée. A l'égard de Thésée, fils d'Égée, roi d'Athênes, étant encore jeune, il fut loger chez Hécale, vieille femme extrêmement pauvre, mais très-vertueuse. Elle le reçut le mieux qu'il lui fut possible, et lui promit de s'immoler elle-même à Jupiter, s'il revenoit sain et sauf de la guerre. Elle mourut avant son retour. Thesée en sa mémoire institua une fête en l'honneur de Jupiter, qui fut surnommé Hécalien. C'est de la pauvreté d'Hécale qu'est venu ce proverbe des anciens, Nunquam Hecale fies. Tu ne deviendras jamais Hécale, c'est-à-dire ; Tu ne seras jamais pauvre. (59) Tenez, dis-je à Fotis, voilà de l'argent, achetez-lui du foin et de l'orge. Le droit d'hospitalité étoit fort recommandable chez les anciens ; mais ils ne se piquoient pas toujours de défrayer entièrement leurs hôtes, ils ne leur donnoient souvent que le logement et l'ustensile. (60) Lucius. M. Varron, aux livres de l'analogie, nous dit qu'on appeloit anciennement à Rome luces, ceux qui naissent du jour, du mot lux, qui veut dire jour, ainsi nomment-ils manies, qui naissoient au matin, de mane, matin. Ces prénoms ne se donnoient aux mâles, qu'alors qu'ils commençoient à porter la robe virile, en sortant de tutelle : et aux filles, quand on les marioit. Apulée introduisant ce commissaire des vivres, le fait user de ce serment, pol ou par Pollux ; serment commun, a dit Celle, aux hommes et aux femmes ; mais Varron, le plus docte de tous les Romains, soutient que les plus anciens ne juroient ni par Pollux, ni par Castor, son frère ; les femmes disoient seulement occi ou non. Comme d'ailleurs il n'étoit permis qu'aux hommes de jurer par Hercule, lesquels alors sortoient dehors en plein air, pour montrer qu'Hercule n'a point mené une vie oiseuse ni sédentaire à l'ombre ; mais à la campagne et toujours en action ; ou peut-être que le respect qu'ils portoient à Hercules, les faisoit tirer à l'écart pour avoir moins d'arbitres et de témoins en ce serment, attendu que l'on tient qu'Hercules avoit été fort religieux et retenu en ses sermens, comme n'ayant juré qu'une seule fois en sa vie. (61) Des huissiers avec des faisceaux marchent devant vous. Les faisceaux étoient des haches dont le manche étoit environné de plusieurs baguettes liées ensemble, que des espèces d'huissiers, appelés licteurs, portoient devant les grands magistrats, pour inspirer plus de crainte et de respect dans l'esprit du peuple. Quand des magistrats précédés par des officiers avec ces faisceaux, vouloient marquer de la déférence pour quelque personne de mérite et de considération, ils les renvoyoient ou faisoient baisser leurs faisceaux devant eux, ce qui s'appeloit submittere fasces. C'est ainsi qu'en usa le politique Publicola, consul, qui, devant haranguer le peuple romain, renvoya auparavant ses licteurs. Fasces, dit Tite-Live, Majestati populi Romani submisit. Et le grand Pompée entrant dans la maison du philosophé Possidonius, congédia sur la porte ses licteurs, pour faire honneur aux lettres qu'il cultivoit avec soin. (62) Car je suis Ædile. Ces magistrats avoient la surintendance des bâtimens publics et particuliers, des aqueducs, des temples et des Jeux publics. Ils mettoient le prix sur toutes les denrées, ils avoient inspection sur les poids et mesures, et généralement sur tout ce qui concerne la police.

Fin des Remarques du premier Livre.

Livre II

LES MÉTAMORPHOSES:
ou
L'ANE D'OR D'APULÉE,
PHILOSOPHE PLATONICIEN,

LIVRE SECOND.

Sitôt que la nuit fut passée, et que le soleil parut, je m'éveillai et sortis de mon lit, l'esprit fort occupé, et brûlant toutes fois du desir de voir ce qu'il y avoit de rare et de merveilleux en cette ville, d'autant plus que j'étois dans le milieu de la Thessalie, d'où l'on croit par tout le monde que l'art magique a tiré son origine (1) : incertain néantmoins, je repassois en moi-même le conte que le bon Aristomènes m'avoit fait à l'occasion de cette Ville, où nous venions, et j'y considérois toutes choses avec une curiosité et une application extraordinaire. Tout ce qui s'offroit à mes regards, je m'imaginois que c'étoit autre chose qu'il ne me paraissoit, et que par la force des enchantemens tout y étoit métamorphosé ; que les pierres que je rencontrois, étoient des hommes pétrifiés ; que les oiseaux que j'entendois, avoient été des hommes, aussi bien que les arbres qui étoient le long des murs de la ville ; et que les fontaines étoient des corps humains, que la magie avoit fondus en eau. Je croyois que bientôt je verrois marcher les statues et les figures des tableaux, que les murailles devoient parler, que les bœufs et autres bêtes alloient prédire l'avenir, et même que, du haut des cieux, les corps radieux du soleil prononceroient tout d'un coup quelque oracle. Ainsi, étonné, et l'esprit occupé par le violent desir que j'avois de voir quelque chose de surnaturel, et n'en voyant aucun indice, ni la moindre apparence, j'allois et venois de tous côtés : enfin, marchant de rue en rue, comme un homme ivre et égaré, je me trouvai sans y penser dans la place du marché. J'y vis dans le moment arriver une femme, suivie d'un grand nombre de valets : Je m'approchai d'elle avec empressement. La magnificence de ses habits brodés d'or (2), et ses pierreries faisoient assez connoître que c'étoit une femme de qualité. Elle avoit à côté d'elle un homme fort avancé en âge, qui, dès qu'il m'eût apperçu ; vraiment, dit-il, c'est Lucius lui-même ; et il vint m'embrasser, et parla ensuite, sans que j'entendisse mot, à l'oreille de cette dame : Que n'approchez-vous, me dit-il, et que ne saluez-vous votre mère. Je n'ose, lui dis-je, n'ayant pas l'honneur de connoître madame ; et le rouge me montant au visage, je restai les yeux baissés à la place où j'étois. Mais elle, me regardant fixément, voilà, dit-elle, le même air de bonté de Salvia, sa très-vertueuse mère (3) ; leurs figures sont si conformes, qu'ils semblent être faits tous deux sur le même modèle ; sa taille (4) est d'une belle grandeur, et d'un embonpoint raisonnable ; son teint est bien coloré, ses cheveux sont blonds (5) et frisés naturellement ; ses yeux sont bleus, cependant ils sont vifs et brillans comme ceux d'un aigle (6), et leurs regards sont pleins de charmes : enfin, de quelque côté qu'on l'examine, il n'a aucun défaut, et sa démarche (7) est noble et n'a rien d'affecté. Lucius, ajouta-t-elle, je vous ai élevé de mes propres mains, mais vous n'en devez pas être surpris ; nous sommes non-seulement parentes, votre mère et moi, mais nous avons été élevées ensemble. Car nous descendons l'une et l'autre de la famille de Plutarque, nous avons eu toutes deux la même nourrice, et par les liens du sang, nous n'avons fait toutes deux qu'un même corps. Il n'y a d'autre différence entre elle et moi, que l'état présent de nos conditions, parce qu'elle fut mariée à un homme de grande qualité, et moi à un particulier. Je suis cette Birrhene que vous avez peut-être oui souvent nommer parmi ceux qui vous ont élevé ; venez donc hardiment prendre un logement chez moi, ou plutôt chez vous-même. Sur cela, le rouge qui m'étoit monté au visage s'étant dissipé, aux Dieux ne plaise, ma mère (8), lui dis-je, que je quitte mon hôte Milon, sans qu'il m'en ait donné sujet ; mais certainement je ne manquerai à rien à votre égard de tout ce qui se pourra faire, sans manquer aux devoirs de l'hospitalité. Toutes les fois que j'aurai occasion de venir en ce pays-ci, je ne prendrai jamais un logement ailleurs que, chez vous. Pendant ces contestations d'honnêteté, et quelques autres semblables, et après avoir marché peu de temps, nous arrivâmes à la maison de Birrhene. Le vestibule en étoit magnifique (9) ; il étoit orné de colonnes aux quatre coins, sur lesquelles on voyoit des statues de la déesse Victoire (10). Elles avoient les aîles déployées, un pied appuyé sur une boule, d'où elles paroissoient vouloir s'élever ; et quoiqu'elles y fussent attachées, il sembloit qu'elles ne tenoient à rien, et qu'elles alloient voler. Dans le milieu de la place étoit une statue d'une beauté parfaite, qui représentoit Diane. Ses habits paroissoient agités par le vent : elle sembloit courir avec vivacité, et venir à la rencontre de ceux qui entroient avec un air qui imprimoit du respect. Elle avoit à ses côtés des chiens qui étoient aussi de pierre. Ils avoient les yeux menaçans, les oreilles droites, les naseaux ouverts, la gueule béante et prête à dévorer ; et, si l'on entendoit aboyer quelques chiens des lieux voisins, on croyoit que c'étoit ceux-ci ; mais une chose en quoi l'excellent sculpteur avoit donné une grande marque de son habileté, c'est que ces chiens n'étoient portés que sur les pieds de derrière ; que ceux de devant étoient en l'air, ainsi que leurs corps qui sembloient s'élancer en avant. Derrière la statue de la Déesse, on voyoit un rocher qui formoit une grotte pleine de mousse, d'herbes et de feuillages, et de côté et d'autre, il sortoit du rocher des pampres et des arbustes fleuris. La statue étoit d'un marbre si blanc et si poli, que le fond de la grotte en étoit éclairé. Aux extrémités du rocher, pendoient des grappes de raisin ; et des fruits (11) que l'art, qui imite la nature, avoit copiés si parfaitement, qu'on auroit cru pouvoir les ceuillir et les manger, quand l'automne leur auroit donné la couleur et la maturité. Si l'on se baissoit pour les voir dans l'eau de la fontaine qui sort des pieds de la Déesse, et qui jetoit une eau douce et claire ; ils paroissoient agités comme des fruits et des raisins véritables, attachés à leurs branches. Entre les feuillages du rocher, on découvroit la statue d'Acteon qui, pour avoir eu la curiosité de voir Diane se baigner dans la fontaine de cette grotte, commençoit à prendre la forme d'un cerf. Comme je contemplois exactement et avec grand plaisir ces singularités : Tout ce que vous voyez ici, me dit Birrhene, est à vous. Dans le même-temps elle fit signe à ses gens de se retirer. Sitôt qu'ils furent sortis, je jure par cette Déesse, mon cher Lucius, dit-elle, que je crains terriblement pour vous, et que vous me causez autant d'inquiétude que si vous étiez mon propre fils. Gardez-vous, mais gardez-vous bien des maudits artifices et des détestables attraits de Pamphile, femme de Milon, chez qui vous dites que vous logez. Elle passe pour la plus grande Magicienne et la plus dangereuse qui soit dans cette ville : par le moyen de certaines herbes, de certaines petites pierres, et de quelques autres bagatelles de cette nature, sur lesquelles elle souffle, elle peut précipiter la lumière (12) des astres, jusqu'au fond des Enfers, et remettre le monde dans son premier cahos. Dailleurs aussi-tôt qu'elle voit (13) quelque jeune homme beau et bien fait, elle en est éprise et y attache son cœur. Elle l'accable de caresses, s'empare de son esprit, et l'arrête pour jamais dans ses liens amoureux. Mais, indigné contre ceux qui lui résistent, d'un seul mot, elle change les uns en pierres, ou en différens animaux, et fait mourir les autres. Cela me fait trembler pour vous, et j'ai voulu vous en avertir, afin que vous fussiez sur vos gardes ; car cette femme est toujours amoureuse, et vous lui convenez fort, jeune et bien fait comme vous êtes. Voilà ce que me dit Birrhene, fort inquiète sur ce qui me regardoit. Mais, sitôt que j'eus entendu parler de cet art magique, pour lequel j'avois une curiosité extraordinaire, tant s'en fallut que j'eusse dessein de me garder des ruses de Pamphile, que je fus transporté de joie, voulant me livrer entièrement à la connoissance de cette science, quoi qu'il m'en pût coûter, et me jeter à corps perdu dans cet abîme. Ainsi, sans y réfléchir davantage, je me dégageai le plutôt que je pus des mains de Birrhene, comme d'une chaîne importune ; et prenant congé d'elle brusquement, je gagnai au plus vite le logis de Milon. Pendant que j'y courois comme un insensé (14). Courage, Lucius, disois-je en moi-même, sois vigilant et attentif. Voici l'occasion que tu as tant souhaité ; tu pourras désormais rassasier ta curiosité des choses extraordinaires ; il n'appartient qu'aux enfans d'avoir peur : embarque-toi dans cette affaire le plutôt que tu pourras, mais garde-toi d'être amoureux de ton hôtesse, et fais conscience de souiller le lit conjugal du bon Milon. Recherche plutôt avec empressement les bonnes graces de Fotis : elle est d'une jolie figure, d'une humeur enjouée, et a beaucoup de vivacité. Hier au soir, quand tu fus te coucher, elle te conduisit civilement dans ta chambre, te mir au lit d'une manière gracieuse, te couvrit avec affection, et t'ayant donné un baiser, fit assez voir dans ses yeux qu'elle ne te quittoit qu'à regret : même en s'en allant elle s'arrêta plusieurs fois, et se retourna pour te regarder. Veuillent les Dieux que je réussisse ! mais, m'en dut-il mal arriver, il faut que je tente fortune auprès de cette Fotis.

Raisonnant ainsi en moi-même, et plein de mon opinion, j'arrivai chez Milon entièrement déterminé (15). Je n'y trouvai ni le maître ni la maîtresse, mais seulement ma chere Fotis, qui faisoit un hachis de viande pour le souper de ses maîtres, qui me parut à l'odeur devoir être excellent. Elle avoit une robe de lin fort propre, retroussée au-dessous du sein, avec une ceinture rouge. Elle remuoit la casserolle où étoit son hachis avec ses belles mains, et sa robe ondoyoit autour d'elle, par le mouvement agréable que se donnoit son corps. Ses membres agités lui faisoient tourner les reins d'une manière amoureuse et lubrique. Je demeurai surpris d'étonnement, et m'arrêtai quelque temps â l'admirer. Enfin cette vue m'ayant échauffé l'imagination : Ma chere Fotis, lui dis-je, que tu remues ce hachis de bonne grace, aussi bien que ton corps ! O le bon ragoût que tu fais là ! heureux en effet celui à qui tu permettras d'en goûter. Cette fille, qui étoit vive et quelquefois plaisante, se retournant de mon côté, me dit en riant : Retirez-vous, pauvre misérable, retirez-vous loin de mon feu ; car, s'il en voloit sur vous une éteincelle, vous brûleriez jusqu'au fond du cœur, et personne ne pourroit éteindre votre ardeur que moi qui sait remuer le pot aussi doucement que le lit agréablement. Cependant, sans quitter la place où j'étois, j'examinois toute sa figure avec attention ; mais, pourquoi vous entretenir de toutes ses beautés, je ne dois vous parler d'abord que de celles que j'ai soin d'examiner les premières dans une belle personne, de la tête et des cheveux qui en public attirent mon attention, et en particulier font naître mes plaisirs. La nature a élevé et découvert cette principale partie ; elle y a joint les graces naturelles (16) des cheveux qui parent autant une tête, que les plus beaux habits peuvent orner le reste du corps par leurs plus vives couleurs, pour nous apprendre à juger par ce qu'elle nous dévoile, de ce qu'elle ordonne à l'art de dérober à nos yeux. Plusieurs femmes, même pour laisser un champ plus libre au jugement que l'on doit porter d'elles, écartent de leur sein leurs habits et leurs voiles. Il semble qu'elles voudroient mettre à découvert tous leurs charmes, sachant bien que la blancheur et la vivacité d'un peau délicate, est plus capable de plaire que le brillant éclat des plus riches vêtemens. Mais ce que je ne puis dire sans peine, et ce que je souhaite, qui n'arrive jamais (17), si vous coupez les cheveux de quelque belle femme que ce puisse être, et que vous dépouillez son visage de cet ornement naturel, fût-elle descendue du ciel, engendrée de la mer (18), nourrie au milieu des ondes : en un mot, quand ce seroit Vénus elle-même (19), accompagnée des graces et des amours (20), parée de sa ceinture (21), et parfumée des odeurs les plus exquises ; si elle paroît avec une tête chauve, elle ne vous plaira point ; son Vulcain même la trouvera désagréable (22). Mais y a-t-il rien de plus charmant que des cheveux d'une belle couleur et tenus proprement, qui brillent au soleil, d'un lustre changeant, dont l'œil est ébloui ? Les uns d'un blond plus éclatant que de l'or, et brunissant un peu vers la racine ; les autres noirs comme le plumage d'un corbeau (23), et un peu changeant, comme la gorge des pigeons, qui parfumés d'essences précieuses (24), peignés avec soin, et tressés par derrière, sont comme un miroir où un amant se retrouve avec plaisir. Quel charme encore de voir une grande quantité de cheveux relevés et ajustés sur le haut de la tête, ou bien de les voir d'une grande longueur, épars et flottans sur les épaules. Enfin la chevelure est quelque chose de si beau, que, quand une femme paroîtroit avec toutes sortes d'ajustemens, et avec des habits chargés d'or et de pierreries ; s'il se trouve quelque négligence dans ses cheveux, toute sa parure lui devient inutile. Mais, pour ma Fotis, sa coëffure négligée et sans art la rendoit encore plus agréable ; car ses beaux cheveux, qu'elle avoir fort longs et fort épais, étoient en liberté sur son front et autour de son col ; ensuite cordonnés dans un ruban qui faisoit plusieurs tours, ils étoient noués sur le haut de la tête. Il me fut impossible de soutenir plus long-temps le supplice que me causoit l'excès du plaisir que j'avois à la considérer. Je m'approchai d'elle avec transport, et baisai amoureusement sur sa tête ces liens charmans. Elle se tourna, et me regardant de côté avec un air malin : Holà, dit-elle, jeune écolier, vous goûtez-là un plaisir qui a son amertume (25) aussi-bien que sa douceur ; mais prenez garde que cette douceur ne soit que passagère, et que l'amertume ne reste pour toujours. Que veut dire cela, lui dis-je, ma chere Fotis ? puisque, si tu veux me donner un baiser seulement, je suis tout prêt de me jetter dans ce feu. En même-temps, je la serre et l'embrasse plus étroitement. Comme je vis par la manière dont elle recevoit mes caresses, qu'elle répondoit à l'amour dont je brûlois pour elle : Je mourrois, lui dis je, ou plutôt je suis mort, si tu n'as pitié de moi. Prenez bon courage, me dit-elle en m'embrassant, car je vous aime autant que vous m'aimez ; je suis toute à vous, et nos plaisirs ne seront pas long-temps différés ; sitôt qu'on allumera les flambeaux, j'irai-vous trouver dans votre chambre. Allez-vous en donc, et préparez -vous. Nous causâmes encore quelque-temps et nous nous séparâmes. Environ sur le midi, Birrhene m'envoya quelques petits présens (26) ; un cochon de lait, cinq gelines, et un baril d'un excellent vin vieux de plusieurs années. J'appelle Fotis. Voici, lui dis-je, le Dieu (27) qui prête des armes à Vénus. Il vient nous trouver de lui-même. Buvons aujourd'hui tout ce vin, pour nous défaire entièrement d'une sotte honte, et pour nous donner une gaillarde vigueur au jeu d'Amour ; car la galère de Vénus n'a besoin pour bien voguer que d'huile dans la lampe, et de vin dans le verre (28). Je passai le reste du jour aux bains ; ensuite j'allai souper avec le bon Milon qui m'en avoit prié, et qui me régala d'un repas fort frugal. J'évitois, autant qu'il m'étoit possible, les regards de sa femme, suivant les avis que m'avoit donné Birrhène ; et, si par hasard je venois à jeter les yeux sur elle, je tremblois, comme si j'eusse vu l'enfer (29) : mais je regardois continuellement et avec beaucoup de plaisir ma chère Fotis qui nous servoit à table. La nuit étoit arrivé, et Pamphile alors considérant la lumière de la lampe : Que de pluie nous aurons demain (30), dit-elle ! Son mari lui ayant demandé comment elle le savoit : C'est cette lampe qui me le prédit, répondit-elle. Eh ! dit Milon, en éclatant de rire, nous entretenons une grande sibille de lampe, (31) qui, du haut du chandelier où elle est posée, examine le soleil, et sait tout ce qui se passe dans le Ciel. Sur cela, prenant la parole : Il ne faut point, dis-je, s'étonner de ce que dit Madame, du temps qu'il doit faire demain ; ce sont les premiers essais de cet art de deviner, et il n'y a rien en cela de fort extraordinaire. Car, quoique ce peu de feu terrien et de lumière que nous voyons, soit l'effet de l'industrie des hommes, il ne laisse pas de sympatiser avec le feu céleste dont il est descendu, de participer aux changemens qui y arrivent, et par conséquent de présager ce qui doit arriver au plus haut des airs, et de nous en instruire. Nous avons même présentement parmi nous, à Corinthe, un certain Chaldéen (33) qui trouble toute la ville par les réponses surprenantes qu'il fait ; et, pour de l'argent, il découvre au peuple les secrets du Destin ; quels sont les Jours heureux pour se marier (34) ; quels sont ceux qui sont propres pour jetter sûrement les fondemens des murailles (35) ; quels sont les jours heureux, ou pour les voyages, ou pour les embarquemens : et moi-même l'interrogeant sur le succès qu'auroit le voyage que je fais présentement, il me répondit plusieurs choses fort étonnantes ; car il me dit que j'aurois une réputation assez éclatante ; que je ferois une grande histoire avec une fable incroyable, et que je composerois des livres. De quelle taille est ce Chaldéen, me dit Milon en riant, et comment se nomme-t-il ? C'est un grand homme noiraut, lui dis-je, qu'on nomme Diophanes. C'est lui-même, me dit-il, et ce ne peut en être un autre ; car il a pareillement prédit ici diverses choses à plusieurs personnes ; mais, après y avoir gagné de l'argent considérablement, il lui arriva un accident cruel ou plutôt fâcheux (36). Un jour étant au milieu d'un grand nombre de peuples, où il découvroit la destinée à qui vouloit l'apprendre, certain négociant, qu'on nomme Cerdon, s'approcha de lui pour savoir quel jour il devoit commencer un voyage qu'il avoit à faire. Déjà le Devin lui avoit marqué ce jour ; déjà le marchand avoit mis bas sa bourse, tiré de l'argent, et compté cent deniers pour le prix de sa prédiction, quand tout à coup un jeune homme de qualité s'approche de Diophanes par derrière, le tire par son habit, et l'obligeant de se tourner de son côté, l'embrasse avec beaucoup d'affection. Notre Devin l'ayant salué et fait asseoir auprès de lui, parut d'un étonnement et d'une surprise extraordinaire de le voir ; et ne songeant plus absolument à l'affaire dont il s'agissoit : Depuis quand, lui dit-il, êtes-vous arrivé, vous que j'ai tant souhaité ? Je ne suis ici que d'hier au soir, lui répondit le jeune homme ; mais vous, mon cher ami, contez-moi, je vous prie, comment vous êtes venu en si peu de temps, de l'isle d'Eubée, et comment s'est passé votre voyage, tant sur terre que sur mer. Sur cela mon brave Chaldéen, encore tout hors de lui-même et sans avoir repris ses esprits : Que tous nos ennemis, dit-il, puissent faire un voyage aussi funeste que le nôtre, et qui ressemble autant à celui d'Ulisse (37) ; car le vaisseau sur lequel nous étions, battu des vents et de la tempête, ayant perdu l'un et l'antre gouvernail, et ayant été jeté sut la côte, s'est abimé tout d'un coup au fond de la mer, et après avoir tout perdu, nous nous sommes sauvés à la nage avec beaucoup de peine ; tout ce que nous avons pu ramasser ensuite, soit par la pitié de ceux que nous ne connoissions point, ou par la bonté de nos amis, est devenu la proie d'une troupe de voleurs. Pour comble de disgrace, mon frère unique, nommé Arisuat, s'étant mis en devoir de se défendre contre eux, a été égorgé à mes yeux. Pendant qu'il faisoit ce récit d'un air fort affligé, Cerdon ayant repris l'argent qu'il avoit compté pour payer sa prédiction, gagna au pied, et disparut. Alors Diophanes, réveillé comme d'un profond sommeil, s'apperçut du dommage que lui causoit son imprudence, en nous voyant rire à gorge déployée, tous tant que nous étions autour de lui. Mais, quoi qu'il en, soit., Seigneur Lucius, je souhaite que vous soyez le seul à qui ce Chaldéen ait prédit la vérité ; que toute sorte de bonne fortune vous arrive, et que vous fassiez un heureux voyage. Pendant ce long discours de Milon, je souffrois intérieurement une peine extrême, et j'étois au désespoir d'avoir donné lieu à ccs contes ennuyeux qui me faisoient perdre une bonne partie de la soirée et des plaisirs agréables que je m'étois promis. Enfin, perdant toute retenue, je m'adresse à Milon. Que ce Diophanes, lui dis-je, soit en proie à sa mauvaise fortune, et que de rechef il expose aux dangers de la mer et de la terre l'argent qu'il attrape aux peuples par ses prophéties : pour moi qui suis encore fatigué du chemin que je fis hier, permettez-moi de m'aller coucher de bonne heure. En même-temps je me retire dans mon appartement, où je trouve les apprêts d'un fort joli repas. Fotis avoit aussi éloigné le lit des valets de la porte de ma chambre, afin, je crois, qu'ils ne pussent entendre lés discours que nous nous tiendrions pendant la nuit. Auprès de mon lit étoit une petite table chargée de ce qui étoit resté de meilleur du soupé, avec deux verres à moitié pleins d'eau, qui n'attendoient plus que le vin qu'on y voudroit mêler, et une bouteille qui, s'élargissant par le cou, avoit une grande ouverture, afin de verser plus facilement le vin qui devoit aider à nos plaisirs, et nous y préparer. A peine étoit-je dans le lit, que Fotis ayant déja couché sa maîtresse, entre dans ma chambre en me jettant des roses, et en ayant une bien épanouie dans son sein ; ensuite elle m'embrasse étroitement et m'enchaîne en badinant avec des guirlandes de fleurs. Après qu'elle en eut répandu quantité sur mon lit, elle prend un verre de vin, et ayant versé dessus un peu d'eau tiède (38), elle me le présente à boire ; mais, avant que je l'eusse entièrement vuidé, elle me l'ôte en riant, le porte à sa bouche ; et les yeux attachés sur moi, boit le reste à petits traits. Nous redoublâmes ainsi plusieurs fois tour-à-tour (39). Etant donc animé par l'amour et par le vin, et brûlant du desir de parvenir au comble du bonheur, je jette ma couverture, et lui montrant l'impatience de mon ardeur : Ma chère Fotis, lui dis-je, aies pitié de moi, et hâte-toi de me secourir ; car tu vois, dès la première approche du combat auquel tu m'as appelé, que je me suis préparé de toute ma puissance, et si-tôt que j'ai été piqué de la première flèche de ce cruel Cupidon, cette vigne a tendu mon arc au point que je crains que la corde ne rompe s'il reste davantage ; mais, pour me faire encore plus de plaisir, délie tes cheveux, je te prie, laisse-les flotter en liberté sur tes épaules, et viens que je t'embrasse de tout mon cœur. Dans l'instant elle ôta le reste des mets que nous avions, et rangea la bouteille et les verres. Elle se déshabilla ensuite entièrement, dénoua ses cheveux pour augmenter la volupté, et parut belle comme Vénus sortant de la mer. D'une main couleur de rose, ombrageant, plutôt à dessein que par pudeur, sa nature mignone : Joutez à cette heure, et joutez vaillamment, me dit-elle, car je ne quitterai pas la place, et je ne tournerai pas le dos ; si vous avez de la valeur, disposez-vous à combattre, et me tuez pour mourir avec moi ; le combat d'aujourd'hui n'aura pas de relâche. En même-temps elle monte sur le lit, elle se couche tout de son long sur moi, puis sautant à plusieurs bonds, et démenant les reins d'une façon lubrique et voluptueuse, me saoula de tous les fruits que l'on recueille dans les combats amoureux, jusqu'à ce que fatigués de corps et d'esprit nous demeurâmes tous deux embrassés pour reprendre haleine. Nous passâmes ainsi toute la nuit sans dormir, et luttans ensemble, nous parvînmes au jour, nous délassans souvent à coup de verre, et aiguisans nos amours pour renouveller notre plaisir. Dans la suite, nous passâmes plusieurs .autres nuits comme nous avions fait celle là. Il arriva qu'un jour Birrhène m'envoya prier d'aller souper chez elle, et, quoique je pusse faire pour m'en excuser, je n'en pus venir à bout ; elle voulut absolument que j'y allasse. Il fallut dont en parler à Fotis, et lui en demander son avis, comme on fait aux Augures, quand on veut entreprendre quelque chose. Bien qu'elle ne voulût pas que je la quittasse d'un moment, elle m'accorda néanmoins gracieusement cette petite trêve : Mais au moins, dit-elle, prenez garde à revenir de bonne heure de ce soupé, car la maudite faction d'un nombre de jeunes gens de qualité a troublé toute la ville, et vous trouverez de côté et d'autre des hommes égorgés dans les rues. Les troupes du gouverneur de la province sont trop éloignées d'ici pour empêcher ce désordre ; et, comme on sait que vous êtes homme de qualité, et qu'on a du mépris pour un étranger (40), on pourroit bien vous dresser quelque embuscade. Ma chère Fotis, lui dis-je, sois sans inquiétude ; car, outre que je préférerais le plaisir d'être avec toi à tous les festins du monde, c'est que par mon prompt retour, je te mettrai l'esprit en repos. Cependant je n'irai pas seul, et mon épée que je porterai avec moi, suffira pour me mettre en sûreté. M'étant ainsi précautionné, je vais à ce soupé. J'y trouvai beaucoup de convives (41) ; et comme Birrhène étoit une dame de grande distinction, c'étoit les gens les plus considérables de la ville. Le repas fut magnifique. On se mit à table sur des lits d'ivoire, dont les couvertures étoient d'étoffe brodée d'or. Il y avoit une quantité de grands vases pour boire, tous d'une beauté différente, et tous également précieux ; les uns de verre avec des figures de relief, d'un travail admirable ; les autres, de cristal d'une beauté parfaite ; quelques-uns d'or, d'autres d'argent. Il y avoit même des morceaux d'ambre merveilleusement bien travaillés et creusés en forme de coupe ; enfin on y voyoit des ouvrages qui sembloient surpasser l'adresse des hommes. Il y avoit plusieurs écuyers tranchans richement vêtus ; des mets en abondance, servis par de jeunes filles ; et de jeunes garçons, remarquables par la propreté de leurs habits, et par la beauté de leurs cheveux, présentoient souvent à boire d'un excellent vin vieux dans des vases faits de pierres précieuses. Sitôt qu'on eut allumé les flambeaux, la conversation commença à s'animer, chacun se mit à badiner, à rire et à plaisanter (42). Alors Birrhene s'adressant à moi : Comment vous trouvez-vous en ce pays-ci, dit-elle ? Je crois que notre ville est fort au-dessus des autres, par la beauté de ses temples, de ses bains et de ses édifices. Toutes les commodités de la vie y sont en abondance. On y vit dans une liberté paisible, et les marchands étrangers la trouve aussi peuplée que celle de Rome. On jouit, si on veut, de la même tranquillité qu'à la campagne ; en un mot, c'est la retraite la plus délicieuse de toute la province. Vous dites la vérité, Madame, lui répondis-je, et je ne crois pas avoir vécu en aucun lieu avec plus de liberté qu'en cette ville ; mais je tremble quand je songe qu'on y est exposé aux funestes et inévitables effets de la magie ; car on dit même que les morts n'y sont pas en sûreté dans leurs tombeaux, et que de vieilles sorcières, jusques sur les bûchers, arrachent les ongles des corps qu'on y brûle (43), et en recherchent les restes pour nuire et faire du mal aux vivans, et que, pendant qu'on prépare les funérailles d'un mort, elles se rendent au bûcher les premiers, ou elles dérobent le corps très-adroitement ! Sur cela, un de la compagnie ajouta : Je vous assure qu'en ce pays-ci les vivans n'y sont pas plus en sûreté que les morts, et certaine personne qui n'est pas loin d'ici, a eu, il n'y a pas long-temps, le visage absolument défiguré par la malice de ces maudites enchanteresses. A ces mots, la compagnie éclata de rire de toute sa force, et chacun jetta les yeux sur un homme qui étoit à part dans un coin de la salle. Cet homme, honteux de se voir si obstinément envisagé, voulut se lever et sortir en murmurant entre ses dents. Mais Birrhene lui dit : Mon ami Telephron, restez, je vous prie, et suivant votre complaisance ordinaire, contez-nous encore une fois l'histoire de votre avanture, afin que mon fils Lucius ait le plaisir de l'entendre de votre bouche. Pour vous, dit-il, Madame, vous êtes toujours la bonté et l'honnêteté même ; mais il y a des gens dont l'insolence n'est pas supportable. Il prononça ces paroles avec beaucoup d'émotion : cependant Birrhene fit si bien, et le conjura avec tant d'instance, que, quelque répugnance qu'il eût à le faire, il ne put se refuser à sa prière. Ainsi ramassant ensemble une partie de la couverture du lit sur lequel il étoit, se dressant â moitié dessus, appuyé sur le coude, il étendit la main droite à la manière des orateurs (44), il ferma ensuite les deux plus petits doigts, et relevant les autres comme menaçant un peu du pouce (45), il commença ainsi. Etant encore pupille, je partis de Milet (46) pour aller aux jeux Olympiques (47), dans le dessein aussi de voir exactement toute cette province si renommée : après avoir parcouru toute la Thessalie, j'arrivai pour mon malheur â Larisse. Comme j'allai de côté et d'autre dans la ville, fort léger d'argent, et cherchant quelque remède à mon indigence, j'apperçois, au milieu du marché un grand vieillard monté sur une pierre, qui crioit à haute voix : S'il y a quelqu'un qui veuille garder un mort, qu'il dise ce qu'il demande. Alors m'adressant au premier que je rencontre : Que veut dire ceci, lui dis-je, les morts de ce pays-ci ont-ils accoutumé de s'enfuir ? Taisez-vous, me répondit-il, car vous êtes encore jeune et même étranger, et vous ne songez pas que vous êtes au milieu de la Thessalie, où les sorcières ordinairement arrachent des morceaux du visage des morts, dont elles se servent pour leurs enchantemens. Mais dites-moi, de grace, lui dis-je, que faut-il faire pour garder ainsi les morts ? Premièrement, me répondit-il, il faut veiller exactement toute la nuit, et avoir toujours les yeux attachés et fixés sur le corps mort, sans les en détourner d'un seul instant : car, pour peu que vous regardiez d'un autre côté, ces rusées et maudites femmes ayant pris la forme de quelque animal, se glissent avec tant d'adresse, qu'elles tromperoient aisément les yeux du Soleil même et de la Justice (48). Elles se changent en oiseaux en ours, en chiens, en souris et même en mouches ; ensuite, à force de charmes, elles accablent de sommeil ceux qui gardent le mort, et les endorment profondérnent ; enfin il n'est pas possible d'exprimer tous les tours que ces détestables femmes imaginent pour venir à bout de leurs desseins. Cependant, pour un aussi dangereux emploi, on ne donne ordinairement que cinq ou six pièces d'or ; mais, ce qu'il y a de pis, et que j'oubliois bien à vous dire, c'est que, si le lendemain matin le gardien ne rend pas le corps tout entier, il faut qu'il se laisse couper autant de chair du visage qu'on en a ôté au corps mort. Bien informé de tout cela, je prends courage, et m'approchant aussi-tôt du crieur : Cessez de crier, lui dis-je, voici un gardien tout prêt ; combien me donnera-t-on ? On vous donnera, dit-il, six pièces, d'or ; mais holà ! jeune homme, ayez au moins grand soin de garder, comme il faut, le corps du fils d'un des premiers de la ville, et de le garantir soigneusement des maudites harpies. Ce sont, lui dis-je, des misères et des bagatelles que cela ; vous voyez un homme infatigable, qui ne dort. jamais, qui voit plus clair que Lincée ou Argus même, et qui est tout yeux. A peine avais-je fini de parler, qu'il me mena en une maison, dont la grande porte étant fermée, il me fit entrer par une petite porte de derrière, et monter dans une chambre close et sombre, où il me montra une dame toute en pleurs, habillée de noir ; et s'approchant d'elle : Voici, dit-il, un homme qui est venu s'engager hardiment à garder le corps de votre mari. Elle rangea de côté et d'autre ses cheveux qui lui tomboient sur le visage, que je ne trouvai point abattu, malgré son affliction ; et me regardant : Prenez garde, dit-elle, je vous prie, à vous acquitter comme il faut de ce que vous entreprenez. Madame, lui dis-je, ne vous mettez point en peine, pourvu que vous ajoûtiez quelque petite honnêteté à ce qu'on me doit donner. Elle me le promit ; et se levant dans le moment, elle me mena dans une autre chambre. Là étoit le corps de son mari, enveloppé de linges blancs, et y ayant fait entrer sept personnes, elle-même leva le linge qui le couvroit ; et, après avoir long-temps pleuré, elle les prit tous à témoin (49), et leur fit voir avec précaution chaque membre de son mari, l'un après l'autre, ayant à côté quelqu'un qui marquoit le tout sur des tablettes. Voilà, dit-elle, son nez entier, ses yeux où l'on n'a pas touché, ses oreilles sauves, ses lèvres où il n'y a rien de gâté, et son menton ferme. Ainsi., Messieurs, vous en rendrez témoignage ; ensuite leur ayant fait signer l'acte, elle se retira. Je lui dis : Madame, ordonnez, s'il vous plaît, qu'on me donne les choses qui me sont nécessaires ? Et que vous faut-il, me dit-elle ? Il me faut, lui dis-je, une grande lampe et de l'huile suffisamment pour l'entretenir jusqu'au jour, avec de l'eau, quelques bouteilles de vin, un verre et un plat de viande des restes du soupé. Allez, impertinent que vous êtes, me dit-elle, en branlant la tête, vous demandez des restes du soupé dans une maison pleine d'affliction, où, depuis plusieurs jours, on n'a seulement pas allumé de feu. Pensez-vous être venu ici pour faire bonne chère ? Ne devriez-vous pas plutôt faire voir sur votre visage des larmes, et une tristesse convenable à ce lieu-ci ? En disant cela, elle se tourna vers sa femme-de-chambre. Mirrhine, dit-elle, qu'on lui apporte tout présentement une lampe et de l'huile. Elle sortit en même-temps, ferma la porte sur moi, et me laissa dans la chambre. Chagrin de me voir seul à la garde du corps mort, je commence à frotter mes yeux, et me préparant à bien veiller, je me mets à chanter pour me désennuyer. Bientôt le jour vint à baisser, et la nuit commença à paroître. Quand il fut nuit tout-à-fait, et qu'enfin le temps fut venu où tout le monde est enseveli dans un profond sommeil, la peur commença à me saisir. Alors je vois entrer une bêlette (50) qui s'arrête vis-à-vis de moi, et qui avec ses yeux vifs et perçans, attache ses regards si fixement sur moi, que la hardiesse d'un si petit animal ne laissa pas de me troubler un peu l'esprit : enfin je lui dis : Que ne t'en vas-tu, vilaine bête ; que ne vas-tu te cacher avec les rats tes semblables, avant que je te fasse sentir mes coups ? que ne t'en vas-tu donc ? Aussi-tôt elle tourne le dos, et sort fort vîte de la chambre. A l'instant même un sommeil profond s'empare si absolument de tous mes sens, que le Dieu de Delphes lui-même auroit eu peine à discerner entre le cadavre et moi, lequel étoit le plus mort de nous deux ; ainsi presque sans vie, j'étois-là comme n'y étant point, et j'avois besoin moi-même d'un gardien. Déjà, de tous côtés, les coqs (51) annonçoient par leur chant la venue du jour, quand je me réveillai en sursaut, tout saisi de frayeur. Je cours à mon corps mort avec de la lumière ; et lui découvrant le visage, je regarde soigneusement par-tout, si je n'y trouvai rien de manque.

Dans le moment sa pauvre veuve, inquiète et désolée, entra brusquement, suivie des témoins du jour précédent, se jetta. sur le corps du défunt ; après l'avoir baisé plusieurs fois, elle l'examine de tous côtés avec de la lumière, et se tournant ensuite, elle appelle son homme d'affaires, et lui ordonne de payer sur le champ ce que l'on avoit promis à un si bon gardien. Ce qui ayant été fait ; jeune homme, me dit-elle, je vous rends mille graces, et vous promets, en faveur du bon service que vous m'avez rendu, de vous compter désormais au nombre de mes amis. Et moi, pénétré de joie d'avoir fait un gain auquel je ne m'attendois pas, et tout ravi de tenir ces belles pièces d'or, que je secouois de temps en temps dans ma main, je lui réponds : Madame, regardez-moi plutôt comme un de vos serviteurs, et toutes les fois que vous aurez besoin que je vous rende un pareil service, vous n'avez qu'à me commander hardiment. A peine avois-je achevé ce compliment, que tous les domestiques de la maison détestant le mauvais augure de mes paroles (52), courent après moi, armés de tout ce qu'ils avoient pu rencontrer : les uns me donnent des coups de poing dans le visage, me meurtrissent le dos avec leurs coudes, et me brisent les côtes ; les autres m'assomment à coups de pied, m'arrachent les cheveux, et déchirent mes habits :ainsi, presque aussi maltraité que le fut Adonis par les dents du sanglier, ils me jettent hors de la maison en m'accablant d'injures. M'étant arrêté à la plus prochaine place pour reprendre mes esprits, je me ressouvins, mais trop tard, des paroles sinistres que j'avois dites fort imprudemment à la maîtresse de la maison, et je convins en moi-même que j'avois mérité un traitement encore plus rude. Toutes les cérémonies du deuil étant achevées.(53), comme on portoit le corps du défunt au bûcher, suivant la coutume du pays, et que la pompe funèbre, telle qu'il convenoit à un des plus considérables de la ville, passoit au travers de la grande place, on vit venir un vieillard fondant en larmes, et s'arrachant les cheveux. Il s'approche du cercueil, et l'embrassant, il s'écrie d'une voix haute et entrecoupée de sanglots : « Je vous conjure, Messieurs, par les pieux devoirs que nous nous devons les uns aux autres, regardez en pitié ce pauvre citoyen qu'on a malheureusement fait mourir, et vengez sévèrement ce forfait, sur cette maudite et méchante femme ; car c'est par elle seule que ce jeune homme, qui est le fils de ma sœur, a été empoisonné pour avoir son bien, et en favoriser son adultère ». Les lamentations de ce vieillard touchèrent tout le monde de compassion ; le peuple, persuadé de ce crime qui lui paroissoit vraisemblable, commença à murmurer et à vouloir en tirer avantage. Les uns demandent du feu, les autres cherchent des pierres. On anime jusqu'aux enfans contre cette femme ; mais elle, répandant un torrent de larmes feintes, et prenant tous les Dieux à témoin, nioit ce crime abominable avec les sermens les plus sacrés. Eh bien, dit le vieillard, remettons à la divine providence à faire connoître la vérité : Voici l'Egyptien Zachlas, le premier des prophêtes (54), qui m'a promis, il y a déjà long-temps, moyennant une somme d'argent considérable, de rappeler une ame des Enfers, et de ranimer un corps après son trépas. Sur le champ il fait avancer un jeune homme, couvert d'une robe de lin, chaussé avec des bottines de feuilles de palmier, et ayant la tête rasée (55). Le vieillard embrassant ses genoux (56), et lui baisant plusieurs fois les mains : « Saint Prêtre, lui dit-il, laissez-vous toucher de pitié ; je vous en conjure par les astres des cieux, par les divinités infernales, par les élémens qui composent l'univers, par le silence de la nuit (57), par le sanctuaire du temple de Coptos (58), par les accroissemens du Nil (59), par les mystères de Memphis (60), et par les sistres de Pharos (61), rendez l'usage du jour pour quelques instans à ce corps privé de vie, et répandez un peu de lumière dans ces yeux fermés pour jamais. Ce n'est point pour nous opposer aux loix de la nature, ni pour refuser à la terre ce qui lui appartient, que nous demandons qu'il puisse vivre un peu de temps ; mais pour avoir la consolation de venger sa mort ». Le prophête rendu favorable par cette conjuration, appliqua par trois fois (62) une certaine herbe (63) sur la bouche du défunt, et en mit une autre sur sa poitrine : ensuite tourné vers l'Orient, et faisant tout bas une prière au Soleil, tout le peuple resta dans une attention extraordinaire, à la vue d'un spectacle si digne de respect, et dans l'attente d'un si grand miracle. Je me fourre dans la presse, et je monte sur une grande pierre qui se trouva derrière le cercueil, d'où je regardois curieusement tout ce qui se passoit. Déjà la poitrine du mort commence à s'enfler, le mouvement du pouls se fait sentir, et tout le corps se remplit d'esprits. Enfin le cadavre se lève, et le jeune homme profère ces mots : « Pourquoi, je vous prie, me rappellez-vous aux devoirs dune vie qui doit finir dans un moment, après que j'ai bu des eaux du fleuve Léthé, et que je me suis baigné dans les marais du Stix ? Cessez, je vous en conjure, cessez et laissez-moi jouir de mon repos (64) ». Après que cette voix fut sortie de ce corps, le prophête paroissant plus ému, « que ne révèles-tu, lui dit-il, devant tout le peuple le secret et les particularités de ta mort ? Crois-tu que je n'aie pas le pouvoir par mes enchantemens, d'appeler à mon aide les Furies, et de te faire souffrir de nouveaux tourmens ». Alors le corps jette ses regards sur tout le peuple, et lui adresse ces paroles en gémissant : « J'ai reçu la mort par les détestables artifices de la femme que je venois d'épouser, et périssant par le breuvage empoisonné qu'elle m'a fait prendre, j'ai quitté la place de mon lit à son adultère ». Aussi-tôt cette brave femme s'arme d'audace, et d'un esprit capable des crimes les plus noirs, résiste en face à son mari, et nie effrontément ce qu'il avance. Le peuple s'échauffe, les opinions sont différentes ; les uns disent qu'il faut dans le moment enterrer cette méchante femme toute vive avec son mari ; les autres, qu'il ne faut pas ajouter foi à ce que peut dire un mort. Mais le jeune homme ôta tout sujet de contestation, par ce qu'il dit ensuite ; car, poussant des soupirs encore plus profonds : « Je vous donnerai, dit-il, des moyens clairs comme le jour, de connoître la pure vérité, et je vous apprendrai des choses que personne ne sait que moi. Car, pendant que ce très-soigneux gardien de mon corps, continua-t-il, en me montrant du doigt, me veilloit avec toute l'exactitude possible, de vieilles enchanteresses cherchant à avoir quelques morceaux de mon visage, après avoir envain plusieurs fois changé de forme, et ne pouvant tromper sa vigilance, elles l'entourèrent d'un nuage assoupissant, qui l'ensevelit dans un profond sommeil ; ensuite elles ne cessèrent point de m'appeler par mon nom, tant qu'enfin mon corps et mes membres froids commençoient peu-à-peu d'obéir aux enchantemens de l'art magique. Mais celui-ci, comme vivant encore, et n'étant privé de la vie que par le sommeil, se lève croyant que c'étoit lui qu'on appeloit, parce qu'il porte le même nom que moi ; et comme le fantôme d'un homme mort, il se met à marcher du côté de la porte, quoiqu'elle fût fermée bien exactement. Ces Sorcières ne laissèrent pas de lui couper le nez et les oreilles par un trou ; ainsi il m'a sauvé l'un et l'autre à ses dépens ; et afin que la tromperie fût complète, elles lui appliquèrent fort proprement des oreilles de cire au lieu des siennes, et un nez de même matière, tout semblable à celui qu'elles venoient de lui couper ; et certainement ce pauvre homme que vous voyez-là a bien gagné son argent, non pour m'avoir soigneusement gardé, mais pour avoir été mutilé comme il est ». Tout épouvanté de ce discours, j'en voulus savoir la vérité ; et me touchant le nez, il tombe dans ma main ; je tâte mes oreilles, elles tombent pareillement. Alors voyant que tout le monde me montroit au doigt, et me regardoit en se moquant de moi, je me sauvai au travers de la foule, tout trempé d'une sueur froide. Je n'ai pas voulu retourner à mon pays ainsi défiguré, et n'étant plus qu'un sujet de raillerie ; mais avec mes cheveux abattus de côté et d'autre, je couvre le défaut de mes oreilles ; et, pour mon nez, j'en cache la difformité avec ce linge que j'y ai collé le plus proprement que j'ai pu. Sitôt que Téléphron eut achevé son histoire, tous les conviés qui étoient échauffés de vin, recommencèrent à éclater de rire, et comme ils demandoient encore du vin pour boire des santés (65), Birrhene m'adressa la parole : C'est demain, dit-elle, le jour de la fête et solemnité de la fondation de cette ville. Nous sommes les seuls d'entre tous les peuples du monde, qui, par des cérémonies joyeuses et divertissantes, nous rendons le dieu Ris propice et favorable (66). Votre présence rendra la fête plus charmante, et je souhaite de tout mon cœur que vous inventiez quelque galanterie plaisante pour l'offrir à une si grande divinité, et pour l'honorer encore davantage. Avec plaisir, Madame, lui dis-je, et je voudrois bien trouver quelque sujet de divertissement digne de la fête, et même de la présence d'un si grand Dieu. Ensuite mon valet m'étant venu avertir que la nuit étoit fort avancée, comme j'avois un peu de vin dans la tête, aussi bien que lui, je me lève de table sans différer davantage ; et ayant pris congé de Birrhene, je m'en retourne d'un pas chancelant chez Milon. Mais, en traversant la première place que nous rencontrâmes, le vent éteignit la lumière qui servoit à nous conduire ; de manière que nous trouvant tout d'un coup dans les ténèbres d'une nuit très-obscure, nous eûmes toutes les peines du monde à regagner notre demeure, fort fatigués et les pieds tout meurtris par les pierres que nous avions rencontrées en chemin. En entrant dans notre rue, nous voyons trois grands coquins qui viennent frapper à notre porte de toute leur force, sans que notre présence leur fît la moindre peur ; il sembloit au contraire qu'ils redoublassent leurs coups, dans le dessein de nous braver ; de manière que nous ne doutâmes point, et moi particulièrement, que ce ne fussent des voleurs, et même des plus déterminés. Aussi-tôt je tire mon épée, que j'avois apportée sous mon manteau, pour me défendre en pareilles rencontres ; et sans balancer un moment, je me jette au milieu de ces brigands, et l'enfonce bien avant dans le corps de chacun d'eux à mesure qu'ils se présentoient devant moi,. jusqu'à ce qu'enfin percés de plusieurs grands coups d'épée, ils tombent morts à mes pieds. Fotis, que le bruit de ce combat avoit réveillée, s'en vint toute hors d'haleine ouvrir la porte. Je me jette dedans tout en sueur, et vais me mettre au lit, aussi fatigué d'avoir combattu ces trois voleurs, que le fut Hercule après la défaite du triple Gerion (67).

Fin du second Livre.

REMARQUES SUR LE SECOND LIVRE.

(1) D'autant plus que j'étois dans le milieu de la Thessalie, d'où l'on croit par tout le monde que l'art magique a tiré son origine. Pline, contre l'opinion des autres, tient que la magie a été inventée en Perse par Zoroaste, et que de-là elle est passée en Thessalie ; mais la plupart des anciens étoient persuadés que la Thessalie étoit abondante en herbes propres aux enchantemens et aux poisons ; que la magie y avoit pris naissance, et s'y étoit perfectionnée plus qu'en aucun lieu du monde. Aussi l'on trouve souvent dans les auteurs, Mulier Thessala, une femme de Thessalie, pour

dire une magicienne ou une sorcière. Horace, Epod. 5.

Quæ sidera excantatâ voce Thessalâ
Lunamque cœlo deripit.

Ainsi Menander avoit donné le nom de Thessalienne à sa comédie qui contenoit tous les traits que faisoit cette espèce de gens pour arracher la lune du ciel. Plaute appelle aussi Thessalien, cet enchanteur qui savoit tous les prestiges et toutes les illusions de la magie.

(2) Broderies. Attale, roi de Pergame, extrêmement riche en argent et meubles précieux, a le premier trouvé la façon des broderies et tissures d'or. Ce roi n'ayant point d'enfans, fit le peuple Romain son héritier. Ses richesses furent apportées dans Rome, et on appelle les habits brodés Attalèques, comme qui diroit, riches et somptueux.

(3) Voilà, dit-elle, le même air de bonté de Salvia, sa très-vertueuse mère. Apulée prend ici occasion assez adroitement de nous faire son portrait, et de nous apprendre qu'il étoit fort beau et fort bien fait. (4) Sa taille. C'est celle qu'on appelle communément riche ou modérée et séante ; les doctes la nomment quarrée, telles qu'on loue en Vespasien, et ces personnes sont plus adroites. (5) Les cheveux blonds. Galien, entre les signes d'une bonne et saine disposition, loue la couleur entremêlée de rouge et de bleue, les cheveux tirant sur le jaune et quelque peu crêpus. Apulée témoigne lui-même dans son apologie, qu'il n'avoit pas le poil efféminé, ni délicat, et qu'il ne le portoit pas long comme une amorce à dissolution, et comme ceux qui emploient leur temps à la toilette. Archigenas, médecin, enseignoit à ces efféminés de jaunir et friser leurs cheveux avec de l'écume de sel et de la mirrhe mêlées ensemble ; mais avec ses drogues, il faisoit périr beaucoup de personnes jalouses de leurs poils, en leur réfroidissant trop la tête. (6) L'aigle. Cet oiseau a la pointe de la vue merveilleusement vive et pénétrante ; elle passe aussi pour très-claire et très-aigue. Pour connoître si sa race ne dégénère pas de sa vivacité de vue, elle tourne ses petits, encore sans plumes, en face des rayons du soleil ; s'il n'en peuvent supporter la force, elle les précipite de son nid comme bâtards et dégénérés. (7) Sa démarche. Sénèque dit qu'on connoît l'impudicité de l'homme à sa démarche. Saint Augustin prétend qu'on peut juger de la qualité de l'esprit de l'homme par la mauvaise position de son corps. Saluste, entre autres reproches à Catelin, lui fait celui-ci : Que sa démarche étoit tantôt précipitée, tantôt tardive. La démarche la plus louable donc ne sera point méditée, ni affectée, ni suspendue comme celle de ceux qui ont les pléiades en leur horoscope, si nous croyons Julius Firanicus. (8) Aux dieux ne plaise, Madame. Le texte dit, parens, ma mère. C'étoit un terme d'honnêteté en ce temps-là, qui seroit trop familier aujourd'hui, et qui ne plairoit pas. Je me suis servi du mot de Madame, qui est plus respectueux et selon nos manières. (9) Le vestibule en étoit magnifique. C'est ainsi qui j'ai traduit, Atria longe pulcherrima. Je sais qu'Atrium se met quelquefois pour exprimer tout le dedans des maisons.

Virgile a pris ce terme dans cette signification, aussi-bien que Vitruve, quand il a écrit dans le 2 liv. de l'Ænéide.

Porricibus longis fugit et vacua atria lustrat.

Et dans la suite du même livre :

Apparet domus intus, et atria longa patescunt.

Il est aisé de voir que Virgile entend par atria tout ce qui se peut voir au-dedans d'une maison par la porte, quand elle est ouverte, qui est la cour et les vestibules, ou les grandes salles. Ainsi, comme on ne peut marquer précisément ce qu'atrium signifie, j'ai suivi Monsieur Perrault, qui dit qu'il a cru pouvoir hasarder le mot de vestibule pour signifier celui d'atrium, en avertissant qu'il n'entend pas précisément par vestibule ce que les anciens entendoient par vestibulum, mais seulement ce qu'il signifie en notre langue. (10) Sur lesquels on voyoit des statues de la déesse Victoire. Il y a dans le latin, Palmaris Deæ, de la Déesse portant la palme. La description que notre auteur en fait ici revient assez à ces vers de Claudien :

Ipsa duci sacras Victoria panderet alas,

Et palmâ viridi gaudens et amicta tropheis.

La Victoire elle-même chargée de trophées, et tenant en main une palme verte, étendoit ses ailes en faveur de ce grand capitaine. Les Athéniens, au rapport de Pausanias, représentoient cette Déesse sans ailes, afin qu'elle ne pût s'envoler, et qu'elle restât toujours chez eux. (11) L'art qui imite la nature. Il y a dans le texte singe de la nature. La réponse du peintre Eumope est remarquable ; interrogé sur quel modèle de ses prédécesseurs il façonnoit ses ouvrages, il répondit, en montrant une multitude d'hommes, qu'il falloit imiter la nature, et non l'ouvrier. Platon, au 10e des loix, dit que tout se fait par nature et par art, et que l'art même a engendré les nuages de la vérité. (12) La lumière. Les Platoniques enseignent que les pierres et les herbes ont quelque participation avec les lumières surnaturelles. Proclus écrit que, par certaine sympathie et mutuelle alliance entre les choses terrestres et célestes, un mélange de plusieurs pierres, herbes et autres drogues dont les magiciens se servent, peut attirer sur terre les influences célestes, certaines herbes ou pierres pouvant produire quelque effet merveilleux. (13) Aussi-tôt qu'elle voit. L'œil est le garde et la source de l'amour, il annonce ordinairement l'intention. Les yeux, dit Quintilien, nous précipitent en toutes sortes de vices, ils admirent, ils aiment, ils convoitent. (14) Insensé. L'habitude de l'esprit se découvre au mouvement du corps ; nous voyons ordinairement marcher d'un pas hatif ceux qui sont atteint de folie ou de fureur. (15) J'arrivai chez Milon entièrement déterminé. A Rome, lorsque quelqu'un proposoit un avis dans le Sénat, sur quelque affaire pressante, et qu'on n'avoit pas le temps de recueillir les voix à l'ordinaire, il disoit, à la fin de son discours : Quibus hæc salutaria videntur agite dum, in dextram partem pedibus transite : Que ceux à qui ce que je propose paroît bon et salutaire, passent tous du côté droit, et l'on appeloit ce que faisoient ceux qui s'alloient ainsi mettre du même côté, pedibus ire in sententiam alicujus : se ranger de l'avis de quelqu'un. Apulée se sert en badinant de cette façon de parler, parce qu'il étoit accouru avec empressement chez Milon, pourexécuter ce qu'il s'étoit mis dans la tête. (16) *Naturelles.* La beauté et la netteté des cheveux font honneur à la personne. S. Ambroise dit que la chevelure est honorable aux vieillards, vénérable aux prêtres, terrible aux gens d'armes, séante aux jeunes gens, de bonne grace aux femmes, et mignonne aux enfans. Un arbre dépouillé de ses feuilles est désagréable à voir. Les cheveux de l'homme font toute sa parure ; c'est l'ornement qui garantit son chef du froid et du chaud. Il n'y a rien de si désagréable à l'œil qu'une femme chauve. (17) *Qui n'arrive jamais.* Je ne souhaite pas, dit Apulée, que l'on trouve jamais une femme chauve ; en effet, les femmes ne deviennent pas volontiers chauves. Sénèque, au 15e liv. de ses épîtres morales, dit, en blâmant le luxe, que l'intempérance fait venir les femmes chauves et podagres. Hyppocrates dit dans ses aphorismes, que les cheveux ne tombent point aux femmes, et qu'elles ne sont pas sujettes au mal de jambe. La vie dissolue que mène la plupart des femmes actuellement, les expose cependant à ces deux maladies. (18) *Engendrée de la mer.* Saturne ayant taillé les génitoires de son père, les jeta dans la mer, et d'iceux avec l'écume marine naquit Vénus. Aristote, au 2e liv. de la génération des animaux, dit que la semence est immense, et que, par cette cause, la Déesse qui préside en telle besogne est en grec appelée Aphrodite. (19) *Quand ce seroit Vénus elle-même.* On distinguoit de la Vénus née de la mer, une autre Vénus qu'on appeloit Uranie ou Céleste ; celle-ci n'inspiroit que des amours purs et chastes, qui élevoient les cœurs au ciel ; elle avoit des temples en plusieurs endroits de la Grèce, où elle étoit représentée armée, et son sacerdoce n'étoit exercé que par des Vierges. Xénophon distingue cette Vénus-Uranie de l'autre Vénus, en donnant à celle-ci l'amour des esprits et des vertus ; et à l'autre, l'amour des corps. Apulée, dans son apologie, fait voir que cette Vénus Céleste, distinguée de la vulgaire, ne nous permet d'aimer que des beautés qui peuvent renouveller dans nos ames l'idée et l'amour des beautés célestes. La Vénus née de l'écume des flots, mère des amours et des plaisirs, a toujours eu pour le moins autant d'adorateurs que l'autre. (20) *Accompagnée des Graces.* Les Graces appelées Charites par les Grecs, étoient filles de Jupiter et d'Eurinome, selon quelques-uns, et selon d'autres, de Bacchus et de Vénus. Elles étoient trois, Aglaïe ou Pasithée, Euphrosine et Thalia. Ce sont des noms grecs, dont le premier signifie gaieté : Euphrosine veut dire agrément, et Thalia beauté. Lorsque les poëtes les mettoient en la compagnie de Vénus, ils les regardoient comme les Déesses de la beauté et de la bonne grace. Ils disent que la première rend les yeux fins et brillans ; que la seconde embellit la bouche, et que la troisième remplit le cœur de tendresse et de bonté. On les fait aussi quelquefois compagnes des Muses et de

Mercure, Dieu de l'éloquence. (21) Parée de sa ceinture. Homère, dans le 4e liv. de l'Illiade, représente Vénus avec une ceinture de diverses couleurs, qui rendoit aimables ceux qui la portoient. Junon l'emprunta de cette Déesse pour se faire aimer de Jupiter. (22) Son Vulcain même la trouvera désagréable. C'est-à-dire, que Vénus sans cheveux, loin de pouvoir plaire à qui que ce soit, ne plairoit pas même à Vulcain qui en étoit fort amoureux, et qui, boiteux et enfumé comme il étoit, ne devoit pas être si difficile et si délicat qu'un autre en amour. Vénus est avec raison mariée à Vulcain, parce que sans chaleur, il est impossible de marcher sous ses drapeaux. (23) Corbeau. Les dames recherchent le poil brun ; cette couleur en effet embellit et donne de la grace au teint blanc. Apulée, au démon de Socrates, dit qu'attendu que deux couleurs devancent les autres celle de la poix et de la neige, par lesquelles le jour et la nuit diffèrent entre eux ; Apollon a donné le blanc au cigne, et le noir au corbeau. (24) Essences précieuses. Il y a dans le texte, de gouttes arabiques, comme onguent de Nard, ou plutôt larme de myrrhe qui est très-bonne en Arabie. La myrrhe sue d'elle-même, avant qu'on la taille. Une goutte qu'ils appellent stacté, à savoir goutte ou larme de liqueur. Ce mot signifie aussi fleur de myrrhe. Les plus efféminées se frottoient les cheveux d'onguent de myrrhe. Les drogues odorantes et propres à faire onguent, qui sont particulières à l'Arabie, la font appeler en grec eudæmon, qui veut dire heureuse. (25) Amertume. L'amour, dit Plaute, est très-fécond en miel et en fiel ; ce qu'il donne à goûter est fort doux ; mais il vous donne aussi de l'amer tout votre saoul. (26) Présens. Avant que les hôtelleries et les cabarets fussent en usage, les anciens faisoient des amis réciproques, chez lesquels ils logeoient en leurs voyages. Ils cultivoient fort religieusement ce droit d'hospitalité, préparant des chambres et tout ce qui étoit nécessaire. Le premier jour, ils les invitoient à leur table, et le lendemain leur envoyoient de la viande, des volailles et autres denrées champêtres qu'ils appeloient xonies, comme qui diroit, présent d'hôte ; car xenos signifie hôte, tant celui qu'on reçoit, que celui qui reçoit : Jupiter Xénien étoit estimé conservateur des hôtes. (27) Bacchus. Il y a dans le texte, Liber. Liber n'est autre chose que Bacchus, et se prend pour le vin, portant aiguillon à luxure. C'est donc à bon droit qu'on le nomme Piqueur de Venus. Liber et Vénus ont engendré Priape, d'autant que ceux qui sont adonnés au vin, sont ordinairement enclins à la luxure. Les Latins l'ont appelé Liber, comme qui diroit franc et libre, parce que le vin ôte tout souci et toute peine, ou parce que l'ivresse rend les personnes plus licentieuses et pétulantes, et plus libres à parler. (28) Huile et vin. Le vin aiguillonne la volupté, et l'huile nourrit la lumière de la lampe, dont les amoureux aiment la clarté, trouvant plus de contentement dans les plaisirs nocturnes ; lesquels, à la lueur de la lumière, ils reçoivent aussi par les yeux ; car, comme dit le poëte, les yeux servent de guide en amour, et l'épigrammatiste : O quels duels ! O quelles luttes cet heureux lit et cette lumière ont vu. (29)

Comme si j'eusse vu l'Enfer. Le texte dit, Avernum lacum. Ce lac que les Italiens nomment encore Averno, est dans le royaume de Naples, proche de Baye, de Cumes et de Pouzzole. Les anciens auteurs disent que ce lac exhaloit des vapeurs si corrompues, que les oiseaux qui voloient par-dessus, tomboient morts et qu'on n'en pouvoit trouver le fond. Ce qui a fait dire aux Poëtes que c'étoit une descente aux Enfers : Souvent même pour les exprimer, on se servoit du nom de ce lac, Avernus, comme a fait Apulée en cet endroit. Ce lac est entouré de montagnes qui étoient autrefois couvertes d'une épaisse forêt, ce qui contribuoit à rendre ce lieu vénérable, selon la superstition des Payens qui l'avoient consacré à Pluton. L'empereur Auguste fit abattre ces bois, ce qui a rendu les environs de ce lac autant agréables qu'ils étoient affreux auparavant. On y voit quelques fontaines d'eau tiède, où l'on trouve de petits poissons noirs, qui ont un très-mauvais goût. Ceux du lac sont de la même couleur et sentent le soufre. L'illustre Antoine Doria eut la curiosité de le sonder lui-même, pour voir s'il étoit d'une si immense profondeur, que cela eût donné lieu à l'opinion des anciens qui le croyoient sans fond : il trouva que sa profondeur n'étoit que de deux cent trente-huit pas. (30) Que de pluie. C'est la façon de deviner, que les Grecs appellent Lychnomatie, d'autant qu'elle se fait à l'inspection des mêches de lumière. Les présages et pronostics sont tels. Si le lumignon laisse quelque petit amas autour de la mêche, en brûlant, c'est signe de pluie : si la flamme vole en tournoyant, c'est signe de vent : quand la lumière pétille, et qu'elle jette des étincelles contre bas, ou bien, lorsqu'il reste quelque charbon au col des marmites et chaudières en les levant, et quand le charbon allumé produit une grande et vive lueur. (31) Grande sibylle, de lampe. Milon, en riant, donne le nom de sibylle à la lampe qui les éclairoit, parce que, selon ce que disoit Pamphile, elle donnoit à connoître quel temps il devoit faire le lendemain. Les Sibylles étoient des filles Payennes qui prédisoient l'avenir, et qui même, à ce qu'on dit, ont prophétisé la venue du Fils de Dieu ou quelqu'action de sa vie. Ce nom de Sibylle est tiré de deux mots. grecs qui signifie conseil de Dieu. La plus commune opinion est, qu'il y a eu des Sibylles de différens pays. La première et la plus ancienne est la Delphique, que quelques-uns appellent Artemis. Elle prophétisa long-temps avant la guerre de Troye. Il y en a qui croient qu'Homère a inséré plusieurs de ses vers dans son Illiade. Les livres des Sibylles étoient conservés à Rome dans le Capitole, comme des choses sacrées. Ils furent brûlés avec ce superbe édifice, du temps de Sylla, 83 ans avant la venue de Jésus-Christ. Le sénat eut soin de recouvrer tout ce qui se pouvoit trouver des vers des Sibylles ; il envoya même, pour cet effet, des ambassadeurs en Grèce et en Asie qui en rapportèrent environ mille qu'on leur attribuoit. On nomma quinze personnes pour les examiner, ensuite on les mit dans le Capitole qu'on avoit rebâti. Du temps d'Auguste, on brûla jusqu'à deux mille vers attribués aux Sibylles, et l'on enferma dans deux cassettes d'or dans le temple d'Apollon, ceux qu'on crut être véritablement des Sibylles. Tant qu'il y a eu des Empereurs payens à Rome, on a toujours gardé avec grand soin ces prétendus Oracles que l'on consultoit dans les pressans besoins de l'état. Nous avons présentement plusieurs vers grecs divisés en huit livres, qu'on prétend être des Sibylles ; mais beaucoup de savans croient qu'ils ont été supposés dans le deuxième siècle. Monsieur Petit a donné au public, il y a quelques années, une dissertation fort curieuse touchant les Sibylles, où il prétend prouver qu'il n'y a jamais eu qu'une seule femme qui se mêla de prophétiser, à qui les anciens auteurs grecs aient donné ce nom de Sibylle. (32) Feu terrien. Le feu terrien que nous avons en usage, uni par certaine alliance avec le feu céleste et aërien, nous peut annoncer ce que présage le feu céleste. Les philosophes tiennent unanimement que ce monde inférieur dépend des mouvemens supérieurs, et que ces corps pesans et grossiers sont régis et se meuvent par d'autres plus subtiles. Il ne faut donc pas douter que ce feu terrien et élémentaire ne soit comme dépendant du feu céleste ; les anciens autorisent cette opinion. Ils n'éteignoient pas la lumière de leurs lampes, dit Plutarque, mais ils la laissoient languir et mourir d'elle-même, comme ayant une liaison intime avec le feu aërien qui ne s'éteint jamais. Prochus, philosophe platonique écrit finement de la sympathie et concorde que les choses terriennes ont avec les célestes. (33) Un certain Chaldéen. Les Chaldéens habitoient cette partie de l'Asie qui confine à l'Arabie, dont la ville capitale étoit Babylone. Ils étoient fort adonnés à l'astrologie judiciaire ; ils interprétoient aussi les songes, et pratiquoient toutes les superstitions de la magie, ce qui a fait appeler Chaldéens dans la suite tous ceux qui se mêloient de ces sortes de sciences. Les Assyriens appeloient Chaldéens leurs mages et docteurs. (34) Jours heureux pour se marier. Ces jours s'appellent égyphaques, et sont défendus dans les décrets, can. 6, quest. 7. Les anciens, par une vaine superstition, se faisoient accroire que le mois de mai étoit malencontreux pour les nôces, celui de Juin au contraire heureux et commode, peut-être parce que les latins ont nommé le mois de Mai Major, et Juin, de Junior, et de fait, les jeunes gens sont plus capables de nôces que les gens avancés en âge, car le vieillard est plus froid à l'endroit de Vénus, dit le poète. (35) Fondemens des murailles. Les villes ont leurs destinées aussi bien que les hommes, et les anciens consultoient pour savoir non-seulement le jour, mais aussi l'heure et les momens pour jetter les premiers fondemens d'une place. Appien dit dans ses Syriaques, en parlant du roi Seleucus, que ce roi ayant dessein de bâtir la ville de Séleucie, envoya chercher les mages pour choisir le jour et l'heure favorables à en poser les premières pierres ; mais ils se trompèrent dans leur avis, et l'heure fatale arrivant, à laquelle on devoit commencer, les ouvriers se mirent d'eux-mêmes à l'ouvrage. Les mages connoissant que la force du destin est inévitable, demandèrent pardon au roi, en lui disant qu'il n'étoit pas permis de changer le sort fatal bon ou mauvais, soit d'une personne, soit d'une ville. (36) Il lui arriva un accident un peu fâcheux. Le texte dit, Fortunam scævam an sævam verius dixerim ; une fortune sinistre, ou pour mieux dire, cruelle. On eût pu employer les mots senestre et sinistre, l'un signifie malencontreux, et l'autre gauche. Cette conformité de cadence en vocales, fait une figure qui s'appelle annomination, pour exprimer celle du latin, scævam, et sævam. (37) Un voyage aussi funeste que le nôtre, ou plutôt que celui d'Ulisse. Ulisse, après la prise de Troye, voulant retourner à Itaque, essuya, comme tout le monde sait, plusieurs naufrages, et toutes les disgraces d'un voyage très-malheureux. Mais il est très plaisant que ce Devin, entouré de peuple, transporté du plaisir de revoir son ami, lui conte sans réflexion tout haut les circonstances d'un voyage qu'il vient de faire, où à la mort près, il a essuyé tout ce qu'on peut imaginer de plus affreux, dans le temps justement qu'un homme le consultoit sur le jour qu'il devoit partir, afin qu'il ne lui arrivât aucun accident fâcheux dans un voyage qu'il avoit à faire. (38) Elle prend un verre de vin, et ayant versé dessus un peu d'eau tiède. Cet usage de mettre de l'eau tiède dans le vin pour le boire, est bien contraire au nôtre, qui est de le boire à la glace. Les anciens croyoient que la chaleur réveilloit les esprits du vin. Dans le Levant, c'est encore un usage assez ordinaire de boire un peu chaud, quoiqu'on s'y lave les mains dans de l'eau rafraîchie avec de la neige, quand on en peut avoir. (39) Il y a dans le texte : deux, trois et plusieurs fois. Le premier verre de vin étanche la soif, le deuxième réjouit, le troisième est voluptueux, le quatrième abrutit, et les autres tiennent de la folie. Le vin échauffe singulièrement, et il est très-pernicieux si l'on en boit outre mesure. Aurelian disoit de Bonosus, qu'il étoit né non pour vivre, mais pour être ivre. On a remarqué de ce prince une chose fort étrange qu'autant il buvoit, autant il urinoit ; et ce malheureux s'étant enfin étranglé, quelqu'un se mit à dire, par plaisanterie, que c'étoit une bouteille, et non un homme qui étoit pendu. (40) Etranger. On porte ordinairement plus de faveur à ses compatriotes qu'aux étrangers ; l'exemple d'Agoracrit, Parien, et d'Aléamus, Athénien, en font foi : Ces deux habiles sculpteurs ayant fait une Vénus de pierre à l'envi l'un de l'autre ; Aléamus remporta la victoire sur son compagnon, plus par les voix et la faveur de ses compatriotes, que par l'excellence de son ouvrage. (41) Convives. L'ordonnance des festins porte qu'il n'y ait jamais moins de trois, ni plus de neuf personnes ; il faut que le nombre des conviés commence par celui des Graces, et finisse par celui des Muses : Car, dit Varron, il ne faut jamais un trop grand nombre de convives ; là où est la multitude, là est la confusion. (42) Plaisante. Ciceron, au premier livre des Offices, nous apprend qu'il y a deux manières de traiter ; l'une illicite, pétulante et outrageuse ; l'autre, élégante, gaillarde, ingénieuse et plaisante : on peut, sans offenser personne, employer la seconde, mais éviter toujours la première. (43) Ongles. Ainsi cette magicienne de Lucain, Erichtzo, arrache des os ardens du milieu des bûchers, recueille des haillons charmés, lutte à l'encontre des cadavres, leur tire les yeux de la tête, et prend la rognure de leurs ongles ; les mages, dit Pline, assurent que les rognures des ongles des pieds et des mains, mêlés avec de la cire, servent contre les fièvres tierces et quartes. Il enseigne lui-même de jeter les rognures d'ongles dans les fourmillières, que l'on prenne la première qui commencera de les emporter, qu'on la pende au col, et qu'ainsi la fièvre se perdra. Artemon dit que l'eau bue dans le crâne d'un mort, guérit le mal caduc. Quelques-uns boivent dans le crâne d'un pendu pour guérir la morsure d'un chien enragé. (44) A la manière des orateurs. Les mains de l'orateur sans lesquelles, comme dit fort bien Quintilien, l'action est manchotte et foible, ont une infinité de mouvemens qui accompagnent la parole, ou, pour mieux dire, elles parlent elles-mêmes. Son plus gracieux geste est celui par lequel il ramène le doigt du milieu vers le pouce, en déployant les autres trois. On joint aussi les doigts du milieu avec le pouce ; ce geste est encore plus pressant que l'autre, propre au commencement et à la narration. Quelquefois on en ploie trois par dessus le pouce, et on étend le doigt qu'on appelé indice, duquel on se sert ordinairement pour montrer, rapprocher, menacer. Ciceron dit que Crassus s'en servoit fort bien. (45) Du pouce. Les Latins nomment ce doigt d'un mot par lequel ils montrent que c'est le plus primant et le plus utile de tous. Les Romains ne recevoient jamais sous leurs drapeaux ceux auxquels le pouce manquoit, comme gens inutiles à la guerre. Ammien Marcellin dit que jamais aucun Gaulois ne se coupa le pouce pour éviter les fatigues de la guerre. Les Athéniens voulant affoiblir les Æginetes qui, pour lors, étoient puissans sur mer, firent couper les pouces à leurs mariniers pour les rendre inhabiles à la marine. (46) Milet. Ville capitale d'Ionie, mère de quatre-vingt villes. Elle donna naissance à Thalès, Anaximènes, Anaximander, Hécatée l'historien, et à Æschine l'orateur ; mais ses habitans s'étant amollis par le luxe, ils donnèrent lieu à ce proverbe d'Aristophane : Jadis les Milésiens étoient vaillans. Aristagoras, député vers les Lacédémoniens, pour demander des secours aux Perses, se présenta vêtu richement et somptueusement, ce qui donna occasion aux Ephores de lui dire par une ironie qui passa depuis en proverbe, au logis des Milésiens, comme voulant dire que ces délices et que ce luxe ne conviennent nullement à des gens qui étoient dans la peine, et qui alloient demander des secours aux autres. (47) Aux jeux Olimpiques. Ces jeux étoient fort fameux dans la Grèce, ils se célébroient de quatre en quatre ans, en l'honneur de Jupiter, vers le solstice d'été sur les bords du fleuve Alphée, proche la ville de Pise dans l'Elide, qui est une partie du Péloponèse. On n'a rien de fort certain sur leur première institution ; quelques-uns l'attribuent à Hercule. Iphitus les rétablit vingt-deux ou vingt-trois ans avant la fondation de Rome ; ils devinrent si solennels, que la Grèce en fit son époque, et compta ses années par les Olimpiades. Ces jeux duroient cinq jours ; toute la jeunesse de la Grèce s'y trouvoit pour y disputer les prix par cinq sortes d'exercices, qui sont le ceste ou les gantelets, la course, le saut, le disque ou le palet, et la lutte. On y ajouta dans la suite un sixième exercice, qui étoit la course des chariots. Ceux qui remportoient quelqu'un des prix, étoient tellement honorés, que quand ils retournoient en leur patrie, on abattoit un pan de muraille de la ville, pour les y faire entrer sur un char de triomphe, aux acclamations de tout le peuple. (48) Qu'elles tromperoient aisément les yeux du soleil et de la justice. Comme c'est par le soleil que tout est éclairé, et peut-être vu sur la terre, ce n'est pas sans raison que les Grecs l'appeloient Pant'horon, tout voyant ; et notre auteur, dans le premier livre, l'appelle aussi Deum videntem, Dieu qui voit tout. Selon Aulu-Gelle, on représentoit la justice avec des yeux vifs et perçans, pour montrer que les juges doivent examiner avec la dernière exactitude les choses sur lesquelles ils doivent prononcer. On la représente aujourd'hui avec un bandeau sur les yeux, pour marquer qu'on doit rendre la justice sans acceptation de personne, et sans rien envisager que la raison. (49) Et y ayant fait entrer sept personnes, &c. Elle les prit tous à témoin. Ce nombre est celui que l'on pouvoit desirer pour les choses les plus importantes, et le même que les loix romaines demandoient pour la validité des testamens. (50) Bêlette, c'est-à-dire une magicienne transformée en bêlette. Les magiciens croyoient et le peuple aussi que, par la force de la magie, les femmes sur-tout pouvoient être transformées en bêlettes, en rats, chats, &c. S. Augustin dit qu'il est impossible de changer la figure de l'homme ; il n'appartient qu'aux gens simples d'ajouter foi à de pareilles sottises. Les auteurs ecclésiastiques rapportent à ceci tout ce que l'on raconte de Circé qui changea tous les compagnons d'Ulysse en bêtes ; et les Arcadiens qui se transformoient en loups, et de ceux qui, changés en chevaux, portoient les munitions de guerre. (51) Les coqs. Le coq connoît les saisons de la nuit, il en distingue les heures, et réveille l'homme pour qu'il retourne à ses travaux. Le chant du coq, dit S. Ambroise, est agréable la nuit et utile ; il éveille celui qui dort, avertit celui qui a du souci, et console le voyageur en lui annonçant l'avancement de la nuit. (52) Détestant le mauvais augure de mes paroles. Ce mauvais augure consistoit en ce qu'il sembloit, par l'offre de ses services, souhaiter qu'il mourût bientôt quelqu'un dans la famille, pour le garder, comme il avoit fait à ce dernier mort. (53) Cérémonies du deuil. Les anciens appeloient autrefois les morts à haute voix par plusieurs fois, et après le dernier appel, ils emportoient leurs cadavres pour les brûler. (54) Voici l'Egyptien Zachlas, prophête de grande réputation. Les Egyptiens étoient fort renommés pour toutes les sciences, et sur-tout pour l'astrologie et la magie. Nous apprenons de Diodore de Sicile, qu'Homère, Licurgue, Solon, Pythagore et plusieurs autres grands hommes, avoient voyagé exprès en Egypte, pour conférer avec les prêtres de cette contrée, et profiter de leur conversation et de leurs lumières. Strabon assure qu'on y montroit long-temps depuis le logis où Platon et Eudoxe avoient demeuré treize années ensemble. (55) La tête rasée. Pline dit que les prêtres d'Ægypte portent la tête rasée en signe du deuil qu'ils ont de la mort d'Apis. S. Paul étant à Cenchrées, se fit raser, et marcha les pieds nuds. S. Jérôme dit que la rasure et la tonsure des prêtres, montrent qu'ils doivent quitter le soin des choses temporelles, et les cheveux qui leur demeurent, qu'ils peuvent retenir quelque chose pour leur entretennement. (56) Les genoux. Comme consacrés à la miséricorde, les genoux de l'homme, dit Pline, ont quelque religion que toutes les nations observent ; ceux qui supplient les embrassent, ils leur tendent les mains, ils les adorent comme des autels. (57) Silence de la nuit. Aristote dit, dans ses problèmes, que l'on entend plus aisément la nuit que le jour, et que l'air qui est plus agité dans le jour, par la chaleur du soleil, se repose la nuit. (58) Coptos. Les hirondelles dressoient des remparts près de la ville de Copton en Egypte. Elles y travailloient avec tant d'affection que l'on en voyoit plusieurs mourir à la peine. C'étoient leur exercice du printemps, et tous les ans elles travailloient après. Les mêmes hirondelles faisoient une chaussée sur le Nil, attachant leurs nids l'un à l'autre, de la longueur d'une stade (125 pas) si forte, dit Pline, qu'il eût été impossible à l'homme d'en faire une semblable. (59) Par les accroissemens du Nil. Les Ægyptiens regardoient les inondations du Nil comme quelque chose de divin, parce qu'elles arrivoient régulièrement tous les ans pendant l'été, et qu'elles rendoient leurs terres fertiles au défaut de la pluie. Le Nil se déborde tous les ans depuis le solstice. D'abord il croît tout doucement, puis un peu plus fort tandis que le soleil est au signe du lion ; il commence ensuite à se retirer, quand le soleil est passé dans le signe de la vierge, ensuite il rentre dans ses bornes au signe de la balance. Au centième jour, on apperçoit ses accroissemens à certaines marques et mesures. Sa juste croissance est de seize coudées, si l'eau est au-dessous de cette mesure, elle ne sauroit tout arroser. Si l'eau reste à douze coudées, les Ægyptiens craignent la famine, à treize encore, quatorze les font rire, quinze les assurent, seize les mettent à leur aise. Les grands accroissemens dénoncent rapport, les moindres stérilité. Les raisons les plus vraisemblables de cet accroissement sont qu'il se fait par-là répercussion des étésites qui sont vents anniversaires. Hérodote, Diodore, Pline, Strabon, Sénèque et Lucain disent ce qu'ils ont pu en apprendre, mais il vaut mieux admirer leurs recherches que de s'y arrêter. Quelques-uns disent que la source du Nil est une zône qui nous est opposée, que l'hiver est là quand nous avons l'été, et que, pour cette cause, la grande quantité d'eaux qui viennent en ce temps-là, occasionne cet accroissement. (60) Par les mystères de Memphis. Memphis étoit la capitale de l'Ægypte, la même que le grand Caïre d'aujourd'hui. On y adoroit Osiris et Isis, par des cérémonies secrètes, qu'il n'étoit pas permis de révéler aux profanes, c'est-à-dire à ceux qui n'étoient pas initiés dans les mystères sacrés ; et pour cela les prêtres de Memphis étoient appelés incommunicables. (61) Par les sistres de Pharos. Par Pharos qui est une isle d'Ægypte, l'auteur entend l'Ægypte entière. Les sistres étoient des instrumens pour faire du bruit, consacrés au culte d'Isis. On en voit un tout de cuivre dans la bibliothèque de sainte Geneviève à Paris, c'étoit leur matière ordinaire ; il y en avoit cependant d'or et d'argent, comme il paroît dans l'onzième livre de ces Métamorphoses. Pharos est une place qui a été peuplée de Romains par César, dictateur. Là étoit une haute tour de même nom, bâtie par le roi Ptolomée, dans laquelle brûloit toutes les nuits grand nombre de flambeaux pour éclairer aux vaisseaux qui venoient aborder. On voyoit anciennement plusieurs tours dans les havres et ports de mer, que du nom de celle-ci on appeloit Pharos. (62) Trois fois. Les Pythagoriens enseignent que le nombre ternaire a beaucoup d'efficace, ils s'en servoient aux cérémonies de leurs Dieux, aussi faisoient les magiciens dans leurs opérations. (63) Herbe. L'historien Xantus a dit qu'un dragon fit revivre ses petits par le moyen d'une herbe nommée balis, et que par elle-même, Chilo qui avoit été tué par un dragon, fut ressuscité. Juba dit aussi qu'en Arabie un homme fut ressuscité par la vertu d'une certaine herbe qu'il n'a pas nommée. (64) Laissez-moi jouir de mon repos. Le séjour des Enfers étoit considéré par les anciens comme le centre et le lieu de repos des ombres des morts. Celles qu'on en évoquoit par la force des enchantemens, marquoient un grand empressement d'y retourner. L'ombre même de Samuel, ou le phantôme qui parut à sa place, marqua à Saül son indignation de ce qu'il troubloit son repos : Quare inquietasti me ut suscitarer. (65) Et comme ils demandoient encore du vin pour boire des santés. Cet usage de boire des santés, ou ce qui est la même chose de souhaiter du bien à quelqu'un en buvant, est aussi ancien que les banquets. La formule la plus ordinaire de boire ces santés, étoit de se servir du mot benè avec le nom, comme benè te, benè me, benè nos, où l'on sous-entendoit toujours valere opto ; je vous souhaite une bonne santé. Dans Plaute, un valet buvant avec un de ses camarades, dit, benè nos, benè te, benè nostram etiam Stephaniam : à notre santé, à la tienne, à la mienne, à la santé aussi de notre Stephania ; c'étoit leur maîtresse commune. On poussoit quelquefois la galanterie jusqu'à boire autant de coups à la santé de sa maîtresse, qu'il y avoit de lettres dans son nom, comme on le voit par les vers d'un épigramme de Martial.

Nævia sex cyathis, septem Justina bibatur,
Quinque Lycas, Lyde quatuor, Ida tribus,
Omnis ab infuso numeretur amica Falerno.

Buvons six coups à la santé de Nævia, sept à celle de Justine, cinq à celle de Lycus, quatre à celle de Lydé, et trois à celle d'Ida, et qu'on connoisse le nombre des lettres du nom de nos maîtresses par celui des coups que nous aurons bu à leur santé. (66) Le dieu Ris propice et favorable. Pausanias fait mention de la fête qu'on célébroit en l'honneur du dieu Ris chez les Hypathéens ; et Plutarque parle d'un temple consacré à cette divinité, et rapporte que Lycurgue lui fit dresser une statue. Les Romains célébroient certains jours de fête qu'ils appeloient hilares, qui veut dire gaillards, quand, après le solstice d'hiver, les jours commençoient à être plus longs que les nuits. (67) Que le fut Hercule après la défaite du triple Gerion. On met au nombre des travaux d'Hercule, la défaite de Gerion, roi des trois isles Majorque, Minorque et Ivique, ce qui a donné lieu aux poètes de feindre qu'il avoit trois corps. Quelques-uns disent qu'ils étoient trois frères de ce nom-là, si unis entre eux qu'ils sembloient n'être animés tous trois que d'une seule ame.

Fin des Remarques du second Livre.

Livre III

LES MÉTAMORPHOSES:
ou
L'ANE D'OR D'APULÉE,
PHILOSOPHE PLATONICIEN,

LIVRE TROISIEME.

Déja l'Aurore dans son char (1), par le mouvement de ses bras couleur de rose, arrêtoit dans les airs la course de ses chevaux, lorsque je fus privé du repos que j'avois pris pendant la nuit. Un trouble et une agitation d'esprit me saisissent, au souvenir du meurtre que j'avois commis le soir précédent. Enfin, assis sur mon lit, les jambes croisées (2), et les mains jointes sur mes genoux, je pleurois à chaudes larmes. Je m'imaginois déjà être entre les mains de la Justice, devant les juges, entendre ma sentence, et même voir le bourreau. Hélas, disois-je, qui sera le juge assez indulgent et assez de mes amis, pour me déclarer innocent, après avoir répandu le sang de trois des citoyens de cette ville. Est-ce là ce voyage qui me devoit être avantageux, suivant les assurances si positives que m'en avoit donné le Chaldéen Diophanès ? Repassant ainsi toutes ces choses dans mon esprit, je déplorois ma triste destinée.

Cependant on entend tout d'un coup frapper rudement à la porte, avec de grands cris que faisoit le peuple qui s'y étoit amassé. Un moment après, la porte ayant été ouverte avec violence, les magistrats et leurs officiers entrèrent, suivis d'un grand nombre de toutes sortes de gens. Aussi-tôt deux archers, par l'ordre des juges, me saisissent, et me tirent hors de la maison, sans que je fisse aucune résistance. Dès la première rue par. où nous passâmes, tout le peuple de la ville, qui accouroit de tous côtés, s'amassa autour de nous, et nous suivit en foule ; et quoique je marchasse fort triste, les yeux baissés jusqu'à terre, ou plutôt jusqu'aux enfers ; cependant, détournant un peu la vue, j'apperçus une chose qui me jeta dans une extrême surprise. De ce grand nombre de peuple qui nous entourait, il n'y en avoit pas un seul qui n'éclatât de rire. Après m'avoir fait traverser toutes les places, et qu'on m'eût promené, par les carrefours de la ville, comme on fait les victimes, quand on veut appaiser la colère des Dieux (3) et détourner les malheurs dont on est menacé par quelque funeste présage ; on me mène dans le lieu où l'on rendoit la justice, et l'on me met devant le tribunal. Les juges étoient déjà placés, et l'huissier faisoit faire silence, quand d'une commune voix, on demanda qu'un jugement de cette importance fût rendu dans la place où l'on représentoit les jeux (4), attendu la foule épouvantable qui mettoit tout le monde en danger d'être étouffé. Aussi-tôt le peuple courut de ce côté-là, et remplit en moins de rien l'amphithéâtre, toutes ses avenues et son toît ; les uns embrassoient des colonnes pour se soutenir, d'autres se tenoient suspendus à des statues ; quelques-uns avançoient la moitié du corps par des fenêtres et par des lucarnes, et l'extrême desir que chacun avoit de voir ce spectacle, lui faisoit oublier qu'il exposoit sa vie. Les archers me conduisirent par le milieu du théâtre, comme une victime, et me placèrent dans l'orchestre. En même-temps le héraut appela à haute voix, celui qui s'étoit rendu ma partie. Alors un vieillard se leva, ayant auprès de lui un petit vase plein d'eau (5), en forme d'entonnoir, d'où elle tomboit goutte à goutte, pour mesurer le temps que son discours devoit durer, et adressa ainsi la parole au peuple. Il ne s'agit pas ici, Messieurs, d'une affaire de peu d'importance, puisqu'elle regarde le repos et la tranquillité de toute la ville, et qu'elle doit servir d'un exemple mémorable pour l'avenir ; ainsi, pour l'honneur et la sûreté du public, il est d'une grande conséquence à chacun de vous en particulier, et à tous en général, que tant de meurtres que ce méchant homme a commis si cruellement, ne demeurent pas impunis. Et ne croyez pas que je me porte avec tant de chaleur dans cette affaire par quelque animosité personnelle, ou par aucun intérêt particulier ; car je suis capitaine des archers qui font le guet pendant la nuit, et je ne crois pas que personne puisse m'accuser, jusqu'à présent, d'avoir manqué d'exactitude dans les devoirs de ma charge. Mais je viens au fait, et vais vous rapporter les choses telles qu'elles se sont passées la nuit dernière. Environ à l'heure de minuit, comme je parcourois la ville, regardant soigneusement de tous côtés, je rencontre ce jeune furieux, l'épée à la main, cherchant à massacrer quelqu'un, après avoir déjà égorgé trois hommes qui achevoient d'expirer à ses pieds, baignés dans leur sang. Aussi-tôt il prend la fuite, troublé avec raison, par l'énormité de son crime ; et, à la faveur des ténèbres, il se sauve dans une maison où il a demeuré caché toute la nuit ; mais, par la providence des dieux, qui ne permettent pas que les crimes demeurent impunis, avant que ce coupable pût nous échapper par des chemins détournés, si-tôt que le jour a paru, j'ai pris soin de le faire conduire à votre tribunal, pour subir votre très-auguste et très-équitable jugement, et vous voyez devant vous un criminel souillé de trois meurtres, un criminel pris sur le fait, et qui de plus est étranger (6). Prononcez donc sans différer sur un des crimes dont un de vos citoyens même seroit sévèrement puni, s'il en étoit coupable. Ainsi finit ce discours, que d'une voix tonnante, cet ardent accusateur venoit de prononcer. Aussi-tôt, le héraut me commanda de parler, en cas que j'eusse quelque chose à répondre ; mais je ne me sentois capable que de verser des larmes, non pas tant en vérité à cause de la cruelle accusation dont on me chargeoit, que par le reproche que me faisoit ma conscience. Cependant, comme si quelque divinité m'eût, dans le moment inspiré de la hardiesse, voici comme je parlai. Je n'ignore pas (7), Messieurs, combien il est difficile qu'un homme accusé d'en avoir tué trois, et qui avoue le fait, puisse persuader à une si nombreuse assemblée qu'il est innocent, quelques vérités qu'il puisse alléguer pour sa justification. Mais, si votre humanité m'accorde un moment d'audience, je vous ferai connoître aisément que je cours risque de perdre la vie, non pour l'avoir mérité, mais pour avoir eu une juste indignation causée par un accident imprévu. Comme je revenois hier fort tard de souper, ayant, à la vérité, un peu de vin dans la tête, je vous avouerai franchement cette faute, je trouvai devant la maison du bon Milon, l'un de vos citoyens, chez qui je loge, une troupe de scélérats et de voleurs, qui cherchoient les moyens d'entrer chez lui, et qui ayant forcé les gonds de la porte, et fait sauter les verroux dont on l'avoit exactement fermée, délibéroient déjà d'assassiner tous ceux de la maison. Un d'entre eux, plus agissant et d'une taille au-dessus des autres, les excitoit ainsi : Courage, enfans, attaquons avec vigueur ces gens qui dorment ; ne perdons pas un moment, et bannissons toute crainte. Que celui qui sera trouvé endormi, soit tué ; que celui qui se voudra défendre, soit percé de coups. C'est ainsi que nous serons en sûreté pour notre vie, si nous la faisons perdre à tous ceux qui sont dans ce logis. Je vous avoue, Messieurs, que, poussé du zèle que doit avoir un bon citoyen, et craignant pour mes hôtes et pour moi-même, avec l'épée que je porte pour me garantir en de pareilles occasions, je me suis mis en devoir d'épouvanter ces insignes voleurs, et de leur faire prendre la fuite ; mais ces hommes féroces et déterminés, au lieu de fuir, me voyant l'épée à la main, se mettent hardiment en défense, et nous combattons fort et ferme. Enfin leur chef m'attaquant de près et vivement, se jete sur moi, me prend à deux mains par les cheveux, et me renverse en arrière. Mais, pendant qu'il demandoit une pierre pour m'assommer, je lui porte un coup, et je le jette heureusement par terre. Dans l'instant j'enfonce mon épée entre les deux épaules du second, qui me tenoit au pied avec les dents ; et le troisième venant sur moi sans précaution et comme un furieux, d'un grand coup d'épée que je lui donne dans le ventre, je le renverse mort sur la place. M'étant ainsi mis hors de danger, et ayant pourvu à la sûreté de mon hôte, aussi-bien qu'à celle du public, bien loin de me croire coupable, je croyois avoir mérité des louanges de tout le monde, moi qui n'ai jamais été accusé du moindre crime, qui ai toujours passé dans mon pays pour un homme d'honneur, et qui ai toujours préféré l'innocence à tous les avantages de la fortune ; et je ne puis comprendre par quelle raison l'on me poursuit en justice, pour avoir puni des scélérats et des voleurs, d'autant plus qu'il n'y a personne qui puisse prouver qu'il y ait jamais eu aucune inimitié particulière (8) entre nous, ni même qu'aucun d'eux me fût connu ; outre qu'on ne peut pas dire que j'aie commis une telle action dans la vue de profiter de leurs dépouilles. Après que j'eus ainsi parlé, mes larmes recommencèrent à couler ; et dans la douleur qui m'accabloit, tendant les mains tantôt aux uns, tantôt aux autres, je leur demandois grace, et les conjurois de me l'accorder par tout ce qu'ils avoient de plus cher au monde, et par la pitié qu'on doit avoir pour les malheureux. Comme je crus que mes larmes avoient assez excité la compassion de tout le monde, attestant l'œil du Soleil et de la Justice, et recommandant l'évènement de cette affaire à la providence des Dieux, je levai les yeux un peu plus haut, et j'apperçus tout le peuple qui faisoit de grands éclats de rire, et même le bon Milon, cet honnête homme qui m'avoit témoigné une amitié de père, rioit à n'en pouvoir plus, aussi-bien que les autres. Je dis alors à moi-même : Voilà donc la bonne foi, voilà la reconnoissance que l'on doit attendre des services qu'on a rendus. Pour sauver la vie à mon hôte, j'ai tué trois hommes, et je me trouve prêt d'être condamné à mort ; cependant, non content de ne me donner aucun secours, ni même aucune consolation, il rit encore de mon malheur. Dans ce moment, on vit venir au milieu du théâtre une femme en habit de deuil, qui fondoit en larmes, et qui portoit un enfant dans ses bras ; une autre vieille femme la suivoit pauvrement habillée, affligée et pleurant comme elle. Elles avoient l'une et l'autre, dans les mains, des branches d'olivier ; elles vinrent en cet état se jeter auprès du lit, où sous une couverture étoient les corps de ces morts ; et se donnant dans le sein des coups que tous les spectateurs pouvoient entendre, elles se mirent à gémir avec des tons lugubres et douloureux. Par la compassion que les hommes se doivent les uns aux autres, disoient-elles, par les sentimens naturels d'humanité, ayez pitié de ces jeunes hommes indignement massacrés ; et ne refusez pas la consolation de la vengeance à de pauvres veuves délaissées. Secourez au moins cet enfant malheureux (9) qui se trouve sans aucune subsistance dès les premières années de sa vie, et sacrifiez le sang de ce scélérat pour maintenir vos loix, et pour servir d'exemple. Ensuite le juge le plus ancien se lève, et parle au peuple en ces termes : A l'égard du crime que nous sommes obligés de punir sévèrement, celui même qui l'a commis ne le peut désavouer. Il ne nous reste plus qu'a trouver les moyens de découvrir les complices d'une action si noire ; puisqu'il n'est pas vraisemblable qu'un homme seul en ait pu tuer trois, jeunes, forts et vigoureux. Il est donc à propos d'employer les tourmens pour en savoir la vérité ; car le valet qui l'accompagnoit s'est sauvé sans qu'on ait pu le découvrir, et cela réduit l'affaire au point qu'il faut donner la question au coupable (10), pour lui faire déclarer ses complices, afin de nous délivrer entièrement de la crainte d'une faction si dangereuse. Sur le champ on me présente le feu, la roue et des fouets de différentes sortes, à la manière de la Grèce (11). Ce fut alors que mon affliction redoubla, de ce qu'il ne m'étoit pas au moins permis de mourir sans perdre quelque partie cle mon corps. Mais cette vieille femme qui, par ses larmes, avoit ému toute l'assemblée, s'écria : Chers concitoyens, avant que ce brigand, meurtrier de mes trois pauvres enfans, soit appliqué à la question, souffrez que l'on découvre leurs corps, afin que, remarquant comme ils étoient bien faits et dans la fleur de leur âge, votre juste indignation s'augmente encore, et que vous punissiez le coupable suivant la qualité de son crime. Tout le peuple applaudit à ce que cette femme venoit de dire et le juge aussi-tôt me commanda de découvrir moi-même les corps qui étoient sur ce lit. Comme j'en faisois difficulté, en me retirant en arrière, ne voulant point irriter de nouveau mes juges par la vue de ce spectacle, les huissiers, par leur ordre, m'en pressèrent, usant même de violence ; et me faisant avancer la main, ils me la portent jusques sur les cadavres. Enfin, cédant à la force, malgré moi, je pris le drap et découvris les corps. Grands Dieux ! quelle surprise ! quel prodige ! quel changement subit à l'état de ma fortune ! Dans le moment que je me considérois comme un homme confisqué à Proserpine, et enrôlé parmi les esclaves de Pluton (12), je vis que les choses avoient entièrement changé de face, et je n'ai point de termes pour vous exprimer ce qui causoit ce changement. Car ces prétendus hommes égorgés étoient trois outres, enflés et percés aux mêmes endroits où je me souvenois d'avoir blessé ces trois voleurs que j'avois combattus le soir précédent. Alors ce rire qui d'abord m'avoit surpris, et qui, par l'artifice de quelques-uns, avoit été retenu pendant quelque temps, éclata en liberté. Les uns transportés de joie, me félicitoient, les autres se tenoient les côtés de rire ; ainsi tout le peuple joyeux et content, sortit de l'amphithéâtre en me regardant. Pour moi, dès l'instant même que je touchai le drap qui couvroit ces prétendus hommes morts, je demeurai froid et immobile comme une des colonnes ou une des statues du théâtre, et je ne repris point mes esprits (13), jusqu'au moment que mon hôte Milon s'approcha de moi, et me prenant par la main, m'emmena en me faisant une douce violence : Je le suivois en sanglottant et versant des larmes. Il me conduisit chez lui par de petites rues détournées, et par les endroits où il y avoit le moins de monde, et tâchoit de me tirer de l'abattement où la peur et la tristesse m'avoient mis, en me disant tout ce qu'il pouvoit pour me consoler ; mais il ne fut pas possible d'adoucir l'indignation que je ressentois jusqu'au fond du cœur de l'affront qu'on venoit de me faire. Aussi-tôt les magistrats, avec les marques de leur dignité, entrent dans notre maison, et tâchent de m'appaiser en me parlant ainsi : Nous n'ignorons point, seigneur Lucius, votre illustre naissance, ni la dignité de vos ancêtres ; car la grandeur de votre maison est en vénération dans toute la province. Aussi n'est-ce point pour vous faire aucun outrage qu'on vous a fait, ce qui vous cause tant de chagrin. Banissez donc cette tristesse et cet accablement, dont votre cœur et votre esprit sont saisis. Car ces jeux, par lesquels nous célébrons publiquement tous les ans la fête de l'agréable Dieu Ris sont toujours recommandables par quelque nouvelle plaisanterie. Ce Dieu n'abandonne plus celui qui en a été le sujet, et ne souffrira jamais que la tristesse s'empare de vous ; mais il répandra toujours un air de sérénité et de joie sur votre visage. Au reste, toute la ville vous fera de grands honneurs pour cette faveur qu'elle a reçue de vous ; car elle vous a déjà choisi pour son protecteur (14), et elle vous a décerné une statue de bronze (15). Je leur répondis en ces termes : Je remercie très-humblement cette magnifique et principale ville de Thessalie, de tous les honneurs qu'elle m'offre ; mais je lui conseille de réserver ses statues pour des sujets plus dignes et plus considérables que moi. Ayant ainsi parlé modestement, et tâchant de montrer un peu de gaieté sur mon visage, je congédiai les magistrats avec civilité. Un moment après, un des domestiques de Birrhene vint m'avertir de sa part, que l'heure approchoit d'aller souper chez elle (16), suivant la promesse que je lui en avois faite le soir précédent ; et comme je ne pouvois seulement penser à cette maison sans frémir (17) : Je voudrois de tout mon cœur, dis-je à cet envoyé, pouvoir obéir aux commandemens de Birrhene, s'il m'étoit permis de le faire honnêtement ; mais mon hôte Milon m'ayant conjuré par le Dieu dont on fait la fête aujourd'hui, m'a fait promettre de souper avec lui. Il ne m'a point quitté, et ne souffrira jamais que je sorte. Ainsi je la prie de remettre la partie à une autre fois.

Comme j'achevois de parler, Milon commanda qu'on apportât après nous les choses nécessaires pour se baigner, et me prenant par la main, il me conduit aux bains les plus proches. J'évitois les regards de tout le monde, et marchant à côté de lui, je me cachois, autant qu'il m'étoit possible, de ceux que je rencontrois, pour ne leur pas donner encore sujet de rire par le souvenir de ce qui s'étoit passé. Quand nous fûmes aux bains, j'eus l'esprit si troublé, je fus si confus de voir que tout le monde avoit les yeux attachés sur moi, et me montroit au doigt, que je ne me souviens point, ni comme je me baignai, ni comme je m'essuyai, ni de quelle façon je retournai chez mon hôte. Le mauvais petit soupé que je fis avec Milon, ayant duré fort peu de temps, je le priai de me permettre de m'aller coucher, attendu le violent mal de tête que j'avois, causé par l'abondance des larmes que j'avois répandues. Lorsque je fus dans mon lit, je repassois tristement dans mon esprit toutes les particularités de ce qui m'étoit arrivé, quand enfin ma chère Fotis, après avoir couché sa maîtresse, vint me trouver fort changée ; ce n'étoit plus cet air riant, ni cet enjouement qui accompagnoit d'ordinaire ses discours ; au contraire, elle avoir un air sombre et triste. Je viens vous avouer franchement, me dit-elle, avec une parole lente et timide, que c'est moi qui suis la cause du chagrin que vous avez eu. En même-temps elle tire de son sein une courroie, et me la présentant : vengez-vous, dit-elle, je vous en conjure, vengez-vous d'une femme déloyale ; punissez-là, même encore par quelque plus grand supplice, tel que vous voudrez l'imaginer. Je vous prie cependant de ne pas croire que je vous aye causé ce déplaisir volontairement ; aux Dieux ne plaise qu'il me vînt jamais dans la pensée de vous faire la moindre peine ; et si vous étiez menacé de quelque malheur, je voudrois le détourner aux dépens de tout mon sang ; mais ma mauvaise fortune a voulu que ce qu'on m'envoyoit faire pour un autre, a malheureusement retombé sur vous. Ce discours renouvellant ma curiosité naturelle, et souhaitant passionnément d'apprendre la cause de cette affaire où je ne comprenois rien : Je couperai, lui dis-je, en mille morceaux, cette infame et maudite courroie, que tu avois destinée pour te maltraiter, plutôt que d'en toucher ta peau blanche et délicate. Mais de grace, conte-moi fidèlement par quel malheur ce que tu préparois pour un autre, a retombé sur moi ; car je jure par tes beaux yeux que j'adore, que je te crois incapable de penser seulement la moindre chose pour me faire de la peine, qui que ce pût être qui m'assurât du contraire, et quand ce seroit toi-même. Au reste, on ne doit pas imputer la faute du mauvais évènement d'une affaire à ceux qui en sont la cause, quand ils n'ont eu que de bonnes intentions. En achevant ces mots, j'embrassois tendrement Fotis, qui me faisoit voir dans ses yeux languissans, et fermés à moitié, tout ce que l'amour a de plus tendre et de plus pressant. L'ayant ainsi joyeusement rassurée : Laissez-moi, me dit-elle, avant toutes choses, fermer soigneusement la porte de la chambre, de peur de me rendre coupable envers ma maîtresse d'un grand crime, si par mon imprudence, on venoit à entendre quelque chose de ce que je vais vous dire. En même temps elle ferme la porte aux verroux et au crochet, revient à moi, se jette à mon col, et m'embrassant de tout son cœur : Je tremble de peur, me dit-elle d'une voix basse, de découvrir les mystères de cette maison, et de révéler les secrets de ma maîtresse ; mais je présume mieux de vous et de votre prudence, vous qui, outre la grandeur de votre naissance et l'élévation de votre esprit, êtes initié dans plusieurs mystères de la religion (18), et connoissez sans doute la foi que demande le secret (19). Je vous conjure donc, qu'il ne vous échappe jamais rien de ce que je vais vous confier, et de récompenser, par un silence éternel, la sincérité (20) avec laquelle je vais vous parler ; car l'extrême tendresse que j'ai pour vous, m'oblige à vous apprendre des choses que personne au monde ne sait que moi.

Vous saurez donc tout ce qui se passe en cette maison. Ma maîtresse a des secrets merveilleux, auxquels les ombres des morts obéissent, qui troublent les astres, qui forcent les Dieux et soumettent les élémens, et jamais elle n'emploie avec plus de passion la force de son art, que quand elle est touchée de la vue de quelque jeune homme beau et bien fait, ce qui lui arrive assez souvent : même à l'heure qu'il est, elle aime éperdument un jeune Béotien qui est parfaitement beau, et elle met en œuvre tous les ressorts de la magie pour s'en faire aimer. Je l'entendis hier au soir de mes propres oreilles qui menaçoit le soleil de l'obscurcir, et de le couvrir de ténèbres pour jamais, s'il ne se couchoit plutôt qu'à l'ordinaire ; et s'il ne cédoit sa place à la nuit, afin de pouvoir travailler à ses enchantemens. Dans le temps qu'elle revenoit hier des bains, elle vit par hasard ce jeune homme dans la boutique d'un barbier ; aussi-tôt elle me commanda de tâcher d'avoir adroitement quelques-uns de ses cheveux qu'on avoit coupés, qui étoient à terre, et de les lui apporter. Mais le barbier m'apperçut comme j'en ramassois à la dérobée, le plus soigneusement que je pouvois ; et comme nous avons, ma maîtresse et moi, cette infâme réputation d'être sorcières, il me saisit en me querellant avec emportement. Ne cesseras-tu point, malheureuse, me dit-il, de dérober, comme tu fais de temps en temps, les cheveux que l'on coupe aux jeunes gens les mieux faits ? Si tu ne t'arrêtes, je te vais mettre tout présentement entre les mains de la Justice. En disant cela, il fourre sa main dans mon sein, et tout en fureur, il y reprend les cheveux que j'y avois déjà cachés. Très-fâchée de ce qui venoit de m'arriver, et faisant réflexion à l'humeur de ma maîtresse, qui se met dans une colère épouvantable quand je manque à faire ce qu'elle m'ordonne, jusqu'à me battre quelquefois à outrance, je songeois à m'enfuir ; mais l'amour que j'ai pour vous m'en ôta aussi-tôt le dessein. Comme je m'en revenois donc fort triste d'avoir les mains vuides, j'apPerçois un homme qui tondoit avec des ciseaux des outres de chevre. Après qu'il les eut liés comme il faut, et bien enflés, en sorte qu'ils se soutenoient debout, je ramasse à terre une bonne quantité de poil de ces outres, qui étoit blond, et par conséquent semblable aux cheveux du jeune Béotien ; et je le donne à ma maîtresse, en lui déguisant la vérité. Dès le commencement de la nuit, et avant que vous fussiez de retour du souper de Birrhene, Pamphile, toute hors d'elle-même, monte dans une guérite couverte de bois, qui est au haut de la maison, et qui a des fenêtres ouvertes de toutes parts, pour recevoir tous les vents, et pour découvrir l'orient et les autres côtés du monde ; lieu qu'elle a choisi comme l'endroit le plus. propre à travailler en secret.à ses enchantemens.

Elle commence, suivant sa coutume, à étaler tout ce qui servoit à sa magie (21), comme plusieurs sortes d'herbes aromatiques, des lames d'airain gravées de caractères inconnus, des morceaux de fer qui étoient restés du débris des vaisseaux, où des malheureux avoient fait naufrage, des os (22) et des restes de cadavres tirés des tombeaux. On voyoit, d'un côté, des nez et des doigts ; d'un autre côté, des clous où il restoit encore de la chair des criminels qu'on avoit attachés au gibet ; en un autre endroit, des vases pleins du sang (23) de gens qui avoient été égorgés, et des cranes d'hommes à moitié dévorés par des bêtes sauvages, et arrachés d'entre leurs dents. Puis ayant proféré des paroles magiques sur des entrailles d'animaux encore toutes palpitantes, elle fait un sacrifice, répandant diverses liqueurs, comme du lait de vache, de l'eau de fontaine, du miel de montagne et de l'hidromel (24) ; ensuite ayant noué et passé ces prétendus cheveux ensemble, en différentes manières, elle les brûle avec plusieurs parfums sur des charbons ardens. Aussi-tôt, par la force invincible de son art, et par la puissance des esprits qu'elle avoit conjurés, ces corps, dont le poil fumoit sur le feu, empruntent les sens et la respiration humaine ; ils ont du sentiment ; ils marchent et viennent où les attiroit l'odeur de leurs dépouilles qui brûloient, et tâchant d'entrer chez nous, au lieu de ce jeune Béotien que Pamphile attendoit, ils donnent l'assaut à notre porte. Vous arrivâtes dans ce temps-là, avec un peu trop de vin dans la tête, et l'obscurité de la nuit aidant à vous tromper, vous mîtes bravement l'épée à la main, comme fit jadis Ajax en fureur, non pour vous acharner comme lui à tailler en pièces des troupeaux entiers de bêtes vivantes (25), mais avec un courage fort au-dessus du sien, puisque vous ôtâtes la vie à trois outres de chèvres enflés de vent ; afin qu'après avoir terrassé vos ennemis, sans que leur sang eût taché vos habits, je pusse vous embrasser, non comme un homicide, mais, comme un outricide. Fotis m'ayant ainsi plaisanté, je continuai sur le même ton : Je puis donc avec raison, lui dis-je, égaler ce premier exploit à un des douze travaux d'Hercule, et comparer les trois outres que j'ai tués aux trois corps de Gerion, ou aux trois têtes de Cerbères, dont il est venu à bout. Mais, afin que je te pardonne de bon cœur la faute que tu as faite, qui m'a attiré de si grands chagrins, accorde-moi une chose que je te demande avec la dernière instance : fais-moi voir ta maîtresse, quand elle travaille à quelque opération de cette science divine, quand elle fait ses invocations. Que je la voie au moins, quand elle a pris une autre forme, car j'ai une curiosité extraordinaire de connoître par moi-même quelque chose de la magie, où je crois aussi que tu n'es pas ignorante. Je n'en dois pas douter, et je l'éprouve en effet, puisque tu m'as soumis à toi, comme un esclave, moi qui n'ai jamais eu que de l'indifférence pour les femmes, même de la première qualité ; et puisque tes yeux brillans, ta bouche vermeille, tes beaux cheveux, ta belle gorge et tes caresses m'ont si absolument attaché à toi, que j'en fais mon unique plaisir. Enfin je ne me souviens plus de mon pays, ni de ma famille ; je ne songe plus à retourner chez moi, et il n'y a rien dans le monde que je voulusse préférer à cette nuit que je passe avec toi. Que je voudrois bien, mon cher Lucius, me dit-elle, pouvoir faire ce que vous souhaitez ; mais la crainte continuelle que cause à Pamphile la malice des envieux, fait qu'elle se retire en particulier, et qu'elle est toujours seule lorsqu'elle travaille à ses enchantemens. Cependant je tenterai de faire ce que vous me demandez au péril de ma vie, et je chercherai avec soin le temps et l'occasion de vous contenter, pourvu, comme je vous l'ai déjà dit, que vous gardiez le secret que demande une affaire d'une aussi grande importance. En causant ainsi l'un et l'autre, insensiblement l'amour nous anima tous deux ; alors nous dépouillans tous deux de nos vêtemens, nous nous abandonnons aux fureurs de l'amour, comme si nous eussions été surpris d'une fureur bachique, jusqu'à ce qu'enfin fatigués, le sommeil assoupissant nos yeux, nous amena jusqu'à la pointe du jour, que nous nous séparâmes. Après avoir encore passé voluptueusement quelques nuits, comme nous avions fait celle-là, Fotis, toute emue et toute tremblante, vint me trouver à la hâte, pour me dire que sa maîtresse n'ayant pu jusqu'alors rien avancer en ses amours, quoiqu'elle eût pu faire, devoit se changer en oiseau, quand la nuit seroit venue, pour aller trouver celui qu'elle aimoit, et que je me tinsse prêt pour voir une chose si extraordinaire. Si-tôt qu'il fut nuit, Fotis me conduisit tout doucement et sans faire de bruit à cette guérite qui étoit au haut de la maison ; elle me dit de regarder au travers de la porte par une fente, et voici ce que je vis. Pamphile commence par se déshabiller toute nue, ensuite elle ouvre un petit coffre, et en tire plusieurs boîtes ; elle prend dans l'une une pommade, et l'ayant long-temps délayée entre ses mains, elle s'en frotte tout le corps, depuis les pieds jusqu'à la tête ; ensuite se tournant vers une lampe allumée, elle prononce tout bas plusieurs paroles, et donnant une petite secousse à tous ses membres, son corps se couvre de duvet, et ensuite de plumes ; son nez se courbe et se durcit, et ses ongles s'allongent en forme de griffes. Enfin Pamphile est changée en hibou. En cet état, elle jette un cri plaintif, et pour s'essayer, elle bat des ailes et vole à fleur de terre ; s'élevant tout d'un coup, elle sort de la chambre à tire d'aîles. Cette femme, par la vertu de ses charmes, change de forme quand elle veut. Pour moi, quoique je ne fusse point enchanté, j'étois dans un si grand étonnement de ce que je venois de voir, que je doutois si j'étois encore Lucius. Ainsi tout troublé, comme si j'eusse perdu l'esprit, je croyois rêver, et je me frottai long-temps les yeux pour savoir si je dormois ou si j'étois éveillé. A la fin, cependant ayant repris mes esprits, je prends la main de Fotis, et la pressant contre mes yeux : Souffre, de grace, lui dis-je, pendant que l'occasion le permet, que je profite d'une chose que je dois à la tendresse que tu as pour moi. Ma chère enfant, je te conjure par ces yeux qui sont plus à toi qu'a moi-même, donne-moi de cette même pommade dont s'est servi Pamphile, et par cette nouvelle faveur, au-dessus de toute reconnoissance, assure-toi pour jamais un homme qui t'est déjà tout dévoué. Fais donc que je puisse avoir des ailes pour voler auprès de toi comme l'Amour auprès de Vénus. Oh, ho ! dit-elle, vous ne l'entendez pas mal, vous êtes un bon fripon (26) : Vous voudriez donc que je fusse moi-même la cause de mon malheur (27). Effectivement c'est pour les filles de Thessalie que je garde mon amant ; je voudrais bien savoir quand il sera changé en oiseau, où j'irois le chercher, et quand je le reverrois. Aux Dieux ne plaise, lui dis-je, qu'il me vînt jamais dans la pensée de commettre une action si noire, que de manquer à revenir auprès de toi, après que j'aurai été changé en oiseau, quand même je pourrois, comme l'aigle, élever mon vol jusqu'aux cieux, que Jupiter se serviroit de moi pour annoncer ses ordres, et me donneroit son foudre à porter. Je jure par ces beaux cheveux qui ont enchaîné ma liberté, qu'il n'y a personne au monde que j'aime tant que ma chère Fotis. D'ailleurs, je songe qu'après m'être servi de cette pommade, et que j'aurai pris la forme d'un tel oiseau, il n'y a point de maison que je ne doive éviter. En effet, les Dames prendroient un grand plaisir avec un amant beau et gracieux tel que l'est un hibou : outre que, quand ces oiseaux nocturnes sont entrés dans quelque maison, et qu'on peut les y attraper, nous voyons qu'on les attache à la porte, afin de leur faire expier par les tourmens qu'on leur fait souffrir, les malheurs dont, par leur vol funeste, ils ont menacé ceux de la maison. Mais j'avois presque oublié de te demander ce qu'il faudra dire ou faire pour quitter mes plumes étant oiseau, et reprendre ma forme d'homme. Ne vous en mettez pas en peine, dit-elle, car ma maîtresse m'a appris tout ce qu'il faut faire pour remettre toutes ces sortes de métamorphoses dans leur état naturel ; et ne croyez pas qu'elle m'en ait instruite dans la vue de me faire plaisir, mais afin que, quand elle revient, je puisse lui donner les secours nécessaires pour lui faire reprendre sa forme humaine. Au reste, voyez avec quelles simples herbes et avec quelles bagatelles on fait une chose si merveilleuse. Par exemple, il ne lui faudra à son retour qu'un bain et un breuvage d'eau de fontaine, où l'on aura mêlé un peu d'anis et quelques feuilles de laurier. En me donnant plusieurs fois cette assurance, elle entre dans la chambre toute troublée de peur, et tire une boîte d'un petit coffre. Je la pris et la baîsai, faisant des vœux, et souhaitant avec passion qu'elle me fût favorable dans l'envie que j'avois de voler dans les airs. M'étant promptement déshabillé, je prens avec empressement plein mes mains de la pommade qui étoit dans la boîte, et je m'en frotte généralement par tout le corps, ensuite je fais des efforts, en m'élançant comme un oiseau, et remuant les bras pour tacher de voler. Mais, au lieu de duvet et de plumes, toute ma peau devient comme du cuir, et se couvre d'un poil long et rude. Les doigts de mes pieds et de mes mains se joignent ensemble, et se durcissent comme de la corne ; du bout de mon échine sort une longue queue ; mon visage devient énorme, mes narines s'ouvrent, ma bouche s'agrandit, mes lèvres deviennent pendantes, mes oreilles et les autres parties de mon corps s'alongent d'une grandeur extraordinaire et se couvrent d'un poil hérissé. Dans cette extrémité, ne sachant que faire, je considérois toutes les parties de mon corps, et je vis qu'au lieu d'être changé en oiseau, j'étois changé en âne. Je voulus m'en plaindre, et le reprocher à Fotis ; mais n'ayant plus le geste d'un homme, ni l'usage de la voix ; tout ce que je pouvois faire étoit d'ouvrir les lèvres, et de la regarder de côté, avec des yeux mouillés de larmes, lui demandant ainsi du secours tacitement. Pour elle, si-tôt qu'elle me vit en cet état : Malheureuse que je suis, s'écria-t-elle, en se meurtrissant le visage avec les mains, je suis perdue ! La crainte, la précipitation et la ressemblance des boîtes sont causes que je me suis méprise ; mais heureusement le remède à cette transformation est encore plus aisé à faire qu'à l'autre ; car, en mâchant seulement des roses, me dit-elle, vous quitterez cette figure d'âne et vous redeviendrez dans le moment, mon cher Lucius, tout comme vous étiez auparavant, et plût aux Dieux que j'eusse des couronnes de roses ! Comme j'ai soin d'en avoir d'ordinaire pour nous le soir, vous ne passeriez pas même la nuit sous cette forme ; Mais si-tôt qu'il sera jour, j'y mettrai ordre. Fotis se lamentoit ainsi ; et moi, quoique je fusse un âne véritable, je conservois cependant l'esprit et le jugement d'un homme, et je délibérai quelque temps en moi-même fort sérieusement (28), si je ne devois point, à coups de pieds et avec les dents, me venger de l'imprudence, ou peut-être de la méchanceté de cette malheureuse femme. Mais une réflexion prudente m'ôta entièrement cette envie inconsidérée ; j'eus peur de me priver, par la mort de Fotis, des secours nécessaires pour reprendre ma forme naturelle. Baissant donc la tête, et secouant les oreilles ; dissimulant le ressentiment de l'outrage que j'étois forcé. de souffrir pour un temps, et cédant à la dure nécessité de l'état où j'étois, je m'en vais à l'écurie auprès de mon cheval, et d'un âne qui appartenoit à Milon. Je m'imaginois que, s'il y avoit un instinct secret et naturel parmi les animaux, mon cheval me reconnoîtroit, et qu'ayant compassion de moi, il m'alloit bien recevoir et me donner la meilleure place et la plus nette. Mais, ô Jupiter, dieu de l'hospitalité, et vous dieux protecteurs de la bonne foi (29), ce brave cheval qui étoit à moi, et cet âne approchent leurs têtes l'une de l'autre, et sur le champ conviennent ensemble de ma perte ; si bien que craignans pour leur mangeaille, à peine virent-ils que je m'approchois du ratelier, que baissant les oreilles, et tous furieux, ils me poursuivent à grands coups de pieds et me chassent bien loin de l'orge que javois mise moi-même ce soir-là devant cet animal si reconnaissant.

Reçu de cette manière, et chassé loin d'eux, je m'étois retiré dans un coin de l'écurie, rêvant à l'insolence de mes camarades, et méditant à me venger le lendemain de la perfidie de mon cheval, si-tôt que, par le secours des roses, je serois redevenu Lucius. Alors j'apperçois à un pilier qui soutenoit la poutre de l'écurie par le milieu, l'image de la déesse Epone (30), qui étoit dans une petite niche, qu'on avoit ornée de bouquets et d'une couronne de roses nouvellement cueillies. Voyant ce remède salutaire, je m'en approche plein d'une douce espérance ; je me lève sur les pieds de derrière, m'appuyant avec ceux de devant contre le pilier, et alongeant la tête et les lèvres le plus qu'il m'étoit possible, je tachois d'atteindre jusqu'aux roses. Malheureusement mon valet qui avoit le soin de mon cheval, m'apperçut, et se levant de colère : Jusqu'à quand, dit-il, souffrirons-nous cette rosse qui vouloit manger, il n'y a qu'un moment l'orge et le foin de nos bêtes, et qui en veut présentement aux images des Dieux ? Il faut que j'estropie et que j'assomme ce sacrilège. Cherchant en même-temps quelque instrument pour cet effet, il trouve un fagot, et en ayant tiré le plus gros bâton, il se met à frapper sur moi de toute sa force et sans discontinuer, jusqu'à ce qu'il entendît enfoncer la porte de la maison à grand bruit, et la rumeur que faisoient les voisins qui crioient : aux voleurs ; ce lui lui fit prendre la fuite tout épouvanté. Si-tôt que la porte de notre maison fut jetée par terre, une partie des voleurs entre pour la piller, et l'autre l'investit l'épée à la main. Les voisins accourent au secours de tous côtés ; mais les voleurs leur font tête. Il y faisoit clair comme en plein jour, par la quantité de flambeaux et d'épées nues qui brilloient à la lumière. Pendant ce temps-là, quelques-uns de ces voleurs vont à un magasin qui étoit au milieu du logis, où Milon serroit toutes ses richesses, et à grands coups de haches en enfoncent la porte, quoiqu'elle fût bien forte et bien baricadé. Ils enlèvent tout ce qu'ils y trouvent, font leurs paquets à la hâte, et en prennent chacun leur charge ; mais ils n'étoient pas assez de monde pour pouvoir emporter la quantité de richesses qu'ils avoient. Cela les obligea, ne sachant comment faire, à tirer mon cheval de l'écurie, et deux ânes que nous étions, et à nous charger tous trois le plus qu'il leur fut possible. Ayant tout pillé dans la maison, ils en sortirent en nous faisant marcher devant eux à coups de bâton. Et après avoir laissé un de leur camarade dans la ville, pour voir quelle perquisition l'on feroit de ce vol, et pour leur en rendre compte, ils nous firent aller le plus vîte qu'ils pûrent dans des montagnes et par des endroits écartés et déserts. J'étois prêt de succomber et de mourir accablé du poids de tant de choses que je portois, joint à la longue traite qu'on nous faisoit faire, au travers d'une montagne fort rude, quand je m'avisai de recourir tout de bon à la justice, et d'interposer le sacré nom de l'empereur (31), pour me délivrer de tant de misères. Comme nous passions donc au milieu d'un bourg où il y avoit beaucoup de monde, à cause d'une foire qui s'y tenoit, le jour étant déjà fort grand, je voulus, devant tous ces Grecs, invoquer l'auguste nom de César en ma langue naturelle, et je m'écriai : O, assez distinctement ; mais je ne pus jamais achever ni prononcer César. Alors les voleurs se mocquant de ma voix rude et discordante, me déchirèrent si bien la peau à coup de bâton, qu'elle n'auroit pas été bonne à faire un crible. Enfin Jupiter me présenta un moyen de finir mes malheurs, dans le temps que j'y pensois le moins. Car, après avoir traversé plusieurs hameaux et plusieurs villages, j'apperçus un jardin assez agréable, où entre autres fleurs, il y avoit des roses fraîches et vermeilles, couvertes encore de la rosée du matin. N'aspirant qu'après cela, j'y courus plein de joie et d'espérance ; mais, comme je remuois déjà les lèvres pour en prendre quelques-unes, je changeai d'avis fort prudemment, faisant réflexion que, si d'âne que j'étois, je redevenois alors Lucius, je m'exposois évidemment à périr par les mains des voleurs, parce qu'ils me croiroient magicien, ou parce qu'ils auroient peur que je ne les découvrisse, je m'abstins donc avec raison, de manger des roses, et prenant mon mal en patience, je rongeois mon foin sous ma figure d'âne.

Fin du troisieme Livre.

REMARQUES SUR LE TROISIEME LIVRE.

(1) Déja l'Aurore. Le texte dit, Commodum punicantibus phaleris Aurora roseum quatiens lacertum, cælum inequitabat. Déjà l'Aurore dans son char, par le mouvement de son bras couleur de roses, excitoit dans les airs la course de ses chevaux, dont les harnois sont d'un rouge éclatant. Les poëtes ont feint que l'Aurore avoit un mari extrêmement vieux, nommé Tithon, et qu'elle avoit coutume de se lever avant le jour. Elle est fille d'Hypérion et de Thia, selon Hésiode en sa théogonie, et selon d'autres, de Titan et de la Terre, ou du soleil et de la Terre.

(2) Les jambes croisées. C'est la posture ordinaire de l'homme qui est dans la peine ou dans l'embarras.

(3) Et qu'on m'eût promené, comme on fait les victimes, quand on veut appaiser la colère des Dieux. Anciennement, chez de certains peuples, et même dans les Gaules à Marseille, lorsqu'on étoit affligé de quelque calamité publique, comme de la famine, de la peste, de la guerre, &c., on choisissoit un homme le plus mal fait et le plus disgracié de la nature qui se pouvoit trouver ; on le nourrissoit pendant un an de mets exquis et succulens, ensuite on le promenoit dans toutes les places de la ville, et, après l'avoir chargé de toutes sortes d'imprécations, pour détourner sur lui seul tous les maux dont on étoit affligé ou menacé, on le jettoit dans la mer.

Dans les sacrifices expiatoires, on faisoit faire trois tours aux victimes autour des terres, avant de les égorger. Cette procession et solemnité s'appeloit ambarvale, et se faisoit principalement pour les fruits de la terre, afin que, par telle sanctification, la fertilité fût plus considérable. Les rogations représentent cette cérémonie. (4) Qu'un jugement de cette importance fût rendu dans la place où l'on représentoit les jeux. J'ai exprimé ainsi, fût rendu dans le théâtre, qui est dans le texte, parce que ce terme de théâtre, qui, chez les anciens, comprenoit toute l'enceinte du lieu commun aux acteurs et aux spectateurs, ne s'entend chez nous, que d'un lieu élevé, où l'acteur paroît et où se passe l'action. Tout cet édifice en général, destiné aux spectacles des anciens jeux publics qui se nommoit le théâtre, comprenoit la scène, l'orchestre et les degrés qui servoient de siège aux spectateurs. La scène avoit trois parties principales : 1, le pupitre ou proscenium, c'est-à-dire, le devant de la scène ; 2, la scène proprement prise ; 3, le derrière de la scène, en latin, poscenium. Le pupitre étoit le lieu élevé sur lequel les acteurs jouoient, qui est ce que nous appelons aujourd'hui le théâtre. Ce pupitre ou proscenium avoit deux parties aux théâtres des Grecs, l'une où les acteurs jouoient, et l'autre où les chœurs venoient réciter, et où les pantomimes faisoient leurs représentations, ce qu'ils nommoient loreion. La scène étoit une face de bâtiment d'une structure magnifique et enrichie de décorations. Le derrière de la scène ou poscenium étoit le lieu où se retiroient les acteurs et où ils s'habilloient. La séconde partie du théâtre, pris en général, étoit l'orchestre ; c'étoit le lieu le plus bas du théâtre, qui étoit un demi-cercle enfermé au milieu des degrés. Chez les Grecs, il faisoit partie de la scène prise en général ; mais, chez les Romains, aucun des acteurs ne descendoit dans l'orchestre qui étoit occupé par les sièges des sénateurs. La troisième partie du théâtre, pris en général, étoient les degrés où les spectateurs étoient assis, qui avoient plus d'étendue à mesure qu'ils s'élevoient. Dans les premiers temps, on n'étoit assis que sur la pierre ou le bois dont ces degrés étoient faits, mais, dans la suite, on y mit des oreillers ou d'autres sortes de sièges. Pour donner quelque idée de la magnificence des théâtres des anciens, je parlerai seulement de celui que M. Scaurus, étant Edile, fit bâtir à Rome. Il contenoit quatre-vingt mille personnes, il y avoit trois cent soixante colonnes, en trois rangs les uns sur les autres. Celles d'en-bas qui avoient trente-huit pieds de haut, étoient de marbre ; celle du second rang étoient de crystal, et les troisièmes étoient dorées. Entre toutes ces colonnes, il y avoit trois mille statues de bronze, avec un très-grand nombre de riches tableaux. Pline, liv. 36, chap. 15. (5) Un petit vase plein d'eau. Ce vase se nommoit Clepsidre ; l'eau dont on le remplissoit étoit un quart-d'heure ou un peu plus à en sortir. On accordoit un plus grand nombre de Clepsidres à l'accusé qu'à l'accusateur, parce qu'on supposoit qu'il falloit plus de temps pour se justifier, qu'il n'en falloit pour accuser. (6) Etranger. Ciceron dit, au premier livre des Offices, que le degré de société est plus proche entre ceux qui sont d'une même nation et langage, mais qu'il y a plus étroite alliance, lorsqu'on est de la même ville. La loi mosaïque recommandoit le soin des étrangers. Platon, au 8e liv. de ses loix, veut que les étrangers demeurent vingt ans dans la ville où ils ont élu leur domicile, exerçant quelque métier, sans payer aucune taille, et qu'au bout de ce temps ils se retirent. (7) Je n'ignore pas. C'est la défense de l'accusé, de laquelle l'état ou constitution est judiciaire ; car il ne nie pas le fait dont il est chargé, mais il démontre qu'il le fait avec droit et raison. Ainsi dans la cause d'Horace, homicide de sa sœur ; l'intention de l'accusateur est, vous avez tué votre sœur ; l'excuse du défendeur, je l'ai voirement tué, mais avec raison. La question est savoir si l'homicide est raisonnablement commis et selon le droit ? Or, puisqu'il est loisible de tuer celui qui en veut à votre vie, et que chacun a droit de faire ce qu'il peut pour la conserver, il soutient qu'il a eu raison de tuer ces trois voleurs. (8) Inimitié particulière. Les docteurs en droit commandent qu'en tout procès on regarde principalement la cause : or, suivant eux, toute cause est impulsive, comme colère, haine : ou ratiocinative, comme gain, hérédité : davantage, la cause est ou efficiente, quand nous disons, il a été provoqué par tel ou tel sujet : ou adjuvente, quand nous disons, cette cause ou ce sujet l'a aussi poussé : ou prohibée, comme, mais j'ai eu raison de n'en rien faire, de peur que l'hérédité ne parvînt à mon ennemi. Apulée, dans ce moment, se sert de l'impulsion, disant qu'il n'a aucune inimitié, et de la ratiocinative niant avoir fait le délit par aucune envie de gain. (9) Enfant malheureux. Les exemples émeuvent davantage que les paroles. Ainsi Sergius Galba échappa à la punition qu'il méritoit, produisant et tenant entre ses bras ses petits enfans, et les portant de tous côtés pour émouvoir la compassion du peuple. Pour cet effet, les criminels produisent ordinairement leurs femmes, leurs enfans dans l'état le plus abandonné et le plus malheureux. (10) Car le valet qui l'accompagnoit s'est sauvé sans qu'on ait pu le découvrir, et cela réduit l'affaire au point qu'il faut donner la question au coupable. Quand quelqu'un étoit accusé d'un crime chez les anciens, la coutume étoit d'appliquer tous ses esclaves à la question pour en découvrir la vérité. C'est ce qui fait que le juge dit ici, qu'il faut donner la question à Apulée, puisque son valet a disparu, et qu'on ne peut plus apprendre la vérité du fait par son moyen. (11) Le feu et la roue à la manière de la Grèce. Cette manière de donner la question par le feu et la roue est aussi rapportée dans Achilles-Tatius. Les Romains, au lieu de feu et de roue, se servoient de lames ardentes et du chevalet, qui faisoient les mêmes effets ; les lames de brûler, et le chevalet de tirer et d'étendre les membres avec violence, comme la roue chez les Grecs. (12) Comme un homme. Le bien particulier que les mères, les enfans et les esclaves possédoient, sous l'autorité du père de famille, se nommoit peculium. (13) Et je ne repris point mes esprits. Le texte dit, Nec priùs ab inferis emersi : Et je ne sortis point des enfers. Apulée étoit si accablé de ce qui venoit de lui arriver, et il avoit si bien cru perdre la vie, qu'il se regardoit déjà comme un homme descendu aux enfers, jusqu'au moment que son hôte Milon vint le prendre par la main pour l'emmener chez lui. (14) Car elle vous choisit pour son protecteur. C'étoit la coutume des provinces soumises à l'empire romain, de se choisir à Rome des protecteurs pour les affaires qui les regardoient. C'est ainsi que Lacédémone étoit sous la protection des Claudiens, Boulogne, sous celle des Antoines, la Sicile, sous celle de Cicéron, ainsi des autres. (15) Elle vous a décerné une statue de bronze. Entre les plus éclatantes marques d'honneur qu'on pouvoit donner aux grands hommes, celle qui tenoit le premier rang, étoit de leur élever des statues. D'abord elles ne se donnoient qu'aux Héros qui l'avoient mérité par de grands exploits ; mais dans la suite, on en récompensa aussi le mérite de ceux qui se rendoient recommandables par leur doctrine et par leur éloquence, ou par quelque bienfait particulier que le public en avoit reçu. (16) Un des domestiques de Birrhene vint m'avertir, de sa part, que l'heure approchoit d'aller souper chez elle. C'étoit la coutume des anciens, lorsqu'ils avoient invité quelques personnes à venir manger chez eux, de les envoyer encore avertir quand l'heure du repas approchoit. Ainsi Térence, dans l'Héauton-Timorumenos fait dire à Chrémès.

 ---Sed, ut dixi, tempus est

Monere oportet me tunc vicinum Phaniam
Ad cœnam ut veniat. Ibo ut visam si domi est.
Nihil usus fuit monitore ; jam dudùm domi
Præsto apud me esse ajunt. Egomet convivas morer.

Mais le jour est déjà bien avancé, il faut que j'aille avertit notre Phania de venir souper avec nous ; je vais voir s'il n'y seroit point allé. Il n'a pas eu besoin d'avertisseur, on vient de me dire qu'il y est déjà. C'est moi-même qui fais attendre les autres. Act. 1, scen. 2. (17) Mais, comme je ne pouvois penser à cette maison sans frémir. C'étoit à cause de ce qui lui étoit arrivé au retour du soupé qu'il y avoit fait, où il avoit un peu trop bu. (18) Etant initié dans plusieurs mystères de religion. Saint Augustin dit qu'Apulée étoit prêtre en Afrique, et qu'alors il y faisoit représenter des jeux publics et des spectacles de gladiateurs, de chasses, &c. (19) Secret. Orphée obligeoit par serment tous ses confrères, à ne communiquer les secrets de la religion à des oreilles prophanes. Les Platoniciens ne veulent pas que les vénérables maximes de leurs secrètes disputes soient divulguées aux ignorans. Pythagore et Porphyre conjuroient leurs disciples à se contenir religieusement en silence. Tertulien, dans l'Apologétique, dit : que la foi du silence est due à la religion. (20) La sincérité. Portius Caton disoit qu'il se repentiroit, si jamais il avoit confié quelque secret à une femme. Les histoires sont remplies de preuves que les femmes n'ont jamais su garder de secrets. Leur impuissance à garder un secret, a fait naître ce proverbe : Il ne se faut fier ni à femme ni au giron. Celle-là a l'esprit incertain et léger ; et ceux qui tiennent quelque chose en leur giron ou bien au bas de leur manteau, le laissent tomber bien souvent sans se le rappeler. (21) Elle commença, suivant sa coutume, à étaler tout ce qui servoit à sa magie. Vous trouverez dans Lucain, liv. 6, une magnifique description d'un semblable appareil magique. (22) Des os. Démocrite a dit que les os de la tête d'un criminel servent à certains remèdes, et ceux d'un ami ou d'un hôte à d'autres. Artemon faisoit boire du miel dans le crâne d'un homme tué, puis brûlé, contre le mal caduc. Anthée composoit des breuvages qu'il faisoit prendre dans le test d'un pendu contre les morsures d'un chien enragé. Apollonius a voulu faire croire que, contre la douleur des gencives, il les faisoit scarifier avec la dent d'un homme tué par violence. Les rognures des ongles, suivant quelques-uns, guérissent des fièvres tierces, quartes et quotidiennes. (23) Pleins de sang. Les magiciens estiment qu'il vaut mieux boire le sang humain tout chaud, et respirant, pour ainsi dire, encore. Faustine, fille d'Antoninus, puis femme de l'empereur Marcus, se fit, par le conseil des Chaldéens, un bain de sang d'un gladiateur, dont elle s'étoit amourachée et que son mari avoit fait tuer ; puis elle coucha avec son mari : ainsi cet amour se perdit, et Commodus lui naquit, lequel fut plus gladiateur qu'empereur. (14) Hidromel. C'est de l'eau cuite avec du miel. Ce breuvage est bon pour ceux qui frissonnent continuellement, et qui ne peuvent endurer le froid. Il est excellent aussi contre la toux. Il s'en fait encore avec du vin vieux et du miel frais, qui ramollit le ventre, et donne de l'embonpoint. Quelques-uns se sont nourris d'hidromel dans leur extrême vieillesse. L'empereur Auguste ayant demandé à Pollion, bourgeois de Rome, âgé de plus de cent ans, par quel moyen il avoit conservé cette vigueur et d'esprit et de corps, lui répondit, avec de l'hidromel par dedans, et de l'huile par dehors. (25) Comme fit jadis Ajax en fureur ; non pour vous acharner, comme lui, à tailler en pièces des troupeaux entiers de bêtes vivantes. Ajax, fils de Telamon, étoit, à ce que dit Homère, après Achille, le plus vaillant des Grecs qui étoit au siège de Troye. Achille étant mort, Ajax prétendit avoir ses armes, mais Ulysse s'y opposa et voulut aussi les avoir. L'affaire fut remise à la décision de tous les chefs de l'armée, et les armes d'Achille furent adjugées à Ulisse ; les Grecs firent plus d'état de sa prudence, que du courage et de la force d'Ajax, qui fut transporté d'une telle fureur de cette préférence, qu'il massacroit tous les animaux qu'il rencontroit, croyant toujours tuer Ulisse. Enfin, connoissant son erreur, il devint encore plus furieux, et se tua lui-même. (26) Vous êtes un bon fripon. Le texte dit, Vulpinaris amasio, vous faites le renard, mon mignon. La manière dont je l'ai mis est plus selon notre usage. Il est vrai qu'on dit, en parlant d'un homme rusé et artificieux, c'est un fin renard ; mais cette façon de parler ne convient que dans le style bas et comique. Le renard passe pour le plus fin et le plus malicieux de tous les animaux. Esope lui a fort bien conservé son caractère dans ses fables. Quelques personnes reprochoient un jour à Lysandre, Lacédémonien, qu'il employoit l'artifice et la fourberie, pour venir à bout de ses desseins. Il leur répondit en riant : que, quand on ne pouvoit parvenir à ce qu'on souhaitoit avec la peau du lion, il falloit se couvrir de la peau du renard. On eût pu traduire encore par le mot renarder ; il s'emploie souvent pour signifier, pervertir la vérité par fraudes et par mensonges, le mot est pris des ruses de l'animal. Amoureux renardesque se peut entendre d'un amant frivole et imposteur. (27) Vous voudriez donc que je fusse moi-même la cause de mon malheur : le texte dit, Meque sponte asciam cruribus meis illidere compellis : Vous voulez que je me donne moi-même de la hache dans les jambes. C'est une métaphore tirée des charpentiers qui sont assez mal-adroits pour se blesser de leurs propres outils. Ce sont-là de ces sortes de phrases qui ne vaudroient rien dans une traduction, et qu'il faut rendre par d'autres façons de parler, conformes au génie de notre langue, et au sens de l'auteur. (28) Je délibérai quelque temps en moi-même fort sérieusement, &c. Le texte dit : Diù denique ac multum mecum ipse deliberavi, an nequissimam facinorosissimamque feminam illam spissis calcibus feriens, et mordicitus appetens necare deberem. Enfin je délibérai long-temps et fort sérieusement en moi-même, si je ne devois point, à force de coups de pieds et avec les dents, mettre à mort cette très-méchante et très-criminelle femme. Ce sentiment d'Apulée m'a paru bien dur. Je conviens qu'il pouvoit être fâché de se voir tout d'un coup métamorphosé en âne ; mais il devoit bien juger par l'amour que Fotis avoit pour lui, par sa douleur de le voir en cet état, et par tout ce qu'elle lui disoit, qu'elle ne l'avoit pas fait par méchanceté ; et cependant, sans la réflexion qu'il fit, qu'il alloit se priver par la mort de Fotis, des secours nécessaires pour reprendre sa première forme, il étoit prêt de la tuer, comme la plus méchante et la plus abominable femme qui eût jamais été. J'ai cru bien faire d'apporter en cet endroit quelques adoucissemens aux expressions de l'original. (29) Bonne foi. Les Romains envoyèrent l'image de la foi dans le capitole, près du tout-puissant Jupiter. Les mystères de cette divinité étoient secrets et cachés ; on n'osoit les révéler à personne. Numa Pompilius lui dédia une chapelle et des prêtres. La foi, dit Quintilien, est le souverain bien des choses de ce monde, sacrée parmi les ennemis, sacrée parmi les pirates. (30) L'image de la déesse Epone. Epone, ou selon quelques auteurs, Hippone étoit la déesse des chartiers et des muletiers. Elle présidoit aux écuries, où sa statue, grossièrement faite, étoit d'ordinaire placée dans une niche taillée dans quelque pilier. Hippos, en grec, signifie un cheval. La déesse Hippone est au nombre des semones. Ces sortes de Dieux n'étoient pas rangés parmi les célestes, à cause de la pauvreté de leur mérite ; on ne le appeloit pas terrestres, comme indignes de quelques honneurs. Quelques-uns appelent Dieux semones ceux qui tenoient cet espace qui est entre l'air et la terre, et qui rapportoient aux Dieux les vœux et prières des hommes. Ainsi faisoient-ils de même que les médioxumès. Tels étoient Priape, Vertumne, Hippone, Pomone, &c. S. Augustin croyoit que Janus s'appeloit Semone, parce qu'il préside sur la semence. (31) De recourir tout de bon à la justice, et d'interposer le sacré nom de l'empereur. C'est ainsi qu'en usoient ceux qui se trouvoient dans une grande oppression ; ils s'écrioient, j'en appelle à César, ou seulement ô César ! et l'on portoit un si grand respect au nom de l'Empereur, que, lorsque quelqu'un l'invoquoit ainsi, on suspendoit le jugement de son affaire ; si c'étoit même un homme condamné au supplice, on ne passoit pas outre, et son affaire étoit portée devant l'Empereur, ou devant des juges qu'il nommoit. (32) Des roses fraîches et vermeilles. On ne pouvoit guère autrement expliquer le texte qui dit, rosæ virgines, des roses vierges, c'est-à-dire, des roses où l'on n'a point encore touché, et qui ne sont pas tout-à-fait épanouies.

Fin des Remarques du troisième Livre.

Livre IV

LES MÉTAMORPHOSES:
ou
L'ANE D'OR D'APULÉE,

PHILOSOPHE PLATONICIEN,

LIVRE QUATRIEME.

Vers l'heure de midi, que le soleil darde ses rayons avec le plus de force, nous arrivâmes à un village chez de vieilles gens, amis de nos voleurs. Je le connus bien tout âne que j'étois, à la manière dont ils les abordèrent, à leurs embrassades, et à leurs longs entretiens ; outre qu'ils prirent plusieurs choses de ce que je portois, dont ils leur firent présent ; et je jugeai aux discours qu'ils tenoient tout bas entre eux, que les voleurs leur contoient qu'ils venoient de voler ce que nous apportions ; ensuite ils nous déchargèrent, et nous mirent en liberté dans un pré qui étoit tout proche.

Je ne pus me résoudre à paître avec mon cheval et l'âne de Milon, n'étant encore guère accoutumé à faire mon dîner de foin. Pressé donc d'une faim extrême, je me jettai hardiment dans un petit jardin que j'avois découvert de loin, qui étoit derrière la maison, où je mangeai et me remplis tant que je pus de toutes sortes d'herbes potagères, bien qu'elles fussent crues ; et priant tous les Dieux, je regardois de côté et d'autre, si je ne verrois point par hasard quelque rosier fleuri dans les jardins d'alentour. Car étant seul et à l'écart, j'avois lieu d'espérer de me tirer d'affaire, si, par le moyen des roses, je pouvois de bête à quatre pieds que j'étois, reprendre ma forme d'homme, sans être vu de personne. L'esprit occupé de cette idée, je découvre un peu plus loin une vallée couverte d'un bocage épais ; entre plusieurs sortes d'arbres agréables, et dont la verdure me réjouissoit, j'y voyois éclater la vive couleur des roses (1). Il me vint alors une pensée qui n'étoit pas tout-à-fait d'une bête : je crus que ce bois délicieux par la quantité de roses (2) qui brilloient sous ces ombrages, devoit être le séjour de Vénus et des Graces. Alors faisant des vœux au Dieu qui préside aux évènemens, pour me le rendre favorable (3), je galopai vers cet endroit avec tant de légèreté, qu'il me sembloit en vérité que j'étois moins un âne, qu'un brave coursier digne de paroître aux jeux olympiques. Mais cet agile et vigoureux effort ne put devancer ma mauvaise fortune ; car, étant près de ce lieu-là, je n'y vis point ces charmantes et délicates roses, pleines de gouttes de rosée, et de nectar que produisent ces buissons heureux au milieu des épines. Je n'y trouvai même aucune vallée, mais seulement les bords d'un fleuve, couverts d'arbres épais. Ces arbres ont de longues feuilles, comme les lauriers, et portent des fleurs rouges sans odeur, à qui le vulgaire ignorant a donné un nom, qui n'est cependant pas donné mal-à-propos, les nommant, à cause de leur couleur, roses de laurier (4) ; ce qui est un poison mortel pour toutes sortes d'animaux. Voyant que tout m'étoit contraire, je ne songeai plus qu'à mourir, et à manger de ces fleurs pour m'empoisonner ; mais, comme je m'approchois tristement pour en arracher quelques unes, je vis un jeune homme qui accouroit à moi tout furieux, avec un grand bâton à la main. Je ne doutai point que ce ne fût le jardinier qui s'étoit apperçu du dégât que j'avois fait dans son jardin. Dès qu'il m'eut atteint, il me donna tant de coups de bâton, qu'il m'alloit assommer, si je ne me fusse secouru moi-même fort à propos ; car haussant la croupe, je lui lançai plusieurs ruades, et le jettai fort blessé au pied de la montagne qui étoit proche, et je pris la fuite. Dans le moment une femme, qui, sans doute, étoit la sienne, le voyant de loin, étendu par terre, comme un homme mort, accourut à lui, faisant des cris lamentables pour exciter la pitié de ses voisins, et les animer contre moi. En effet, tous les paysans, touchés de ses larmes, appelèrent leurs chiens (5) et les lâchèrent après moi, pour me mettre en pièces. Je me voyois à deux doigts d'une mort inévitable, par le grand nombre de cet mâtins, qui venoient à moi de tous côtés : ils étoient si grands et si furieux, qu'ils auroient pu combattre des ours et des lions (6). Je crus que le meilleur parti que j'eusse à prendre, étoit de ne plus fuir, et de revenir au plus vîte, comme je fis, à la maison où nous étions entrés d'abord. Mais les paysans, après avoir arrêté leurs chiens avec assez de peine, me prirent et m'attachèrent avec une bonne courroie à un anneau qui étoit dans le mur, et me maltraitèrent pour la seconde fois si cruellement, qu'ils auroient sans doute achevé de m'ôter la vie, si la douleur des coups qu'on me donnoit, et des plaies dont j'étois tout couvert, jointe à la quantité d'herbes crûes que j'avois mangées, n'avoient produit un effet qui les écarta tous, par la mauvaise odeur dont je les infectai (7). Un moment après, le soleil commençant à baisser, les voleurs nous rechargèrent tous trois, moi particulièrement plus que je ne l'avois encore été, et nous firent partir. Après que nous eûmes marché assez long-temps, fatigué de la longueur du chemin, accablé de la charge que j'avois sur le corps, affoibli par les coups que j'avois reçus, ayant la corne des pieds toute usée, boitant et ne pouvant me soutenir qu'à peine, je m'arrêtai proche d'un petit ruisseau qui serpentoit lentement, dans le dessein de plier les genoux, et de me laisser tomber dedans, avec une bonne et ferme résolution de ne me point relever, et de n'en point sortir quand on auroit dû m'assommer à coups de bâton, ou même à coups d'épée. Je croyois que je méritois bien mon congé (8), foible comme j'étois, et prêt de mourir, et que les voleurs impatiens de me voir marcher si lentement, dans l'envie qu'ils avoient de hâter leur fuite, partageroient ma charge entre mon cheval et l'âne de Milon, et me laisseroient en proie aux loups et aux vautours, comme une assez grande punition pour moi. Mais la fortune cruelle rendit un si beau dessein inutile. Car, comme si l'autre âne eût deviné mon intention, il me prévint, et faisant semblant d'être accablé de lassitude, tout d'un coup il se renverse par terre avec tous les paquets qu'il avoit sur le dos, et couché comme s'il eût été mort, il ne fait pas même le moindre effort. pour se relever, quelques coups de bâton qu'on lui donnât, et quoiqu'on pût faire en lui levant la queue, les oreilles et les jambes. Les voleurs las, n'en espérant plus rien, et ayant pris conseil entre eux, pour ne pas s'amuser plus long-temps après une bête presque morte, et qui ne remuoit pas plus qu'une pierre, lui coupèrent les jarets à coups d'épée, et partagèrent sa charge entre le cheval et moi. Ils le traînèrent hors du chemin, et le précipitèrent du haut de la montagne, quoiqu'il respirât encore. Alors faisant réflexion à l'aventure de mon pauvre camarade, je pris résolution de n'user plus d'aucun artifice, et de servir mes maîtres fidèlement et en âne de bien, d'autant plus que j'avois compris à leurs discours que nous n'avions pas encore beaucoup de chemin à faire pour gagner le lieu de leur retraite, où devoit finir notre voyage et nos fatigues. Enfin, après avoir encore monté une petite colline, nous arrivâmes à l'habitation des voleurs ; ils commencèrent par nous décharger, et serrèrent tout ce que nous apportions. Ainsi, délivré du fardeau que j'avois sur le corps, au lieu de bain pour me délasser, je me roulois dans la poussière. Il est à propos présentement que je vous fasse la description de cet endroit et de la caverne où se retiroient ces voleurs ; car j'éprouverai par-là les forces de mon esprit, et vous ferai connoître en même temps si j'étois âne par les sens et l'entendement, comme je l'étois par la figure. C'étoit une montagne affreuse, et des plus hautes, toute couverte d'arbres épais, entourée de rochers escarpés et inaccessibles, qui formoient des précipices effroyables, garnis de ronces et d'épines, ce qui aidoit à en défendre les approches. Du haut de la montagne, sortoit une grosse fontaine qui, précipitant ses eaux jusqu'en bas, se séparoit en plusieurs ruisseaux, et formant ensuite un vaste étang, ou plutôt une petite mer, entouroit cette retraite. Au-dessus de la caverne, qui étoit sur le penchant de la montagne, on voyoit une manière de fort, soutenu par de grosses pièces de bois, environné de claies bien jointes ensemble, dont les côtés plus étendus et s'élargissans, laissoient un espace propre à retirer du bétail. Des haies d'une grande étendue en forme de murailles, couvroient l'entrée de la caverne. Vous ne douterez pas, je crois, qu'un lieu tel que je vous le dépeins, ne fût une vraie retraite de voleurs. Il n'y avoit aux environs aucune maison, qu'une méchante petite cabane grossièrement couverte de roseaux, où toutes les nuits, suivant que je l'ai appris depuis, celui des voleurs, sur qui le sort tomboit, alloit faire sentinelle. Dès qu'ils furent arrivés, ils nous attachèrent avec de bonnes courroies à l'entrée de la caverne, où ils se glissèrent avec peine, et comme en rampant les uns après les autres. Aussitôt ils appellèrent une femme toute courbée de vieillesse, qui paroissoit être chargée elle seule du soin de leur ménage. C'est donc ainsi, lui dirent-ils en fureur, vieille sorcière, opprobre de la nature, rebut de l'enfer ; c'est donc ainsi que, restant les bras croisés à ne rien faire, tu te donneras du bon temps et qu'après tant de fatigues et de dangers que nous avons essuyés, nous n'aurons pas la satisfaction de trouver, aussi tard qu'il est, quelque chose de prêt pour notre soupé ? toi, qui, jour et nuit, ne fais ici autre chose que boire et t'enivrer. La pauvre vieille, toute tremblante, leur répondit d'une voix cassée : Mes braves maîtres, vous avez suffisamment de viande cuite et bien apprêtée, du pain plus qu'il n'en faut, et du vin en abondance, les verres même sont rincés. De plus, j'ai fait chauffer de l'eau (9) pour vous servir de bain à tous, comme vous avez de coutume. Aussi-tôt ils se déshabillèrent tout nuds, et se chauffèrent devant un très-grand feu pour se délasser. S'étant ensuite lavés avec de l'eau chaude, et frottés avec de l'huile (10), ils se mirent tous autour de plusieurs tables couvertes de quantité de viandes. A peine étoient-ils placés, qu'on vit arriver une autre troupe de jeunes hommes, encore plus nombreuse que celle-ci. Il n'étoit pas difficile de juger que c'étoient aussi des voleurs, car ils apportoient un riche butin, tant en or et en argent monnoyé, qu'en vaisselle de même matière, et en habits de soies brodés d'or. Après s'être lavés comme les premiers, ils se mirent à table avec eux. Ceux à qui il étoit échu de servir les autres, en faisoient l'office. Alors chacun se met à boire et à manger sans ordre ni mesure ; ils mêlent tous leurs plats et leurs viandes ensemble, mettent le pain, les pots et les verres sur la table, parlent tous à la fois, chantent et rient confusément, disent toutes les grossièretés qui leur viennent à la bouche, et font un bruit et un vacarme aussi épouvantable que celui des Lapithes et des Centaures (11). Un d'entre eux, qui étoit d'une taille et d'une force au-dessus des autres, commença à dire : Nous avons bravement pillé la maison de Milon à Hipate, outre qu'avec le butin considérable que nous y avons fait à la pointe de l'épée, nous sommes tous revenus ici sains et saufs ; et si cela se peut encore compter pour quelque chose, nous sommes de retour avec huit jambes de plus (12), que quand nous sommes partis. Mais vous qui venez de parcourir les villes de Béotie, votre troupe est revenue bien affoiblie par la perte que vous avez faite, entre autres du brave Lamaque, votre chef (13), dont certainement j'aurois préféré le retour à toutes ces richesses que vous avez apportées. Mais, quoi qu'il en soit, il n'a péri que pour avoir eu trop de valeur, et la mémoire (14) d'un si grand homme sera toujours recommandable parmi les plus grands capitaines et les fameux guerriers. Car, pour vous autres, honnêtes voleurs, vous n'êtes propres qu'à prendre en cachette et timidement quelques misérables hardes dans les bains publics (15), ou dans les maisons de quelques pauvres vieilles femmes. Un de ceux qui étoient venus les derniers, lui répondit : Es-tu le seul qui ne sache pas que les grandes maisons sont les plus aisées à piller ? Car, quoiqu'elles soient pleines d'un grand nombre de domestiques, chacun d'eux cependant songe plutôt à conserver sa vie (16), que le bien de son maître. Mais les gens qui vivent seuls et retirés chez eux, soit par la médiocrité de leur fortune, ou pour ne pas paroître aussi à leur aise qu'ils le sont, défendent ce qu'ils ont avec beaucoup plus d'ardeur, et le conservent au péril de leur vie. Le récit de ce qui nous est arrivé, vous prouvera ce que je vous dis. A peine fûmes-nous à Thèbes (17), que nous étant soigneusement informés des biens des uns et des autres (car c'est le premier soin des gens de notre profession) nous découvrîmes un certain banquier nommé Chryseros (18) qui avoit beaucoup d'argent comptant, mais qui cachoit son opulence avec tout le soin et l'application possible, dans la crainte d'être nommé aux emplois, ou de contribuer aux charges publiques. Pour cet effet, il ne voyoit personne, et vivoit seul dans une petite maison, assez bien meublée à la vérité ; mais d'ailleurs il étoit vêtu comme un misérable, au milieu de sacs pleins d'or et d'argent qu'il ne perdoit pas de vue. Nous convînmes donc entre nous de commencer par lui, parce que n'ayant affaire qu'à un homme seul, nous croyions ne rencontrer aucun obstacle à nous rendre maîtres de toutes ses richesses. Nous ne perdîmes point de temps ; nous nous trouvâmes à l'entrée de la nuit devant sa porte ; mais nous ne jugeâmes pas à propos de la soulever, ni de l'ouvrir avec effort, encore moins de la rompre, de peur que le bruit que cela auroit fait, n'armât le voisinage contre nous. Lamaque donc, notre illustre chef, se confiant en son courage, passe la main tout doucement par un trou, qui servoit à fourrer la clef en dedans (19) pour ouvrir la porte, et tâchoit d'arracher la serrure Mais ce Chryseros, le plus méchant et le plus rusé de tous les hommes, nous épioit depuis longtemps, et remarquant ce qui se passoit, il descend sans faire le moindre bruit, et avec un grand clou poussé violemment, il perce la main de notre capitaine, et l'attache contre la porte. Le laissant ainsi cruellement cloué, comme en un gibet, il monte sur le toît de sa méchante petite maison, d'où il se met à crier de toute sa force, demandant du secours aux voisins, les appellant tous par leur nom, et les avertissant de prendre garde à eux, que le feu venoit de se mettre à sa maison. Les voisins épouvantés par la crainte d'un danger qui les regardoit de si près, accourent de tous côtés au secours. Alors, voyant que nous allions être surpris, ou qu'il falloit abandonner notre camarade, nous trouvâmes, dans ce péril imminent, un moyen, de concert avec lui, qui fut de lui couper le bras par la jointure du milieu, que nous laissâmes attaché à la porte, et, après avoir enveloppé la plaie de Lamaque avec des linges, de peur qu'on ne nous suivît à la trace du sang qu'il perdoit, nous l'emportâmes, et nous retirâmes fort vîte. Mais, comme nous étions en inquiétude, voyant tout le quartier en alarmes, et qu'enfin le péril qui croissoit, nous eût épouvantés au point que nous fûmes obligés de précipiter notre fuite, cet homme, le plus courageux et le plus ferme qui fut jamais, n'ayant pas la force de nous suivre assez vîte, et ne pouvant rester sans danger, nous conjuroit par les prières les plus touchantes, par le bras droit du dieu Mars (20), par la foi que nous nous étions promise les uns aux autres, de mettre hors du danger d'être traîné en prison, et livré au supplice le fidele compagnon de nos exploits : Car, pourquoi, disoit-il, un voleur qui a du cœur, voudroit-il vivre après avoir perdu la main qui lui servoit à piller et à égorger, ajoutant qu'il se trouvoit assez heureux de pouvoir mourir par la main d'un de ses camarades. Et, comme pas un de nous, quelque prière qu'il nous fît, ne vouloit commettre ce parricide de sang froid, il prend son poignard avec la main qui lui restoit, et l'ayant baisé plusieurs fois, il se le plonge de toute sa force dans la poitrine. Alors admirant la grandeur de courage de notre généreux chef, après avoir enveloppé son corps dans un drap, nous l'avons donné en garde à la mer (21), et notre Lamaque a présentement pour tombeau tout ce vaste élément. C'est ainsi que ce grand homme a fini sa carrière, faisant une fin digne de son illustre vie. A l'égard d'Alcime (22), quoiqu'il eût beaucoup de prudence et d'adresse en tout ce qu'il entreprenoit, il n'a pu éviter sa mauvaise fortune. Car, ayant percé la méchante petite maison d'une vieille femme, pendant qu'elle dormoit, et étant monté dans sa chambre, au lieu de. commencer par l'étrangler, il voulut auparavant nous jetter ses meubles par la fenêtre. Après qu'il eut déménagé tout ce qui étoit dans la chambre, ne voulant pas épargner le lit où cette femme étoit couchée, il la jetta sur le plancher, prit sa couverture ; et, comme il la portoit du côté de la fenêtre, cette vieille scélérate se met à genoux devant lui, en lui disant : Hélas ! mon enfant, pourquoi donnez-vous les misérables hardes d'une pauvre femme à de riches voisins, chez qui vous les jettez par cette fenêtre qui regarde sur leur maison ? Alcime, trompé par cet artifice, craignant que ce qu'elle disoit ne fût vrai, et que les meubles qu'il avoit jetés en bas, et ceux qu'il avoit encore à y jeter, au lieu de tomber entre les mains de ses camarades, ne tombassent dans quelque maison voisine, se met à la fenêtre pour en savoir la vérité, et se panche en dehors pour examiner s'il n'y avoit point quelque bon coup à faire dans la maison prochaine dont elle lui avoit parlé. Mais comme il portoit ses regards avec attention de tous côtés, sans aucune précaution, cette maudite vieille, quoique foible, le poussa d'un coup subit et imprévu, et le précipita dans la rue ; ce qui lui fut d'autant plus facile, que la grande application qu'il avoit à regarder de tous côtés, l'avoit fait avancer sur la fenêtre, et se mettre comme en équilibre. Outre qu'il fut jeté de fort haut, il tomba sur une grosse pierre qui étoit proche de la maison, où il se rompit les côtes et se brisa tout le corps ; de manière que, vomissant des flots de sang, il a rendu l'ame sans souffrir un long tourment, n'ayant eu que le temps de nous raconter comme la chose s'étoit passée. Nous le mîmes avec Lamaque, pour lui servir de digne compagnon, leur donnant à tous deux une même sépulture. Notre troupe ainsi affaiblie par la perte de ces deux hommes, nous nous trouvâmes fort rebutés, et ne voulant plus rien entreprendre dans Thèbes, nous avons été à Platée (23), qui en est la ville plus proche. Nous y avons trouvé un homme fameux, nommé Democharès (24) : il étoit prêt de présenter au peuple un spectacle de jeux et de gladiateurs. C'est une personne de grande qualité, puissamment riche, d'une magnificence et d'une libéralité extraordinaire, qui se plaît à donner des fêtes et des spectacles dignes de l'éclat de sa fortune. Mais qui pourroit avoir assez d'esprit et d'éloquence pour bien décrire les différens préparatifs qu'il ordonnoit pour cet effet ? Il avoit des troupes de gladiateurs fameux, des chasseurs d'une agilité éprouvée ; des criminels condamnés à la mort, qu'il engraissoit pour servir dans les spectacles de pâture aux bêtes féroces (25). Il avoit fait construire une grande machine de bois, avec des tours, comme une espèce de maison roulante, ornée de diverses peintures, pour mettre tout ce qui devoit servir aux chasses d'animaux, quand on voudroit les faire représenter. Qui pourroit raconter le nombre et les différentes sortes de bêtes qui se trouvoient chez lui ? car il avoit eu soin de faire venir de tous côtés ces tombeaux vivans de criminels condamnés. Mais, de tout l'appareil de cette fête magnifique, ce qui lui coûtoit le plus, c'étoit une quantité d'ours d'une grandeur énorme, dont il avoit fait provision ; car, sans compter ceux qu'il avoit pu faire prendre par ses chasseurs, et ceux qu'il avoit achetés bien cher, ses amis lui en avoient encore donné un grand nombre, et il les faisoit tous garder et nourrir avec beaucoup de soin et de dépense. Mais ces superbes préparatifs qu'il faisoit pour des jeux publics, ne furent point à couvert des disgraces de la fortune (26). Car ces ours ennuyés de n'être point en liberté, amaigris par les grandes chaleurs de l'été, foibles et languissans, faute d'exercice (27), furent attaqués d'une maladie contagieuse (28) et moururent presque tous. On voyoit, de côté et d'autre, les corps mourans de ces animaux étendus dans les rues ; et ceux d'entre le peuple qui sont dans la dernière misère, accoutumés à manger tout ce qu'ils trouvent, qui ne leur coûte rien, quelque mauvais qu'il soit, venoient de toutes parts prendre de la chair de ces bêtes, pour assouvir leur faim. Cela nous a donné occasion, à Babule, que vous voyez, et à moi, d'imaginer un tour fort subtil. Nous avons pris le plus gras de ces ours, que nous avons emporté chez nous, comme pour le manger. Nous avons détaché de la peau toutes ses chairs, y conservant néantmoins ses griffes et sa tête jusqu'à la jointure du cou. Nous avons bien raclé cette peau, et après l'avoir saupoudrée de cendre, nous l'avons exposée au soleil ; pendant que la chaleur de ses rayons la desséchoit et la préparoit, nous mangions de grand appétit de temps en temps des meilleurs endroits de la chair de cet animal, et nous convînmes alors tous ensemble, qu'il falloit que celui d'entre nous qui auroit encore plus de courage que de force de corps, s'enveloppât de cette peau, en cas cependant qu'il le voulût bien ; qu'il contrefît l'ours, et se laissât mener chez Democharès, pour nous ouvrir la porte de sa maison pendant le silence de la nuit.

Il y en eut beaucoup de notre vaillante troupe, qui, trouvant la chose bien imaginée, s'offrirent de l'entreprendre. Thrasiléon (29), entre autre, à qui chacun a donné sa voix, a bien voulu en courir le hasard. Avec un visage serein, il s'enferme dans cette peau, qui étoit bien préparée et douce à manier. Nous la lui cousons fort juste sur le corps ; et quoique la couture, que nous faisions aux endroits que nous joignions ensemble, parût fort peu, nous ne laissons pas de rapprocher le poil qui étoit aux deux côtés, et de l'abattre dessus pour la couvrir. Nous lui faisons passer la tête dans le cou de l'ours, jusqu'à la tête de la bête, et après avoir fait quelques petits trous vis-à-vis de ses yeux et de son nez, pour lui laisser la vue et la respiration libres, nous faisons entrer notre brave camarade ainsi travesti dans une cage, que nous avions eue pour peu de chose, où de lui-même il se jette gaiement. Ayant ainsi commencé notre fourberie, voici comme nous l'achevons. Nous nous servons du nom d'un certain Nicanor (30) de Thrace, que nous avions appris être en grande liaison d'amitié avec Democharès, et nous faisons une fausse lettre par laquelle il paroissoit que cet ami lui envoyoit les prémices de sa chasse, pour faire honneur aux jeux qu'il devoit donner au public. La nuit vient, elle étoit favorable à notre dessein ; nous allons présenter cette lettre à Democharès avec la cage où étoit Thrasiléon. Surpris de la grandeur de cette bête, et ravi du présent que son ami lui faisoit si à propos (31), il commande qu'on nous donne sur le champ dix pièces d'or, pour notre peine de lui avoir apporté une chose qui lui faisoit tant de plaisir. Comme les hommes courent naturellement après les nouveautés, beaucoup de gens s'amassoient auprès de cet animal, et le considéroient avec étonnement. Notre Thrasiléon, que tant de regards curieux inquiétoient, avoit l'adresse de les écarter de temps en temps, faisant semblant de se jetter sur eux en fureur. Ils disoient tous, que Democharès étoit fort heureux, après la perte qu'il avoit faite de tant d'animaux, d'en avoir recouvert un qui pouvoit en quelque façon réparer le dommage que la fortune lui avoit causé. Il commande qu'on porte à l'heure même cet ours à sa maison de campagne (32) ; mais prenant la parole : Monseigneur, lui dis-je, gardez-vous bien de faire mettre cette bête harassée par la longueur du chemin, et par la chaleur du soleil avec les autres, qui, à ce que j'entends dire, ne se portent pas trop bien : il seroit plus à propos de la mettre chez vous, en quelque endroit spacieux, où elle eût bien de l'air (33), et même où elle pût trouver de l'eau pour se rafraîchir. Vous n'ignorez pas que ces sortes d'animaux n'habitent que des cavernes humides, au fond des bois dans des pays froids sur des montagnes, où ils se plaisent à se baigner dans l'eau vive des fontaines. Democharès faisant réflexion à la quantité de bêtes qu'il avoit perdues, et craignant pour celle-ci sur ce que je lui disois, consent aisément que nous choisissions chez lui l'endroit que nous jugerions le plus propre pour y placer la cage où notre ours étoit enfermé. Nous nous offrons de coucher auprès toutes les nuits, afin d'avoir soin, disions-nous, de donner aux heures nécessaires la nourriture (34) ordinaire qui convenoit à cet animal fatigué du voyage et de la chaleur. Il n'est pas besoin que vous en preniez la peine, nous dit Democharès, il y a peu de mes gens qui ne sachent la manière de nourrir des ours, par l'habitude qu'ils en ont. Après cela, nous prenons congé de lui, et nous nous retirons. Etant sortis hors des portes de la ville, nous appercevons des tombeaux loin du grand chemin (35), dans un endroit solitaire et écarté, et dans le dessein d'y venir cacher le butin que nous espérions de faire, nous en ouvrons quelques-uns, que la longueur des temps avoit à moitié détruits, où il n'y avoit que des corps réduits en cendre et en poussière (36). Ensuite, selon notre coutume ordinaire en de pareilles occasions, à l'heure de la nuit la plus sombre, que tout le monde est enseveli dans le premier sommeil, nous nous trouvons tous, et nous nous postons devant la porte de Democharès bien armés, comme à un rendez-vous, pour faire un pillage. De son côté, Thrasiléon prend le moment favorable à notre dessein, pour sortir de sa cage, poignarde ses gardes endormis, en fait autant au portier de la maison, lui prend ses clefs et nous ouvre la porte. Y étant tous entrés avec précipitation, il nous montre un cabinet où il avoit remarqué finement qu'on avoit serré beaucoup d'argent le soir même. La porte en est bientôt brisée par les efforts de tout ce que nous étions. J'ordonne à mes camarades de prendre chacun autant d'or et d'argent qu'ils en pourroient porter, et de l'aller promptement cacher dans les tombeaux de ces morts, sur la fidélité desquels nous pouvions compter ; et je leur dis de revenir aussi-tôt pour achever de piller tout ce que nous trouverions, et que, pour la sureté commune, j'allois rester sur la porte de la maison, d'où j'aurois l'œil à ce qui se passeroit jusqu'à leur retour. Cependant la figure de cet ours prétendu, me sembloit fort propre à épouvanter les domestiques, si par hasard il y en avoit quelques-uns qui ne dormissent pas. En effet, qui seroit l'homme, quelque brave et intrépide qu'il pût être, qui, voyant venir à lui une grande bête effroyable, comme celle-là, particulièrement la nuit, ne se sauvât bien vite, et tout effrayé, ne courût se renfermer dans sa chambre. Mais, après toutes les mesures que nous avions si bien prises, il n'a pas laissé de nous arriver un cruel accident (37). Car, pendant que j'attends fort inquiet le retour de mes camarades, un petit coquin de valet surpris du bruit que faisoit l'ours, se traîne tout doucement pour voir ce que c'étoit, et ayant apperçu cette bête qui alloit et venoit librement par toute la maison, il retourne sur ses pas, sans faire le moindre bruit, et va avertir tout le monde de ce qu'il venoit de voir. Aussi-tôt paroît un grand nombre de domestiques ; la maison est éclairée dans un moment par quantité de lampes et de flambeaux qu'ils mettent de tous côtés ; ils se postent les uns et les autres dans les passages tous armés d'une épée, d'un bâton ou d'un épieu, et lâchent les chiens de chasse après la bête pour l'arrêter. Voyant que le bruit et le tumulte augmentoit, je sors vîte, et vais me cacher derrière la porte de la maison, d'où je voyois Thrasiléon qui se défendoit merveilleusement bien contre les chiens, et quoiqu'il touchât aux derniers momens de sa vie, cependant le soin de sa gloire et de nos intérêts, le faisoit encore résister à la mort qui l'environnoit de toutes parts, et soutenant toujours le personnage dont il s'étoit volontairement chargé, tantôt fuyant, tantôt tenant tête ; enfin il fait tant par ses tours d'adresse et par ses mouvemens différens, qu'il s'échappe de la maison. Mais, quoiqu'il se fût mis en liberté, il ne put se garantir de la mort par la fuite ; car un grand nombre de chiens du voisinage se joignent à ceux qui le poursuivoient, et tous s'acharnent contre lui. Ce fut alors un spectacle bien funeste et bien pitoyable, de voir notre Thrasiléon en proie à cette quantité de chiens en fureur, qui le dévoroient et le mettoient en pièces. A la fin n'étant plus le maître de ma douleur, je me fourre au milieu du peuple qui s'étoit amassé, et pour donner à mon cher camarade le seul secours qui pouvoit dépendre de moi, je m'adresse à ceux qui animoient encore les chiens : O quel grand dommage, leur disois-je, que nous perdons-là un précieux animal ! mais mon artifice, et tout ce que je pus dire, ne servit de rien à ce pauvre malheureux ; car, dans le moment, un homme fort et vigoureux sort de la maison de Démocharès, et vient enfoncer un épieu dans le ventre de l'ours : un autre en fait autant, et plusieurs que cela avoit rassurés, s'en approchent de plus près, et le percent de coups d'épée. Enfin Thrasiléon, l'honneur de notre troupe, avec un courage digne de l'immortalité, ne laisse point ébranler sa constance, et ne fait pas le moindre cri, ni la moindre plainte qui puisse le trahir et découvrir notre dessein, mais tout déchiré et percé de coups qu'il étoit, imitant toujours le mugissement d'un ours, et bravant la mort avec une vertu héroïque, il conserve sa gloire en perdant la vie. Cependant la terreur qu'il avoit répandue parmi tous ces gens-là, étoit telle, que jusqu'à ce qu'il fût grand jour, pas un seul n'a osé toucher seulement du bout du doigt ce prétendu animal étendu sur le carreau, hors un boucher un peu plus hardi que les autres, qui s'en approchant doucement et avec quelque crainte, lui fend le ventre, et expose aux yeux de tous cet illustre voleur. Voilà de quelle manière nous avons encore perdu Thrasiléon ; mais sa gloire ne périra jamais. Ensuite ayant pris à la hâte les paquets que ces morts nous avoient fidèlement gardés, nous nous sommes éloignés le plus vîte qu'il nous a été possible de la ville de Platée, faisant les uns et les autres plusieurs fois cette réflexion, que certainement la bonne foi n'habitoit plus parmi les vivans, et qu'en haine de leur perfidie, elle s'étoit retirée chez les morts. Enfin fort fatigués de la pesanteur de nos paquets, et du chemin long et rude que nous avions fait, ayant perdu trois de nos camarades, nous sommes arrivés ici avec le butin que vous voyez. Quand ce discours fut fini, ils burent dans des coupes d'or du vin pur à la mémoire de leurs compagnons qui étoient morts, et en répandirent en sacrifice, chantant quelques Hymnes à l'honneur du dieu Mars ; ensuite ils prirent un peu de repos. La vieille femme nous donna de l'orge en abondance et sans la mesurer ; de manière que mon cheval qui mangeoit sa portion et la mienne, n'étoit pas moins aise que, s'il eût fait aussi bonne chère que les prêtres Saliens (38). Pour moi, quoique j'aie toujours assez aimé l'orge mondé, comme les hommes le mangent, je ne balançai point à quitter celui-là qui étoit crud, pour aller dans un coin où j'avois aperçu ce qui étoit resté de pain du repas qu'on venoit de faire, dont je mangeai avec une avidité et un appétit extraordinaire (39). La nuit étant assez avancée, les voleurs s'éveillèrent et songèrent à décamper. Ils s'équipèrent différemment : les uns s'armèrent d'épées, et les autres se déguisèrent en fantômes. En cet état, ils sortirent tous à la hâte. A mon égard, le sommeil qui me pressoit ne m'empêcha point de manger de la même force, et quoique je fusse content à chaque repas d'un pain ou de deux tout au plus quand j'étois Lucius, alors contraint de m'accommoder à la capacité de mon estomac, j'achevois la troisième corbeille pleine de pain, et je fus bien étonné que le jour me surprit en cette occupation. Je m'en retirai enfin, avec peine à la vérité, cependant, comme un âne qui a de la pudeur, et j'allai appaiser ma soif à un petit ruisseau qui n'étoit pas loin de là.

Peu de temps après les voleurs arrivèrent en grand'hâte et fort émus, ne rapportant à la vérité aucun paquet, pas même un misérable manteau ; mais l'épée à la main, ils amenoient une jeune fille, belle et bien faite. Il étoit aisé de juger que c'étoit quelque fille de la première qualité, et je vous jure qu'elle me plaisoit bien, tout âne que j'étois. Elle se désespéroit, elle déchiroit ses habits et s'arrachoit les cheveux d'une manière digne de pitié. Quand ils furent tous entrés dans la caverne, ils lui représentèrent qu'elle n'avoit pas raison d'être affligée au point qu'elle l'étoit. Ne craignez rien, lui disoient-ils, votre vie et votre honneur sont en sûreté. Ayez patience pour un peu de temps, que votre enlèvement nous vaille quelque chose. C'est la nécessité qui nous force à faire le métier que noue faisons. Votre père et votre mère qui ont des biens immenses, tireront bientôt de leurs coffres, malgré leur avarice, ce qu'il faut pour racheter leur chère fille. Ces discours, et quelques autres semblables qu'ils lui tenoient confusément les uns et les autres, ne diminuèrent point sa douleur ; et tenant toujours sa tête panchée sur ses genoux, elle continuoit à pleurer de toute sa force. Les voleurs appellèrent la vieille femme, lui ordonnèrent de s'asseoir auprès d'elle, et de l'entretenir de discours les plus obligeans et les plus gracieux qu'elle pourroit, pour tâcher de calmer son affliction, ensuite ils s'en allèrent chercher suivant leur coutume, à exercer leur métier. Tout ce que la vieille put dire à cette jeune fille, n'arrêta point le cours de ses larmes ; au contraire, paroissant encore plus agitée qu'elle n'avoit été, par les sanglots continuels qui sortoient du fond de sa poitrine, elle redoubla ses gémissemens avec tant de force, et d'une manière si touchante, qu'elle me fit pleurer aussi. Hélas ! disoit-elle, malheureuse que je suis, puis-je cesser de répandre des pleurs, et comment pourrai-je vivre, arrachée d'une maison comme la mienne, loin de toute ma famille, d'un père et d'une mère si respectables, et de mes chers domestiques ! Esclave et devenue la proie d'un malheureux brigandage, enfermée dans une caverne, privée de toutes les délices qui conviennent à une personne de ma naissance, dans lesquelles j'ai été élevée, et prête à tout moment d'être égorgée au milieu d'une troupe affreuse de voleurs, de scélérats et d'assassins. Après avoir ainsi déploré sa triste destinée, la gorge enflée à force de sanglots, le corps abattu de lassitude, et l'esprit accablé de douleur, elle se laissa aller au sommeil, et ses yeux languissans se fermèrent. Peu de temps après qu'elle fut endormie, se réveillant tout d'un coup comme une forcenée, elle recommença à pleurer et à gémir, beaucoup plus violemment encore qu'elle n'avoit fait, se donnant des coups dans la poitrine, et meurtrissant son beau visage. Et, comme la vieille la prioit avec instance de lui dire quel nouveau sujet elle pouvoit avoir pour s'affliger à un tel excès : Ah ! s'écria la jeune fille, en poussant de tristes soupirs ; ah ! je suis perdue maintenant ! je suis perdue sans ressource, il ne me reste plus aucune espérance ; je ne dois plus songer qu'à chercher une corde, un poignard, ou quelque précipice pour finir tout d'un coup mes malheurs. Alors la vieille se mettant en colère, lui dit, d'un visage plein d'aigreur et de dureté, qu'elle vouloit absolument savoir ce qu'elle avoit à pleurer de la sorte, et pourquoi immédiatement après avoir pris un peu de repos, elle recommençoit ses lamentations avec tant de violence. Quoi ! lui disoit-elle, avez-vous l'envie de frauder mes jeunes maîtres du profit qu'ils espèrent tirer de votre rançon ? Si vous prétendez passer outre, comptez que, malgré vos larmes (ce qui touche ordinairement fort peu les voleurs) je vous ferai brûler toute vive. La jeune fille épouvantée de cette menace lui prit la main et la lui baisant : Pardonnez-moi, lui dit elle, ma bonne mère, je vous en conjure, conservez quelques sentimens d'humanité, ayez un peu de pitié de l'état déplorable où je me trouve. Je ne puis croire qu'ayant atteint cette vénérable vieillesse, vous vous soyez dépouillée de toute compassion ; au reste, écoutez le récit de mes malheurs. Un jeune homme, beau, bien fait, et de la première qualité, si aimable, qu'il n'y a personne dans la ville qui ne l'aime comme son propre fils, mon proche parent, âgé seulement de trois ans plus que moi, avec qui j'ai été élevée et nourrie en même maison, dont la foi m'étoit engagée depuis longtemps, suivant l'intention de sa famille et de la mienne, qui nous avoient destinés l'un pour l'autre, et qui venoient de passer notre contrat de mariage : ce jeune homme, dis-je, accompagné d'un grand nombre de ses parens et des miens, qui s'étoient rassemblés pour nos nôces, immoloit des victimes dans les temples des dieux ; toute notre maison ornée de branches de laurier (40), éclairée par les torches nuptiales (41), retentissoit des chants de notre hymenée (42) ; ma mère me tenant dans ses bras, me paroit de mes habits de nôces (44), me donnant mille baisers, et faisant des vœux, dans l'espérance de voir bientôt des fruits de mon mariage, quand tout d'un coup paroît une troupe de brigands l'épée à la main, prête à livrer combat. Ils ne se mettent point en devoir de piller ni d'égorger ; mais tous ensemble ils se jettent en foule dans la chambre où j'étois, et m'arrachent plus morte que vive d'entre les bras tremblans de ma mère, sans qu'aucun de nos domestiques fasse la moindre résistance. Ainsi nos nôces sont troublées, comme celles de Pirithoüs et d'Hyppodamie (45). Mais, ce qu'il y a de plus cruel, ce qui augmente et met le comble à mon infortune, c'est le rêve que je viens de faire en dormant. Il m'a semblé qu'on me tiroit avec violence de ma chambre, et même de mon lit nuptial ; que l'on m'emportoit par des lieux écartés et déserts, où j'appelois continuellement à mon secours mon époux infortuné, qui, se voyant si-tôt privé de mes embrassemens, couroit après ceux qui m'enlevoient encore, tout parfumé d'essences et couronné de fleurs ; et comme il crioit au secours, se plaignant qu'on lui ravissoit son aimable et chère épouse, un des voleurs irrité de ce qu'il nous suivoit avec tant d'opiniâtreté, a pris une grosse pierre dont il a frappé ce pauvre jeune homme, et l'a étendu mort sur la place. Une vision si affreuse m'a réveillée en sursaut toute épouvantée. La vieille alors répondant par quelques soupirs aux larmes, que la jeune fille versoit en abondance, lui parla ainsi. Prenez bon courage, ma chère enfant, et que les vaines fictions des songes (46) ne vous alarment point ; car, outre qu'on tient que les images que le sommeil produit pendant le jour, sont fausses et trompeuses ; on croit de plus, que celles qu'il nous offre pendant la nuit, signifient souvent le contraire de ce qu'elles représentent (47). Rêver qu'on pleure, qu'on est battu, et quelquefois même qu'on nous coupe la gorge, sont des présages de gain et de prospérité ; au contraire, quand on songe qu'on rit, qu'on mange quelques mets délicats et friands, ou qu'on goûte les plaisirs de l'amour, cela annonce de la tristesse, de la langueur, quelque perte ou quelque sujet d'affliction. Mais je veux tâcher tout présentement de vous distraire de votre douleur par quelques jolis contes du temps passé. Il y avoit dans une certaine ville un Roi et une Reine (48), qui avoient trois filles, toutes trois fort belles. Quelques charmes que pussent avoir les deux aînées, il n'étoit pas impossible de leur donner des louanges proportionnées à leur mérite. Mais, pour la cadette, sa beauté étoit si rare et si merveilleuse, que toute l'éloquence humaine n'avoit point de termes pour l'exprimer et pour en parler assez dignement. Les peuples de ce pays-là, et quantité d'étrangers, que la réputation d'une si grande merveille y attiroit, restoient saisis d'étonnement et d'admiration, quand ils voyoient cette beauté, dont jamais aucune autre n'avoit approché, et l'adoroient religieusement, comme si s'eût été Vénus elle-même (49). Le bruit couroit déjà par-tout chez les nations voisines, que la Déesse, à qui l'océan a donné la naissance, et qui a été élevée dans ses flots, étoit descendue des cieux, et se faisoit voir sur la terre, sous la figure d'une mortelle ; ou du moins que la terre, après la mer, avoit produit par une nouvelle influence des astres, une autre Vénus qui avoit l'avantage d'être fille. Cette opinion se fortifioit chaque jour, et se répandit dans les provinces et dans les îles voisines, et de-là presque dans tout l'univers. On voyoit arriver de toutes parts des hommes qui avoient traversé des pays immenses, et d'autres qui s'étoient exposés aux dangers d'une longue navigation, pour voir ce qui faisoit la gloire et l'ornement de leur siècle. Personne n'alloit plus à Gnide, ni à Paphos ; personne même ne s'embarquoit plus pour aller à Cythère (50) rendre des honneurs à Vénus ; ses sacrifices sont négligés, ses temples dépérissent, on en profane les ornemens (51), on n'y fait plus les cérémonies accoutumées ; les statues de la Déesse ne sont plus couronnées de fleurs, et ses autels couverts de cendres froides restent abandonnés. L'on n'adresse plus ses prières qu'à la jeune princesse, et l'on n'honore plus Vénus que sous la forme de cette jeune mortelle. Quand elle paroît le matin, on immole devant elle des victimes, et on prépare des festins sacrés ; l'on croit se rendre ainsi la Déesse favorable. Et lorsque la princesse passe dans les rues, les peuples courent en foule après elle pour lui rendre leurs hommages, chacun lui présente des guirlandes et des couronnes de fleurs, et l'on en sème par-tout où elle doit passer.

Ce culte et ces honneurs divins, qu'on rendoit à la nouvelle Vénus, piquèrent sensiblement la mère des amours. Quoi, dit-elle toute indignée et frémissant de colère, Vénus à qui la nature et les élémens doivent leur origine, qui maintient tout ce vaste univers, partagera les honneurs qui lui sont dûs, avec une simple mortelle, et mon nom qui est consacré dans le ciel, sera profané sur la terre ? Une fille sujète à la mort recevra les mêmes respects que moi, et les hommes seront incertains si c'est elle ou Vénus qu'ils doivent adorer. C'est donc en vain que ce sage berger, dont Jupiter même a reconnu l'équité, m'a préférée à deux Déesses qui me disputoient le prix de la beauté (52) ? Mais, quelle que soit cette mortelle, elle n'aura pas long-temps le plaisir de jouir des honneurs qui me sont dûs. Je ferai bientôt en sorte qu'elle aura tout lieu de s'affliger d'avoir cette beauté criminelle. Dans le moment Vénus appelle son fils, cet enfant ailé, plein d'audace et de mauvaises inclinations, qui, sans aucun égard pour les loix, armé, de flèches et de feux, court toutes les nuits de maison en maison pour séduire les femmes mariées, et mettre de la division dans les ménages ; en un mot, qui ne cherche qu'à mal faire, et qui commet impunément mille crimes tous les jours. Et quoiqu'il soit porté assez naturellement à la méchanceté, Vénus n'oublia rien pour l'aigrir encore davantage. Elle le mena dans la ville où demeuroit Psiché ; (c'étoit le nom de cette belle fille) elle la lui fit voir, et après lui avoir conté tout le sujet de la jalousie que lui causoit cette princesse par sa beauté : Mon fils, continua-t-elle avec douleur et indignation, vengez votre mère, je vous en prie, mais vengez-la pleinement d'une mortelle qu'on a l'insolence de lui comparer. Je vous en conjure par la tendresse que j'ai pour vous, par les agréables blessures que vos traits font dans les cœurs, et par les plaisirs infinis que goûtent ceux que vous enflammez. Sur-tout, et c'est ce que je vous demande avec plus d'empressement, faites en sorte que ma rivale devienne éperdument amoureuse du plus méprisable de tous les hommes, qui soit sans naissance, pauvre, et qui craigne à tout moment pour sa propre vie ; enfin qui soit si misérable et si accablé de toutes sortes de disgraces, qu'il n'y ait personne dans le monde si malheureux que lui. Vénus, après avoir ainsi parlé, baisa tendrement son fils, et s'en alla vers le rivage de la mer. Si-tôt qu'elle eut porté ses pieds délicats sur les flots, et qu'elle s'y fut assise, elle ne fit que souhaiter, et dans le moment parut un cortège avec le même appareil, que si elle l'eût ordonné long-temps auparavant. Les filles de Nérée (53), s'approchent, faisant éclater leurs voix par des chants d'allégresse. On y voit Portune (54) avec sa grande barbe bleue, Salacia avec sa robe pleine de poissons (55), et le jeune Palémon monté sur un dauphin (56). Les Tritons nagent en foule autour de la Déesse (57). L'un sonne de la trompette avec une conque, un autre lui présente un parasol de soie pour la garantir de l'ardeur du soleil. On en voit un qui tient un miroir devant elle, et quelques autres aident à faire avancer son char. C'est avec cette pompe que Vénus paroît, quand elle va rendre visite à l'océan. Cependant Psiché avec une beauté si renommée, ne retire aucun fruit de cet avantage. Chacun s'empresse pour la voir, tout le monde la comble de louanges ; mais il ne se trouve personne, soit roi, soit prince, soit particulier, à qui il prenne envie de la demander en mariage. On admire cette beauté divine, mais on ne fait que l'admirer comme une belle statue, sans en être touché. Ses deux sœurs, dons les appas n'avoient fait aucun bruit dans le monde, avoient été recherchées par deux rois, avec qui elles étoient avantageusement mariées. Psiché restoit seule dans la maison de son père, sans amant, pleurant sa solitude, malade et l'esprit abattu, haïssant sa beauté, quoiqu'elle fit l'admiration de toute la terre. Le père de cette infortunée princesse soupçonnant que le malheur de sa fille pouvoit être un effet de la haine des Dieux, et redoutant leur colère, fut à l'ancien temple de Milet (58) consulter l'oracle d'Apollon. Après y avoir fait des sacrifices, il supplia cette divinité de donner un époux à Psiché, qui n'étoit recherchée de personne. Voici ce que l'oracle répondit (59).

Qu'avec les ornemens d'un funeste Himenée,
Psiché sur un rocher, soit seule abandonnée.
Ne crois pas pour époux qu'elle y trouve un mortel,
Mais un monstre terrible, impérieux, cruel,
Qui volant dans les airs, livre à toute la terre,
Par la flâme et le fer, une immortelle guerre,
Et dont les coups puissans craints du maître des Dieux,
Epouvantent la mer, les enfers et les cieux.

Ce Roi autrefois si heureux, après cette réponse, s'en retourne chez lui accablé de douleur et de tristesse ; et ayant fait part à la Reine son épouse des ordres cruels du destin, on n'entend que des cris et des gémissemens de tous côtés. Quelques jours se passent dans les larmes, mais le temps approchoit qu'il falloit obéir à l'oracle. On fait déja les apprêts des nôces funestes de cette princesse ; on allume les flambeaux de l'himenée, qui devoient éclairer ses funérailles. Les flûtes destinées pour des airs de réjouissance, ne rendent que des sons tristes et lu gubres (60) ; et celle qu'on alloit marier, essuie ses larmes à son voile même. Toute la ville en général, et tout le pays pleure les malheurs de la maison royale, et on ordonne un deuil public.

Cependant la nécessité d'obéir aux ordres des Dieux, appeloit Psiché au supplice qu'ils lui avoient destiné ; et si-tôt que l'appareil de ces nôces funestes fut achevé, on part. Toute la ville en pleurs accompagne la pompe funèbre d'une personne vivante, et Psiché versant des larmes, va à ses nôces, ou plutôt, à ses funérailles. Mais, voyant que son père et sa mère, saisis d'horreur de ce qu'on alloit faire, ne pouvoient se résoudre à consentir qu'on exécutât un ordre si barbare, elle les y encourage elle-même. Pourquoi, leur dit-elle, consumez-vous votre vieillesse en regrets inutiles ? Pourquoi abréger par des sanglots continuels, une vie qui m'est mille fois plus chère que la mienne ? Que vous sert de vous arracher les cheveux,de vous déchirer le visage et la poitrine ? C'est augmenter ma douleur. Voilà ce que vous deviez attendre de ma beauté. Accablés présentement par ce coup affreux, vous connoissez, mais trop tard, les traits mortels de l'envie. Quand tout le peuple et les nations étrangères me rendoient des honneurs divins ; quand on m'appeloit la nouvelle Vénus par toute la terre, c'étoit alors que vous deviez vous affliger, c'étoit alors que vous me deviez pleurer comme une personne prête à périr. Je le connois présentement, et je l'éprouve enfin, que ce seul nom de Vénus est cause de la mort. Mais qu'on me conduise sur ce fatal rocher. Je souhaite avec empressement cet heureux mariage ; et que j'ai d'impatience de voir cet illustre époux que les Dieux me destinent ! A quoi bon hésiter ? dois-je différer un moment de recevoir un mari né pour détruire l'univers. En achevant ces mots, Psiché se mêla avec empressement dans la foule du peuple qui accompagnoit la pompe. On arrive à la montagne destinée ; on y monte, et l'on y laisse seule cette malheureuse princesse. Ceux qui avoient porté les torches nuptiales, après les avoir éteintes avec leurs larmes, les y laissèrent, et chacun revint chez soi tout consterné. Le Roi et la Reine s'enfermèrent dans leur palais, où ils s'abandonnèrent à une douleur continuelle. Cependant Psiché, saisie d'effroi, pleuroit sur le haut du rocher, lorsqu'un zéphir agitant ses habits (61), et s'insinuant dans les plis de sa robe, l'enlève légèrement, la descend au pied de la montagne, et la pose doucement sur un gazon plein de fleurs.

Fin du quatrieme Livre.

REMARQUES SUR LE QUATRIEME LIVRE.

(1) Il y a dans le texte : Une couleur vermillonnée de roses épanouies. Parmi les drogues qui servent à farder le visage, et à le faire trouver plus agréable, le vermillon tient la première place, et il y a long-temps qu'il est en usage. Les anciens en coloroient la face des images de Jupiter. Ceux qui marchoient en pompe triomphante à Rome, après quelque signalé service fait à la république, s'en servoient aussi quelquefois. La noblesse

éthiopienne corrige ainsi sa noirceur.

(2) Il y a dans le texte : Un éclat royal. Avant qu'un sanglier eût si impitoyablement déchiré Adonis le mignon de Vénus, les roses étoient blanches ; mais cette déesse n'ayant pu voler assez promptement à son secours, elle recueillit son sang, elle l'inspira d'une odeur très-souefve, en mémoire de lui, donna sa couleur aux roses, et transmua le corps en une fleur vermeille comme sang, qui fut nommé adonium. Le sang d'Hyacinthe qu'Apollon, par la jalousie de Zéphir, tua d'un coup de palet, en jouant avec lui, fut converti en une fleur de même nom et de même couleur qu'on appelle oignon sauvage.

(3) Alors faisant des vœux au Dieu qui préside aux évènemens, pour me le rendre favorable. Le bon Evénement étoit un dieu chez les payens, qu'ils ne manquoient pas d'invoquer quand ils entreprenoient quelque chose. Il étoit ex duodecim diis consentibus, du nombre des douze dieux, que les latins appeloient Consentes, que l'on disoient être du conseil des dieux, et principalement de Jupiter. S. Augustin, liv. 4, ch.23, de la Cité de Dieu. On voyoit une statue de ce dieu, et une de la bonne Fortunedans le capitole, faites l'une et l'autre de la main de Praxitele. Plin. liv. 5, chap.6. (4) Roses de laurier. Cet arbre est le rhododendron ou rodaphé des grecs, dont la fleur mangée par les animaux les fait mourir en écumant, comme s'ils tomboient du haut mal. Cette même fleur sert de contre-poison à l'homme. (5) Chiens. Le chien est la meilleure défense que le paysan emploie contre son ennemi ; ainsi ceux de Colophon et de Castabale menoient des compagnies de chiens à la guerre qui leur épargnoient beaucoup de solde. Les Cimbres s'en servoient aux mêmes usages. Les chiens, principalement ceux de cour, doivent être enfermés de jour, comme dit Caton, afin de les rendre plus allaigres et plus éveillés la nuit. M. Varron en fait de deux genres, l'un de chasse qui concerne les bêtes féroces et le gibier ; l'autre, bergeresque qu'on nourrit pour la garde des choses champêtres. Columelle en fait de trois sortes : l'un champêtre qui garde les maisons des champs et ce qui en dépend ; l'autre, bergeresque, qui garde les étables à la maison et les troupeaux aux champs ; le troisième pour la chasse. Les meilleurs sont ceux qui sont toujours prêts à venir aux prises avec les étrangers. Le chien de berger ne doit être ni trop defait ou rétréci à faute de nourriture, ni trop vîte, mais robuste et courageux. Columelle ne veut pas qu'on leur donne des noms trop longs, afin qu'ils entendent plus vîte quand on les appelle. (6) Des ours et des lions. Alexandre fit combattre un chien d'Albanie contre un éléphant, par une infinité de tournoiemens et de coups de dents, il le jeta enfin par terre avec une telle secousse que la terre en trembla. Quintcurse rapporte l'histoire d'un chien qui déchiroit un lion à belles dents. (7) Mauvaise odeur. On fait mention d'une bête sauvage (Bonasius) qui se voyant poursuivie, rend une fiante en fuyant, si chaude qu'elle brûle comme feu ceux qui la touchent, et qui se sauve par ce moyen. (8) Que je méritois

bien mon congé. Le texte dit, *Mereri causariam missionem*. L'auteur fait allusion au terme dont on se servoit pour exprimer le congé qu'on donnoit aux soldats, lorsqu'ils étoient devenus incapables de servir, par quelqu'infirmité de l'esprit ou du corps, on l'appelloit *Missio causaria*. Il y avoit encore *Missio honesta*, qui étoit le congé qu'on leur donnoit quand le temps de leur engagement étoit expiré ; et *Missio ignominiosa*, quand ils étoient cassés pour avoir commis quelque faute ou quelque action honteuse. (9) *Chauffer de l'eau*. Les anciens se baignoient ordinairement tous les jours avant le souper ; car, selon l'opinion de Vitruve, l'heure la plus commode pour se baigner est depuis midi jusqu'au soir. (10) *Frottés avec de l'huile*. Cornélius dit qu'il convient à ceux qui veulent manger après le travail, s'ils n'ont point de bain, de se faire frotter, suer et oindre dans un lieu bien chaud ou auprès du feu. Il y a deux liqueurs qui conviennent beaucoup au corps humain, l'huile au-dehors, et le vin au-dedans. L'huile rend le corps souple, et le fortifie contre les rigueurs de l'air. Les Grecs, pères de tous les vices, firent un abus étonnant du vin. (11) *Que celui des Lapithes et des Centaures*. Les Lapithes étoient des peuples de Thessalie. L'épithète de Thébains que leur donne Apulée, ne peut leur convenir qu'à cause d'une petite ville de Thessalie, nommée Thèbes, dont parle Pline, liv. 4, chap. 8, et non pas à cause de la grande Thèbes à sept portes, qui étoit la capitale de Béotie. Il appelle les Centaures, *semi-feri*, demi-bêtes, parce qu'ils étoient, comme tout le monde sait, moitié hommes et moitié chevaux. Leur combat contre les Lapithes aux nôces de Pirithoüs et d'Hippodamie, qu'Horace nomme *rixa super mero debellata*, combat fait dans le vin, est trop connu pour en parler ici. (12) *Nous sommes de retour avec huit jambes de plus*. A cause du cheval et de l'âne qu'ils avoient amenés avec eux. (13) *Lamaque votre chef*. Ce nom, qui vient du grec, peut dire invincible. (14) *La mémoire*. Si la vertu de plusieurs rend leur mémoire honorable ; aussi fait le vice chez plusieurs. Erostrate brûla le beau temple d'Ephèse, mis au rang des sept merveilles du monde dans la seule intention de faire parler de lui. Pausanias, gentilhomme Macédonien, pour rendre sa mémoire immortelle, assassina Philippe son Roi. (15) *Les bains publics*. Les jurisconsultes disent que le chevalier du guet est établi pour ceux qui, pour salaire, prennent la garde des habits aux bains, afin que, s'il s'y perd quelque chose, il en ait connoissance. Ils ont aussi un titre de larron des bains ; ou Ulpien écrit que tels larrons doivent être punis extraordinairement. Le soldat surpris dérobant aux étuves ou aux bains est dégradé des armes. (16) *A conserver sa vie*. Plaute, au Trinumme, dit que la chemise est plus près que le manteau. Nous disons que le moule (le corps) est plus précieux que le pourpoint. Les Grecs disoient que le genou est plus près que la cuisse. Tout cela se dit de ceux qui s'aiment plus que leurs ames. On dit aussi communément, autant de valets, autant d'ennemis. Toutefois Sénèque dit que nous ne les avons pas pour ennemis, mais que nous les faisons tels abusans d'eux comme de bêtes de service. (17) A peine fûmes-nous à Thèbes. Le texte dit, Thebas heptapylos, Thèbes à sept portes, pour la distinguer de la ville de Thèbes en Egypte qui avoit cent portes. Mais j'ai cru qu'il étoit inutile d'exprimer heptapylos, et qu'on voyoit assez que c'étoit cette Thèbes, dont ce voleur prétend parler, puisqu'il vient de dire un peu plus haut, qu'ils viennent de parcourir les villes de Béotie. (18) Chryseros, c'est-à-dire, qui aime l'or. Ce mot vient du grec Modèle:Gerc qui signifie or, et [texte grec] qui signifie amour. (19) Passa la main tout doucement par un trou qui servoit à fourrer la clef en dedans. On peut remarquer par cet endroit que les serrures en ce temps-là ne s'ouvroient pas comme les nôtres. (20) Par le bras droit du dieu Mars. Les voleurs, tels que ceux-ci, reconnoissoient Mars pour leur patron, et les voleurs qui s'expriment en latin par fures, que nous appellons en françois filoux ou coupeurs de bourses, reconnoissent Mercure et la déesse Laverne. (21) Nous l'avons donné en garde à la mer. Ces voleurs ne pouvoient pas jeter le corps de Lamaque dans la mer, puisque la ville de Thèbes, où ils étoient, en étoit éloignée de plusieurs milles. Apulée a supposé apparemment qu'on entendroit qu'ils jetèrent ce corps dans le fleuve Ismène, qui le porta dans la mer, et qu'ainsi on pouvoit dire qu'ils l'avoient jeté dans la mer. (22) Alcime. Ce nom signifie force, valeur. (23) Platée, ville de Béotie, au pied de la montagne Cytheron. Platé en grec signifie rame ou gasche, et Platos, largeur. De-là vient Platée, que Platon et Strabon disent être ainsi nommé à cause de la largeur des gasches dont usoient les habitans. (24) Democharès veut dire agréable au peuple : nom convenable à un grand seigneur qui se plaît à donner des spectacles publics. Il étoit prêt de présenter. Les spectacles de gladiateurs s'appeloient præsens, parce que le peuple recevoit autant de plaisir à ce spectacle que s'il eût reçu un beau présent. Solon faisoit peu de cas de ces sortes de gens, parce que, disoit-il, les vainqueurs ne le sont qu'au détriment de la république, et sont plutôt couronnés au préjudice de leur patrie, que de leurs ennemis. (25) Aux bêtes féroces. Les anciens abandonnoient les criminels condamnés à la mort pour combattre contre les bêtes féroces qu'on nourrissoit à cet effet pour donner du plaisir au peuple. Sénèque, au 10e de ses épîtres, admire la résolution d'un de ces pauvres malheureux, qui étant destiné pour un tel spectacle, et voulant s'y soustraire, se fourra dans le gosier, le plus avant qu'il lui fut possible, un bâton avec une éponge, et qui rendit ainsi l'esprit en se bouchant le conduit de la respiration. (26) Ne furent point à couvert des disgraces de la fortune. J'ai mis cette expression à la place de celle qui est dans le latin, Nec Invidiæ noxios effugit oculos, Ne put éviter les yeux malins de l'Envie. En cet endroit l'Envie est prise pour la déesse même de l'envie, ce qui n'auroit pas été entendu en françois. L'envie est le chagrin que l'on ressent de la prospérité d'autrui ; cette passion est différente de la haine ; celle-ci s'exerce contre les méchans, l'autre contre les gens de bien. La haine se montre à découvert, mais on dissimule l'envie. La haine procède du vice d'autrui ; l'envie au contraire des biens et de la vertu d'autrui. La haine est commune aux bêtes brutes ; l'envie est particulière à l'homme seul. C'est ainsi que Plutarque distingue ces deux passions, au traité de la haine et de l'envie. (27) Pigrâ sessione languidæ. Foible par un repos paresseux. La fainéantise habite le corps ; et comme dit Galien, il est impossible que les personnes qui mènent une vie sédentaire, demeurent long-temps en santé. L'exercice est d'une nécessité absolue à tous les êtres existans ; l'exercice, dit Végèce, opère plus que les médecins pour la santé du corps, l'oisiveté et la nonchalance les abattent. (28) Maladie contagieuse. On a remarqué que la peste commence le plus souvent par les animaux. Ainsi, dans Homère, Virgile et Ovide, la première contagion tomba toujours sur les bêtes. La peste a plusieurs causes, l'intempérie du ciel, les eaux corrompues, ou quelque mauvaise vapeur de la terre. Les philosophes et les médecins disent que l'excès du froid et du chaud, de l'humide et du sec engendre la contagion. (29) Trasiléon. Ce nom convient à un voleur déterminé, il signifie audacieux,téméraire. Il vient de [texte grec] et de [texte grec]. (30) Nicanor vient de nicân, vaincre. (31) Si à propos. Toute libéralité est agréable, mais plus celle qui vient à propos et en saison. Ainsi le parasite de Plaute se vante de savoir fort bien le moyen de faire toutes choses à propos. Sénèque dit, au livre des Bienfaits : une miche donnée à celui qui a faim est un bienfait. (32) Qu'on porte à l'heure même cet ours à sa maison de campagne. Le texte dit, novalibus, qui veut dire, dans des terres qu'on laisse reposer de deux années l'une, et par conséquent où il y a toujours du pâturage. (33) De l'air. L'air de la campagne étant plus libre, est par conséquent plus pur et plus salubre. Avicenne enseigne les moyens de remédier à la peste qui provient d'une corruption d'air. Il approuve les odeurs, comme extrêmement propres à chasser la contagion de l'air. L'empereur Commode quittant Rome affligée de la peste, se retira dans Laurente, parce que la fraîcheur de la région et l'odeur des lauriers qui l'ombragent, servent de beaucoup contre la contagion ; et dans la ville, chacun, par le conseil des Médecins, se remplissoit les narines et les oreilles d'odeurs douces qui empêchoient l'effet dangereux de l'air empesté. (34) Nourriture ordinaire. Cornelius Celsus dit que le boire et le manger donnés à propos, sont un bien très- opportun ; et Aristote, que le changement du boire et du manger est très-nuisible. Les voyageurs sont souvent en danger de maladie, parce qu'ils ont toujours à changer d'eau. Le changement d'eau engendre de la vermine, et peut donner des poux. (35) Loin du grand chemin. Les anciens avoient les cimetières fort éloignés, et, suivant l'ordonnance de la loi des douze tables, on n'enterroit ni ne brûloit les corps dans les villes. Les cimetières étoient ordinairement aux champs, et Platon recommande qu'on les établisse dans les endroits les plus stériles. (36) Poussière. Qu'est-ce que l'homme, dit Sénèque ? un vaisseau cassé et fragile,

nud, et de son naturel, sans armes, sans défense, ayant besoin du secours
d'autrui, exposé à toutes les injures et traverses de la fortune, au froid, au
chaud et au travail. Pour connoître la frugalité de l'homme, il n'y a qu'à voir
sa fin, tel qui a joui de tous les honneurs et de tous les plaisirs, se réduit en
poussière. L'homme si misérable et si fragile, est l'animal le plus superbe, et
voudroit inutilement détourner de sa pensée tout ce qui lui rappèle sa
destruction et son anéantissement. (37) Il n'a pas laissé de nous arriver un
cruel accident. L'auteur dit : Occurrit scævus Eventus, l'Evènement sinistre
s'y opposa. L'évènement sinistre étoit une divinité, aussi-bien que
l'Evènement heureux. (38) Aussi bonne chère que les prêtres Saliens. Les
prêtres Saliens étoient consacrés au Dieu Mars ; on les nommoit Saliens à
Saliendo, à cause des sauts et des danses qu'ils faisoient en son honneur ; et
comme les Romains reconnoissoient ce Dieu pour l'auteur de leur origine,
ils avoient une grande considération pour ses prêtres, et tout le monde leur
faisoit des présens, et leur donnoit moyen de faire si bonne chère, que pour
exprimer un bon repas, on disoit, un repas de prêtres Saliens, ce qui avoit
passé en proverbe. Voyez Horace, liv. 1, ode 37, et liv. 2, ode 14. (39) Le
texte dit, Saucias et araneantes. Un gosier où déjà les araignées faisoient leur
toile. C'est ainsi que le parasite de Plaute, pour faire mieux entendre sa faim,
dit que sa gorge est toute chassieuse de faim. (40) Toute notre maison ornée
de branches de laurier. Dans les nôces des anciens, le premier soin qu'on
avoit, étoit d'orner les portes et la maison du futur époux de fleurs et de
feuillages. Catulle, sur les nôces de Pelé.

Vestibulum ut molli velatum fronde vireret.

On donna ordre, que le vestibule fût orné de feuillages verds. Il paraît
par cet endroit d'Apulée qu'on avoit soin aussi d'orner de feuillages la
maison de la mariée. Le laurier liere ou autres festons ou branches dont on
jonche les maisons, sont symbole de joie particulière ou publique. Le laurier,
dit Pline, au 15e livre, est dédié pour les triomphes, et est très-agréable aux
maisons. C'est le portier des empereurs et des pontifes, lui seul orne leur
logis. C'étoit le principal signal de la victoire chez les Romains, les gens de
guerre en ornoient leurs armes, et même les lettres qu'ils envoyoient après
quelque victoire, c'est pourquoi les historiens les appeloient laurées. Ils en
mettoient aussi dans le giron de leur tout puissant Jupiter toutes les fois
qu'il les favorisoit de quelque nouvelle victoire. Les soldats portans du
laurier suivoient leur capitaine triomphant qui en tenoit aussi une branche à
sa main, et qui en étoit couronné. (41) Eclairée par les torches nuptiales.
Ces torches appelées par les poëtes : Tedæ jugales, faces legitimæ, Tedæ
geniales et festæ, étoient au nombre de cinq. Les anciens estimoient le
nombre cinq nuptial par-dessus tous les autres, comme construit de mâle et
de femelle, comme dit Plutarque dans les questions romaines, ou parce que
la femme ne sauroit engendrer plus de cinq jumeaux, suivant Aristote :
peut-être aussi vouloient-ils donner à entendre pour moins cinq fois le

devoir à son épouse. Ces torches étoient estimées de meilleur présage, étant faites d'aubespin, en mémoire de celles que portoient les Romains quand ils ravirent les femmes et les filles des Sabins. Voici quel étoit l'emploi de trois jeunes garçons ayant père et mère : L'un portoit une torche d'aubespin, parce qu'ils épousoient de nuit ; les deux autres menoient l'épousée, puis les amis de l'époux et de l'épouse venoient arracher cette torche, de peur que la femme ne la cachât de nuit sous le lit de son mari, ou que le mari ne la fît brûler dans quelque sépulchre ; car l'un et l'autre, suivant eux, dénonçoit une mort prochaine à l'un des deux. (42) Retentissoit des chants de notre Himenée. Ces chants nuptiaux se nommoient proprement himenée ou épitalame. On trouve un de ces sortes de poëmes dans Catulle, qu'il fit pour les nôces de Manlius et de Julia. C'est une pièce de très-bon goût, et où l'on peut apprendre bien des particularités sur les coutumes qui s'observoient aux nôces des anciens. (43) Ma mère me tenant dans ses bras. C'étoit une coutume des anciens, que l'on enlevât la mariée d'entre les bras de sa mère ou de quelque autre parente, si elle n'avoit point de mère, avec une douce violence, pour épargner sa pudeur, et faire paroître qu'elle ne se livroit pas elle-même entre les bras d'un homme. Chez les Romains, cette espèce d'enlèvement servoit aussi à rappeler la mémoire de l'enlèvement des Sabines, qui leur avoit si bien réussi du temps de Romulus. (44) Me paroit de mes habits de nôces. Voici en quoi consistoient ces habits ou ornemens nuptiaux. La fille étoit couronnée de fleurs ; elle avoit une tunique ou robe, qu'on appeloit recta, droite ; une ceinture de laine, qu'il falloit que le mari détachât lui-même dans le lit ; des souliers jaunes, et un voile qui la couvroit presque toute entière, appellée flammeum, d'une couleur jaune, fort vive, tirant sur le rouge. C'est ce voile qui a donné aux nôces le nom de nuptiæ, qui signifie voiler. (45) Nos nôces furent troublées comme celles de Pyrithous et d'Hippodamie. On sait assez comme ces nôces furent troublées par la brutalité des Centaures, et leur combat contre les Lapithes. (46) Vaines fictions des songes. Les Philosophes disent qu'il ne faut pas avoir de foi aux songes. Cicéron se moque des songes et de leurs significations. Homère dit que les songes viennent de Jupiter. Tous les songes ne sont absolument que de fausses imaginations et mensongères, sur lesquelles il est impossible de rencontrer juste. (47) Le contraire de ce qu'elles représentent. Il importe, dit Pline, de savoir si l'on a coutume de songer choses qui adviennent oui ou non : car souvent les visions horribles nous présagent d'heureux évènemens. Synesius, Platonicien, se moque de ceux qui font profession d'exposer les songes parce qu'il est impossible d'établir des loix qui puissent être également communes à toutes personnes. (48) Il y avoit dans une certaine ville un Roi et une Reine. Ici commence la fable de Psiché. Fulgence, Evêque de Carthage, a prétendu qu'elle enveloppoit un sens moral fort beau, auquel il n'y a guère d'apparence qu'Apulée ait pensé, le voici. La ville, dont il est parlé d'abord, représente le monde ; le Roi et la Reine de cette ville, sont Dieu et la matière. Ils ont trois filles, qui sont, la chair, la liberté et l'ame. Cette dernière que le mot de Psiché signifie en grec, est la plus jeune des trois, parce que l'ame n'est infusée dans le corps qu'après qu'il est formé. Elle est plus belle que les deux autres, parce que l'ame est supérieure à la liberté, et plus noble que la chair. Vénus qui est l'amour des plaisirs sensuels, lui porte envie, et lui envoie Cupidon, c'est-à-dire, la concupiscence pour la perdre ; mais parce que la concupiscence peut avoir pour objet le bien et le mal, ce Cupidon ou Concupiscence vient à aimer Psiché, qui est l'Ame, et s'unit intimement à elle. Il lui conseille de ne point voir son visage, c'est-à-dire, de ne point connoître les plaisirs sensuels, et de ne point croire ses sœurs, qui sont la chair et la liberté, qui lui en veulent inspirer l'envie. Mais Psiché animée par leurs conseils dangereux, tire la lampe du lieu où elle l'avoit cachée, c'est-à-dire, pousse au-dehors, et met à découvert la flamme du desir qu'elle portoit cachée dans son cœur, et l'ayant connue, ou ce qui est la même chose, ayant fait l'expérience des plaisirs, elle s'y attache avec ardeur. Enfin Psiché considérant avec trop d'attention Cupidon, le brûle d'une goutte d'huile enflammée tombée de sa lampe. Ce qui marque que plus on se livre aux voluptés de la concupiscence, plus elle s'augmente et s'enflamme, et imprime sur nous la tache du péché. Cupidon ôte ensuite à Psiché ses richesses, la chasse de son superbe palais, et la laisse exposée à mille maux et à mille dangers. C'est la concupiscence qui, par l'expérience funeste qu'elle fait faire à l'ame des plaisirs criminels, la dépouille de son innocence et du trésor des vertus, la chasse de la maison de Dieu, et la laisse exposée à toutes les occasions de chûte et de malheurs qui se rencontrent dans la vie. (49) Et l'adoroient religieusement comme si c'eût été Vénus elle-même. Il y a dans le latin : Admoventes oribus suis dexteram primore digito in erectum pollicem residente. En portant leur main droite à leur bouche, tenant le pouce élevé et le premier doigt appuyé dessus. C'étoit la manière dont les anciens adoroient leurs Dieux, en faisant une inclination du corps. Lisez Pline, l. 28, c. 2, et Apulée dans son apologie. J'ai cru qu'il étoit mieux en françois de dire simplement l'adoroient, sans y mettre ce que je viens de marquer qui est dans le texte. (50) Personne n'alloit plus à Gnide ni à Paphos ; personne ne s'embarquoit plus pour aller à Cythère. Lieux où Vénus étoit particulièrement adorée. Gnide étoit une ville sur le bord de la mer dans la Carie, où l'on voyoit une statue de cette déesse de la main de Praxitelle. Paphos étoit une ville sur la côte occidentale de l'isle de Chypre, elle se nomme présentement Baffo. Et Cythère est une isle de la mer Egée, qu'on nomme ajourd'hui Cerigno, elle est proche de Candie. Ces pays sont sous la domination des Turcs. (51) On en profane les ornemens. Le texte dit : Pulvinaria proteruntur, Ses lits sont foulés aux pieds. Cet endroit n'auroit pas été si intelligible, ainsi que de la manière dont je l'ai exprimé, qui est un peu plus générale à la vérité, mais qui revient à la même chose.

Ces pulvinaria étoient des petits lits, qu'on dressoit dans les temples des payens, sur quoi, dans les grands besoins de l'état, et dans les calamités publiques, on mettoit les statues des Dieux, que le peuple en foule alloit adorer. Cette cérémonie s'appeloit lectisternium, et ne se faisoit que par l'ordre des Magistrats. (52) *Ce sage berger ... m'a préférée à deux déesses qui me disputoient le prix de la beauté.* Ce berger, c'est Paris, fils de Priam, et les deux déesses sont Junon et Pallas. (53) *Les filles de Nerée.* Nérée étoit fils de l'Océan et de Thétys, selon les uns, et selon les autres, de l'Océan et de la Terre. Il eut de sa sœur Doris, cinquante filles, qu'on nommoit les Néréides, et qui étoient nymphes de la mer. (54) *Portune.* C'est le Dieu des ports de mer, que les Grecs confondoient avec Palémon ; mais, comme Apulée parle un peu plus bas de Palémon, c'est Neptune, en cet endroit, qu'il entend par Portune, ce qui n'est pas sans exemple dans les anciens. (55) *Salacia avec sa robe pleine de poissons.* Salacia étoit la femme de Neptune. Saint Augustin dit, liv. 4, de la Cité de Dieu, *Quid est quod mare Neptuno tribuitur, terra Plutoni ? Ac ne ipsi quoque sine conjugibus remanerent, additur Neptuno Salacia, Plutoni Proserpina. Inferiorem maris partem Salacia tenet, terra inferiorem Proserpina.* Par quelle raison attribue-t-on la mer à Neptune, et à Pluton la terre ? et afin qu'ils ne fussent pas sans femme, on donne à Neptune Salacia, et à Pluton Proserpine. Salacia occupe la partie inférieure de la mer, et Proserpine celle de la terre. Cela se rapporte parfaitement bien à ce que notre auteur dit ici que Salacia a sa robe pleine de poissons. (56) *Palémon monté sur un dauphin.* Palémon étoit fils d'Atamas et d'Ino ; il s'appeloit Mélicerte. L'on sait assez par la fable, qu'Ino, sa mère, fuyant la fureur d'Aramas, se précipita elle et son fils dans la mer, où Ino fut changée par Neptune en une déesse marine, nommée des Grecs, Leucothea ou Leucothoé, et des Latins, Mater mutata ; et le petit Mélicerte en un Dieu nommé Palémon par les Grecs, et Portunus par les Latins. Pausanias, dans ses Attiques, dit que Mélicerte, dans cette chute, fut reçu par un dauphin qui le porta sur son dos à l'isthme de Corinthe, ce qui a donné lieu à l'institution des jeux isthmiques en son honneur. (57) *Les tritons nagent en foule.* Triton, dieu marin, étoit fils de Neptune et d'Amphitrite, ou de la nymphe Salacie. Quelques-uns le font fils de l'Océan et de Thétis ; il est regardé comme la trompette de Neptune : on le représentoit de la figure d'un homme de la ceinture en haut, et de la ceinture en bas avec une queue comme un dauphin, et deux pieds semblables aux deux pieds de devant d'un cheval, tenant toujours à la main une conque creuse qui lui sert de trompette. Les poëtes ensuite feignirent un grand nombre de tritons, soit qu'ils fussent les frères ou les enfans de celui-ci. (58) *L'ancien temple de Milet.* Milet étoit la capitale d'Ionie ; cette ville étoit célèbre par un temple d'Apollon, où ce Dieu rendoit ses oracles. Elle fut bâtie par un fils d'Apollon nommé Miletus qui lui donna son nom. (59) *Voici ce que lui répondit l'Oracle.* Le texte dit, *Sed Apollo quanquam*

Græcus et Ionicus propter Milesiæ conditorem, sic latinâ sorte respondit. Mais quoiqu'Apollon fût Grec et Ionien, à cause du fondateur de la ville de Milet, il répondit cependant en latin. Cela m'a paru fort propre à retrancher dans ma traduction. (60) Les flûtes destinées pour les airs de réjouissance, ne rendoient que des sons tristes et lugubres. L'original dit, sonus tibiæ Zygiæ mutatur in quærulum Lydium modum, La flûte nuptiale prend le ton Lydien. Cela n'auroit pas été si bien entendu de tout le monde, que de la manière dont je l'ai exprimé, qui rend de même la pensée de l'auteur ; car le ton Lydien étoit destiné pour la tristesse, comme le dorien pour la guerre, le phrygien pour les cérémonies de la religion, &c. (61) Lorsqu'un zéphir agitant ses habits. Le zéphir le plus aimable de tous les vents étoit de la suite de Vénus et de Cupidon. Lucrèce, dans le 4e liv.

It ver, et Venus, et Veneris prænuntius ante
Pennatus graditur Zephirus vestigia propter.
Le Printemps suit par-tout les pas de l'Immortelle,
Le Zéphire l'annonce, et vole devant elle.

Ce Dieu qu'Hésiode fait naître de l'Aurore, favorise la naissance des fleurs et des fruits de la terre, par un souffle doux et fécond, qui ranime la chaleur des plantes. Il étoit amoureux de la nymphe Chloris, à qui il avoit donné l'empire sur les fleurs. C'est la même que les Romains nommoient Flore, Chloris eram quæ Flora vocor, dit Ovide au 5e liv. des Fastes. On représentoit le Zéphir sous la forme d'un jeune homme extrêmement beau et gracieux, ayant des ailes, et sur sa tête une couronne de fleurs.

Fin des Remarques du quatrième Livre.

Livre V

LES MÉTAMORPHOSES:
ou
L'ANE D'OR D'APULÉE,
PHILOSOPHE PLATONICIEN,
LIVRE CINQUIEME.

Psiché couchée sur un tendre gazon, étant un peu remise de son trouble et de sa frayeur, se laissa aller insensiblement à un doux sommeil. Après avoir reposé quelque temps, elle se réveille, l'esprit beaucoup plus tranquille. D'abord elle apperçoit un bois planté de fort grands arbres ; elle voit au milieu une fontaine plus claire que du cristal. Sur les bords que ses eaux arrosent, elle voit un Palais superbe, élevé plutôt par la puissance d'un Dieu, que par l'art et l'adresse des hommes. A n'en voir seulement que l'entrée, il étoit aisé de juger que c'étoit le séjour de quelque divinité. Des colonnes d'or y soutiennent des lambris d'ivoire et de bois de citronnier (1), d'un ouvrage admirable. Les murs qu'on voit d'abord en entrant, sont couverts de bas-reliefs d'argent, qui représentent toutes sortes d'animaux ; et ce fut une industrie merveilleuse à l'homme, au demi-Dieu, ou plutôt au Dieu qui travailla ce métal d'une si grande perfection. Les planchers sont de pierres précieuses de différentes couleurs, taillées et jointes ensemble, de manière qu'il semble que ce sont des ouvrages de peinture. O que ceux-là sont heureux, qui marchent sur l'or et sur les pierreries ! Le reste de ce vaste palais étoit d'un prix inestimable. Les murailles des appartemens revêtus d'or pur, brillent de toutes parts ; et quand le soleil auroit refusé sa lumière à ce palais, ses portes, son vestibule et ses chambres en donneroient assez pour l'éclairer. Les meubles répondent si bien à la magnificence de cet édifice, qu'il semble que Jupiter, dans le dessein d'habiter la terre, ait pris soin de le faire embellir. Psiché, attirée par la vue de tant de merveilles, s'en approche ; .devenue ensuite un peu plus hardie, elle entre dans cette brillante demeure ; elle admire l'un après l'autre tant de beautés différentes, qui, de tous côtés, s'offrent à ses regards ; elle y voit des chambres d'une architecture parfaite, pleines de tout ce qui se pouvoit imaginer de plus précieux ; ce qui ne s'y trouve pas, ne peut se trouver dans le reste du monde. Mais ce qui la surprend encore plusque la vue du plus beau trésor de l'univers, l'accès n'en est point interdit, et il n'y a personne qui le garde. Comme elle considère toutes ces richesses avec grand plaisir, elle entend une voix qui lui dit : Pourquoi vous étonnez-vous, Psiché, de voir des choses dont vous êtes la maîtresse ? Tout ce qui est ici est à vous. Entrez donc dans un de ces appartemens ; sur ces lits qui s'offrent pour le repos, cherchez à vous délasser. Ordonnez quel bain vous voulez qu'on vous prépare : celle dont vous entendez la voix, est destinée à vous servir aussi bien que ses compagnes. Nous sommes prêtes à vous obéir ; et après avoir fait ce qu'il faut auprès de votre personne, on vous servira un repas digne d'une princesse comme vous. Psiché reconnut que les Dieux prenoient soin d'elle, et, suivant l'avis de ces personnes invisibles, elle se coucha et dormit quelque temps ; ensuite elle se baigna. Au sortir du bain, elle vit un repas préparé : elle jugea bien que c'étoit pour elle, et se mit à table. On lui présenta des vins délicieux, et quantité de mets exquis furent servis devant elle par des mains invisibles ; elle entendoit seulement les voix de ces personnes qu'elle ne voyoit point, qui étoient autour d'elle pour la servir. Quand elle fut sortie de table, une belle voix chanta, accompagnée d'un luth : ensuite plusieurs voix se joignirent ensemble ; et quoiqu'elle ne vît aucun des musiciens, elle jugea qu'ils étoient en grand nombre, par les chœurs de musique qu'elle entendoit. Après avoir goûté tous ces plaisirs, Psiché alla sur un lit chercher le sommeil où le retour de la nuit l'invitoit. Quand la nuit fut un peu plus avancée, le son d'une douce voix vint frapper ses oreilles. Alors se voyant seule, la peur la saisit ; elle frissonne, et craint plus que toutes choses ce qu'elle n'a point encore éprouvé ; cependant cet époux inconnu s'approche du lit de Psiché, se couche auprès d'elle, en fait sa femme, et la quitte avant le jour. Peu de temps après, ces personnes invisibles qui la servoient, font entendre leurs voix dans sa chambre, et préparent tout ce qu'il faut pour le lever de la nouvelle mariée. Psiché passa quelque temps dans ce genre de vie, et s'y accoutumant insensiblement, elle y prenoit plaisir : ces voix qui lui obéissoient, et avec qui elle s'entretenoit, lui rendoient sa solitude agréable. Cependant son père et sa mère consumoient le reste de leur vieillesse dans les gémissemens et dans une affliction continuelle. Le bruit du malheur de leur fille s'étoit répandu dans les pays éloignés. Ses deux sœurs en étant informées, quittèrent leurs maris, et vinrent au plus vite mêler leurs larmes à celles de leurs parens. Cette même nuit l'époux de Psiché lui parla ainsi ; car, quoiqu'elle ne le vît point, elle ne laissoit pas de le toucher et de l'entendre : Ma chère épouse, je vous avertis que la fortune cruelle vous menace d'un péril terrible ; il est à propos que vous vous teniez bien sur vos gardes. Vos sœurs troublées du bruit de votre mort, pour savoir ce que vous êtes devenue, viendront bientôt sur ce rocher. Si leurs plaintes et leurs cris sont portés jusqu'à vous, gardez-vous bien de leur répondre, ni même de les regarder ; vous me causeriez un grand sujet d'affliction, et vous vous attireriez le dernier des malheurs. Psiché promit à son mari de ne faire que ce qu'il lui prescrivoit ; mais elle s'abandonna aux larmes et aux plaintes, et passa tout le jour en cet état. Ah ! disoit-elle à tout moment, je vois bien présentement que je suis perdue sans ressource, puisqu'étant enfermée dans une belle prison, seule et privée de tout commerce, il ne m'est pas permis de donner aucune consolation à mes sœurs affligées de ma perte, ni même de les voir. Elle ne voulut ni boire ni manger de tout le jour, ni se mettre dans le bain. Quand le soir fut venu, elle s'alla mettre au lit les larmes aux yeux. Dans le moment son mari vint se coucher auprès d'elle un peu plutôt qu'à l'ordinaire, et l'embrassant ainsi baignée de larmes : Est-ce-là, lui dit-il, ce que vous m'aviez promis ma chère Psiché ? Que puis-je désormais attendre de vous ? Qu'en dois- je espérer ? puisque jour et nuit vous ne cessez point de vous affliger, même dans les bras de votre époux. Faites donc tout ce qu'il vous plaira, et suivez un desir qui vous entraîne à votre perte, mais souvenez-vous que je vous ai avertie très-sérieusement du malheur dont vous êtes menacée, et que vous vous repentirez trop tard (2) de n'avoir pas suivi mon conseil. Psiché l'assure qu'elle mourra, s'il ne lui accorde sa prière : elle le conjure de lui permettre de voir ses sœurs, de les entretenir, et de les consoler. Enfin elle fit tant qu'il lui accorda ce qu'elle demandoit. Il consentit même qu'elle leur donnât autant d'or et de pierreries qu'elle voudroit ; mais il l'avertit en même-temps de n'écouter jamais les pernicieux conseils qu'elles lui donneroient, de s'informer de la figure de son mari ; que cette curiosité sacrilège la précipiteroit du faîte du bonheur, dans un abîme de souffrances, et seroit cause qu'elle le perdroit pour jamais. Psiché ayant l'esprit content, remercia son mari de lui avoir accordé ce qu'elle lui demandoit. Je mourrois plutôt mille fois, lui dit-elle, que de rien faire qui pût me séparer de vous ; car la tendresse que j'ai pour vous ne se peut exprimer, et qui que vous soyez, je vous aime cent fois plus que ma vie, et je vous préférerois au Dieu de l'amour même. Mais je vous demande encore une grace ; ordonnez à ce Zéphir qui vous sert, d'apporter ici mes sœurs, de la même manière que j'y fus apportée. Ensuite elle l'embrassa, et lui dit mille choses tendres et passionnées : Cher époux, ma chère ame, lui disoit-elle, ne me refusez pas. Enfin elle fit si bien par ses caresses, qu'il lui accorda tout ce qu'elle vouloit mais le jour étant prêt de paroître, il la quitta. Cependant les sœurs de Psiché informées du lieu où elle avoit été abandonnée, s'y rendirent en diligence. Si-tôt qu'elles y furent, elles se mirent à pleurer, à se frapper la poitrine, et à s'affliger si violemment, qu'elles faisoient retentir les rochers de leurs cris et de leurs sanglots. Elles appelloient sans cesse leur sœur par son nom, tant qu'enfin les échos (3) portèrent leurs voix plaintives jusqu'à elle. Psiché tremblante et toute hors d'elle-même, sort vîte de son palais : Eh ! qu'avez-vous, leur cria-t-elle, à vous affliger de la sorte ? voici celle que vous pleurez ; cessez de pousser ces cris douloureux, et séchez vos pleurs, puisque vous pouvez embrasser celle qui en étoit la cause. En même-temps elle appele le Zéphir, et lui ayant dit l'ordre de son mari, il part ; et dans le moment, enlevant ses sœurs, il les apporte proche d'elle, sans leur faire aucun mal. Elles s'embrassent mille fois, et leurs larmes qui s'étoient arrêtées recommencèrent à couler par l'excès de leur joie. Entrez chez moi, leur dit Psiché, venez vous consoler et vous réjouir avec votre chère sœur. Avant que d'entrer, elle leur fit remarquer la magnificence de son palais, et la beauté de sa situation ; elle leur fit voir les richesses immenses qu'il renfermoit ; et après leur avoir fait entendre ce grand nombre de voix, qui avoient ordre de la servir, elle les mène se baigner dans des bains délicieux : ensuite elle leur donne un repas dont l'appareil étoit superbe, et où l'abondance étoit jointe à la délicatesse et à la propreté. La vue de tant d'opulence et de tant de merveilles, ne servit qu'à faire naître dans le cœur de ces Princesses le noir poison de l'envie. L'une des deux ne cessa point de lui demander qui étoit le maître de tant de choses extraordinaires et de l'interroger du nom et de la qualité de son mari. Psiché se souvint toujours des conseils qu'elle avoit reçus, et tint son secret renfermé dans son cœur ; mais imaginant une réponse dans le moment, elle leur dit que son mari étoit un homme dans la fleur de son âge, parfaitement beau et bienfait, qui faisoit sa principale occupation de la chasse dans les forêts et sur les montagnes voisines ; et de peur qu'un plus long entretien ne leur fît découvrir quelque chose de ce qu'elle vouloit cacher, elle leur fit présent de quantité de bijoux d'or et de pierreries : ensuite elle appèle le Zéphir, et lui ordonne de les reporter où il les avoit prises, ce qui fut aussi-tôt exécuté. Pendant que ses deux bonnes sœurs s'en retournoient chez elles, le cœur dévoré par l'envie, elles faisoient éclater leur chagrin par leurs discours. Fortune aveugle et cruelle, dit l'une ! pourquoi faut-il qu'étant nées d'un même père et d'une même mère, nous ayons une destinée si différente, que nous qui sommes les aînées, soyons livrées comme des esclaves (4) à des maris étrangers, et que nous passions notre vie exilées loin de notre patrie et de nos parens, pendant que Psiché qui n'est que notre cadette, et qui a bien moins de mérite que nous, a le bonheur d'avoir un Dieu pour époux, et jouit d'une fortune si éclatante, qu'elle ne sait pas même en connoître le prix ? Avez-vous bien remarqué, ma sœur, quelle profusion de choses précieuses l'on voit dans son palais ? quels meubles, quelle quantité d'habits magnifiques, quels prodigieux amas de pierreries, et combien d'or l'on y foule aux pieds ? Si son mari est aussi beau qu'elle nous l'assure, il n'y a personne dans tout le monde si heureuse qu'elle ; peut-être même que l'amour qu'il a pour elle venant à s'augmenter par l'habitude, ce Dieu en fera une Déesse, et je n'en doute point ; n'en a-t-elle pas déjà les airs et les manières ; elle n'aspire pas à une moindre gloire ; et une femme qui a des voix à son service, et qui commande aux vents, n'est pas fort éloignée d'un rang si glorieux. Et moi, malheureuse, j'ai un mari plus vieux que mon pere, qui n'a pas un cheveu (5), plus foible qu'un enfant, et si défiant qu'il tient tout enfermé sous la clef dans la maison ! Le mien, reprit l'autre, est tout courbé et accablé de goutte, et par conséquent très-peu propre au combat amoureux, jugez quelle satisfaction je puis avoir avec lui ; il faut souvent que j'emploie mes mains délicates à penser les siennes et à mettre des fomentations sur ses doigts endurcis comme des pierres (6) ; je fais plutôt auprès de lui le personnage d'un laborieux médecin que d'une épouse. Enfin, ma sœur, à vous parler franchement, c'est à vous de voir si vous avez assez de patience et de foiblesse, pour supporter une telle différence de Psiché à nous. Pour moi, je vous avoue que je ne puis souffrir, qu'indigne d'un si grand bonheur, elle en jouisse davantage. Souvenez-vous avec quelle fierté et quelle arrogance elle en a usé avec nous, avec quelle ostentation insupportable elle nous a fait voir toutes ses richesses, dont elle ne nous a donné qu'à regret une très-petite partie. Bientôt lasse de nous voir, elle a commandé aux vents, de nous remporter, et s'est défaite de nous d'une manière choquante ; mais je veux n'être pas femme, et cesser de vivre, si je ne la précipite d'une si haute fortune ; et si l'affront qu'elle nous a fait, vous est aussi sensible qu'à moi, prenons ensemble des mesures justes pour la perdre. Ne montrons à nos parens, ni à personne les présens qu'elle nous a faits ; faisons même comme si nous n'avions pu apprendre aucune de ses nouvelles ; il suffit de ce que nous avons vu qui nous cause assez de chagrin, sans aller apprendre à nos parens et à tous leurs sujets la félicité dont elle jouit ; car les hommes ne.sont point véritablement heureux, quand leur bonheur n'est connu de personne. Il faut faire sentir à Psiché que nous sommes ses sœurs aînées, et non pas ses esclaves. Retournons chez nos maris dans des maisons bien modestes auprès de celle que nous venons de quitter, et quand nous aurons pris nos mesures sur ce que nous avons à faire, nous reviendrons à coup sûr punir son orgueil. S'étant fortifiées l'une et l'autre dans cette pernicieuse résolution, elles cachèrent les riches présens que leur sœur leur avoit faits, et arrivèrent dans la maison paternelle, contrefaisant les affligées, s'arrachant les cheveux, et s'égratignant le visage, qu'elles auroient bien mérité d'avoir déchiré tout-à-fait. Elles renouvellèrent par ces larmes feintes la douleur où leur père et leur mère s'étoient abandonnés ; ensuite elles s'en allèrent chez elles toujours occupées de leurs mauvais desseins, et méditant les moyens d'exécuter leurs perfidies, ou plutôt leur parricide contre une sœur innocente. Cependant cet époux, que Psiché ne connoissoit point, l'avertissoit toutes les nuits de prendre garde à elle. Vous ne voyez pas, lui disoit-il, le péril dont la fortune vous menace, il est encore éloigné ; mais si vous ne vous précautionnez de bonne heure, certainement vous succomberez. Vos perfides sœurs mettent tout en usage pour vous perdre, et sur-tout elles veulent vous persuader de chercher à me voir ; mais, comme je vous l'ai dit souvent, si vous me voyez une fois, vous ne me reverrez jamais. C'est pourquoi, si ces abominables femmes (7) reviennent ici avec leurs noires intentions, et je sai qu'elles y viendront, ne leur parlez point ; et si vous ne pouvez vous en empêcher par la foiblesse que vous avez pour elles, et par la bonté de votre naturel, au moins n'écoutez rien sur ce qui regarde votre mari, et ne répondez pas un mot. Vous portez dans votre jeune sein des fruits de notre himenée : si vous tenez nos secrets cachés, je vous annonce que cet enfant sera au nombre des Dieux, mais si vous les révélez, ce ne sera qu'un simple mortel. Psiché charmée de ce qu'elle venoit d'entendre, en devient plus belle ; elle s'applaudit de sa fécondité, et se réjouit dans l'espérance qu'elle a d'être mère d'un Dieu : elle compte avec soin les jours et les mois dans l'impatience qu'elle a de mettre au monde cet enfant divin. Mais ses sœurs, ces deux furies qui ne respirent que le crime, s'étoient embarquées pour venir exécuter leur détestable dessein. Cependant le mari de Psiché l'avertit encore de ce qu'elle avoit à craindre : Voici, lui dit-il, le dernier jour, le péril est proche ; vos sœurs ingrates .et denaturées, ont pris les armes, ont sonné la charge, et vont fondre sur vous. Je les vois déjà qui vous tiennent le couteau sur la gorge : Ah ! ma chère Psiché, que de malheurs vous environnent ; ayez pitié de moi, ayez pitié de vous-même ; gardez un secret inviolable, sauvez votre mari, votre maison, sauvez-vous vous-même avec ce cher gage que vous portez dans votre sein ; ne voyez point ces femmes déloyales que vous ne devez plus regarder comme vos sœurs, après la guerre mortelle qu'elles vous ont déclarée malgré les liens du sang ; n'écoutez point ces perfides sirènes (8), lorsqu'elles viendront sur ce rocher faire retentir les échos d'alentour de leurs funestes cris. Je ne crois pas, lui dit Psiché d'une voix entrecoupée de sanglots, que jusqu'ici vous ayez eu lieu de vous plaindre de ma discrétion, et d'avoir manqué à ce que je vous ai promis ; vous connoîtrez mieux dans la suite si je suis capable de garder un secret. Commandez donc encore au Zéphir de m'obéir, et puisqu'il ne m'est pas permis de jouir de la vue de votre divine personne, au moins que je puisse voir mes sœurs. Je vous le demande par ces cheveux parfumés qui tombent sur vos épaules, par ce visage qui ne peut être que parfaitement beau, qui me semble au toucher aussi délicat et aussi uni que le mien ; je vous en conjure enfin par votre sein qui brûle de je ne sai quelle chaleur extraordinaire, ne me refusez pas le plaisir de voir mes sœurs ; ainsi puissai-je vous voir un jour dans l'enfant qui naîtra de vous ! Accordez cette satisfaction à votre chère Psiché, qui ne vit et ne respire que pour vous. Je ne demande plus à vous voir, l'obscurité même de la nuit ne me fait nulle peine, puisque je vous tiens dans mes bras, vous qui êtes ma lumière. Cet époux attendri se rendit aux prières et aux caresses de Psiché ; il essuya avec ses cheveux les larmes qu'elle versoit ; et lui ayant promis ce qu'elle souhaitoit, il la quitta avant la pointe du jour. Les deux sœurs conjurées, ayant pris terre, descendent promptement de leurs vaisseaux, et sans aller voir leurs parens, s'acheminent vers le rocher, y montent avec précipitation. Là, par une témérité insolente, sans attendre le secours du vent qui les devoit porter, elles se jettent dans l'air ; le Zéphir qui n'avoit pas oublié l'ordre qui lui avoit été donné, les soutient et les porte, quoiqu'à regret, proche du palais de Psiché. Elles y entrent sans s'arrêter un moment, et embrassent leur proie, à qui elles donnoient le nom de sœur, elles cachent avec une joie et des caresses feintes la noirceur de leurs intentions. Psiché, lui disoient-elles, vous n'êtes plus un enfant, vous serez bientôt mère ; que cette grossesse nous promet de grands avantages ; quelle joie pour toute notre famille, et que nous nous estimerons heureuses de donner nos soins à élever un enfant si précieux. S'il tient de son père et de sa mère pour la beauté, il sera beau comme l'amour même. C'est ainsi que, par ces fausses démonstrations d'amitié, elles s'emparent de son esprit.

Après qu'elle les eût fait reposer, elle leur fait prendre le bain ; ensuite elle les conduit dans un appartement superbe, où elle leur fait trouver un repas magnifique. Elle ordonne qu'on joue du luth, elle est obéie ; elle demande un concert de flûtes, leurs agréables sons se font entendre ; enfin elle veut que des voix se joignent aux instrumens, et l'on entend un chœur de musique admirable, sans qu'on voie aucun de ceux qui le composent. Mais les charmes de cette divine harmonie n'étoient pas capables de calmer la fureur dont ces perfides étoient possédées, et comme elles suivoient toujours leur projet, avec une douceur feinte, elles s'informent de leur sœur, qui étoit son mari, et quelle étoit sa famille. Psiché, trop simple et trop peu défiante, ne se souvenant plus de ce qu'elle leur avoit répondu sur cela, inventa sur le champ un nouveau mensonge, et leur dit que son mari étoit de la province voisine ; que c'étoit un homme qui faisoit un grand commerce, et qui étoit puissamment riche ; qu'il étoit entre deux âges, et commençoit à avoir des cheveux blancs : et coupant court sur ce discours, elles les comble de riches présens, comme la première fois, et les renvoye par le même vent qui les avoit apportées. A peine le Zéphir les eut-il rendu, où il les avoit prises, que s'en allant chez leur père, elles eurent cette conversation. Que dites-vous, ma sœur, disoit l'une, du ridicule mensonge que cette innocente vient de nous faire ? Son mari, à ce qu'elle nous disoit, étoit un jeune homme qui n'avoit point encore de barbe ; présentement il est entre deux âges, et ses cheveux commencent à blanchir. Quel est donc cet homme qui vieillit de la sorte en si peu de temps ? Ma sœur, reprit l'autre, de deux choses l'une, ou Psiché ne nous a pas dit la vérité, ou jamais elle n'a vu son mari. Que ce soit l'un ou l'autre, il faut faire en sorte au plutôt de détruire le bonheur dont elle jouit. S'il est vrai qu'elle ne sache point comme est fait son époux, sans doute elle est mariée à un Dieu ; elle porte un enfant divin dans son sein ; et certainement si elle vient à être mère de quelque demi-Dieu (le Ciel nous en préserve), mais si cela arrivoit, je m'étranglerois dans le moment. Cependant retournons chez notre père, et prenons des mesures justes pour venir à bout de nos desseins. Ainsi agitées par la violence de leur passion criminelle, après avoir par manière d'acquit, visité leur père et leur mère, elles se lèvent avant la fin de la nuit, troublent toute la maison, en sortent comme des furies, courent au rocher, et y arrivent avec le jour ; et de là, par le secours ordinaire du Zéphir, volent au palais de leur sœur. Après s'être frottées les yeux pour en arracher quelques larmes, elles l'abordent avec ce discours plein d'artifice : Vous vivez heureuse et tranquille dans l'ignorance de votre malheur, et du péril où vous êtes exposée ; mais nous qui veillons pour vos intérêts, nous sommes dans une peine effroyable de vous voir à deux doigts de votre perte ; et la part que nousprenons à ce qui vous regarde, fait que nous ne pouvons plus vous cacher ce que nous avons appris de votre sort. Nous savons très certainement qu'un serpent d'une grandeur prodigieuse vient tous les soirs la gueule dégoutante de sang et de venin, passer la nuit secrètement auprès de vous. Souvenez-vous de l'Oracle d'Apollon, qui répondit que vous étiez destinée à épouser un monstre cruel. Plusieurs paysans et quelques chasseurs des environs le virent hier au soir comme il venoit de se repaître, qui se baignoit sur le bord de la rivière qui est au pied de ce rocher ; et tout le monde assure que vous ne jouirez pas long-temps des plaisirs que vous goûtez ici, et que, lorsqu'étant prête d'accoucher, vous serez encore plus grasse et plus pleine que vous n'êtes, ce dragon ne manquera pas de vous dévorer. C'est donc à vous de voir si vous voulez croire vos sœurs, à qui votre vie est infiniment chère, et lequel vous aimez mieux, ou de vivre avec nous hors de danger, ou d'être ensevelie dans le ventre d'un monstre. Que, si malgré ce que nous vous disons, cette solitude où vous n'entendez que des voix, a des charmes pour vous ; si vous êtes touchée des caresses infâmes et dangereuses de ce dragon, de manière que vous ne vouliez pas suivre nos conseils, au moins n'aurons-nous rien à nous reprocher, nous aurons fait notre devoir à votre égard. La pauvre Psiché, trop simple et trop crédule, fut si épouvantée de ce que ses sœurs disoient et en eut l'esprit si troublé, que ne se souvenant plus des avertissemens de son mari, ni de la promesse qu'elle lui avoit faite, elle courut elle-même au-devant de sa perte. Mes chères sœurs, leur dit-elle avec un visage où la frayeur étoit peinte, et d'une voix entrecoupée de sanglots, vous me donnez des marques bien sensibles de la tendresse que vous avez pour moi ; j'ai même lieu de croire que ceux qui vous ont fait ce rapport ne vous ont rien dit qui ne soit véritable. Je n'ai jamais vu mon mari, et j'ignore absolument de quel pays il est. Je passe les nuits avec cet époux, dont j'entends seulement la voix, que je ne connais point, et qui fuit la lumière. Je ne puis m'empêcher de convenir qu'il faut bien que ce soit quelque monstre, comme vous me l'avez dit ; car il m'a toujours défendu expressément, .et avec grand soin, de souhaiter de le voir, m'assurant que cette curiosité m'attireroit le dernier des malheurs. Si vous savez donc quelques moyens de secourir votre sœur dans cette extrémité, ne les lui refusez pas, je vous en conjure. Quand on se repose trop sur la providence des Dieux, on en devient indigne. Ces méchantes femmes voyant le cœur de Psiché à découvert, crurent qu'il n'étoit plus besoin de prendre aucun detour, et que s'étant entièrement emparées de son esprit, elles n'avoient qu'à agir ouvertement. Ainsi l'une d'elles prenant la parole : les liens du sang, lui dit-elle, qui nous unissent à vous, nous engagent à ne considérer aucun danger, quand il s'agit de votre conservation. Ainsi nous vous dirons le seul moyen que nous avons trouvé, qui peut empêcher votre perte, munissez-vous d'un bon rasoir bien repassé et bien tranchant, et le serrez dans votre lit, du côté où vous avez accoutumé de coucher ; cachez aussi sous quelque vase une petite lampe pleine d'huile et bien allumée, faites tout cela secrétement ; et, lorsque le monstre se sera traîné en rampant à son ordinaire jusqu'à votre lit, qu'il se sera couché auprès de vous, et que vous le verrez enseveli dans un profond sommeil, levez-vous doucement et sans faire le moindre bruit, allez quérir votre lampe, servez-vous de sa lumière et prenez bien votre temps pour exécuter une action courageuse. Coupez hardiment la tête de ce dragon avec le rasoir que vous aurez préparé ; nous serons toutes prêtes à vous secourir, et si-tôt que vous aurez mis votre vie en sûreté par sa mort, nous reviendrons vous trouver, pour emporter avec vous, tous les trésors qui sont dans ce palais, ensuite nous vous donnerons un époux qui vous convienne. Après que ces perfides eurent ainsi enflammé le cœur de Psiché, elles prirent congé d'elle, craignant d'être enveloppées dans le péril où elles l'exposoient, et se firent rapporter par le Zéphir sur le rocher où il avoit accoutumé de les aller prendre. Si-tôt qu'elles y furent, elles allèrent vite regagner leurs vaisseaux pour retourner chez elles. Psiché, abandonnée à elle-même, ou plutôt aux furies qui la déchirent, n'est pas moins agitée que la mer pendant l'orage. Quelque ferme résolution qu'elle eût prise, le temps venu d'exécuter son dessein, elle chancelle, et ne sait à quoi se résoudre. Dans le triste état où elle est réduite, son cœur est tourmenté de mille passions différentes ; elle se hâte, elle diffère, elle ose, elle craint, elle se défie, elle est transportée de colère ; et ce qui est de plus cruel pour elle, dans le même objet, elle hait un monstre et aime un mari. Enfin, voyant le jour prêt à finir, elle se détermine et prépare avec précipitation, tout ce qu'il faut pour exécuter son projet criminel. Quand il fut nuit, son mari vint se coucher auprès d'elle. Après qu'il lui eut fait de nouvelles protestations de tendresse amoureuse, il s'endort profondément. Alors Psiché, toute foible de corps et d'esprit qu'elle étoit, poussée par son mauvais destin, qui lui donnoit de nouvelles forces, sort du lit, prend la lampe et le rasoir, et se sent animée d'une hardiesse au-dessus de son sexe. Mais si-tôt qu'elle eut approché la lumière, elle apperçoit le plus doux et le plus apprivoisé de tous les monstres ; elle voit Cupidon, ce Dieu charmant, qui reposoit d'une manière aimable. Ce rasoir odieux qu'elle tient dans sa main, semble se vouloir émousser, et la lumière de la lampe en devient plus vive. Psiché surprise d'une vue, à laquelle elle s'attendoit si peu, toute hors d'elle-même, pâle, tremblante, et n'ayant pas la force de se soutenir, se laisse aller sur ses genoux et veut cacher, mais dans son propre sein, le fer qu'elle tenoit, ce qu'elle auroit fait sans doute, si, pour se dérober à un si grand crime, il ne lui fût tombé des mains. Toute foible et toute abattue qu'elle étoit, la vue de cette beauté divine ranime son corps et son esprit. Elle voit une tête blonde toute parfumée, une peau blanche et délicate, des joues du plus bel incarnat du monde, de longs cheveux frisés, dont les boucles qui sembloient briller plus que la lumière de la lampe, tomboient négligemment sur les épaules et sur le sein de ce charmant époux. Il avoit des aîles de couleur de roses, dont les plumes les plus petites et les plus légères sembloient se jouer au mouvement de l'air qui les agitoit ; tout le reste de son corps étoit d'un éclat et d'une beauté parfaite, et tel que Vénus pouvoit se glorifier de l'avoir mis au monde. Psiché apperçut au pied du lit un arc, un carquois et des flêches qui sont les armes de ce Dieu puissant, qui font de si douces blessures : elle les examine avec une curiosité extraordinaire, et les admire. Elle prend une des flêches, et voulant essayer du bout du doigt, si la pointe en étoit bien fine, elle se fit une légère piquure, dont il sortit quelques gouttes de sang. C'est ainsi que, sans y penser, Psiché devint amoureuse de l'Amour même. Alors se sentant enflammer de plus en plus pour son cher époux, elle le baise tendrement, redouble ses caresses avides et empressées, et craint la fin de son sommeil. Mais, pendant qu'elle goûte de si doux plaisirs, cette perfide lampe, comme si elle eût été jalouse, ou qu'elle eût souhaité de toucher et de baiser aussi cet aimable Dieu ; laisse tomber une goutte d'huile enflammée sur son épaule droite. Ah, lampe audacieuse et téméraire, tu brûles l'auteur de tous les feux du monde ! Est-ce ainsi qu'il faut servir les amans, toi qui a été inventée par eux pour jouir pendant la nuit de la vue de ce qu'ils aiment ? l'Amour se sentant brûler, s'éveille tout d'un coup, et voyant qu'on lui avoit manqué de parole, se débarrasse d'entre les bras de l'infortunée Psiché, et s'envole sans lui parler. Mais elle le saisit avec ses deux mains par la jambe droite, de manière qu'elle est enlevée en l'air, jusqu'à ce qu'étant lasse et n'en pouvant plus, elle lache prise et tombe à terre. Ce Dieu amant ne voulant pas d'abord l'abandonner dans cet état, vole sur un ciprès qui étoit proche, d'où il lui parla ainsi : Trop foible et trop simple Psiché ! Loin d'obéir à Vénus, ma mère, qui m'avoit ordonné de vous rendre amoureuse du plus méprisable de tous les hommes, et d'en faire votre époux, moi-même j'ai voulu rendre hommage a vos charmes. J'ai fait plus, et je vois bien que j'ai eu tort ; je me suis blessé pour vous d'un de mes traits, et je vous ai épousée, et tout cela, Psiché, afin que vous crussiez que j'étois un monstre, et que vous coupassiez une tête, où sont ces yeux qui vous trouvoient si belle. Voilà le malheur que je vous prédisois toujours qui nous arriveroit, si vous négligiez les avertissemens que je vous donnois avec tant de tendresse. A l'égard de celles qui vous ont donné des conseils si pernicieux, avant qu'il soit peu je les en ferai repentir ; pour vous, je ne puis mieux vous punir qu'en vous abandonnant. En achevant ces mots, l'Amour s'envole. Psiché couchée par terre, pénétrée de la douleur la plus vive et la plus affreuse, le suit des yeux tant qu'elle peut. Si-tôt qu'elle l'a perdu de vue, elle court se précipiter dans un fleuve qui étoit près de-là ; mais ce fleuve favorable, par respect pour le Dieu qui porte ses feux jusqu'au fond des flots, et redoutant son pouvoir, conduisit Psiché sur le rivage sans lui faire aucun mal, et la pose sur un gazon couvert de fleurs. Par hasard le dieu Pan (9) étoit assis sur une petite éminence au bord du fleuve, et toujours amoureux de la nymphe Sirinx transformée en roseau : il lui apprenoit à rendre toutes sortes de sons agréables, pendant que ses chèvres bondissoient autour de lui, paissant de côté et d'autre sur le rivage. Ce Dieu champêtre qui n'ignoroit pas l'aventure de Psiché, la voyant prête à mourir de douleur et de désespoir, la prie de s'approcher de lui, et tâche de modérer son affliction, en lui parlant ainsi : Mon aimable enfant, quoique vous me voyiez occupé à garder des chèvres, je ne laisse pas d'avoir appris bien des choses par une longue expérience ; mais si je conjecture bien, ce que des gens prudens appèlent deviner, à voir votre démarche chancelante (10), l'abattement où vous êtes, vos pleurs et la manière dont vous soupirez, un violent amour vous tourmente ; c'est pourquoi, croyez mes conseils, ne cherchez plus la mort en aucune façon, séchez vos larmes et calmez votre douleur. Adressez vos vœux et vos prières à Cupidon, le plus grand des Dieux ; et comme il est jeune et sensible, comptez que vos soins vous le rendront favorable. Psiché ne répondit rien à ce Dieu des Bergers ; mais l'ayant adoré comme une divinité propice, elle continua son chemin. Après avoir marché quelque temps comme une personne égarée, elle suivit un chemin qu'elle ne connoissoit point, qui la conduisit à une ville, où régnoit le mari d'une de ses sœurs. Psiché en étant informée, se fit annoncer à sa sœur, et demanda à la voir. Elle fut aussi-tôt conduite auprès d'elle. Après qu'elles se furent embrassées l'une et l'autre, Psiché, à qui sa sœur demanda le sujet de son voyage, lui parla ainsi : Vous vous souvenez du conseil que vous me donnâtes de couper avec un rasoir la tête à ce monstre, qui sous le nom d'époux, venoit passer les nuits avec moi, et de prévenir le dessein qu'il avoit de me dévorer. Mais, comme j'allois l'entreprendre, et que j'eus approché la lumière pour cet effet, je vis avec la dernière surprise le fils de Vénus, Cupidon lui-même, qui reposoit tranquillement. Transportée de plaisir et d'amour à cette vue, dans le moment que j'allois embrasser ce charmant époux, par le plus grand malheur du monde, je répandis une goûte d'huile enflammé sur son épaule. La douleur l'ayant éveillé, comme il me vit armé de fer et de feu : pour punition, dit-il, d'un si noir attentat, retirez-vous, je romps pour jamais les liens qui vous unissoient à moi (11). Je vais tout présentement épouser votre sœur, continua-t-il, en vous nommant par votre nom ; en même-temps il ordonna au Zéphir de m'emporter loin de son palais. A peine avoit-elle achevé de parler, que sa sœur, poussée du désir déréglé de satisfaire à un amour criminel, aussi-bien que de la jalousie qu'elle avoit eue du bonheur de Psiché, prit pour prétexte auprès de son mari la mort d'un de ses parens, qu'elle supposa avoir apprise, et s'embarqua sur le champ. Elle arrive à ce rocher, elle y monte, et sans examiner si le vent qui souffloit alors, étoit le Zéphir ou non, aveuglée d'une folle espérance : Amour, dit-elle, reçois-moi pour ta femme ; et toi, Zéphir, porte celle qui te doit commander. En même-temps elle se jette en l'air, et tombe dans des précipices ; elle ne put même arriver après sa mort où elle souhaitoit ; car ses membres brisés et dispersés sur les rochers, ainsi qu'elle l'avoit bien mérité, servirent de pâture aux oiseaux et aux bêtes sauvages. L'autre sœur ne fut pas long-temps sans être punie ; car Psiché qui erroit par le monde, étant arrivée à la ville où elle faisoit son séjour, la trompa de la même manière. Celle-ci n'eut pas moins d'empressement que l'autre de supplanter sa sœur en épousant le Dieu de l'Amour ; elle courut sur le rocher, et tomba dans le même précipice. Pendant que Psiché, occupée à chercher Cupidon, parcouroit le monde, ce Dieu étoit couché dans le lit de sa mère, malade de sa blessure. Dans ce temps-là un de ces oiseaux blancs (12), qu'on voit souvent nager sur les flots, plongea dans la mer, et fut trouver Vénus qui se baignoit au fond de l'océan. Il lui apprit que son fils étoit au lit, pour une brûlure qu'il avoit à l'épaule, dont il souffroit beaucoup, qu'il étoit même en grand danger, et qu'il couroit d'étranges bruits par toute la terre de la famille de Vénus, que, pendant que Cupidon s'étoit retiré sur le haut d'une montagne avec une maîtresse, Vénus se divertissoit dans les bains de Thétis, au fond de la mer. Ainsi, continua-t-il, le monde est privé de plaisirs, on n'y voit plus les graces ni les ris ; les hommes sont devenus grossiers et sauvages ; on n'y connoît plus la tendre amitié ni les engagemens ; il ne se fait plus de mariages, et le monde ne peut manquer de finir par le désordre qui règne par-tout. C'est ainsi que cet oiseau indiscret et causeur déchiroit la réputation de l'Amour devant la Déesse sa mère. Comment, s'écria Vénus en colère, mon fils a déjà une maîtresse ? Je te prie, dit-elle à l'oiseau, toi qui m'es seul resté fidèle, apprens-moi le nom de celle qui a séduit cet enfant : Est ce une nymphe (13), une des heures (14), une des muses (15) ou une des graces qui sont à ma suite (16). Je ne sai, lui répondit l'oiseau qui ne pouvoit se taire, mais il me semble qu'on dit que celle qu'il aime si éperdument se nomme Psiché ? Quoi s'écria Vénus avec transport, il aime cette Psiché qui a l'insolence de me disputer l'empire de la beauté ; et d'usurper mon nom ; et, pour comble d'indignité, il semble que j'aie été la médiatrice de cet amour ; car c'est moi qui lui ai fait voir cette mortelle, il ne la connoît que par moi. En achevant ces mots, elle sortit de la mer, et s'en alla droit à son palais. A peine fut-elle à la chambre où l'Amour étoit malade, qu'elle s'écria dès la porte : Ce que vous avez fait est beau et bien digne de vous et de votre naissance ! vous ne vous êtes pas contenté de mépriser l'ordre que votre mère et votre souveraine vous avoit donné, loin d'enflammer mon ennemie pour quelque homme indigne d'elle, vous l'avez aimée vous-même, et à votre âge vous avez la témérité de vous marier, et d'épouser une femme que je déteste. Sans doute, petit séducteur, petit brouillon, que vous êtes, vous croyez être en droit de faire tout ce qu'il vous plaît, et que je ne suis plus en âge d'avoir un autre fils ; mais je vous prie de croire que cela n'est pas vrai, et que j'espère avoir un fils qui vaudra beaucoup mieux que vous. Et quand cela ne seroit pas, afin que vous ressentiez mieux le peu de cas que je fais de vous ; j'adopterai quelqu'un des enfans de ma suite, et je lui donnerai les aîles, le flambeau, l'arc et les flèches, en un mot, tout ce que je vous avois donné, et dont vous avez fait un si mauvais usage : tout cela vient de moi, et non pas de votre père (17). Mais vous n'avez jamais eu que de mauvaises inclinations ; vous étiez méchant dès votre enfance, vous n'avez aucun égard ni aucun respect pour vos parens, que vous avez maltraités tant de fois, et moi-même qui suis votre mère, combien de fois ne m'avez-vous pas blessée ? vous me traitez avec mépris, comme une veuve abandonnée, sans craindre ce fameux guerrier qui est votre beau-père. Que dis-je, malgré le chagrin que cela me cause, ne le blessez-vous pas à tout moment pour cent beautés différentes ; mais je vais faire en sorte que vous aurez tout lieu de vous repentir d'en user ainsi, et du beau mariage que vous avez fait. Mais, que ferai-je présentement, dit-elle en elle-même, lorsque ce fils ingrat me méprise ? A qui m'adresserai-je ? Comment pourrai-je punir ce petit fourbe ? Irai-je demander du secours à la Sobriété, qui est ma mortelle ennemie (18), et que j'ai tant de fois offensée pour complaire à mon fils, et faudra-t-il même que j'entre seulement en conversation avec une femme si désagréable et si grossière ? elle me fait horreur ; mais il faut me venger à quelque prix que ce puisse être. Il n'y a que la Sobriété qui puisse me bien servir en cette occasion ; il faut qu'elle châtie rigoureusement cet étourdi, qu'elle vuide son carquois, ôte le fer de ses flèches, détende son arc, éteigne son flambeau, et affoiblisse son corps par l'abstinence (19). Alors je me croirai bien vengée, et je serai tout-à-fait contente si je puis couper ces beaux cheveux blonds que j'ai si souvent accommodés moi-même, et si je puis arracher les plumes de ces aîles que j'ai tant de fois parfumées. Après que Vénus eut ainsi parlé, elle sortit de son palais toute en fureur. Cérès et Junon la rencontrèrent, et la voyant en cet état, elles lui demandèrent, pourquoi par un air si chagrin elle ternissoit l'éclat de ses beaux yeux ? Vous venez ici fort à propos, leur dit-elle, redoubler l'excès de mes peines par vos railleries ; vous devriez plutôt (et même je vous en prie) faire tout votre possible pour me découvrir cette Psiché, qui est errante et fugitive par le monde ; car je ne doute pas que vous ne sachiez une chose aussi publique que celle qui m'est arrivée et à mon fils, que je ne dois plus regarder comme tel, après ce qu'il a fait. Ces divinités qui savoient tout ce qui s'étoit passé, tâchèrent de calmer sa colère en lui parlant ainsi : Quel mal vous a fait votre fils, Déesse, pour vous opposer à ses plaisirs avec tant d'opiniâtreté, et pour vouloir perdre celle qu'il aime ? A-t-il commis un crime en se laissant toucher aux charmes d'une belle personne ? Avez-vous oublié son âge, ou parce qu'il est toujours beau et délicat, croyez-vous qu'il soit toujours un enfant ? Au reste, vous êtes mère, et vous êtes prudente ; de quel œil croyez-vous qu'on vous verra avec une attention continuelle sur les galanteries de votre fils (20) condamner en lui des passions dont vous faites gloire, et lui interdire des plaisirs que vous goûtez tous les jours. Les hommes et les Dieux pourront-ils souffrir que vous, qui ne cessez point d'inspirer la tendresse par tout l'univers, vous la bannissiez si sévèrement de votre famille, et pourquoi voulez-vous empêcher les femmes de se prévaloir de l'avantage que leur beauté leur donne sur les cœurs ? C'est ainsi que ces déesses redoutant les traits de Cupidon, prenoient son parti, quoiqu'il fût absent ; mais Vénus indignée de voir qu'elles regardoient comme une bagatelle une chose qui lui tenoit si fort au cœur, les quitta et s'en alla fort vite du côté de la mer.

Fin du cinquieme Livre.

REMARQUES SUR LE CINQUIEME LIVRE.

(1) De bois de citronnier. Théophraste et ensuite Pline écrivent que les solives et planchers des temples se faisoient anciennement de bois de citron, à cause de sa dureté qui l'empêche de pourir.

(2) Trop tard. La douleur et les larmes sont les suites d'une tardive repentance, quand la faute est irrémédiable. Ceux qui peignent l'Occasion, lui donnent pour compagne, Métanaé, voulant dire pénitence, déesse qui se fait rendre compte de tout ce qu'on a dû faire, et que l'on n'a pas fait.

(3) Echo. Echo, fille de l'Air et de la Langue, suivant les Poëtes, rend la voix entre les rochers, les pentes des montagnes, aux creux et sinuosités des vallées, aux forêts et traits des rivières. Elle fut, par désespoir, transmuée en cette voix retentissante, après que le beau Narcisse l'eut dédaigné. Pan, ami de la Solitude, la poursuit sans cesse inutilement. Pythagoras, Platon et Aristote veulent que cet écho ou résonnance ne soit autre chose qu'une simple forme imprimée seulement en la surface de l'air, sans participer d'aucun corps. Les Stoïques soutiennent que c'est un corps d'autant qu'elle a action et passion ; elle nous peut recréer ou déplaire, elle est mobile et agissante. L'écho se fait par un rabattement de la voix à l'air, ainsi que le son d'une balle qui bondit en haut. Entre les échos les plus remarquables, est celui du Pont de Charenton, près de Paris, lequel redouble douze ou treize fois, mais plus confusément que celui qui est auprès de l'église S. Sébastien, hors de Rome, en une sépulture antique, qu'on appelle cabo di bone, à cause des têtes de bœuf taillées en une frise qui environne ce bâtiment qui est rond comme une tour, où l'écho redouble fort distinctement jusqu'à sept fois les trois dernières syllabes de ce qu'on y prononce à haute voix. (3) Esclaves. Le texte dit, ancillæ, servantes. Les femmes souffrent beaucoup, quand leurs maris ne les regardent que comme des servantes. Ceux qui en agissent ainsi font souvent tourner l'amitié conjugale en une haine détestable. Les soins de la maison doivent être partagés. Le mari doit se mêler des affaires du dehors, et la femme de tout ce qui concerne l'intérieur de la maison : chacun doit se rendre compte réciproquement de ce qu'il a fait pour le bien de la communauté, autrement la décadence et le trouble se mettent dans tout. La société du mari et de la femme, selon Aristote, au viiie des Ethiques, ressemble à l'état aristocratique ; le mari doit commander aux membres, comme en étant le chef. (5) Qui n'a pas un cheveu. Il y a dans le latin, plus pelé qu'une citrouille ; cucurbita glabriorum. (6) Et à mettre des fomentations sur ses doigts endurcis, comme des pierres. Le texte dit, et duratos in lapidem digitos ejus perfricans, fomentis olidis et pannis sordidis, et fœtidis cataplasmatis ; En mettant sur ses doigts endurcis comme des pierres, des fomentations puantes, des emplâtres dégoûtans et de vilains linges crasseux. La fiente des paons tempère l'ardeur de la goute, &c. Quiconque aura, dit Matarnus, son horoscope en la vingt-huitième partie du verseau, sera podagre. Hippocrate regarde avec raison la médecine comme un art sale, parce que le médecin a de vilaines et puantes choses à toucher, la médecine est honorable pour la nécessité, dit l'Ecclésiaste. (7) Si ces abominables femmes. Je me suis servi de cette façon de parler, qui est plus à notre usage que de dire, si ces méchantes Lamies ; pessimæ illæ Lamiæ, qui est dans le texte ; d'autant plus que les sœurs de Psiché n'étoient pas véritablement des Lamies, et que ce n'est que par forme d'injure que Cupidon les nomme ainsi. Les Lamies étoient, à ce qu'on croyoit, des Sorcières, ou plutôt de malins esprits qui, sous la figure de belles femmes,

attiroient à elles par des caresses, de jeunes enfans pour les dévorer. (8) Ces perfides Sirenes. Les Sirenes étoient filles du fleuve Acheloüs, et se nommoient Parthenope, Ligée et Leucosie. On dit qu'elles étoient moitié femmes et moitié poissons, et qu'elles habitoient les côtes de Sicile, où par la mélodie de leurs chants elles attiroient les voyageurs dans des rochers pour les faire périr et les dévorer. D'autres disent qu'elles étoient moitié femmes et moitié oiseaux, que l'une chantoit, l'autre jouoit de la flûte, et la troisième de la lyre, et qu'elles habitoient sur les côtes d'Italie. Ce nom de Sirenes en Phénicien signifie des chanteuses. Il se peut faire qu'il y ait eu en quelque endroit sur ces côtes maritimes des chanteuses excellentes qui débauchoient les voyageurs, et que c'est ce qui a donné lieu à cette fable. (9) Par hazard le dieu Pan. Pan étoit adoré chez les Egyptiens sous la figure d'un bouc, long-temps avant que les Grecs le connussent ; ces derniers le firent fils de Mercure et de Pénelope. Il étoit le Dieu des Pasteurs ; on le considéroit aussi comme le Dieu de la Nature, ce que son nom sembloit marquer ; car Pan en grec signifie tout, et l'on prétend que toute sa figure exprimoit les principales choses qui composent l'univers, comme ses cornes, ses pieds de chèvre, son bâton et tout le reste de sa figure et de sou équipage, tout cela avoit son application, jusqu'à sa complexion amoureuse, et l'ardeur avec laquelle il poursuivoit les nymphes, qui marquoit, dit-on, le desir de la génération répandu dans tous les êtres de l'univers. Les anciens croyoient Pan couroit la nuit par les forêts et les montagnes, et qu'il apparoissoit quelquefois aux laboureurs, et leur causoit de si grandes frayeurs, que plusieurs en mouroient, d'où est venu le mot de terreur panique. (10) Démarche chancelante. Cette allure, la paleur immodérée, les soupirs fréquens sont indices d'amour. Le médecin Erasistrate découvrit anciennement par semblables conjectures, l'amour d'Antiochus pour Statonice. (11) Je romps pour jamais les liens qui vous unissoient à moi. Il y a dans le texte latin : Retirez-vous et emportez ce qui vous appartient. Ce sont les termes dont les maris se servoient, en faisant divorce avec leurs femmes. J'ai cru qu'il valoit mieux exprimer cet endroit comme j'ai fait, d'autant plus que Psiché n'avoit apporté en mariage que de la jeunesse et de la beauté. (12) Un de ces oiseaux blancs. Le texte dit Peralba illa gavia. Je n'ai point exprimé le nom de cet oiseau gavia, qu'on explique en françois moatte, parce que cet oiseau n'est gueres connu, outre que cela est peu important. (13) Est-ce une nymphe. Il y en avoit de plusieurs sortes ; de célestes, de terrestres, des nymphes des fleuves, des étangs, de la mer, qu'on appelloit Néréïdes ; celles des montagnes, oréades, celles des forêts, dryades et hamadryades, et celles des vallées, nappées. (14) Une des Heures. Les Heures étoient, selon Orphée et Apollodore, filles de Jupiter et de Thémis ; leur fonction étoit de diviser la journée, ce qui a fait dire à Platon dans le Cratyle, que leur nom venoit du verbe orizein, qui signifie terminer, borner. Ovide les met à la garde des portes du ciel avec Janus, liv. 1, des Fastes ; et dans le 5e des mêmes Fastes, il les donne pour compagnes à Flore, avec laquelle il les fait cueillir des fleurs, ce qui revient assez à ce que dit Apulée, au liv. 6, que les Heures semoient des fleurs de tous côtés. Macrobe veut que le nom d'Heure vienne de Horus, qui étoit un des noms du Soleil. (15) Une des Muses. Elles étoient filles de Jupiter et de Mnemosyne ; ce nom veut dire mémoire. (16) Ou une des Graces de ma suite. J'en ai parlé dans les remarques du second livre. (17) Tout cela vient de moi, et non pas de votre père. Les auteurs ne conviennent point du père de Cupidon ; la plupart le font cependant fils de Mars et de Vénus, ou de Vulcain et de Vénus. Ovide et Plutarque veulent qu'il y ait deux Cupidons, l'un céleste qui est l'Amour pur, et l'autre terrestre, qui est l'Amour sensuel ; le premier, né de Vénus et de Jupiter, et le second de l'Erèbe et de la Nuit. Il paroît ici qu'Apulée fait Cupidon fils de Vénus et de Vulcain, puisqu'un peu plus bas, il appèle Mars son beau-père. (18) Irai-je demander du secours à la Sobriété, qui est ma plus mortelle ennemie ? On sait assez le proverbe, sine Cerere et Baccho friget Venus, et que, sans la bonne chère, l'Amour languit. (19) Qu'elle vuide son carquois, détende son arc, &c. Cette allégorie est fort jolie et fort juste ; car il est vrai que la Sobriété seule peut éteindre le flambeau de l'Amour, et briser ses traits, c'est-à-dire, détruire l'ardeur et les mouvemens de la concupiscence. (10) Galanteries de votre fils. Ces deux Déesses reprennent Vénus de trop épier les actions de son fils. Donnons quelque passe-temps aux jeunes gens, dit Cicéron, laissons-leur quelque liberté, ne leur interdisons pas tous les plaisirs, &c.

Fin des Remarques du cinquième Livre.

Livre VI

LES MÉTAMORPHOSES:
ou
L'ANE D'OR D'APULÉE,
PHILOSOPHE PLATONICIEN,

LIVRE SIXIEME.

Cependant Psiché parcouroit cent contrées différentes, occupée nuit et jour du désir de retrouver son époux. Elle se promettoit que, si elle ne pouvoit appaiser sa colère par des caresses, comme sa femme, elle pourroit du moins le fléchir par des soumissions comme son esclave. Elle apperçut un temple sur le haut d'une montagne : Peut-être, dit-elle, que le Dieu, mon maître, habite en ce lieu-là : aussi-tôt elle y tourne ses pas, et y monte fort vîte, malgré sa lassitude, l'espérance et l'amour lui donnant de nouvelles forces. Elle n'est pas plutôt au haut de la montagne, qu'elle entre dans le temple ; elle y trouve des épis de froment en un monceau, d'autres dont on avoit fait des couronnes ; il y avoit aussi des épis d'orge, des faulx et tous les instrumens dont on se sert à faire la moisson, épars de côté et d'autre confusément, comme les moissonneurs les jettent ordinairement, quand ils reviennent las et fatigués du travail. Psiché se met à ranger toutes ces choses avec grand soin, croyant qu'elle ne devoit négliger le culte d'aucun Dieu, et qu'il falloit qu'elle cherchât les moyens de se les rendre tous favorables. Pendant qu'elle étoit dans cette occupation, Cérés l'apperçut (1) et lui cria de loin : Ah ! malheureuse Psiché, ne sais-tu pas que Vénus en fureur te cherche par tout le monde, et qu'elle a résolu d'employer tout son pouvoir pour te faire périr et se venger ; cependant tu t'occupes ici du soin de mon temple, et tu songes à toute autre chose qu'à mettre ta vie en sûreté. Alors Psiché se prosterne par terre, baigne les pieds de la Déesse de ses larmes, et les essuyant avec ses cheveux, implore son assistance par les prières les plus touchantes. Ayez pitié d'une malheureuse, lui dit-elle, je vous en conjure par cette main libérale, qui répand l'abondance des bleds sur la terre, par les fêtes et les réjouissances que les moissonneurs font en votre honneur, par les sacrifices mystérieux (2) qu'on célèbre pour vous, par la fertilité de la Sicile (3), par votre char attelé de dragons aîlés, par celui qui servit à l'enlévement de Proserpine, votre fille, par la terre qui s'ouvrit pour la cacher, par les ténèbres où son mariage fut célébré, par sa demeure dans les enfers, et ses retours sur la terre (4). Je vous conjure enfin par tout ce que le temple d'Eleusis (5) qui vous est consacré, dérobe aux yeux des profanes, laissez-vous toucher de compassion pour la malheureuse Psiché qui est à vos pieds. Souffrez que je puisse rester cachée pour quelques jours sous ces épis de bled, jusqu'à ce que la colère d'une Déesse aussi puissante que Vénus, soit calmée ; ou du moins pendant ce temps-là je reprendrai un peu de forces, après tant de peines et de fatigues que j'ai essuyées. Vos larmes et vos prières me touchent, lui dit Cérés, je voudrois vous secourir, mais il n'y a pas moyen que je me brouille avec Vénus, qui est ma parente, avec qui je suis liée d'amitié depuis longtemps, et qui d'ailleurs est une Déesse aimable et bienfaisante. Ainsi sortez d'ici, et croyez que je vous fais grace de vous laisser aller, et de ne vous pas faire arrêter. Psiché voyant ses vœux rejettés contre son espérance, sortit le cœur pénétré d'un surcroît de douleur, et retournant sur ses pas, elle apperçut au bas de la montagne, dans le milieu d'un bois épais, un temple d'une structure merveilleuse. Comme elle ne vouloit négliger aucun moyen, quelqu'incertain qu'il pût être, de se retirer de l'état malheureux où elle étoit, et qu'elle avoit dessein d'implorer le secours de toutes les Divinités, elle s'approcha de ce temple ; elle vit de tous côtés de riches présens, et des robes brodées d'or qui pendoient aux branches des arbres, et la porte du temple, où le nom de la Déesse étoit écrit, et les bienfaits qu'en avoient reçus ceux de qui venoient ces offrandes. Psiché se mit à genoux, et ayant embrassé l'autel, où il paroissoit qu'on avoit sacrifié depuis peu, elle essuya ses larmes, et fit cette prière. Sœur (6) et femme du grand Jupiter, soit que vous vous teniez dans les anciens temples de Samos (7), qui fait gloire de vous avoir vu naître et de vous avoir élevée, soit que vous habitiez l'heureux séjour de Carthage, où l'on vous adore sous la figure d'une fille qui monte au ciel sur un lion (8), soit enfin que vous vous trouviez dans la fameuse ville d'Argos, qu'arrose le fleuve Inachus (9), où l'on vous appèle la femme du Dieu qui lance le tonnère, et la reine des Déesses, vous qu'on honore dans tout l'Orient, sous le nom de Zygia (10), et sous celui de Lucine dans l'Occident (11), Junon secourable (12), ne m'abandonnez pas, dans l'état déplorable où je suis réduite ; délivrez-moi du péril affreux dont je suis menacée, après avoir souffert tant de peines ; je l'espère d'autant plus, que je sai que vous avez coutume d'être favorable aux femmes enceintes qui ont besoin de votre secours. A cette humble prière, Junon parut avec tout l'éclat et la majesté qui l'environne. Je souhaiterois, dit-elle à Psiché, pouvoir vous exaucer ; mais la bienséance ne me permet pas de vous protéger contre Vénus, qui est ma bru (belle-fille) (13), et que j'ai toujours aimée comme ma propre fille. D'ailleurs la loi qui défend de recevoir les esclaves fugitifs, malgré leurs maîtres, suffit pour m'en empêcher. Psiché, accablée de ce dernier coup, perd toute espérance de pouvoir mettre ses jours en sûreté ; elle ne voit aucun moyen de retrouver son époux ; et réfléchissant sur la cruauté de sa destinée : Quel remède, disoit-elle, puis-je trouver à mes malheurs, puisque la bonne volonté que les Déesses mêmes ont pour moi, m'est absolument inutile ? où pourrai-je aller pour éviter les pièges qui me sont tendus de tous côtés ? dans quelle maison serai-je en sûreté ? quelles ténèbres pourront me dérober aux yeux d'une Déesse aussi puissante que Vénus ? Infortunée Psiché, que ne t'armes-tu d'une bonne résolution, que ne renonces-tu au frivole espoir de pouvoir te cacher, et que ne vas-tu te remettre entre les mains de ta maîtresse, et tâcher d'appaiser sa colère par ta soumission et tes respects ? Que sais-tu, si celui que tu cherches depuis si long-temps, n'est pas chez sa mère ? Ainsi Psiché, déterminée à se présenter Vénus, quoiqu'il pût lui en arriver de funeste, commença à songer en elle-même de quelle manière elle lui parleroit pour tâcher de la fléchir. Cependant Vénus, lasse de la recherche inutile qu'elle faisoit de Psiché sur la terre, résolut de chercher du secours dans le ciel. Elle ordonne qu'on lui prépare un chariot d'or, dont Vulcain lui avoit fait présent avant que d'être son époux. Ce Dieu l'avoit travaillé avec tout l'art dont il étoit capable, et la perte de l'or que la lime en avoit ôté, ne l'avoit rendu que plus précieux par l'excellence et la beauté de l'ouvrage. Parmi un grand nombre de colombes, qui étoient autour de l'appartement de la Déesse, on en choisit quatre blanches, dont le col paroissoit de différentes couleurs, et on les attèle à ce char, en passant leurs têtes dans un joug tout brillant de pierreries. Vénus n'y fut pas plutôt montée, que ces coursiers aîlés partent et percent les airs. Quantité de moineaux, et d'autres petits oiseaux volent autour du char, et annoncent par-tout l'arrivée de la Déesse par leurs ramages et leurs chants mélodieux, sans rien craindre des aigles, ni des autres oiseaux de proie. Les nuages s'écartent, le ciel s'ouvre, et reçoit sa fille avec joie. Vénus va trouver Jupiter dans son palais, et, d'un air impérieux, lui demande Mercure, dont elle avoit besoin (14) pour publier ce qu'elle vouloit faire savoir. Jupiter le lui açcorde ; et cette Déesse fort contente, descend du ciel avec lui, et lui parle ainsi. Vous savez, mon frère (15), que je n'ai jamais rien fait sans vous le communiquer, et vous n'ignorez pas aussi, je crois, qu'il y a fort long-temps que je cherche une de mes esclaves (16), sans la pouvoir trouver. Je n'ai point d'autre ressource pour en venir à bout, que de faire publier par-tout que je donnerai une récompense à celui qui m'en apprendra des nouvelles. Je vous prie de vous charger de ce soin, sans y perdre un moment, et de la désigner de manière qu'elle soit aisée à reconnoître, afin que ceux qui se trouveront coupables de l'avoir recelée, ne puissent s'excuser sur leur ignorance. En disant cela, elle donne à Mercure un écrit qui contenoit le nom de Psiché, et les signes qui pouvoient la faire connoître, et s'en retourne dans son palais. Mercure exécute aussi-tôt sa commission ; il va chez toutes les nations de la terre, et publie cet avis en tous lieux : Si quelqu'un sait des nouvelles de la fille d'un roi, nommée Psiché, à présent esclave de Vénus, et fugitive, qu'il puisse l'arrêter, ou découvrir le lieu où elle est cachée, il n'a qu'à venir trouver Mercure, chargé de la publication de cet avis, derrière les piramides Murtiennes (17) ; et, pour ses peines, il recevra sept baisers de Vénus, et un autre assaisonné de tout ce qu'un baiser peut avoir de plus doux et de plus voluptueux. Mercure n'eut pas plutôt fait cette proclamation, que tous les hommes, animés par l'espoir d'une récompense si agréable, se mirent à chercher les moyens de la mériter, et c'est ce qui acheva de déterminer Psiché à ne pas perdre un moment à s'aller livrer elle-même. Comme elle approchoit du palais de Vénus, une des suivantes de cette Déesse, nommée l'Habitude, vint au-devant d'elle, et lui cria de toute sa force : Enfin, esclave perfide, vous commencez à connoître, que vous avez une maîtresse, n'aurez-vous pas encore l'impudence de faire semblant d'ignorer toutes les peines que nous nous sommes données à vous chercher ; mais vous ne pouviez mieux tomber qu'entre mes mains, et vous n'échapperez pas au châtiment que vous méritez. En achevant ces mots, elle la prend aux cheveux et la traîne cruellement, quoique Psiché ne fît aucune résistance. Si-tôt que Vénus la vit, elle secoua la tête, en se grattant l'oreille droite (18), et avec un ris moqueur, à la manière de ceux qui sont transportés d'une violente colère : Enfin, dit-elle, vous daignez venir saluer votre belle-mère, ou peut-être êtes-vous venue rendre visite à votre mari qui est dangereusement malade de la blessure que vous lui avez faite ; mais ne vous embarrassez de rien, je vais vous traiter en vraie belle-mère. Où sont, continua-t-elle, deux de mes suivantes ; l'Inquiétude et la Tristesse ? Elles parurent dans le moment, et Vénus leur livra Psiché pour la tourmenter.

Elles exécutèrent ses ordres ; et après l'avoir chargée de coups, et lui avoir fait souffrir tout ce qu'elles purent imaginer de plus cruel, elles la lui ramenèrent. Vénus se mit à rire une seconde fois en la voyant. Elle pense, dit-elle, que sa grossesse excitera ma compassion, et que je l'épargnerai en faveur du digne fruit dont je dois être la grand'mère. Ne serai-je pas fort heureuse d'être ayeule à la fleur de mon âge, et que l'enfant d'une vile esclave soit appellé le petit-fils de Vénus ; mais, que dis-je, cet enfant ne me sera rien, les conditions sont trop inégales : de plus, un mariage fait dans une maison de campagne, sans témoin et sans le consentement des parens, ne peut jamais rien valoir ; ainsi ce ne pourroit être qu'un enfant illégitime, quand même, jusqu'à sa naissance, je laisserois vivre la mère. En achevant ces mots, elle se jète sur elle, lui déchire sa robe en plusieurs endroits, lui arrache les cheveux, et lui meurtrit le visage de plusieurs coups. Prenant ensuite du blé, de l'orge, du millet, de la graine de pavot, des pois, des lentilles et des fèves, et les ayant bien mêlés ensemble et mis en un monceau : Tu me parois si déplaisante et si laide, dit-elle à Psiché, que tu ne peux jamais te faire aimer que par des services, et des soins empressés. Je veux donc éprouver ce que tu sais faire ; sépare-moi tous ces grains qui sont ensemble, et mets-en chaque espèce à part ; mais que je voie cela fait avant la nuit. Après avoir donné cet ordre, elle s'en alla à un festin de nôces, où elle avoit été invitée. La pauvre Psiché, toute consternée d'un commandement si cruel, reste immobile devant cet affreux tas de grains différens, et croit qu'il est inutile de mettre la main à un ouvrage qui lui paroît impossible. Heureusement une fourmi se trouva là, qui ayant pitié de l'état où étoit réduite la femme d'un grand Dieu, et détestant la cruauté de Vénus, alla vîte appeler toutes les fourmis des environs. Laborieuses filles de la terre, leur dit-elle, ayez compassion d'une belle personne, qui est l'épouse du Dieu de l'Amour ; hâtez-vous et venez la secourir, elle est dans un pressant danger. Aussi-tôt les fourmis accourent de toutes parts, et l'on en voit une quantité prodigieuse qui travaillent à séparer tous ces grains différens, et après avoir mis chaque espèce en un monceau à part, elles se retirent promptement. Au commencement de la nuit, Vénus revient du festin, abreuvée de nectar, parfumée d'essences précieuses, et parée de quantité de roses. Ayant vu avec quelle diligence on étoit venu à bout d'un travail aussi surprenant qu'étoit celui-là : Maudite créature, dit-elle à Psiché, ce n'est pas là l'ouvrage de tes mains, mais bien plutôt de celui à qui, pour ton malheur et pour le sien, tu n'as que trop su plaire : et lui ayant fait jetter un morceau de gros pain, elle alla se coucher. Cependant Cupidon étoit étroitement gardé dans une chambre, au milieu du palais de sa mère, de peur que, s'il venoit à sortir, il ne vînt retrouver sa chère Psiché, et n'aigrit son mal par quelque excès. Ces deux amans ainsi séparés sous un même toît, passèrent une cruelle nuit ; mais si-tôt que l'aurore parut, Vénus fit appeler Psiché, et lui donna cet ordre : Vois-tu, lui dit-elle, ce bois qui s'étend le long des bords de cette rivière, et cette fontaine qui sort du pied de ce rocher ; tu trouveras là des moutons qui ne sont gardés de personne, leur laine est brillante et de couleur d'or, et je veux, à quelque prix que ce soit, que tu m'en apportes tout présentement. Psiché s'y en alla sans répugnance, moins pour exécuter les ordres de la Déesse, que dans le dessein de finir ses malheurs, en se précipitant dans le fleuve ; mais elle entendit un agréable murmure que formoit un Roseau du rivage, agité par l'haleine d'un doux Zéphir qui lui parla ainsi : Quelques malheurs, dont vous soyez accablée, Psiché, gardez-vous bien de souiller la pureté de mes eaux par votre mort, et encore plus d'approcher de ces redoutables moutons pendant la grande ardeur du soleil, alors ils sont furieux et très-dangereux par leurs cornes et leurs dents envenimés, dont les blessures sont mortelles ; mais vous pouvez vous cacher sous ce grand arbre, que ce fleuve arrose aussi bien que moi, et quand la grande chaleur du jour sera passée, et que ces bêtes moins irritées se reposeront au frais le long de ces eaux, alors vous entrerez dans ce prochain bocage, où vous trouverez beaucoup de cette laine précieuse que vous cherchez, que ces animaux y ont laissée en passant contre les buissons. Psiché profita de l'avis du Roseau qui s'intéressoit à sa conservation, et s'en trouva fort bien ; car ayant fait exactement ce qu'il lui avoit prescrit, elle prit facilement et sans danger beaucoup de cette laine dorée, et la porta à Vénus. Quelque périlleuse qu'eût été cette seconde commission, dont elle venoit de s'acquitter, Vénus n'en fut pas plus appaisée qu'elle l'avoit été de la première ; et fronçant le sourcil avec un souris qui marquoit son dépit : Je n'ignore pas, lui dit-elle, qui est le perfide qui t'a donné les moyens de venir à bout de ce que je t'avois ordonné ; mais je veux encore éprouver ton courage et ta prudence. Vois-tu bien, continua-t-elle, ce rocher escarpé qui est au haut de cette montagne, c'est là qu'est la source des fleuves infernaux ; de là sortent ces eaux noirâtres, qui se précipitant avec un bruit terrible dans la vallée voisine, arrosent les marais du Styx (19), et grossissent le fleuve de Cocyte (20). Vas tout présentement puiser de ces eaux dans leur source, et m'en apporte dans ce vaisseau. En même-temps, elle lui donna un vase de crystal fort bien travaillé, et la menace des plus cruels supplices, si elle ne s'acquitte bien de sa commission. Psiché y va avec empressement, et monte sur le haut de la montagne, dans l'espérance d'y trouver au moins la fin de sa déplorable vie. Si-tôt qu'elle y fut, elle vit l'impossibilité d'exécuter les ordres de la Déesse. Un rocher prodigieux par sa grandeur et inaccessible par ses précipices, vomit ces affreuses eaux, qui tombant dans un vaste gouffre, et suivant ensuite le penchant de la montagne, se perdent dans le sentier profond d'un canal resserré, et sans être vues, sont conduites dans la vallée prochaine. De deux cavernes qui sont à droite et à gauche de cette source, deux effroyables dragons s'avancent et alongent la tête ; le sommeil n'a jamais fermé leurs yeux, et ils font en ce lieu une garde perpétuelle ; de plus, ces eaux semblent se défendre elles-mêmes, et par leur mouvement rapide, articuler ces mots : Retires-toi, que fais-tu ? prens garde à toi, fuis, tu vas périr. Tant de difficultés insurmontables, abattirent tellement l'esprit de Psiché, qu'elle resta immobile, comme si elle eût été changée en pierre. Elle étoit saisie d'une si grande douleur, qu'elle n'avoit pas même la force de verser des larmes pour se soulager ; mais la providence jetta les yeux sur cette infortunée, qui souffroit injustement. L'aigle, cet oiseau du souverain des Dieux, se ressouvenant du service que l'Amour avoit rendu à Jupiter, dans l'enlèvement de Ganimède, et respectant ce jeune Dieu dans Psiché son épouse, descendit du haut des cieux, et vint auprès d'elle. Vous êtes, lui dit-il, bien crédule, et vous avez bien peu d'expérience des choses du monde, si vous espérez dérober une seule goutte de l'eau de cette fontaine, non moins terrible que respectable, et si vous croyez même en approcher. N'avez-vous jamais oui dire combien ces eaux sont redoutables, et que les Dieux jurent par le Styx, comme les mortels jurent par les Dieux ; mais donnez-moi ce vase. Et en même-temps cet oiseau le prenant des mains de Psiché, vole vers cette fontaine, et voltigeant tantôt d'un côté, tantôt de l'autre entre les têtes des dragons, il puise de ces eaux, malgré la répugnance qu'elles témoignent, et les avertissemens qu'elles lui donnent de se retirer ; mais l'aigle supposa qu'il en venoit chercher par l'ordre exprès de Vénus, et que c'étoit pour elle, ce qui lui en rendit l'abord un peu plus aisé. Il revint et rendit le vase plein à Psiché, qui s'en alla bien joyeuse le présenter vîte à Vénus. Cela ne fut point capable de désarmer la colère de cette Déesse. Avec un souris plein d'aigreur, elle menaça Psiché de l'exposer à des peines nouvelles et plus cruelles. Il faut, lui dit-elle, que tu sois quelque habile magicienne, pour avoir ainsi exécuté les ordres que je t'ai donnés. Mais ce n'est pas tout ; il faut, ma belle enfant, que vous me rendiez encore quelques petits services : Prenez cette boîte, et vous en allez dans les enfers la présenter à Proserpine. Dites-lui : Vénus vous prie de lui envoyer un peu de votre beauté, seulement autant qu'il lui en faut pour un jour, parce qu'elle a usé toute la sienne pendant la maladie de son fils ; mais sur-tout revenez vite, ajouta-t-elle, j'en ai besoin pour me trouver à une assemblée des Dieux. Psiché connut alors tout ce que sa destinée avoit d'affreux. Elle vit bien qu'on en vouloit ouvertement à sa vie. Que pouvoit-elle penser autre chose, puisqu'on l'envoyoit dans le séjour des morts. Sans différer davantage, elle s'achemine vers une tour fort élevée ; elle y monte dans le dessein de se précipiter du haut en bas. Elle croyoit que c'étoit-là le moyen le plus sûr et le plus aisé pour descendre dans les enfers. Mais la tour commença à parler : Pourquoi, malheureuse Psiché, lui dit-elle, voulez-vous finir vos jours de cette manière ? pourquoi succombez-vous si facilement sous le dernier péril, où Vénus doit vous exposer. Si votre ame est une fois séparée de votre corps, certainement vous irez aux enfers, mais vous n'en reviendrez jamais ; ainsi écoutez mes avis. Assez proche de la fameuse ville de Lacédémone (21), qui n'est pas loin d'ici, cherchez dans des lieux détournés et à l'écart, vous y trouverez le Ténare (22) ; c'est un soupirail des enfers, et une de ses portes, où vous verrez un chemin impratiqué, qui vous conduira droit au palais de Pluton ; mais gardez-vous bien d'aller les mains vuides dans ces lieux ténébreux, il faut que vous ayez dans chaque main un gâteau de farine d'orge pétri avec du miel, et deux pièces de monnoie dans votre bouche. Quand vous serez environ à moitié chemin, vous trouverez un âne boiteux (23), chargé de bois, conduit par un ânier qui sera boiteux aussi ; il vous priera de lui ramasser quelques petits bâtons, qui seront tombés de la charge de son âne, passez sans lui répondre un seul mot. Vous arriverez ensuite au fleuve des morts (24) où vous verrez Caron (25) qui attend qu'on le paie (26), pour embarquer les passagers dans son méchant petit bateau, et les rendre à l'autre rive. Faut-il donc que l'avarice règne aussi parmi les morts ? que Caron lui-même, quelque grand Dieu qu'il soit, ne fasse rien pour rien (27), et que, si un pauvre mourant n'a pas de quoi payer son passage, il ne lui soit pas permis de mourir ; donnez donc à cet avare nautonnier une des pièces de monnoie que vous aurez apportées, de manière cependant qu'il la prenne lui-même de votre bouche. Traversant ensuite ces tristes eaux, vous y verrez nager le spectre hideux d'un vieillard (28), qui vous tendant les mains, vous priera de lui aider à monter dans le bateau ; n'en faites rien, et ne vous laissez pas toucher d'une pitié qui vous seroit funeste. Lorsque vous serez arrivée à l'autre bord du fleuve, vous n'aurez pas beaucoup marché, que vous trouverez de vieilles femmes occupées à faire de la toile (29), qui vous prieront de leur aider un moment, il ne faut pas seulement que vous touchiez à leur ouvrage. Ce sont autant de pièges que Vénus vous tendra pour vous faire tomber des mains au moins un des gâteaux que vous devez porter avec vous, et ne croyez pas que ce fût une perte légère ; car si vous en laissez échapper un, vous ne reverrez jamais la lumière. Vous trouverez devant le palais de Proserpine un chien d'une grandeur énorme (30), qui a trois têtes, dont il aboie d'une manière effrayante, et qui, ne pouvant faire de mal aux morts, tâche de les épouvanter par ses hurlemens. Il garde continuellement l'entrée de ce palais ; si vous lui jettez un de vos gâteaux, vous passerez devant lui sans peine, et vous arriverez à l'appartement de Proserpine, qui vous recevra avec bonté, et vous invitera de vous asseoir, et de vous mettre avec elle à une table magnifiquement servie ; mais gardez-vous bien d'en rien faire ; asseyez-vous à terre, et demandez du pain noir que vous mangerez. Ensuite ayant dit à Proserpine le sujet qui vous amène, recevez ce qu'elle vous donnera, et retournant sur vos pas, sauvez-vous de la fureur du chien, en lui jettant le gâteau qui vous restera ; donnez ensuite à Caron votre autre pièce de monnoie, et ayant repassé le fleuve, reprenez le même chemin par où vous aurez été, et vous reverrez la lumière des cieux. Mais sur toutes choses, je vous avertis de vous bien garder d'ouvrir cette boîte que vous rapporterez, de ne pas succomber à la curiosité de voir ce trésor de beauté divine qu'elle renferme. C'est ainsi que cette tour s'acquitta de la commission qu'elle avoit d'apprendre à Psiché ce qu'elle devoit faire. Aussi-tôt Psiché s'en alla vers le Tenare, et ayant fait provision de deux gâteaux et de deux pièces d'argent, elle prend la route des enfers, elle passe devant l'ânier boiteux, sans lui dire un mot, elle paie Caron d'une de ses pièces pour son passage, elle méprise l'instance que lui fait le vieillard qui nageoit sur le fleuve, elle résiste aux prières trompeuses des vieilles qui faisoient de la toile ; et après avoir appaisé la rage de Cerbère, en lui jettant un de ses gâteaux, elle entre dans le palais de Proserpine, où après avoir refusé constamment de s'asseoir et de se mettre à table avec cette Déesse, elle s'assied humblement à ses pieds, et se contente de gros pain. Elle lui apprend ensuite pour quel sujet Vénus l'avoit envoyée. Proserpine remplit la boîte, la referme et la lui remet entre les mains ; et Psiché ayant donné son autre gâteau à Cerbère, et sa dernière pièce de monnoie à Caron, revient au monde avec joie. Si-tôt qu'elle eut revu la lumière de ce monde, par une curiosité indiscrète, elle sentit rallentir son empressement d'aller chez Vénus. Ne serois-je pas bien simple, dit-elle en elle-même, si ayant entre mes mains la beauté des Déesses, je n'en prenois pas un peu pour moi-même, afin de regagner par-là le cœur de mon cher amant. En même-temps, elle ouvre la boîte ; mais, au lieu de la beauté qu'elle y croyoit trouver, il en sort une vapeur noire, une exhalaison infernale qui l'environne, et dans l'instant un si profond sommeil s'empare de tous ses sens, qu'elle tombe sans mouvement, et comme un corps privé de vie. Mais l'Amour, dont la blessure étoit assez bien guérie, ne pouvant supporter plus long-temps l'absence de sa Psiché, s'envole par une fenêtre de la chambre, où on le gardoit ; et comme un assez long repos avoit fortifié ses aîles, il va d'un seul vol à l'endroit où elle étoit. Il ramasse toute cette vapeur assoupissante dont elle étoit entourée, et la renferme dans la boîte ; ensuite il l'éveille, en la piquant doucement d'une de ses flèches. Eh bien ! lui dit-il, infortunée Psiché, votre :curiosité ne vous a-t-elle pas mis encore à deux doigts de votre perte ; mais ne perdez point de temps, allez, exécutez l'ordre que ma mère vous a donné, je prendrai soin du reste. Il s'envole en achevant ces mots, et Psiché se hâte d'aller porter à Vénus le présent de Proserpine. Cependant Cupidon brûlant d'amour, et craignant que sa mère ne le livrât bientôt à la Sobriété, dont elle l'avoit menacé, eut recours à ses ruses ordinaires. Il élève son vol jusques dans les cieux, va se jetter aux pieds de Jupiter, et lui fait entendre ses raisons. Ce maître des Dieux, après l'avoir baisé, lui dit, mon fils, dont j'éprouve moi-même le pouvoir, quoique tu ne m'aies jamais rendu les honneurs que je reçois des autres Dieux ; quoique tu m'aies souvent blessé, moi qui règle les élémens et le cours des astres, et que m'ayant enflammé tant de fois pour des beautés mortelles, tu m'aies diffamé parmi les hommes, en me faisant commettre contre les bonnes mœurs et contre les loix un grand nombre d'adultères (31), et m'obligeant de couvrir ma divinité sous je ne sai combien de formes ridicules, de serpent, de feu (32), de bêtes farouches, d'oiseaux et d'autres animaux ; cependant je n'écouterai que ma bonté ordinaire, d'autant plus que tu as été élevé dans mes bras. Tu peux donc t'assurer que je t'accorderai tout ce que tu demandes, à condition néanmoins que tu auras des égards pour ceux qui aiment comme toi, et que si tu vois sur la terre quelque fille d'une excellente beauté, tu la rendras sensible pour moi, en reconnoissance du service que je te vais rendre. Jupiter ayant ainsi parlé, donne ordre à Mercure de convoquer promptement une assemblée de tous les Dieux, et de déclarer que ceux qui ne s'y trouveroient pas, seroient mis à une grosse amende (33). La crainte de la payer les fait venir de toutes parts ; ils prennent tous leurs places ; et Jupiter, assis sur son trône, leur parle ainsi : Dieux, dont le nom est écrit dans le livre des Muses (34), vous connoissez tous cet enfant, leur dit-il en leur montrant l'Amour, il a été élevé dans mes bras ; j'ai formé le dessein de mettre un frein à l'impétuosité de ses premiers feux ; il est assez perdu de réputation, par tous les mauvais discours qu'on tient de ses débauches ; il faut lui ôter l'occasion de les continuer, et modérer par le mariage l'ardeur de sa jeunesse : il a fait choix d'une fille, il l'a séduite, je suis d'avis qu'il l'épouse, et qu'il soit heureux et content avec Psiché, dont il est amoureux. S'adressant ensuite à Vénus : Et vous, ma fille, lui dit-il, ne vous affligez point, et ne craignez point que votre fils déroge à sa naissance, en épousant cette mortelle ; je vais rendre les conditions égales, et faire un mariage dans toutes les formes. Et sur le champ ayant donné ordre à Mercure d'amener Psiché dans le ciel, il lui présente un vase plein d'ambroisie (35) ? Prenez, Psiché, lui dit-il, et soyez immortelle ; jamais l'Amour ne se séparera de vous, je l'unis à vous pour toujours par les liens du mariage. Aussi-tôt on dressa le somptueux appareil du festin de la nôce ; l'Amour et sa Psiché occupoient les premières places, Jupiter et Junon étoient ensuite, et après eux toutes les autres Divinités selon leur rang. Ganimède, ce jeune berger, l'échanson de Jupiter, lui servoit à boire du nectar. Bacchus en servoit aux autres Dieux (36), Vulcain faisoit la cuisine (37), les Heures semoient des fleurs de tous côtés, les Graces répandoient des parfums, et les Muses chantoient. Apollon joua de la lire, Vénus dansa de fort bonne grace ; et pendant que les neuf Muses formoient un chœur de musique, un Satire jouoit de la flûte, et Pan du flageolet. C'est ainsi que Psiché fut mariée en forme à son cher Cupidon (38). Au bout de quelque temps ils eurent une fille, que nous appelons la Volupté (39). Voilà le conte que cette vieille, à moitié ivre, faisoit à la jeune fille, que les voleurs tenoient prisonnière, et moi qui l'avois écouté d'un bout à l'autre, j'étois véritablement fâché de n'avoir point de tablettes pour écrire une aussi jolie fable que celle-là. Dans le moment, nos voleurs arrivèrent tous chargés du butin ; il falloit qu'ils eussent essuyé quelque rude combat ; car il y en avoit plusieurs de blessés qui restèrent dans la caverne pour panser leurs plaies, pendant que ceux qui étoient les plus alertes se disposoient à aller quérir le reste de leur vol qu'ils avoient caché, à ce qu'ils disoient, dans une grotte. Après qu'ils eurent mangé un morceau à la hâte, ils nous amenèrent, mon cheval et moi, et nous firent marcher à coups de bâton par des valons et des lieux détournés, jusqu'au soir, que nous arrivâmes fort fatigués proche d'une caverne, d'où ils tirèrent beaucoup de hardes, et nous en ayant chargés, sans nous laisser prendre haleine, ils nous firent repartir dans le moment. Ils nous faisoient marcher avec tant de précipitation, craignant qu'on ne courût après eux, qu'à force de coups dont ils m'assommoient, ils me firent tomber sur une pierre qui étoit proche du chemin, d'où, tout blessé que j'étois au pied gauche et à la jambe droite, ils me firent relever en me maltraitant encore plus qu'auparavant. Jusqu'à quand, dit l'un d'eux, nourrirons nous cet âne éreinté, dont nous tirons si peu de service, et que voilà présentement encore boiteux. Il nous a apporté le malheur avec lui, dit un autre ; depuis que nous l'avons, nous n'avons pas fait une seule affaire un peu considérable ; nous n'avons presque gagné que des coups, et les plus braves de notre troupe ont été tués. Je vous jure, dit un troisième, que nous ne serons pas plutôt arrivés avec ces hardes, qu'il semble si fâché de porter, que je le jetterai dans quelque précipice pour en régaler les vautours. Pendant que ces honnêtes gens raisonnoient ainsi entr'eux, sur la manière dont ils me feroient mourir, nous arrivâmes en peu de temps à leur habitation ; car la peur m'avoit, pour ainsi dire, donné des aîles. Ils déchargèrent à la hâte ce que nous apportions, et, sans songer à nous donner à manger, ni à me tuer, comme ils avoient dit, ils se remirent tous en chemin avec précipitation, emmenèrent avec eux leurs camarades, qui étoient restés d'abord à cause de leurs blessures. Ils alloient, disoient-ils, quérir le reste du butin qu'ils avoient fait, dont ils n'avoient pu nous charger. Je n'étois pas cependant dans une petite inquiétude, sur la menace qu'on m'avoit faite de me faire mourir. Que fais-tu ici, Lucius, disois-je en moi-même, qu'attens-tu ? une mort cruelle que les voleurs te destinent. Ils n'auront pas grande peine à en venir à bout, tu vois bien ces pointes de rocher dans ces précipices ; en quelque endroit que tu tombes, ton corps sera brisé et tes membres dispersés (40). Que ne t'armes-tu d'une bonne résolution ? que ne te sauves-tu pendant que tu le peux faire ? tu as la plus belle occasion du monde de t'enfuir, présentement que les voleurs sont absens. Crains-tu cette misérable vieille qui te garde, qui ne vit plus qu'à demi, que tu peux même achever de faire mourir tout-à-fait d'un seul coup de pied, quand ce ne seroit que de ton pied boiteux. Mais où iras-tu ? qui voudra te donner retraite ? Voilà certainement, continuois-je en moi-même, une inquiétude bien ridicule et bien digne d'un âne ; car peut-il y avoir quelqu'un dans les chemins qui ne soit fort aise de trouver une monture, et qui ne l'emmène avec lui. Dans le moment, faisant un vigoureux effort, je romps le licou qui me tenoit attaché, et je m'enfuis à toutes jambes. Je ne pus cependant éviter que cette fine vieille ne m'apperçût (41). Si-tôt qu'elle me vit détaché, elle accourut à moi avec une force et une hardiesse au-dessus de son sexe et de son âge, me prit par le bout de mon licou, et fit tout ses efforts pour me ramener : mais comme j'avois toujours dans l'esprit la cruelle résolution que les voleurs avoient prise contre moi, je fus impitoyable pour elle, et lui lançant quelques ruades, je l'étendis tout de son long par terre. Quoiqu'elle fût en cet état, elle tint bon, et ne lâcha point mon licou, de manière qu'en fuyant, je la traînai quelques pas après moi. Elle se mit à crier de toute sa force, et à appeler du secours ; mais elle avoit beau crier et se lamenter, il n'y avoit personne pour lui aider que cette jeune fille que les voleurs avoient prise, qui, accourant au bruit, vit un fort beau spectacle. Elle trouva une vieille Dircé (42), traînée, non par un taureau, mais par un âne. Cette fille prenant une courageuse résolution, s'enhardit à faire une action merveilleuse ; car ayant arraché la longe de mon licou des mains de la vieille femme, et m'ayant flatté pour m'arrêter, elle monte tout d'un coup sur moi, et m'excite à courir de toute ma force. L'envie que j'avois de m'enfuir et de délivrer cette jeune fille, jointe aux coups qu'elle me donnoit pour me faire aller plus vîte, me faisoit galoper, comme auroit pu faire un bon cheval. Je tâchois de répondre aux paroles flatteuses qu'elle me disoit par mes hennissemens, et quelquefois détournant la tête pour faire semblant de me gratter les épaules, je lui baisois les pieds. Cette fille poussant un profond soupir, et levant ses tristes yeux au ciel : Grands Dieux, dit-elle, ne m'abandonnez pas, dans l'extrême péril où je me trouve : et toi, fortune trop cruelle, cesse d'exercer tes rigueurs contre moi ; tu dois être contente de tous les maux que tu m'as fait souffrir. Mais toi, cher animal qui me procures la liberté, et me sauves la vie, si tu me portes heureusement chez moi, et que tu me rendes à ma famille et à mon cher amant, quelles obligations ne t'aurai-je point ! quels honneurs ne recevras-tu point de moi ! et comment ne seras-tu point soigné et nourri ! Premièrement, je peignerai bien le crin de ton encolure, et je l'ornerai de mes joyaux. Je séparerai le poil que tu as sur la tête et le friserai ; je démêlerai aussi ta queue qui est affreuse à force d'être négligée ; j'enrichirai tout ton harnois de bijoux d'or, qui brilleront sur toi comme des étoiles, et quand tu paroîtras ainsi pompeux dans les rues, le peuple te suivra avec empressement et avec joie. Je te porterai tous les jours à manger dans mon tablier de soie, tout ce que je pourrai imaginer de plus délicat et de plus friand pour toi, comme à l'auteur de ma liberté ; et même avec la bonne chère que tu feras, avec le repos et la vie heureuse dont tu jouiras, tu ne laisseras pas d'avoir beaucoup de gloire ; car je laisserai un monument éternel de cet événement et de la bonté des Dieux ; je ferai faire un tableau qui représentera cette fuite, que j'attacherai dans la grande salle de ma maison. On le viendra voir, on en contera l'histoire en tous lieux, et la postérité la verra écrite par les fameux auteurs, sous ce titre : L'illustre fille se sauvant de captivité sur un âne. Cette avanture sera au nombre des merveilles de l'antiquité ; et comme on saura qu'elle est véritable, on ne doutera plus que Phryxus n'ait traversé la mer sur un bélier, qu'Arion ne se soit sauvé sur le dos d'un Dauphin, et qu'Europe n'ait été enlevée par un taureau. Que s'il est vrai que Jupiter ait paru sous la forme d'un taureau, il n'est pas impossible que, sous la figure de cet ane, quelque homme ou quelque Dieu ne soit caché. Pendant que cette fille raisonnoit ainsi, et qu'elle faisoit des vœux au ciel, en soupirant continuellement, nous arrivâmes à un carrefour. Aussi-tôt elle me tourna la tête avec mon licou, pour me faire aller à main droite, parce que c'étoit le chemin qui conduisoit chez son père ; mais moi qui savois que les voleurs avoient pris cette route, pour aller chercher le reste du vol qu'ils avoient fait, j'y résistois de toute ma force. A quoi penses-tu ? disois-je en moi-même, fille infortunée ! que fais-tu ? quel est ton empressement de chercher la mort ? pourquoi me veux-tu faire aller par un chemin, qui sera celui de notre perte à l'un et à l'autre ? Pendant que nous étions dans cette contestation, la fille me voulant faire aller à droite, et moi voulant aller à gauche, comme si nous eussions disputé pour les limites d'un héritage, pour la propriété d'un terrain, ou pour la séparation d'un chemin ; les voleurs qui revenoient chargés du reste de leur butin, nous rencontrent, et nous ayant reconnus de loin au clair de la lune, ils nous saluent avec un ris moqueur. Pourquoi, nous dit l'un de la troupe, courez-vous ainsi à l'heure qu'il est ? n'avez-vous point de peur des esprits et des fantômes qui rodent pendant la nuit ? étoit-ce pour aller voir vos parens en cachette, la bonne enfant, que vous faisiez tant de diligence ? Mais nous vous donnerons de la compagnie dans votre solitude, et nous vous montrerons un chemin plus court que celui-ci, pour aller chez vous. En achevant ces mots, il étend le bras, me prend par mon licou, et me fait retourner sur mes pas en me frappant rudement avec un bâton plein de nœuds qu'il tenoit en sa main. Alors voyant qu'on me faisoit aller par force trouver la mort, qui m'étoit destinée, je me souvins de la blessure que j'avois au pied, et commençai à boiter tout bas, et à marcher la tête entre les jambes. Oh ! ho ! dit celui qui m'avoit détourné de notre chemin, tu chancelles et tu boites plus que jamais ; tes mauvais pieds sont excellens pour fuir ; mais, pour retourner, ils n'en ont pas la force : il n'y a qu'un moment que tu surpassois en vîtesse Pégase même avec ses aîles. Pendant que ce bon compagnon plaisantoit ainsi agréablement avec moi, me donnant de temps en temps quelques coups de bâton, nous avancions toujours chemin ; nous arrivâmes enfin à la première enceinte du lieu de leur retraite. Nous trouvâmes la vieille femme pendue à une branche d'un grand ciprès. Les voleurs commencèrent par la détacher, et la jettèrent dans un précipice, avec la corde qui l'avoit étranglée, qu'elle avoit encore au cou. Ayant ensuite lié et garotté la jeune fille, ils se jettent, comme des loups affamés, sur des viandes que la malheureuse vieille leur avoit apprêtées ; et pendant qu'ils les mangent, ou plutôt qu'ils les dévorent, ils commencent à délibérer entre eux quelle vengeance ils prendroient de nous, et de quel supplice ils nous feroient mourir. Les opinions furent différentes, comme il arrive ordinairement dans une assemblée tumultueuse ; l'un disant qu'il falloit brûler la fille toute vive ; un autre étoit d'avis qu'elle fût exposée aux bêtes féroces ; le troisième la condamnoit à être pendue ; le quatrième vouloit qu'on la fît mourir au milieu des supplices ; enfin, soit d'une manière ou d'une autre, il n'y en avoit pas un seul qui ne la condamnât à la mort. Un d'entre eux s'étant fait faire silence, commença à parler ainsi. Il ne convient point aux règles de notre société, à la clémence de chacun de vous en particulier, ni à ma modération, qu'on punisse cette fille avec tant de rigueur, et plus que sa faute ne le mérite. Il n'est pas juste de l'exposer aux bêtes, de l'attacher au gibet, de la brûler, de lui faire souffrir des tourmens, ni même de hâter sa mort. Suivez plutôt mon conseil, accordez-lui la vie, mais telle qu'elle le mérite. Vous n'avez pas oublié, je crois, la résolution que vous avez prise, il y a long-temps, touchant cet âne, qui travaille fort peu, et qui mange beaucoup ; qui faisoit semblant d'être boiteux il n'y a qu'un moment, et qui servoit à la fuite de cette fille. Je vous conseille donc d'égorger demain cet animal, de vuider toutes ses entrailles, et que cette fille qu'il a préféré à nous, soit enfermée toute nue dans son ventre ; de manière qu'elle n'ait que la tête dehors, et que le reste de son corps soit caché dans celui de l'âne, qu'on aura recousu ; et de les exposer l'un et l'autre, en cet état, sur un rocher à l'ardeur du soleil. Ils seront ainsi punis tous deux, de la manière que vous l'avez résolu, avec beaucoup de justice. L'âne souffrira la mort qu'il a mérité depuis long-temps, et la fille sera la pâture des bêtes, puisque les vers la mangeront. Elle souffrira le supplice du feu, quand les rayons brûlans du soleil auront échauffé le corps de l'âne ; elle éprouvera les tourmens de ceux qu'on laisse mourir attachés au gibet, quand les chiens et les vautours viendront dévorer ses entrailles. Imaginez-vous encore tous les autres supplices où elle sera livrée ; elle sera enfermée vivante dans le ventre d'une bête morte ; elle sentira continuellement une puanteur insupportable ; la faim l'accablera d'une langueur mortelle, et n'ayant pas la liberté de ses mains, elle ne pourra se procurer la mort. Après que ce voleur eut cessé de parler, tous les autres approuvèrent son avis ; ce qu'ayant entendu de mes longues oreilles, que pouvois-je faire autre chose que de déplorer ma triste destinée, mon corps ne devant plus être le lendemain qu'un cadavre.

Fin du sixieme Livre, et du Tome premier.

REMARQUES SUR LE SIXIEME LIVRE.

(1) Cérès l'apperçut. Le texte dit : Cérès alma, qui est l'épithète qu'on lui donne ordinairement ; alma vient d'alere, nourrir. On la nomme ainsi à cause qu'elle est la déesse des bleds, et que c'est elle qui a appris aux

hommes la manière de les cultiver, et de s'en nourrir.

On faisoit présider Cérès à toute l'économie champêtre. Pausanias fait mention d'un autel, où on lui offroit des fruits, du miel, de la laine, et d'autres choses de cette nature ; des serpens et une truye pleine, et sur-tout du pavot, à cause de la fécondité de sa graine, mais point de vin. De-là vient que Plaute, dans l'Aululaire, parlant d'une nôce, où il n'y avoit point de vin, dit plaisamment, que c'étoit des nôces de Cérès. On la représentoit dans un char tiré par deux dragons aîlés, tenant des pavots en une main, et une torche ardente en l'autre, avec une couronne d'épis de bled sur la tête.

(2) Par les sacrifices mystérieux qu'on célèbre pour vous. Le latin dit, Per tacita sacra cistarum ; par vos secrets mystères enfermés dans des corbeilles. Je n'ai pas exprimé cet endroit tout-à-fait tel qu'il est, parce qu'il n'auroit pas été assez intelligible pour tout le monde. Ces corbeilles d'osier, où étoient enfermées les choses sacrées au culte de Cérès, étoient portées dans les cérémonies par des femmes qu'on appeloit Canistriferæ.

(3) Par la fertilité de la Sicile. La Sicile étoit consacrée à Cérès et à sa fille Proserpine, parce qu'on croyoit qu'elles y avoient pris naissance, et que c'étoit le premier endroit de l'univers où l'on eût commencé à cultiver la terre. Cette isle est si abondante en bled, qu'on la nommoit le grenier de l'Italie. (4) Par sa demeure dans les enfers et ses retours sur la terre. Pour appaiser Cérès qui étoit fort en colère et fort affligée de la perte de sa fille que Pluton avoit enlevée, l'on convint que Proserpine passeroit six mois de l'année dans les enfers avec lui, et les autres six mois sur la terre avec sa mère. Ceux qui recherchent les vérités que les fables enveloppent, disent que Cérès, qui est prise pour la terre, donne la vie à Proserpine, qui est sa semence, laquelle demeure durant les six mois de l'hiver dans le sein de la terre, et pousse au printemps, et paroît durant les autres six mois. (5) Le temple d'Eleusis. Eleusis étoit une ville d'Attique, entre Mégare et le port de Pirée ; elle se nomme aujourd'hui Leptine. Cérès y avoit un temple magnifique. (6) Sœur. Prière de Psiché à Junon, sœur et femme du grand Jupiter. Les Physiciens, par Jupiter, entendent l'Æther, qui est le feu, et par Junon, l'Air. Ils les regardent comme frère et sœur, parce que ces deux élémens sont égaux en ténuité. D'ailleurs, comme Junon, représentée par l'air, est au-dessous du feu d'en haut, qui est Jupiter, à bon droit les tiennent-ils mariés ensemble. Marc Varron dit que Junon est dite femme de Jupiter, parce qu'il est le ciel, et qu'elle est la terre. L'air, suivant la doctrine des Stoïciens mis entre le ciel et la mer, est qualifié du nom de Junon, sœur et femme de Jupiter à cause de la similitude et conjonction qu'ils ont ensemble. (7) Dans les anciens temples de Samos. Isle de la mer Egée, près de l'Ionie, Province de l'Asie Mineure ; on la nomme présentément Samos. Junon y avoit été élevée avant que d'être mariée à Jupiter. (8) Où l'on vous adore sous la figure d'une fille qui monte au ciel sur un lion. Virgile nous apprend que Junon aimoit particulièrement Carthage. Elle y étoit adorée,

comme il paroît par cet endroit de notre auteur, en qualité de fille, et comme montant au ciel sur un lion, pour y célébrer ses nôces avec Jupiter. Les Carthaginois la nommoient Cælestis, Céleste ; il y a pourtant des auteurs qui ont prétendu que cette céleste divinité de Carthage étoit Cybèle, et d'autres que c'étoit Vénus. Stephanus, de urbibus, fait mention d'un temple dans la ville d'Hermione, consacré à Junon, vierge. (9) Dans la fameuse ville d'Argos qu'arrose le fleuve Inachus. Argos, ville du Péloponèse, dont le premier Roi fut Inachus, qui donna son nom au fleuve de cette peninsule. On le nomme aujourd'hui Planizza. (10) Vous qu'on honore dans tout l'Orient sous le nom de Zygia. Lipse croit qu'il faut lire ici Syria, et non pas Zygia. Lucien dit, que c'étoit Junon que l'on honoroit en Orient, sous le nom de la déesse de Syrie, dont il sera parlé dans la suite. Elle avoit dans la ville d'Hiérapolis un temple, dont il fait la description. Lylius Gyraldus qui a recherché fort exactement tout ce qui concernoit les dieux de l'antiquité, et leurs différens noms et cultes, rapporte ce passage de notre auteur avec le mot de Zygia. Il est certain que les peuples de la Grande Grèce, aujourd'hui le royaume de Naples, qui est à l'orient de l'Italie, honoroit Junon sous le nom de Zygia, qui répond au terme de jugalis ou conjugalis, c'est-à-dire, Déesse des mariages. Il y avoit même à Rome un autel dédié à Juno Juga, dans une rue qu'on appelloit vicus Jugarius, à cause de cela ; et il y a apparence que ce n'étoit pas dans la seule Grèce Italienne qu'elle étoit connue sous ce nom-là. (11) Et sous celui de Lucine dans l'Occident. L'auteur entend par l'Occident, l'Italie, où l'on honoroit Junon sous le nom de Lucine, déesse présidant aux enfantemens ; fonction qui lui avoit donné ce nom, qui vient de lux, lumière, parce qu'elle aidoit à mettre les enfans au jour. Marc Varron dit que Junon Lucine est la lune, aussi dite Proserpine et Diane, parce qu'elle luit ou donne jour à ceux qui viennent au monde, parce qu'elle influe beaucoup sur la naissance : les femmes prêtes d'accoucher, l'adoroient directement. (12) Junon secourable. Le texte dit, Juno sospita, Junon conservatrice. Elle avoit un temple sous ce nom dans la ville de Lanuvium, où tous les consuls que l'on créoit à Rome, étoient obligés d'aller sacrifier. Tite-Live, l. 8, rapporte que le droit de bourgeoisie romaine fut accordé à cette ville, à condition que le temple et le bois de Juno sospita, qui étoit chez eux, seroit commun au peuple romain avec eux. (13) Vous protéger contre Vénus qui est ma brue. Vénus étoit la brue de Junon, ayant épousé Vulcain, fils de cette déesse. (14) Mercure dont elle avoit besoin. Ce fils de Jupiter et de la nymphe Maïa, étoit le Dieu des voleurs, et le messager des Dieux ; il avoit aussi l'emploi de conduire les ames des morts aux enfers. Tout le monde sait que Mercure est le héraut, et celui qui porte la parole des Dieux : les Latins en conséquence l'ont appellé Mercurius, comme qui diroit Medius currens, c'est-à-dire, courant au milieu, d'autant que la parole trotte parmi les personnes. On la fait aussi présider au commerce, parce que la parole est mitoyenne entre les vendeurs et les acheteurs. On lui donna des aîles à la tête et aux pieds, pour montrer que la parole vole à travers l'air, et on le fait messager, parce que par la parole, on exprime toute pensée. (15) *Vous savez, mon frère.* Le texte dit, frater Arcas : mon frère Arcadien, parce qu'il étoit né en Arcadie, sur le mont Cyllène ; Vénus l'appèle son frère, parce que, selon quelques-uns, elle étoit fille de Jupiter, aussi-bien que Mercure ; ou bien elle l'appèle ainsi par amitié et pour le flatter, parce qu'elle avoit besoin de lui. (16) *Je cherche une de mes esclaves.* Dans le droit romain, toute femme de condition libre, qui s'abandonnoit à un esclave, étoit déchue de sa liberté. Mais ce ne peut être ici la raison qui oblige Vénus à appeler Psiché son esclave, puisque Cupidon n'étoit point esclave de Vénus. Il faut donc regarder le terme d'esclave, dont elle se sert, comme une marque de son indignation, et un effet de la résolution où elle est de traiter Psiché avec toute la dureté que les maîtres étoient en droit d'exercer sur leurs esclaves. (17) *Derrière les piramides murtiennes.* C'étoient des bornes en pointe ou en piramide, qui étoient à Rome au bout du cirque, lieu des courses de chariots. Il y avoit de ces bornes dédiées à Neptune, à Mars et à plusieurs autres Dieux. Celles de Vénus se nommoient Murtiennes, parce que l'on appelloit cette Déesse Murtia ou Mirthea, de Mirtus, qui signifie Mirte, arbre qui lui est consacré, comme l'olivier l'est à Pallas, la vigne à Bacchus, &c. (18) *Se grattant l'oreille droite.* Branler la tête, et se gratter l'oreille sont signes de colère et d'emportement. Pline dit que le derrière de l'oreille est le siège de Nemésis, déesse de la vengeance, où nous portons ordinairement dans cette occasion le doigt prochain du petit, après avoir passé la main au long de la bouche et de la barbe. (19) *Arrosent les marais du Stix.* Le Stix est une fontaine d'Arcadie, qui prenoit sa source au pied d'une montagne voisine de la ville de Nonacris. Ces eaux étoient si corrosives, qu'elles rongeoient le fer et le cuivre, et brisoient tous les vaisseaux où on l'a mettoit ; on ne pouvoit en conserver que dans un vase de corne de pied de cheval. Plusieurs croient que ce fut avec de cette eau qu'Antipater empoisonna Alexandre le Grand. Les mauvaises qualités de cette fontaine ont donné lieu aux poëtes de feindre que ces eaux couloient dans les enfers. Lorsque les Dieux faisoient un serment solemnel, ils juroient par le Stix, fleuve de tristesse et de douleur, comme par ce qui étoit le plus opposé à leur nature, qui étoit la joie et le plaisir. (20) *Et grossissent le fleuve du Cocyte.* Fleuve des enfers, selon les Poëtes ; son nom signifie plainte, gémissement. (21) *Assez proche de la fameuse ville de Lacédémone.* C'étoit la capitale de Laconie, dans le Péloponèse, aujourd'hui Misitra, ville de la Morée. (22) *Vous y trouverez le Ténare.* C'est un cap de Laconie, proche duquel on voit une caverne, que les Poëtes ont feint être une descente pour aller aux enfers. Voyez, page 57, ce qui a été dit au sujet du Ténare. (23) *Un âne boiteux.* Cela regarde quelque fable de ce temps-là, qui n'est point venue jusqu'à nous. (24) *Au fleuve des morts.* C'est l'Acheron ou le Cocyte. (25) *Où vous verrez Caron.*

Ce batelier des enfers étoit fils de l'Erébe et de la Nuit. Virgile, dans le 6e l. de l'Enéide, le dépeint fort vieux et fort mal-propre, avec une vilaine barbe blanche très-mal peignée. (26) Qui attend qu'on le paie. Les anciens mettoient une pièce d'argent dans la bouche de ceux qui mouroient, persuadés que s'ils n'avoient de quoi payer Caron, leurs ames ne passeroient point dans les enfers, et demeureroient errantes sur les bords de l'Acheron. (27) Que Pluton lui-même, quelque grand Dieu qu'il soit, ne fasse rien pour rien. L'argent que les Morts donnoient à Caron pour leur passage aux enfers, étoit pour Pluton, Caron n'étoit que son fermier. (28) Le spectre hideux d'un vieillard. On ne trouve rien de cette fable dans aucun auteur, non plus que celles de l'âne et de l'ânier boiteux. (29) De vieilles femmes occupées à faire de la toile. Il sembleroit que l'auteur veut parler des Parques ; on ne disoit pas cependant qu'elles fissent de la toile, on disoit seulement qu'elles filoient. (30) Un chien d'une grandeur énorme, qui a trois têtes. C'est Cerbère, ce chien fameux, qui gardoit la porte des enfers, et qui empêchoit les ames malheureuses d'en sortir. On dit que ce chien à trois têtes exprime le temps passé, le présent et l'avenir, qui reçoit tout et le dévore, pour ainsi dire. Hercule le dompta et l'enchaîna, dit-on, pour marquer que les actions héroïques sont victorieuses des âges et des temps, parce que la mémoire s'en conserve dans tous les siècles. (31) En me faisant commettre contre les bonnes mœurs et contre les loix un grand nombre d'adultères. Le texte ajoute, Et ipsam Juliam : Et même contre la loi Julia. J'ai cru inutile de l'exprimer dans la traduction. C'étoit une loi qu'Auguste avoit faite contre les adultères, à qui il avoit donné le nom de Julia, de son père adoptif Jule-César. Horace a cette loi en vue dans la 5e ode du 4e l. elle est dans le Digeste, 1. 48, titre 5. (32) De serpent, de feu, de bêtes farouches, &c. Voyez, au l. 6 des Métamorphoses d'Ovide, les différentes formes que Jupiter a empruntées dans ses avantures amoureuses. C'est Arachné qui les représente dans un ouvrage à l'aiguille qu'elle fait, lorsqu'elle tient tête à Pallas elle-même, et qu'elle prétend la surpasser en cet art.

Mœonis elusam designat imagine tauri
Europam, &c.

(33) Seroient mis à une grosse amende. Le texte dit, à dix mille écus d'amende. (34) Dieux, dont le nom est écrit dans le livre des Muses, Dei conscripti Musarum albo. Album étoit une planche ou table blanchie, où l'on écrivoit les noms de ceux qui composoient quelque corps ou quelque société. Auguste fit faire un pareil tableau, où étoient les noms de tous les Sénateurs. L'auteur feint que les noms des Dieux étoient ainsi écrits par les Muses, et c'est avec raison, puisque c'est principalement aux écrits des poëtes que tant de Dieux doivent leur nom et leur être. (35) Un vase plein d'ambroisie. C'étoit la viande des Dieux. Ce nom, tiré du grec, signifie immortalité. Cette nourriture fut nommée ainsi, parce que les mortels n'en

mangeoient point, ou parce que ceux qui en mangeoient, devenoient immortels. Le nectar étoit la boisson des Dieux. (36) Bacchus en versoit aux autres Dieux. Bacchus est trop connu pour en parler ici. Hérodote dit, qu'il n'y eut que les Scythes seuls qui ne voulurent point reconnoître Bacchus, disant que c'étoit une chose ridicule d'adorer un Dieu qui rendoit les hommes insensés et furieux. L'antiquité lui a donné plusieurs noms, entre autres ceux de Liber et de Lyœus, parce que le vin réjouit, et délivre l'esprit des chagrins qui se rencontrent dans la vie. (37) Vulcain faisoit la cuisine. Parce qu'il étoit le Dieu du feu, ou le feu même, selon les poëtes. (38) C'est ainsi que Psiché fut mariée en forme à son cher Cupidon. Le texte dit, Sic rite Psiche convenit in manum Cupidinis. Il y avoit trois manières de faire les mariages chez les anciens, la première se faisoit usu, par le seul usage, lorsqu'une femme libre demeuroit un an entier et sans interruption avec un homme libre comme elle ; et alors, quoiqu'ils n'eussent fait aucune convention matrimoniale, ils ne laissoient pas d'être regardés comme mari et femme ; leurs enfans étoient légitimes et succédoient à leurs biens. Il faut remarquer que, pendant cette année, qu'un homme et une femme, en demeurant ensemble, établissoient leur mariage, trois jours d'absence de l'un ou de l'autre, suffisoient pour interrompre l'usage, et pour rendre le mariage nul. La seconde manière de se marier, la plus ordinaire, s'appeloit per coëmptionem, par achat réciproque, lorsqu'on faisoit des conventions matrimoniales, que la femme apportoit de son côté sa dot, et que le mari en récompense lui donnoit un douaire, qu'on appelloit donatio propter nuptias ; et, comme ils se mettoient dans main l'un de l'autre quelque pièce d'argent pour marque de ces dons réciproques, cela s'appelloit, convenire in manum ; c'est la maniere qui est ici exprimée par Apulée au mariage de Psiché & de Cupidon. La troisième manière de se marier, étoit plus religieuse que les autres, elle s'appelloit per confarreationem ; c'étoit lorsque le mariage se célébroit par le grand-prêtre ou par le prêtre de Jupiter, nommé flamen Dialis, avec quantité de cérémonies, entr'autres avec la mole salée, qui étoit une pâte faite avec de la farine d'orge appellée far, d'où vient le mot de confarreatio, et de quelques autres grains, et avec du sel ; il falloit dix témoins pour ces sortes de nôces, et un sacrifice solemnel. Toutes ces cérémonies rendirent dans la suite ces sortes de mariages bien plus rares que les autres ; et ils ne se pratiquoient guère qu'entre les enfans des prêtres, parce qu'il falloit être issu d'un semblable mariage pour être admis au sacerdoce. (39) Ils eurent une fille que nous appellons la Volupté. Cette déesse avoit un temple à Rome, où elle étoit représentée comme une jeune et belle personne, avec l'air et l'ajustement d'une reine, qui tenoit la vertu sous ses pieds. (40) Et les membres dispersés. Il y a ensuite une phrase dans le texte, que j'ai omise. La voici : Nàm et illa præclara magia tua, vultum, laboresque tibi tantùm asini, verum corium, non asini crassum, sed hirudinis tenuè membranulum circumdedit. Car cette belle magie, dont tu étois si curieux, a bien changé ta figure en âne, et t'a réduit aux misères de cet animal, mais elle ne t'en a pas donné la peau dure et épaisse ; au contraire, elle a couvert ton corps d'une peau aussi délicate que celle d'une sangsue. Il paroît en cet endroit, qu'Apulée ne se souvient pas qu'il a dit en décrivant sa métamorphose en âne l. 3. que sa peau délicate s'étoit changée en un cuir dur et épais. (41) Je ne pus cependant éviter que cette fine vieille ne m'apperçût ; il y a dans le texte, nec tamen astutulæ anus milvinos oculos effugere potui ; je ne pus cependant me dérober aux yeux de milan de cette fine vieille. Je n'ai pas cru fort nécessaire d'exprimer les yeux de Milan. Les oiseaux de proie, comme on sait, sont de tous les animaux ceux qui ont la vue la plus perçante. (42) Une vieille Dircé. Elle étoit femme de Lycus, Roi de Thèbes ; ce prince l'avoit épousée après avoir répudié Anthiope, dont Jupiter avoit eu Zétus et Amphion : Ces deux princes, pour venger leur mère, tuèrent Lycus, et firent attacher Dircé à la queue d'un taureau sauvage qui la mit en pièces. Les Dieux en eurent pitié, et changèrent son sang en une fontaine qui porta son nom.

Fin des Remarques du sixième Livre, et du Tome I.

VOLUME II

Livre VII

LES

MÉTAMORPHOSES:

ou

L'ANE D'OR D'APULÉE,

PHILOSOPHE PLATONICIEN,

LIVRE SEPTIEME.

Si-tôt que le retour du soleil eut dissipé les ténèbres de la nuit, on vit arriver un homme qui étoit, sans doute, un des camarades de nos voleurs : à l'accueil réciproque qu'ils se firent, il étoit aisé de le connoître ; s'étant assis à l'entrée de la caverne, et après avoir un moment repris son haleine, il leur parla ainsi.

A l'égard de la maison de Milon, que nous pillâmes dernièrement à Hippate, nous n'avons rien à craindre, et nous sommes en toute sûreté ; car, après que vous en fûtes partis pour revenir ici chargés de butin, je me fourrai parmi le peuple, et faisant semblant d'être touché, et même indigné de ce qui venoit d'arriver, j'écoutois ce qui se disoit, quelle résolution l'on prenoit pour découvrir les auteurs de ce vol, et quelle recherche on en feroit, pour venir vous en rendre compte, comme vous me l'aviez ordonné. Tout le monde, d'une commune voix, en accusoit un certain Lucius, non sur de foibles conjectures, mais sur des indices très-forts et très-vraisemblables : on disoit qu'il étoit venu quelques jours auparavant avec de fausses lettres de recommandation pour Milon, et que, contrefaisant l'honnête-homme, il avoit si bien gagné ses bonnes graces, que ce vieillard l'avoit logé chez lui ; que ce Lucius étoit regardé comme un de ses meilleurs amis, et que, pendant ce temps-là, il avoit séduit la servante de son hôte, faisant semblant d'être amoureux d'elle, et avoit examiné avec beaucoup de soin toutes les serrures, et les verroux des portes de la maison, et remarqué l'endroit où Milon serroit son argent, et ce qu'il avoit de plus précieux. L'on alléguoit même une preuve bien forte de son crime ; on disoit qu'il s'étoit enfui la nuit, pendant qu'on pilloit la maison, et qu'il n'avoit point paru depuis ce temps-là : on ajoutoit que, pour se garantir de ceux qui le poursuivoient, et aller plus vîte se mettre en sûreté en quelque endroit fort éloigné, il s'étoit sauvé sur un cheval blanc qui étoit à lui. Qu'au reste, on avoit trouvé son, valet dans le logis ; que la Justice l'avoit fait mettre en prison, pour lui faire déclarer les crimes et les complices de son maître ; que, dès le lendemain, ce valet avoir été appliqué à la question, et qu'enfin on la lui avoit donné de toutes les manières les plus rigoureuses et les plus cruelles, sans qu'il ait jamais rien voulu avouer sur toute cette affaire ; qu'on avoit envoyé cependant plusieurs gens dans le pays de ce Lucius, pour tâcher de le découvrir, afin de le faire punir comme son crime le mérite. Pendant que ce voleur faisoit un tel rapport, je gémissois du fond de mon cœur, en comparant l'état misérable, où je me voyois réduit sous la forme d'un âne, à la vie heureuse, dont je jouissois pendant que j'étois Lucius ; et je pensois en moi-même que ce n'étoit pas sans raison que nos sages anciens ont nommé la fortune aveugle (1), et l'ont représentée même sans yeux, puisqu'elle répand ses faveurs sur des scélérats et des gens indignes, et ne choisit jamais personne avec discernement. Que dis-je ? elle s'attache à suivre ceux qu'elle fuiroit continuellement, si elle voyoit clair ; et ce qui est de plus cruel, elle nous donne ordinairement une réputation que nous ne devons point avoir, et qui est même toute contraire à celle que nous méritons : de manière qu'un méchant homme passe souvent pour homme de bien, et que le plus juste et le plus innocent est quelquefois condamné et puni, comme s'il étoit coupable. Enfin, moi, qui par une disgrace affreuse de cette même fortune, me voyois sous la forme du plus vil et du plus misérable de tous les animaux (2) ; moi, dis-je, dont l'état déplorable auroit excité la pitié de l'homme le plus dur et le plus méchant, je me voyois encore accusé d'avoir volé mon hôte, pour qui j'avois beaucoup d'amitié ; ce qu'on devoit regarder avec raison, moins comme un vol, que comme un parricide (3) : et il m'étoit impossible de défendre mon innocence, ni même de proférer une seule parole, pour nier le fait. Cependant ma patience étant à bout, de peur qu'il ne parût que le reproche de ma mauvaise conscience, me faisoit avouer tacitement un crime si odieux, je voulus m'écrier : Non, je ne l'ai pas fait ; Je dis bien le premier mot, avec ma voix forte et rude, et je le dis plusieurs fois ; mais je ne pus jamais prononcer le reste de quelque manière que je tournasse mes grandes lèvres. Ainsi je m'en tins à cette parole : Non, non ; et je la répétai plusieurs fois ; mais qu'ai-je encore à me plaindre des cruautés de la fortune, après qu'elle n'a pas eu honte de me soumettre au même joug et au même esclavage que mon cheval. Pendant que je repassois tout cela dans mon esprit, il me vint une inquiétude bien plus vive et bien plus pressante, par le souvenir de la résolution que les voleurs avoient prise de m'immoler aux manes de la jeune fille ; et regardant souvent mon ventre, il me sembloit déjà que j'étois prêt d'accoucher de cette pauvre malheureuse. Cependant celui qui venoit de rapporter cette fausse accusation qu'on faisoit contre moi, tira mille écus d'or, qu'il avoit cachés et cousus dans son habit. Il les avoit pris, à ce qu'il disoit, à plusieurs passans, et les apportoit à la bourse commune, comme un homme de probité qu'il étoit. Ensuite il s'informa soigneusement de l'état et de la santé de tous ses camarades ; et quand ils lui eurent appris que plusieurs de ceux qui avoient le plus de mérite et de valeur étoient morts en diverses occasions, où ils s'étoient signalés, il leur conseilla de laisser, pour quelque temps, les chemins libres, et de ne faire aucune entreprise, mais de songer plutôt à remplacer ceux qui avoient péri, et à remettre leur vaillante troupe au même nombre qu'elle étoit ; qu'à l'égard de ceux qui ne voudroient pas se joindre à eux, ils pourroient les y forcer par des menaces, et y engager, par des récompenses, ceux qui avoient bonne volonté ; qu'il y en avoit beaucoup qui, las d'une condition basse et servile, aimoient bien mieux embrasser un genre de vie qui tenoit de la puissance et de l'indépendance des Rois. Que, pour lui, il avoit déjà traité, il y avoit quelque temps, avec un jeune homme, grand, fort et vigoureux, qui lui avoit conseillé, et enfin persuadé d'employer ses mains engourdies par une longue oisiveté à de meilleurs usages qu'il ne faisoit, de profiter de la santé dont il jouissoit, pendant qu'il le pouvoit, et plutôt que d'étendre le bras pour demander l'aumône, de s'en servir pour avoir de l'or. Ils approuvèrent tous ce conseil, et résolurent de recevoir dans leur troupe l'homme dont il venoit de leur parler, comme un digne sujet, et d'en chercher encore d'autres pour remplacer ceux qui manquoient. Ce voleur part aussi-tôt, et après avoir été quelque temps dehors, il ramène avec lui, comme il l'avoit promis, un jeune homme d'une taille extraordinaire, et à qui pas un de la troupe ne pouvoit être comparé ; car, outre qu'il paroissoit extrêmement fort et robuste, il étoit plus grand de toute la tête que tous tant qu'ils étoient : à peine commençoit-il à avoir de la barbe ; il étoit à moitié couvert d'un habit fait de vieux haillons d'étoffes différentes, mal cousus ensemble, qui, trop étroit et se joignant à peine, laissoit voir son ventre et sa poitrine tout couverts de crasse. Si-tôt qu'il fut entré : Je vous salue, leur dit-il, braves favoris du Dieu Mars, vous que je regarde déjà comme mes fidèles compagnons. Recevez avec bonté un homme plein de courage, qui vient avec vous de bon cœur, qui reçoit plus volontiers des coups et des blessures sur son corps, que de l'argent dans sa main, et que le péril de la mort que les autres craignent, ne rend que plus intrépide. Au reste, ne croyez pas que je sois quelque pauvre malheureux, et ne jugez pas de mon mérite par ces méchans haillons, dont je suis couvert ; car j'ai été capitaine d'une bonne troupe de gens courageux et déterminés, et j'ai ravagé toute la Macédoine. Je suis ce fameux voleur Hémus (4) de Thrace, dont le seul nom fait trembler toutes ces provinces, fils de Théron, cet insigne brigand (5), qui m'a élevé au milieu de sa troupe, qui m'a nourri dans le sang et le carnage, et m'a rendu le digne héritier de sa valeur. Mais j'ai perdu en peu de temps tous mes braves compagnons, et les richesses immenses que j'avois amassées, pour avoir attaqué témérairement un homme qui avoit été receveur de finances de César (6), pendant qu'il passoit pour se rendre au lieu de son exil, où, par un revers de fortune, il avoit été condamné ; et pour vous mieux instruire du fait, je vais vous le conter d'un bout à l'autre. Il y avoit à la cour un homme de grande distinction, illustre par les emplois qu'il avoit possédés, et fort bien dans l'esprit de l'Empereur ; mais par les calomnies de quelques envieux de sa fortune, il fut disgracié et envoyé en exil. Son épouse, qui se nomme Plotine, femme uniquement attachée à ses devoirs, et d'une vertu singulière, dont il avoit eu dix enfans, se résolut de l'accompagner ; et sans se soucier des délices et du luxe des villes, elle voulut partager son malheur. Elle coupa ses cheveux comme ceux d'un homme, en prit l'habit, et mit plusieurs ceintures autour d'elle, pleines d'or monnoyé et de joyaux d'un grand prix. En cet état, elle suivit son mari, au milieu des soldats armés qui le gardoient ; elle eut part à tous les périls qu'il courut, et veillant continuellement à sa sûreté, elle supportoit toutes sortes de travaux, avec un courage fort au-dessus de son sexe. Après qu'ils eurent souffert beaucoup de fatigues par les chemins, et essuyé les dangers de la navigation, pour aller a Zacynte (7), où cet homme étoit malheureusement relégué pour un temps, ils arrivèrent au rivage d'Actium (8), où nous exercions le brigandage depuis que nous étions sortis de Macédoine. Pour mieux reposer, ils furent passer la nuit à terre, proche de leur vaisseau, dans un petit cabaret qui étoit sur le bord de la mer. Nous forçâmes la maison, et nous prîmes tout ce qu'ils avoient. Ce ne fut pas sans beaucoup de danger, à la vérité, que nous nous tirâmes de cette affaire ; car d'abord que Plotine entendit du bruit à la porte, elle se mit à courir par toute la maison, la remplissant de ses cris, appellant au secours les soldats, les voisins et ses domestiques, qu'elle nommoit tous par leur nom ; mais heureusement ils ne songèrent qu'à se cacher les uns et les autres, chacun craignant pour sa propre vie. Ainsi nous nous retirâmes sans accident. Cependant cette courageuse femme, qui, par son rare mérite, car il faut lui rendre justice, s'étoit acquis l'estime et la considération de tout le monde, intercéda si bien auprès de l'Empereur, qu'elle obtint en peu de temps le retour de son mari et l'entière punition du vol que nous leur avions fait. Enfin César voulut que ma troupe fût exterminée, et cela fut fait en moins de rien, tant la simple volonté d'un grand prince a de pouvoir. Ainsi tous mes camarades ayant été à la fin taillés en pièces, j'eus beaucoup de peine à me sauver, et seul je me tirai des bras de la mort, de la manière que vous allez entendre. Je me mis sur le corps un habit de femme assez propre et fort ample ; je me couvris la tête d'une de leurs coëffures (9), et je me chaussai avec des souliers blancs et légers, comme elles les portent d'ordinaire. Ainsi déguisé et transformé en un autre sexe que le mien, je me sauvai au travers des troupes ennemies, sur un âne qui portoit quelques gerbes d'orge. Les soldats croyant que je fusse une paysanne, me laissèrent passer librement, d'autant plus qu'en ce temps-là, j'étois fort jeune, et n'avois point encore de barbe. Je n'ai cependant pas dégénéré pour cela de la gloire que mon père s'est acquise, ni de ma première valeur ; car, quoique je ne fusse pas sans crainte, étant si près des troupes de l'Empereur, je n'ai pas laissé, à la faveur de mon déguisement, d'attaquer seul quelques maisons de campagne et quelques châteaux, et d'en arracher cette petite subsistance. En même temps, il tira de ces méchans haillons, dont il étoit vêtu, deux mille écus d'or, qu'il jetta au milieu de la place : Et voilà, continua-t-il, un présent que je vous fais à tous (10), ou plutôt, ma dot que je vous apporte, et je m'offre d'être votre capitaine, si vous m'en jugez digne, vous assurant qu'avant qu'il soit peu, je convertirai en or cette maison qui n'est que de pierre (11). Dans l'instant même, tous les voleurs, d'un commun consentement, l'élurent pour leur chef, et lui présentèrent un habit un peu plus propre que les leurs, afin qu'il s'en revêtit, et qu'il quittât ses vieux haillons. Dès que cela fut fait, il les embrassa tous l'un après l'autre ; ensuite on le mit à table à la place la plus honorable, et tous ensemble célébrèrent sa réception par un grand repas, où chacun but beaucoup (12). En causant tous de choses et d'autres, ils lui apprirent la manière dont la jeune fille s'étoit voulu sauver par mon moyen, et la mort affreuse qu'ils nous avoient destinée à l'un et à l'autre. Il leur demanda où étoit la fille ; ils l'y conduisirent, et l'ayant vue chargée de chaînes, il s'en revint avec un visage refroigné. Je ne suis pas, leur dit-il, assez mal avisé, ni assez téméraire pour m'opposer à ce que vous avez résolu ; mais je me croirois coupable, si je ne vous disois pas mon sentiment sur ce qui regarde vos intérêts. Permettez-moi donc, puisque c'est pour votre bien, de vous dire librement ce que je pense, d'autant plus que vous êtes toujours les maîtres de retourner à votre premier avis (13) si le mien ne vous plaît pas. Cependant je suis persuadé qu'il n'y a point de voleurs de bon sens qui doivent rien préférer à leur profit, ni même la vengeance, qui leur a souvent attiré de grands malheurs, ainsi qu'aux autres hommes qui l'ont pratiquée. Si vous enfermez donc cette jeune fille dans le corps de l'âne, il ne vous en reviendra rien autre chose, que d'avoir satisfait votre colère sans aucune utilité. Je vous conseille bien plutôt de la mener à quelque ville pour la vendre. Une fille aussi jeune que celle-là se vendra fort cher, et je connois, depuis long-temps, quelques hommes qui font ce trafic, dont il y en a un entre autres qui pourra, je crois, racheter beaucoup d'argent, pour la produire à tous venans ; ce qui est plus convenable à une fille de sa qualité, que de courir les champs, et de s'enfuir, comme elle faisoit. Votre vengeance .même sera satisfaite en quelque façon, par l'état infâme où elle sera réduite. Voilà quel est mon sentiment, que je vous ai déclaré avec franchise ; après cela, vous êtes les maîtres de suivre le vôtre, et de disposer, comme il vous plaira, de ce qui vous appartient. C'est ainsi que cet excellent avocat plaida pour le profit de toute la troupe (14), en nous voulant faire conserver la vie à la fille et à moi. Cependant je souffrois une inquiétude mortelle, voyant les longues consultations que faisoient sur cela les. voleurs, et la peine qu'ils avoient à se déterminer. A la fin, ils reviennent tous à l'avis de leur nouveau capitaine, et dans le même temps ils délient la jeune fille. J'avois remarqué que, si-tôt qu'elle eut jetté les yeux sur ce jeune homme, et qu'elle l'eut entendu parler d'un lieu de débauche, et de ces sortes de gens qui font un commerce honteux, elle s'étoit mise à rire de tout son cœur ; de manière qu'avec juste raison toutes les femmes me parurent dignes d'un grand mépris, voyant qu'une fille après avoir feint d'aimer et de regretter un jeune amant, qu'elle étoit prête d'épouser, se réjouissoit tout d'un coup de la seule idée d'une infâme prostitution. Ainsi les mœurs et la conduite des femmes étoient soumises en ce moment-là à la censure d'un âne. Ce nouveau chef de la troupe reprenant la parole : Pourquoi, leur dit-il, ne célébrons-nous pas une fête en l'honneur du dieu Mars, notre protecteur, pour aller vendre ensuite cette fille, et chercher les hommes que nous devons associer avec nous ? Mais, à ce que je peux voir, nous n'avons pas une seule bête pour immoler, ni assez de vin pour boire. Envoyez donc dix de nos camarades avec moi, ce nombre me suffit, pour aller à un château qui n'est pas loin d'ici, d'où je vous rapporterai de quoi faire bonne chère (15). Si-tôt qu'il fut parti avec ceux qui devoient l'accompagner, les autres, qui restoient, allumèrent un grand feu, et dressèrent un autel au dieu Mars avec du gazon. Peu de temps après, les autres reviennent, apportant trois outres pleins de vin, et conduisant devant eux un troupeau de bêtes, dont ils choisissent un vieux bouc fort grand et bien chargé de poil, et qu'ils sacrifient au dieu des combats. Aussi-tôt ils travaillent aux apprêts d'un fort grand repas. Le nouveau-venu prenant la parole : Il faut, leur dit-il, que vous connoissiez que je ne suis pas seulement digne d'être votre chef dans vos expéditions militaires, et dans vos brigandages, mais que je mérite encore de l'être dans ce qui regarde vos plaisirs. En même-temps mettant la main à l'ouvrage, il s'acquitte de tout ce qu'il entreprend avec une facilité merveilleuse ; il balaie la place, dresse les lits pour se mettre à table, fait cuire les viandes, apprête les sauces, et sert le repas fort proprement ; mais sur-tout il prend soin d'exciter ses camarades à boire de grands coups et souvent, pour les enivrer. Cependant, faisant quelquefois semblant d'aller chercher des choses dont il avoit besoin, il s'approchoit souvent de la jeune fille, et d'un air riant, il lui donnoit quelques morceaux de viande, qu'il avoit pris en cachette, et lui présentoit des verres de vin, dont il avoit goûté auparavant. Elle prenoit avec plaisir tout ce qu'il lui apportoit, et de temps en .temps il lui donnoit quelques baisers, auxquels elle répondoit de tout son cœur, ce qui me déplaisoit extrêmement. Quoi ! disois-je en moi-même, fille indigne, as-tu déjà oublié ton amant, et les sacrés liens qui devoient t'unir à lui, et préféres-tu cet inconnu, ce cruel meurtrier, à ce jeune amant, dont je t'ai entendu parler, que tes parens t'avoient destiné pour époux ? Ta conscience ne te reproche-t-elle rien ? Une vie infâme et débordée, au milieu de ces coupe-jarêts, te peut-elle faire oublier un amour honnête et légitime ? Mais, si les autres voleurs viennent à s'appercevoir par hasard de ce que tu fais, ne crains-tu point qu'ils ne reviennent à leur premier dessein ? et ne seras-tu point cause une seconde fois qu'on résoudra ma mort ? En vérité le mal d'autrui ne te touche. guère (16). Pendant que je raisonnois ainsi en moi-même, plein d'indignation contre cette fille, que j'accusois injustement (17), je découvris par quelques-uns de leurs discours, obscurs à la vérité, mais qui cependant ne l'étoient pas trop pour un âne d'esprit, que ce n'étoit point Hémus, ce fameux voleur qui causoit avec elle, mais Tlépolême (18) son époux : et même, comme il continuoit à lui parler, ne se défiant pas de ma présence, il lui dit, en termes plus clairs : Prenez bon courage, ma chère Carite ; car, avant qu'il soit peu, je vous livrerai enchaînés tous ces ennemis que vous avez ici. Comme il s'étoit ménagé sur le vin, et qu'il étoit de sang froid, il recommença à ranimer la débauche des voleurs qui étoient déjà bien ivres, et ne cessa point de les exciter encore plus, qu'il n'avoit fait, à boire beaucoup de vin pur, qu'on avoit tant soit peu fait tiédir. A la vérité, je le soupçonnai d'avoir mis quelque drogue assoupissante dans le vin ; car enfin, ils restèrent, tous tant qu'ils étoient, sans connoissance, et comme des gens morts étendus de côté et d'autre. Alors Tlépolême les lie tous avec de bonnes cordes comme il veut, et sans nul obstacle, met la fille sur mon dos, et s'achemine pour retourner chez lui. D'abord que nous entrâmes dans la ville, tout le peuple qui avoit tant souhaité leur retour, accourt autour de nous, ravis de les revoir. Parens, amis, vassaux, domestiques, esclaves, tous s'empressent aussi de venir au-devant d'eux, la joie peinte sur le visage. C'étoit un spectacle bien nouveau et bien extraordinaire, de voir cette quantité de monde de tous âges et de tous sexes, qui accompagnoit une fille qu'on menoit en triomphe sur un âne. Moi-même enfin qui avois lieu d'être plus content, pour marquer, autant qu'il dépendoit de moi, la part que je prenois à la joie publique, ouvrant les nazeaux et dressant les oreilles, je me mis à braire de toute ma force, et fis entendre une voix de tonnerre. Carite étant remise entre les mains de ses parens, pendant qu'ils prenoient soin d'elle dans sa chambre, Tlépolême, sans tarder davantage, me fit retourner d'où nous venions, avec plusieurs chevaux et grand nombre de gens de la ville. J'y allois de fort bon gré ; car, outre que j'étois curieux naturellement, j'étois bien aise de voir prendre les voleurs, que nous trouvâmes encore plus enchaînés par le vin, pour ainsi dire, que par les cordes, dont ils avoient été liés. On tira hors de la caverne l'or, l'argent et toutes les hardes qui y étoient, qu'on nous chargea sur le corps ; ensuite on jetta une partie des voleurs, liés comme ils étoient, dans des précipices, et l'on coupa la tête aux autres avec leurs propres épées. Après cette vengeance, nous revînmes à la ville joyeux et contens. Toutes ces richesses que nous apportions furent déposées dans le trésor public. La fille fut à bon droit donnée en mariage à Tlépolême, qui venoit de la retirer des mains des voleurs. Dès ce moment-là, elle eut toujours beaucoup de soin de moi, ne m'appellant jamais autrement que son libérateur, et le jour de ses nôces, elle ordonna qu'on mît de l'orge tout plein dans ma mangeoire, et qu'on me donnât tant de foin, qu'un chameau en auroit eu suffisamment (19). Cependant, quelles malédictions assez grandes pouvois-je donner à Fotis de m'avoir changé en âne plutôt qu'en chien, voyant quantité de ces animaux qui étoient bien saouls, et qui avoient fait bonne chère, tant des viandes qu'ils avoient dérobées, que des restes d'un repas magnifique. Le lendemain de la nôce, la nouvelle mariée ne cessa point de parler à son époux et ses parens des obligations qu'elle prétendoit m'avoir, tant qu'enfin ils lui promirent de me combler d'honneurs ; et les amis particuliers de la famille assemblés, on délibéra de quelle manière l'on pourroit me récompenser dignement. Il y en eut un qui étoit d'avis qu'on me gardât à la maison sans me faire travailler, en m'engraissant avec de l'orge broyé, des fèves et de la vesce ; mais l'avis d'un autre prévalut : il conseilla qu'on me mît plutôt en liberté à la campagne, avec des jumens, pour produire des mulets. On fit donc venir celui qui avoit le soin des haras, à qui l'on ordonna de m'emmener, après qu'on m'eut bien recommandé à lui. J'allois, à la vérité, avec une fort grande joie où l'on me menoit, songeant que je ne serois plus obligé de porter aucuns fardeaux et qu'étant en liberté je pourrois trouver quelques roses au retour du printemps, quand l'herbe des prés commence à pousser. Il me venoit même souvent en pensée que, puisqu'on me traitoit si bien sous ma figure d'âne, ce seroit encore toute autre chose, quand j'aurois repris ma forme humaine. Mais, d'abord que cet homme m'eut mené à la campagne, je n'y trouvai ni les plaisirs, ni la liberté que j'espérois ; car sa femme, qui étoit avare et méchante, me mit aussi-tôt sous le joug, pour me faire tourner la meule du moulin, et me frappant souvent avec un bâton, elle préparoit de quoi faire du pain pour sa famille, aux dépens de ma peau. Non contente de me faire travailler pour elle, elle me faisoit moudre le bled de ses voisins, dont elle retiroit de l'argent, et malgré toutes mes peines, infortuné que j'étois, encore ne me donnoit-elle pas l'orge qu'on avoit ordonné pour ma nourriture ; elle me le faisoit moudre, et le vendoit aux paysans des environs, et après que j'avois tourné tout le jour cette pénible machine, elle ne me donnoit le soir que du son mal-propre, non criblé, et tout plein de gravier. Au milieu de tant de malheurs, dont j'étois accablé, la fortune cruelle m'en suscita de nouveaux, afin que, selon le proverbe, je pusse me vanter de mes hauts faits, tant en paix qu'en guerre ; car ce brave intendant des haras, exécutant l'ordre de son maître, un peu tard à la vérité, me mit enfin avec les jumens. Etant donc en liberté, plein de joie, sautant et gambadant, je choisissois déjà les cavalles qui me paroissoient être les plus propres à mes plaisirs ; mais, dans cette occasion, comme dans plusieurs autres, l'espérance agréable dont je m'étois flatté, se vit bientôt détruite ; car les chevaux qu'on engraissoit depuis long-temps pour servir d'étalons, qui d'ailleurs étoient fiers, vigoureux, et beaucoup plus forts que quelque âne que ce pût être, se défiant de moi, et craignant de voir dégénérer leur race, si j'approchois des jumens, me poursuivirent en fureur, comme leur rival, sans aucun égard pour les droits sacrés de l'hospitalité. L'un se cabrant me présente son large poitrail, et m'assomme avec ses pieds de devant ; l'autre me tournant la croupe, me lance des ruades ; un troisième me menaçant avec un hennissement qui marquoit sa colère, accourt à moi, l'oreille basse, en me montrant ses dents aigües, dont il me mord de tous côtés. C'étoit à-peu-près la même chose que ce que j'avois lu dans l'histoire d'un roi de Thrace, qui faisoit dévorer ses hôtes infortunés (21) par des chevaux sauvages qu'il avoit, ce redoutable tyran, aimant mieux les nourrir de corps humains, que d'orge, tant il étoit avare. Ainsi, me voyant tout meurtri et la peau toute déchirée, par le mauvais traitement que je venois d'essuyer, je regrettois encore le temps que je tournois la meule du moulin. Mais la fortune qui ne se lassoit point de me persécuter, me prépara de nouveaux tourmens. On me destina à aller quérir du bois à la montagne, sous la conduite d'un jeune garçon, le plus méchant qu'il y eût au monde. Je ne souffrois pas seulement beaucoup dé la fatigue de grimper au haut de cette. montagne, qui étoit fort élevée, et de m'user la corne des pieds sur des pierres aigües, mais encore de la quantité de coups de bâton que je recevois continuellement, qui me causoient une si grande douleur, que je la ressentois jusques dans la moëlle des os, et ce maudit valet, à force de donner sur ma cuisse droite et à la même place, m'emporta la peau, et me fit une très-grande plaie, sur laquelle cependant il ne laissa pas toujours de frapper. Outre cela, il me donnoit une si grande charge de bois, qu'à la voir, vous l'auriez crue plutôt destinée pour un éléphant que pour un âne. Quand il arrivoit que mon fardeau panchoit, au lieu de me soulager tant soit peu, en me déchargeant de quelques morceaux de bois du côté qui pesoit trop, ou du moins en les transportant de l'autre côté pour rendre le poids égal, il y ajoutoit au contraire des pierres, et remédioit ainsi à l'inégalité du fardeau ; cependant, malgré toutes les peines que j'endurois, il n'étoit pas content de l'énorme charge que je portois, et si nous trouvions par hasard quelque ruisseau à traverser, pour ne pas se mouiller les pieds, il se jetoit sur moi, et s'asseyoit sur mon dos, comme une légére augmentation au poids qu'il m'avoit mis sur le corps. S'il arrivoit quelquefois que le bord du chemin fût glissant, de manière que, chargé, comme j'étois, je ne pusse me soutenir, et que je tombasse par terre, mon brave conducteur, au lieu de m'aider à me relever, en me soulevant avec mon licou, ou par la queue, ou d'ôter une partie de mon fardeau, jusqu'à ce que je fusse au moins debout, il ne cessoit point de me frapper, depuis la tête jusqu'aux pieds, avec un grand bâton, et c'étoit tout le secours qu'il me donnoit jusqu'à ce que je fusse relevé. Il s'avisa encore d'une nouvelle méchanceté : il fit un petit paquet d'épines, dont la piqûre étoit venimeuse ; il me l'attacha à la queue, afin que, par le mouvement que je leur donnerois en marchant, leurs pointes dangereuses m'entrassent dans la peau. Je souffrois donc une double peine, si j'allois bon train, pour éviter d'être battu, les épines me piquoient cruellement, et si je m'arrêtois un moment pour faire cesser la douleur qu'elles me causoient, on me donnoit des coups de bâton pour me faire marcher. Enfin il sembloit que ce maudit valet n'eut autre chose en tête que de me faire périr de quelque manière que ce pût être ; il m'en menaçoit même quelquefois, en jurant qu'il en passeroit son envie, et il arriva une chose qui anima encore sa détestable malice contre moi. Un jour ma patience étant absolument à bout, par ses mauvais traitemens, je lui lançai une ruade de toute ma force, et voici ce qu'il imagina pour s'en venger. Il me chargea d'étoupes, qu'il attacha comme il faut avec des cordes ; ensuite il me met en chemin, et prenant un charbon ardent au premier hameau par où nous passâmes, il le fourre au milieu de ma charge. Le feu s'étant conservé et nourri quelque temps dans ces étoupes, la flamme commença à paroître, et bientôt je fus tout en feu, sans que je pusse imaginer aucun moyen de m'en garantir, ni d'éviter la mort, un embrâsement de cette nature, ayant plutôt fait son effet, qu'on n'a seulement eu le temps de songer à y remédier. Mais dans cette cruelle extrémité, la fortune vint à mon secours, et me garantit du trépas qui m'avoit été préparé, pour me réserver peut-être à de nouvelles peines. Ayant apperçu proche de moi une mare bourbeuse, que la pluie du jour précédent avoit remplie, je me jettai dedans tout d'un coup, et la flamme qui m'alloit brûler étant éteinte, j'en sortis soulagé de mon fardeau, et délivré de la mort ; mais ce méchant petit coquin, avec une effronterie sans pareille, rejeta sur moi la faute de l'insigne méchanceté qu'il venoit de me faire, et assura à tous les pâtres de la maison, que passant proche d'un feu que faisoient les voisins, je m'étois laissé tomber dedans exprès pour brûler ce que je portois, et me regardant avec un ris moqueur : Jusqu'à quand, continua-t-il, nourrirons-nous ce boute-feu, qui ne nous rend aucun service. Au bout de quelques jours, il imagina de plus grandes cruautés, pour me tourmenter. Après avoir vendu le bois que j'apportois à la première cabane que nous rencontrâmes, il me ramena à vuide, criant de toute sa force qu'il lui étoit impossible de s'aider de moi, tant j'étois méchant ; qu'il renonçoit au pénible emploi de me conduire. Voyez-vous, disoit-il, cet animal tardif et pesant, plus âne encore par son incontinence que par sa paresse, outre toutes les peines qu'il me donne ordinairement, il m'en cause encore de nouvelles, par le danger où il m'expose à tout rnoment. D'abord qu'il voit quelques personnes (22) dans les chemins, soit un jeune garçon, soit une femme, jeune ou vieille, il n'importe, il jette sa charge à terre, et quelquefois même son bât, et court à elles, comme un furieux, avec des intentions abominables, et les ayant renversées par terre, avec sa grande vilaine bouche il leur mord le visage, ce qui est capable de nous attirer des querelles et des procès, et peut-être même quelque affaire criminelle. La dernière fois, ce dépravé voyant une honnête jeune femme, jetta de côté et d'autre le bois dont il étoit chargé, fut à elle avec impétuosité, et la renversa dans la boue. Heureusement quelques passans accoururent aux cris qu'elle faisoit, et la retirèrent toute tremblante du danger, où elle étoit exposée ; cependant, sans leur secours, nous aurions eu une affaire terrible sur les bras, et qui nous auroit perdus. Ce malheureux ajoutant plusieurs autres mensonges à ceux-là, me causoit d'autant plus de peine que je ne pouvois le démentir. Enfin par ces sortes de discours, il anima si cruellement tous les pâtres contre moi, que l'un d'eux prenant la parole : Pourquoi donc souffrons-nous, dit-il, ce mari bannal, cet adultère public ? Que ne l'immolons-nous comme il le mérite, pour expier ses crimes ? Coupons-lui la tête tout-à-l'heure, continua-t-il, donnons ses entrailles à manger à nos chiens, et gardons le reste de sa chair pour le souper de nos ouvriers, nous reporterons à notre maître sa peau saupoudrée de cendre et séchée, et nous lui ferons croire facilement qui les loups l'ont étranglé. Aussi-tôt ce scélérat, qui m'avoit accusé faussement, et qui même se chargeoit avec joie d'exécuter la sentence que les bergers avoient prononcée contre moi, se met à repasser son couteau sur une pierre à aiguiser, insultant à mon malheur, et se souvenant des coups de pieds que je lui avois lâchés, et qui n'avoient point eu leur effet, dont j'étois certainement bien fâché. Mais un de ces paysans prenant la parole : C'est grand dommage, dit-il, de tuer une si belle bête, et de se priver du service si utile qu'on en peut tirer, parce qu'il est accusé d'être vicieux, puisque d'ailleurs, en le châtrant, nous pouvons le rendre sage, et nous mettre à couvert par-là des dangers où il nous expose, outre qu'il en deviendra plus gras, et prendra plus de corps. J'ai vu plusieurs chevaux très-fougueux, que leur ardeur pour les jumens rendoient furieux et indomptables, et que cette opération a rendu doux, traitables, propre à porter des fardeaux, et à faire tout ce qu'on vouloit. Enfin, à moins que vous ne soyez d'un autre sentiment que le mien, pendant le peu de temps que je mettrai à aller au marché, qui n'est pas loin d'ici, où j'ai résolu de faire un tour, je puis prendre chez moi les instrumens nécessaires, pour faire ce que je viens de vous dire, et revenir aussi-tôt couper ce vilain animal qui est si furieux, et le rendre plus doux qu'un mouton. Me voyant délivré de la mort (23), par l'avis de ce berger, pour me réserver à un supplice très-cruel, j'étois bien affligé, et je pleurois comme si j'eusse dû périr entièrement, en perdant une partie de mon corps. Enfin il me vint en pensée de me faire mourir moi-même, en m'abstenant de manger, ou en me jettant dans quelque précipice ; c'étoit mourir, à la vérité, mais au moins c'étoit mourir entier. Pendant que je rêvois quel genre de mort je choisirois, l'heure du matin venue, ce jeune garçon qui étoit mon bourreau, me remene à la montagne, comme à l'ordinaire. Après qu'il m'eut attaché à la branche d'un grand chêne verd, il s'écarte un peu du chemin, et se met à abattre du bois avec sa coignée pour me charger. Alors un ours terrible sort tout d'un coup de sa caverne, qui étoit près de-là ; dans le moment que je l'apperçus, tout tremblant et tout effrayé, je me laisse aller sur mes jarets, et haussant la tête, je romps le licou qui me tenoit attaché, et je prends la fuite. Je descends la montagne bien vîte, non-seulement avec les pieds, mais même avec tout le corps en roulant; je me jette à travers champs, et me mets à courir de toute ma force, pour me sauver de cet ours effroyable, et de ce valet encore plus méchant que l'ours même. Un homme qui passoit, me voyant seul errer à l'avanture, me prend, saute sur moi, et me frappant d'un bâton qu'il tenoit, me fait marcher par des endroits détournés et solitaires. C'étoit de bon cœur que je courois, évitant ainsi la cruelle opération qu'on avoit résolu de me faire. Au reste, je me mettois fort peu en peine des coups de bâton qu'on me donnoit, parce que j'étois accoutumé à en recevoir ; mais la fortune, toujours attachée à me persécuter, s'opposa bientôt à l'envie que j'avois avec tant de raison de fuir et de me cacher, pour me livrer à de nouvelles peines. Car les pâtres, dont j'ai parlé, ayant parcouru différens endroits, pour retrouver une genisse qu'ils avoient perdue, nous rencontrèrent par hazard, et me prenant aussi-tôt par mon licou, qui avoit servi à me faire reconnoître, ils se mirent en devoir de m'emmener ; mais l'homme qui étoit sur moi, leur résistant avec beaucoup de hardiesse, attestoit les hommes et les Dieux. Pourquoi, leur disoit-il, usez-vous de violence avec moi ? pourquoi m'arrêtez-vous ? Te traitons-nous injustement, lui répondirent les pâtres ? Toi qui emmènes notre âne, dis-nous plutôt où tu as caché le jeune homme qui le conduisoit, que tu as tué sans doute. En disant cela, ils le jettent à terre, et le maltraitent à coups de poing et à coups de pied. Pendant qu'il leur juroit qu'il n'avoit vu personne avec l'âne ; qu'il l'avoit trouvé seul qui s'enfuyoit, et qu'il l'avoit pris dans le dessein de le rendre à son maître, pour avoir quelque chose pour sa peine : Et plût au ciel, continua-t-il, que cet animal, que je voudrois n'avoir jamais vu, pût parler, et rendre témoignage de mon innocence ! certainement vous seriez fâchés de la manière indigne dont vous me traitez. Tout ce que cet homme put dire fut inutile ; car ces maudits paysans l'attachèrent avec une corde par le cou, et le menèrent dans la forêt sur la montagne, vers l'endroit où le jeune homme avoit coutume de prendre du bois ; ils le cherchèrent en vain pendant quelque temps ; enfin ils trouvèrent son corps déchiré en plusieurs morceaux, et ses membres dispersés de côté et d'autre. Je connus bien que c'étoit l'ours qui l'avoit ainsi mis en pièces, et j'aurois assurément dit ce que j'en savois, si j'avois eu l'usage de la parole ; tout ce que je pouvois faire étoit de me réjouir en moi-même, de voir que j'étois vengé, quoique ce ne fût pas si-tôt que je l'avois souhaité. Quand ils eurent trouvé toutes les parties de ce cadavre, et qu'ils les eurent assemblées avec assez de peines, ils l'enterrèrent sur le lieu même, et menèrent chez eux l'homme qu'ils avoient trouvé qui m'emmenoit (24), après l'avoir bien lié et garotté comme un voleur pris sur le fait, et comme un homicide, pour le mettre le lendemain, à ce qu'ils disoient, entre les mains de la justice, et lui faire faire son procès. Cependant, dans le temps que les parens du jeune homme déploroient sa mort par leurs cris et leurs larmes, arriva ce paysan qui s'offrit de me faire l'opération qui avoit été résolue. Ce n'est pas là, lui dit un de ceux qui étoient présens, ce qui cause notre peine, à l'heure qu'il est ; mais demain vous pourrez couper à cette méchante bête tout ce que vous voudrez, même la tête, si vous le voulez, et tous mes camarades vous aideront. C'est ainsi que mon malheur fut remis au lendemain, et je rendois grace en moi-même à ce bon garçon qui, du moins par sa mort, retardoit ma perte d'un jour ; mais je ne pus même, pendant ce peu de temps, lui avoir l'obligation de jouir de quelque repos ; car la mère de ce jeune homme, pleurant sa mort prématurée, accourt vêtue d'une robe noire, faisant des cris lamentables, et s'arrachant ses cheveux blancs, tous couverts de rendre. Elle se jette dans mon étable, en se donnant plusieurs grands coups sur la poitrine, et criant dès la porte : Quoi ; ce maudit âne est là tranquillement la tête dans son auge, à satisfaire sa gourmandise, et à se remplir continuellement le ventre, sans se mettre en peine de mes déplaisirs, et sans se souvenir de la cruelle destinée de celui qui avoit le soin de le conduire. Il semble au contraire qu'il me méprise, à cause de mon peu de force et de mon grand âge ; il s'imagine peut-être qu'un crime aussi énorme que le sien, demeurera impuni : peut-être même a-t-il l'audace de vouloir passer pour innocent ; car c'est l'ordinaire des scélérats, d'espérer l'impunité de leurs mauvaises actions, malgré les reproches que leur fait leur conscience. De par tous les Dieux ! animal le plus méchant qu'il y ait au monde, quand même l'usage de la parole te seroit accordé pour quelque temps, quel est l'homme assez simple, à qui tu pourrois persuader qu'il n'y a point de ta faute dans le malheur qui vient d'arriver ? Ne pouvois-tu pas t'opposer au meurtrier de mon malheureux fils, et le chasser avec les pieds et avec les dents, puisque tu as bien pu le frapper souvent lui-même, pourquoi n'as-tu pas eu la même vigueur pour le défendre, quand on en vouloit à sa vie ? Tu devois bien au moins l'emporter avec vîtesse, et le tirer des cruelles mains du voleur qui l'attaquoit ; enfin tu ne devois pas t'enfuir seul, comme tu as fait, après avoir jetté par terre ton protecteur, ton conducteur, ton camarade, et celui qui avoit soin de toi. Ignores-tu qu'on punit aussi ceux qui refusent leur secours aux malheureux, qui sont en danger de périr, parce qu'ils péchent contre la justice et les bonnes mœurs ? Mais, homicide que tu es, tu ne te réjouiras pas plus long-temps de mon infortune ; je vais faire en sorte que tu connoîtras que les grandes afflictions donnent des forces. En achevant ces mots, elle détache sa ceinture, et me lie les pieds ensemble, tant qu'elle peut, afin de m'ôter les moyens de me venger ; etprenant une grande perche qui servoit à fermer la porte de l'écurie en-dedans, elle se met à me battre, et ne cesse point, jusqu'à ce qu'étant lasse, et ne pouvant plus soutenir ce grand bâton, il lui tomba des mains. Alors se plaignant de la foiblesse de ses bras, elle court chercher du feu; et apportant un tison ardent, elle me le met entre les cuisses, jusqu'au moment que, me servant du seul moyen qui me restoit pour me défendre, je lui emplis les yeux et tout le visage d'ordure (25), et fis cesser par-là le mal qu'elle me faisoit. Sans cela, malheureux âne, j'étois sur le point de périr, comme un autre Méléagre, par le tison ardent de cette Althée en fureur (26).

Fin du septieme Livre.

REMARQUES SUR LE SEPTIEME LIVRE.

(1) Ont nommé la Fortune aveugle. Les Payens regardoient la fortune comme une divinité, dont dépendoient tous les événemens heureux ou malheureux. Les Grecs lui avoient élevé plusieurs temples. Le premier qu'elle eut à Rome lui fut consacré par Ancus Martius, avec ce titre : Fortunæ virili, à la Fortune virile et courageuse, parce qu'il ne faut guères moins de bonheur que de courage pour remporter des victoires. Servius Tullius lui en dédia un autre au Capitole, sous le titre de Primigenia. Dans la suite elle en eut un grand nombre sous plusieurs noms différens. On éleva aussi sur le mont Esquilin un temple à la mauvaise fortune.

Les philosophes disoient que la fortune étoit aveugle et insensée. Aveugle, parce qu'elle répand ordinairement ses faveurs à des gens qui en sont indignes, et qu'elle n'a aucuns égards pour le mérite. Insensée, parce qu'elle est volage, que rien ne peut la fixer, et qu'elle-même détruit son ouvrage à tous momens.

Pourquoi, dit Aristote dans ses Problêmes, les richesses sont-elles plus ordinairement le partage des méchans, que des gens de bien ? est-ce parce que la fortune est aveugle, et qu'elle ne peut faire un bon choix ? M. Tullius dans Lælius, dit, que la fortune est non-seulement aveugle, mais qu'elle aveugle ceux à qui elle s'attache. Cette divinité avoit une statue à Athènes, qui tenoit entre ces bras Plutus, Dieu des richesses. On la voit encore dans des médailles, comme une déesse, les pieds sur un globe, qui tient d'une main une corne d'abondance, et de l'autre un gouvernail de navire, pour signifier qu'elle gouverne tout le monde. On la trouve encore dépeinte couchée ou assise, qui tient sous le bras gauche une corne d'abondance, et qui a le bras droit appuyé sur une roue, pour marquer son instabilité et son inconstance, avec cette légende : Fortunæ reduci, à la Fortuxe de retour. (2) Sous la forme du plus vil et du plus méprisable de tous les animaux. Dans les fables de Phedre, lorsque le lion mourant se voit frappé par l'âne.

Fortes, dit-il, indignè tuli
Mihi insultare : te, naturæ dedecus,
Quod ferre cogor, certè bis videor mori.

J'ai ressentis vivement les insultes des animaux courageux, mais pour celles que je suis forcé de souffrir de toi, opprobre de la nature, ils me donnent deux fois la mort. (3) Ce qu'on devoit regarder avec raison, moins comme un vol, que comme un parricide. Qui ignotos lædit, dit Petrone, latro appellatur, qui amicos, paulò minus quàm parricida : On appèle brigand un homme qui attaque ceux qu'il ne connoît point ; mais celui qui attaque ses propres amis, n'est guère moins que parricide. (4) Je suis ce fameux voleur Hemus. Ce nom tiré de hema en grec, qui signifie sang, convient bien à un voleur et à un meurtrier. (5) Fils de Théron, cet insigne brigand. Autre nom de voleur, qui signifie bête féroce. (6) Receveur des finances de César. Le texte dit, Procuratorem Principis ducenaria perfunctum : on pourroit traduire, un homme commis par le prince pour lever le deux-centième denier. J'ai cru que cette particularité n'étoit pas fort nécessaire à expliquer dans le françois. On appelloit Procuratores Cæsaris, ceux qui gouvernoient les provinces appartenantes à l'Empereur, et non à la République, et généralement tous ceux qui recevoient dans les provinces les revenus appartenans à l'Empereur. (7) Pour aller à Zacynthe. C'est une île qui se nomme présentement Zante ; elle appartient aux Vénitiens, et est à l'entrée du golfe de Venise. Il paroît par tous les historiens, que c'étoit ordinairement dans les îles qu'on reléguoit les exilés. Ce qui fait dire à Corneille Tacite, plenum exiliis mare ; la mer est remplie d'exilés ; et l'on voit dans Ammian Marcellin, que l'exil est nommé pœna insularis, supplice des îles. (8) Au rivage d'Actium. C'est un promontoire du golfe, que l'on nomme aujourd'hui Lépante, où s'est donné cette fameuse bataille entre Antoine et Auguste, et depuis cette autre bataille que Jean d'Autriche gagna contre les Turcs en 1571. (9) Je me couvris la tête d'une de leurs coëffures. Il y a dans le texte, Mitella : d'une petite mitre. Ces mitres n'étoient autre chose que des bandelettes, dont les femmes s'enveloppoient les cheveux, et se ceignoient la tête. (10) Voilà, continua-t-il, un présent que je vous fais à tous : En, inquit, istam sportulam. Sporta et sportula, son diminutif, signifie proprement un panier ou corbeille d'osier. Les présens de vivres et de vin que les grands seigneurs de Rome faisoient à leurs cliens, c'est-à-dire, à ceux qui leur faisoient la cour, se distribuoient dans ces sortes de corbeilles ; ce qui fit que ces distributions s'appelèrent sportulæ, nom que gardèrent aussi les distributions en argent, que ces mêmes seigneurs trouvèrent ensuite plus à propos de faire qu'en vivres. (11) Je changerai en or cette maison qui n'est que de pierre. Auguste se vantoit qu'il laissoit Rome de marbre, qui n'étoit que de briques auparavant. Hémus se vante de faire plus que cet Empereur n'avoit fait. (12) Et tous ensemble celébrèrent sa réception par un grand repas, où chacun but beaucoup, suivant la coutume de ces temps-là, et qui dure encore à l'heure qu'il est, de faire de grands repas à la réception de ceux qui entrent dans quelque corps ou communauté. (13) D'autant plus que vous êtes toujours les maîtres de retourner à votre premier avis. Le texte dit, ad asinum redire, c'est-à-dire, de revenir à votre premier dessein, d'ouvrir le ventre de l'âne, et d'y enfermer la fille vivante. (14) C'est ainsi que cet excellent avocat plaida pour le profit de toute la troupe. Apulée l'appèle latronum fisci advocatus, l'avocat du fisque des voleurs, parce qu'il craignoit que l'argent qui devoit revenir aux voleurs de la vente de cette fille ne fût perdu, comme il l'auroit été s'ils l'avoient fait mourir. Le fisque ou le trésor d'un prince ou d'une république, se nomme fiscus en latin, parce que cet argent se mettoit in fiscis, dans des paniers d'osiers ou de jonc. (15) Je vous rapporterai de quoi faire bonne chère : epulas saliares. J'ai expliqué d'où étoit venue cette façon de parler dans les remarques du quatrième livre. (16) Le mal d'autrui ne te touche guère. Le texte dit, ludis de alieno corio. On auroit pu rendre ce proverbe latin par un autre en françois qui est fort commun, tu fais du cuir d'autrui large courroie, mais cela ne convient que dans le stile bas et comique. (17) Pendant que je raisonnois ainsi en moi-même, plein d'indignation contre cette fille que j'accusois injustement. Le latin dit, dum ista sycophanta ego mecum maxima cum indignatione disputo. J'ai exprimé sycophante, qui veut dire calomniateur, en disant que j'accusois injustement. Ce mot vient d'Athènes, où, à cause des fréquens larcins de figues que les jeunes gens faisoient dans les jardins de leurs voisins, on fit une loi qui condamnoit les voleurs de figues à la mort. Cette loi trop rigoureuse devint odieuse à ceux même, en faveur de qui elle avoit été faite, et l'on traita de fourbes et de calomniateurs, ceux qui accusoient quelqu'un d'un crime de si peu d'importance, et on les appella sycophantes, du mot sycos, qui signifie figue ; et ce mot de sycophante a été employé non-seulement chez les Grecs, mais aussi dans les auteurs comiques latins, pour signifier un fourbe, un menteur et un calomniateur. (18) Mais Tlépolême. Ce mot qui vient du grec, signifie un homme brave, et qui supporte bien les fatigues de la guerre. (19) Qu'un chameau en auroit eu suffisamment. Le latin dit, un chameau du pays des Bactres ; ce que je n'ai point exprimé, comme n'étant pas fort nécessaire. La Bactriane est une province de la Perse. (20) Et les amis particuliers de la famille assemblés, on délibéra, &c. Il est assez plaisant de voir une assemblée de parens et d'amis pour délibérer de quelle manière on récompensera un âne. (21) Un Roi de Thrace qui faisoit dévorer ses hôtes. C'étoit Diomède ; Hercule le vainquit et le punit du même supplice qu'il faisoit souffrir à ses hôtes en le faisant dévorer par ses propres chevaux. (22) D'abord qu'il voit quelques personnes, &c. Il y a en cet endroit beaucoup de saletés dans l'original ; je les ai voilées le mieux qu'il m'a été possible. (23) Me voyant délivré de la mort. Le latin dit, Mediis Orci manibus extractus, Arraché d'entre les mains de Pluton. J'ai cru qu'en françois, il valoit mieux dire la chose simplement. (24) L'homme qu'ils avoient trouvé qui m'emmenoit. Dans le texte, l'âne, c'est-à-dire, Apulée qui parle changé en âne, appèle, en badinant, cet homme son Bellerophon, comme s'il avoit été un Pégase. (25) Je lui emplis les yeux et tout le visage d'ordure. Je n'ai pas jugé à propos de rendre en françois toutes les expressions du texte en cet endroit. Il faut passer le plus vite qu'on peut sur ce qui ne peut être bon qu'à faire mal au cœur. (26) J'étois près de périr, comme un autre Méléagre, par le tison ardent de cette Althée en fureur. On prétend que cette phrase n'est point d'Apulée, et qu'elle a été ajoutée à la fin de ce livre par quelque Commentateur qui a voulu imiter son style et sa manière de plaisanter. Au reste, selon les poëtes, lorsqu'Althée accoucha de Méléagre, elle vit les trois Parques auprès du feu, qui y mettoient un tison en disant, cet enfant vivra tant que durera ce tison. Les Parques s'étant retirées, Althée se leva, prit le tison, l'éteignit et le conserva soigneusement. Lorsque Méléagre fut devenu grand, il combattit et tua ce terrible sanglier qui désoloit tout le pays de Calydonie. Il en offrit la tête à Atalanthe. Les frères d'Althée qui vouloient avoir cette tête, en vinrent aux mains avec Méléagre qui les tua tous deux. Althée, pour venger le meurtre de ses frères, jetta le tison fatal dans le feu, où elle le fit brûler peu à peu ; ce qui causa une mort lente à Méléagre, qui se sentoit dévorer les entrailles par des ardeurs insupportables.

Fin des Remarques du septième Livre.

Livre VIII

LES

MÉTAMORPHOSES:

ou

L'ANE D'OR D'APULÉE,

PHILOSOPHE PLATONICIEN,

LIVRE HUITIEME.

A la pointe du jour (1), on vit arriver de la ville prochaine un jeune homme, qui me parut être un des domestiques de Carite, cette fille qui avoit souffert les mêmes déplaisirs et les mêmes peines que moi, pendant que nous étions entre les mains des voleurs. Cet homme s'étant assis auprès du feu, au milieu de ses camarades, leur racontoit des choses affreuses et surprenantes, sur la manière dont elle étoit morte, et sur les malheurs de sa maison. Vous qui êtes chargés du soin des chevaux, leur dit-il, vous qui gardez les moutons, et vous qui menez les bœufs au pâturage, apprenez que nous avons perdu l'infortunée Carite, et par un accident effroyable ; mais au moins n'est-elle pas descendue seule aux enfers. Et, pour vous instruire de tout, je vais vous conter la chose comme elle s'est passée dès le commencement, ce qui certainement méritoit bien, pour servir d'exemple à la postérité, d'être rédigé en forme d'histoire par les habiles gens, à qui la nature a donné le talent de bien écrire. Il y avoit dans cette ville, qui est proche d'ici, un jeune homme nommé Thrasile, d'une naissance illustre ; il tenoit rang entre les chevaliers, et d'ailleurs étoit extrêmement riche, mais d'une débauche outrée, passant sa vie dans les cabarets et dans les mauvais lieux ; ce qui l'avoit mis en commerce avec des scélérats et des voleurs, même le bruit couroit qu'il avoit commis plusieurs meurtres, et cela étoit vrai. Si-tôt que Carite fut en âge d'être mariée, entre les principaux qui la recherchèrent, il fut un des plus empressés, et il avoit fait tous ses efforts pour l'obtenir. Mais, quoiqu'il fût d'une naissance au-dessus de ses rivaux, et qu'il eût tâché de gagner les parens de la fille par de grands présens, ses mauvaises mœurs lui firent donner l'exclusion, et il eut la honte d'en voir un autre préféré. Cependant, quand Carite fut unie au vertueux Tlépolême (2), Thrasile nourrissant toujours son amour, à qui l'on avoit ôté toute espérance, et joignant à sa passion la rage qu'il avoit conçue du refus qu'on avoit fait de lui, il chercha les moyens d'exécuter un crime affreux. Enfin trouvant l'occasion favorable, il commence à prendre des mesures pour venir à bout du dessein qu'il méditoit depuis long-temps ; et le jour que Carite fut délivrée des cruelles mains des voleurs, par l'adresse et la valeur de son époux, il se mêle parmi ceux qui les venoient féliciter, marquant une joie extraordinaire de ce qu'ils étoient hors de danger, et de l'espérance qu'on avoit de voir dans la suite des fruits de cet heureux mariage. Il eut entrée dans la maison, et y fut reçu entre les plus considérables qui la fréquentoient, à cause de sa naissance, et dissimulant ses pernicieux desseins, il y jouoit le personnage d'un ami très-fidèle. Se rendant agréable, et se faisant aimer de plus en plus chez nous, par l'assiduité, qu'il avoit à y venir converser tous les jours, y mangeant même quelquefois, l'amour, sans qu'il s'en apperçût, le précipita peu-à-peu dans un abîme de malheurs, et cela n'est pas surprenant ; car les feux de ce Dieu cruel, étant peu de chose dans les commencemens, échauffent agréablement, mais se nourrissant dans la suite, par l'habitude de voir l'objet qui les a fait naître, ils deviennent violens et terribles, et consument ceux qui les ressentent. Thrasile cependant rêvoit depuis long-temps en lui-même comment il pourroit trouver quelque occasion favorable pour parler du moins à Carite en particulier. Il voyoit par la quantité de monde qui étoit toujours autour d'elle, que les moyens de conduire sa passion criminelle lui devenoient difficiles de plus en plus. Il considéroit encore qu'il n'étoit pas possible de rompre les liens d'un amour nouveau, et qui se fortifioit tous les jours dans le cœur de ces deux époux, et que, quand bien même Carite répondroit à ses désirs, ce qu'elle étoit bien éloignée de faire, son manque d'expérience à tromper son mari, l'empêcheroit d'en trouver l'occasion. Cependant, malgré tous ces obstacles, sa malheureuse opiniâtreté le poussoit à vouloir venir à bout d'une chose absolument impossible, comme si elle ne l'eût pas été. Les choses qui paroissent difficiles à faire, quand l'amour commence à naître, semblent aisées, lorsque le temps lui a donné de nouvelles forces. Mais voyez, je vous prie, et considérez avec attention jusqu'où la violence d'un amour insensé l'a conduit. Un jour Tlépolême, accompagné de Thrasile, alloit à la quête de quelque bête sauvage, si toutefois le chevreuil se peut nommer ainsi, Carite ne voulant point que son mari s'exposât à la chasse des animaux dangereux par leurs dents ou par leurs cornes. Les toiles étoient déjà tendues autour d'une colline couverte d'un bois très-épais, et les véneurs avoient lâché les chiens destinés à aller à la quête, et à relancer les bêtes jusques dans leur fort. Ces chiens, suivant qu'ils étoient dressés, se séparent et suivent des routes différentes. D'abord tout étoit dans le silence ; mais si-tôt qu'on eut donné le signal, l'air est rempli de cris différens et redoublés de toute la meute. Cependant aucun chevreuil, aucun daim, ni aucune biche ne sort du bois, nul de ces animaux doux et timides ne paroît, mais on voit un sanglier terrible, et d'une grandeur extraordinaire, gros, charnu, couvert de longues soies affreuses et toutes hérissées. De sa gueule écumante, il faisoit entendre le bruit de ses dents, qu'il frappoit les unes contre les autres. Le feu semble sortir de ses yeux menaçans, et, de même que la foudre, il renverse tout ce qu'il rencontre. Avec ses défenses qu'il présentoit de tous côtés, il met d'abord en pièces les chiens les plus ardens à l'attaquer ; ensuite, au premier effort qu'il fait pour forcer les toiles, il les renverse, et gagne la plaine : Et nous, saisis de frayeur, n'étant accoutumés qu'aux chasses où l'on ne court aucun danger, d'ailleurs sans armes et sans défense, nous nous cachons le mieux que nous pouvons sous d'épais feuillages ou derrière des arbres. Thrasile voyant l'occasion favorable pour exécuter la perfidie qu'il méditoit, dit artificieusement à Tlépolême : Pourquoi donc laissons-nous échapper une si bonne proie d'entre nos mains, troublés et surpris, ou plutôt effrayés comme ces misérables valets, et tremblans de peur, comme de simples femmes ? Que ne montons-nous à cheval, et que ne poursuivons-nous vivement cette bête ? Prenez cet épieu, continua-t-il, pour moi je prends cette lance. Dans le moment ils montent tous deux à cheval, et vont après le sanglier avec beaucoup d'ardeur ; mais cet animal se confiant à sa force naturelle, se retourne, leur fait tête ; et marquant sa férocité par le bruit qu'il faisoit avec ses dents, il les regarde tous deux, incertain, sur lequel il se jettera le premier. Tlépolême lui lance le javelot qu'il tenoit en sa main, et lui perce le dos. Cependant Thrasile épargnant la bête, frappe avec sa lance le cheval de Tlépolême, et lui coupe les jarrets. Ce cheval perdant son sang, et ne pouvant plus se soutenir, tombe et jette, malgré lui, son maître par terre. En même-temps le sanglier en fureur vient à la charge sur lui ; et dans cet état, lui ayant déchiré ses habits, il le déchire lui-même en plusieurs endroits avec ses défenses, pendant qu'il faisoit ses efforts pour se relever. Thrasile, cet ami généreux, n'eut aucun remords de l'action détestable qu'il avoit commencée, et, quoique sa cruauté dût être rassasiée, il ne fut point encore satisfait ; car, dans le temps que Tlépolême, tout troublé, tâchoit de couvrir ses blessures, et qu'il imploroit tendrement son secours, il lui perce la cuisse droite avec sa lance ; ce qu'il fit avec d'autant plus de hardiesse, qu'il jugea que cette plaie ressembleroit à un coup de défenses de la bête ; il ne laissa pas ensuite de percer d'outre en outre le sanglier avec assez de facilité. Après que ce jeune homme eut ainsi été tué, tous tant que nous étions de ses domestiques, nous sortîmes des lieux, où nous étions cachés, et nous accourûmes à lui fort affligés. Quoique Thrasile fût venu à bout de son dessein, et qu'il fût fort aise de s'être defait de celui qu'il regardoit comme son ennemi, il cachoit néanmoins sa joie sous un visage triste ; il ride son front, contrefait l'affligé, et embrassant avec transport ce corps qu'il avoit lui-même privé de vie, il fait toutes les démonstrations d'une violente douleur, à ses larmes près, qu'il ne put jamais faire couler. Se conformant ainsi à l'affliction véritable, que nous ressentions, il rejettoit faussement sur le sanglier le crime qu'il avoir commis lui-même. A peine cette action venoit-elle d'être exécutée, que le bruit d'un si grand malheur se répand de tous côtés, et parvient aussi-tôt dans la maison de Tlépolême, et jusqu'aux oreilles de sa malheureuse épouse. Elle ne sait pas plutôt cette nouvelle, qui étoit la plus cruelle qu'elle pût jamais apprendre, que l'esprit tout égaré, et comme une bacchante en fureur, elle se met à courir par la ville au milieu du peuple, et de-là dans les champs, faisant des cris terribles et pitoyables sur la malheureuse destinée de son mari. Les bourgeois affligés accourent par troupes, et tous ceux qui la rencontrent la suivent, mêlant leur douleur à la sienne ; enfin tout le peuple sort de la ville pour voir ce funeste spectacle. Carite arrive au lieu où étoit le corps de son époux ; le cœur et les forces lui manquent ; elle se laisse tomber sur lui, et il ne s'en fallut guères qu'elle n'expirât en cet état, et qu'elle ne lui sacrifiât une vie, qu'elle lui avoit consacrée ; mais ses parens, quoiqu'avec beaucoup de peine, l'arrachèrent de dessus ce corps privé de vie, et l'empêchèrent, malgré elle, de mourir. Cependant on porte le corps de Tlépolême au tombeau, tout le peuple accompagnant cette pompe funèbre. Alors Thrasile commença à faire des cris extraordinaires, à se battre la poitrine, et sa joie s'augmentant dans le fond de son cœur, il répandit des larmes qu'il n'avoit pu verser dans le commencement de sa feinte douleur, et cachoit la vérité de ses sentimens par plusieurs noms de tendresse qu'il donnoit à Tlépolême ; il l'appelloit d'une voix triste et lugubre, son ami, son camarade et son frère. Pendant ce temps-là, il ne laissoit pas d'avoir soin de retenir les mains de Carite, quand elle vouloit se donner des coups sur la poitrine, et de faire ses efforts pour arrêter les transports de sa douleur, et pour modérer ses cris et ses sanglots, il tâchoit même d'adoucir l'excès de son affliction par des discours affectueux qu'il entremêloit de plusieurs exemples des revers de la fortune inconstante. Au milieu de toutes ces fausses démonstrations d'une amitié généreuse, il avoit cependant attention à prendre de temps en temps les bras et les mains de Carite, qu'il touchoit avec un plaisir qui nourrissoit encore son détestable amour. Les funérailles achevées, cette jeune femme ne songe qu'à aller au plutôt rejoindre son mari, elle en recherche avec soin les moyens, et entre autres elle en choisit un, doux, tranquille, où l'on n'avoit besoin d'aucunes armes, et qui ressemble à un paisible sommeil. Pour cet effet, elle se renferme dans un lieu ténébreux, avec une forte résolution de se laisser mourir, en se négligeant absolument, et s'abstenant de toute nourriture. Mais Thrasile fait tant d'instances auprès d'elle, et lui en fait faire de si pressantes, tant par tous les amis qu'elle avoit, et par ses domestiques, que par toute sa famille, qu'il obtient enfin qu'elle prenne quelque soin de sa personne négligée, pâle et défigurée, en se mettant dans le bain, et en prenant un peu de nourriture. Carite, qui d'ailleurs avoit une grande vénération pour ses parens, faisoit, malgré elle, avec un visage un peu plus serein, ce qui étoit nécessaire pour conserver sa vie, vaincue par le respectueux devoir qui la forçoit de leur obéir. Cependant languissante et pénétrée jusqu'au fond du cœur d'une affliction et d'une tristesse profonde, elle passoit les jours et les nuits dans les regrets et dans les pleurs, et rendant des honneurs divins à l'image de son époux, qu'elle avoit fait faire sous la figure du dieu Bacchus, elle nourrissoit encore sa douleur par cette espèce de consolation.

Cependant Thrasile voulant aller trop vîte, comme un homme inconsidéré qu'il étoit, sans attendre que les larmes qu'elle répandoit eussent satisfait à son affliction, ni que le trouble de son ame fût un peu calmé, et qu'un temps considérable en eût diminué la violence, n'hésita point à lui parler de mariage, pendant qu'elle pleuroit encore son époux, qu'elle déchiroit ses habits, et qu'elle s'arrachoit les cheveux, et à lui laisser entrevoir par son imprudente poursuite le secret de son cœur et ses noirs artifices.

A ce discours, Carite indignée et saisie d'horreur, tombe sans connoissance, comme si elle eût été frappée de l'impression mortelle de quelque funeste constellation, ou d'un coup de foudre lancé par Jupiter même. Au bout de quelque temps, elle reprend peu-à-peu ses esprits, et recommence ses cris affreux et ses regrets ; et démêlant la conduite criminelle de cet homme abominable, elle remet la réponse qu'elle a à lui faire, jusqu'à ce qu'elle en ait mûrement délibéré.

Pendant ce délai, l'ombre de Tlépolême qui avoit été si cruellement massacré, interrompt son sommeil, et lui apparoît avec un visage pâle, sanglant et défiguré. Ma chère épouse, lui dit-il, si mon souvenir vous est cher encore, ne souffrez jamais que personne soit en droit de vous nommer ainsi. Mais, si le funeste accident qui m'a ôté la vie, rompt les liens de notre amour, contractez un hymen plus heureux avec qui vous voudrez, pourvu que ce ne soit point avec le sacrilège Thrasile. Rompez tout commerce avec lui; ne souffrez plus qu'il mange avec vous, gardez-vous bien de le recevoir dans votre lit. Fuyez la main de mon meurtrier, encore teinte de mon sang, et ne commencez point vos nôces par un parricide (3). Ces plaies que vous voyez, que vous avez lavées de vos larmes, n'ont pas toutes été faites par les dents du sanglier ; c'est la lance du perfide Thrasile qui m'a séparé de vous. Ensuite il lui révéla toutes les circonstances et la manière dont ce crime avoit été exécuté. Carite avoit l'esprit si accablé de tristesse, lorsqu'elle s'étoit mise au lit, et qu'elle s'étoit endormie, que ses larmes ne laissoient pas de couler, et de mouiller ses belles joues pendant son sommeil. Cette vision l'ayant éveillée, comme un coup de foudre, elle s'abandonne à la violence de son affliction, pousse des cris douloureux, déchire ses vêtemens, et avec ses cruelles mains, se meurtrit entièrement les bras qu'elle avoit si beaux. Néanmoins, sans communiquer à personne l'apparition de son époux, sans faire semblant d'avoir aucune connoissance des circonstances de sa mort, elle prénd la résolution de punir son cruel meurtrier, et de se délivrer ensuite d'une vie, qui lui étoit insupportable. Cependant cet odieux et téméraire amant vient de rechef la fatiguer par les propositions d'un mariage, dont elle étoit bien éloignée ; mais Carite le refusant avec honnêteté, et dissimulant son dessein avec une adresse merveilleuse, répond ainsi à ses prières et à ses empressemens. L'agréable image de mon cher époux (4), que vous regardiez comme votre frère, est encore présente à mes yeux ; l'aimable Tlépolême vit encore dans mon cœur. Ne refusez donc pas d'accorder à sa veuve infortunée le temps qu'il faut pour porter le deuil de sa mort (5), et souffrez que le reste de l'année, destinée à ce devoir légitime, soit écoulé ; ce que je vous demande ne regarde pas seulement la bienséance par rapport à moi, cela regarde aussi votre sûreté, par la crainte que j'ai, qu'en précipitant trop notre hyménée, nous n'irritions avec raison l'ombre terrible de mon époux, et qu'elle n'attente sur vos jours. L'empressement de Thrasile ne put être modéré par cette considération, ni même par la joie qu'il devoit avoir de la promesse qu'elle lui faisoit de l'épouser au bout de quelque temps. Au contraire, il ne cessa point de la persécuter très-souvent par une infinité de discours pressans, tant qu'enfin Carite feignant de se rendre : il faut du moins, lui dit-elle, Thrasile, que vous m'accordiez une prière, que je vous fais avec la dernière instance, qui est que nous vivions secrètement ensemble, comme si nous étions mariés, et sans qu'aucun de nos domestiques s'en apperçoive, jusqu'à ce que le temps qui reste pour finir l'année de mon deuil soit expiré. Thrasile, vaincu par cette trompeuse promesse, se rendit, et consentit avec joie au commerce secret qu'elle lui proposoit. Il souhaitoit avec passion que la nuit fût bientôt de retour, préférant la possession de Carite à toutes les choses du monde. Mais au moins, lui dit-elle, venez bien enveloppé d'un manteau sans aucune suite, et dans le commencement de la nuit, approchez-vous de ma maison sans faire le moindre bruit. Donnez seulement un coup de sifflet, et attendez ma nourrice qui sera au guet derrière la porte, elle vous ouvrira et vous conduira, sans lumière, dans ma chambre. Thrasile ne se défiant de rien, approuva l'appareil de ces funestes nôces ; il étoit seulement fâché d'être obligé d'attendre le retour de la nuit ; et se plaignoit que le jour duroit trop long-temps. Enfin si-tôt que la lumière eut fait place aux ténèbres, cet homme, séduit par une douce espérance, s'enveloppa dans un manteau, comme l'avoit exigé Carite, et fut conduit dans la chambre où elle couchoit par l'artificieuse nourrice, qui l'avoit attendu à la porte de la rue. Alors cette vieille lui faisant beaucoup d'amitiés, suivant l'ordre qu'elle en avoit reçu de sa maîtresse, apporta, sans faire de bruit, des verres, avec un grand vase plein de vin, où l'on avoit mêlé une drogue assoupissante, et lui faisant croire que Carite étoit auprès de son père qui étoit malade, et que c'étoit ce qui l'empêchoit de le venir trouver si-tôt, à force de verres de vin qu'elle lui présenta, qu'il buvoit avec plaisir et sans aucune défiance, elle l'ensevelit dans un profond sommeil. Si-tôt que Thrasile fut en cet état étendu de son long, et exposé à tous les outrages qu'on voudroit lui faire, Carite, que la nourrice avoit été avertir, entre dans la chambre, animée d'un courage au-dessus de son sexe, et s'approche avec empressement du meurtrier de son mari, en frémissant de fureur. Voilà, dit-elle, ce fidèle compagnon de mon époux ; voilà cet illustre chasseur ; voilà ce cher mari : c'est cette main qui a versé mon sang ; c'est dans ce cœur que se sont formés tant de pernicieux desseins : ce sont-là les yeux à qui j'ai plu pour mon malheur, qui sont obscurcis de ténèbres par avance, comme s'ils avoient prévu qu'ils vont être pour jamais privés de la lumière, et qu'ils eussent prévenu leur supplice. Dors tranquillement, perfide, et jouis des rêves agréables dont tu es flatté présentement : je ne te frapperai point avec une épée, ni avec aucune autre arme ; aux Dieux ne plaise que je veuille t'égaler à mon mari, par un genre de mort pareil au sien. Tes yeux mourront pendant ta vie, et tu ne verras plus jamais rien qu'en songe. Je vais faire en sorte que la mort de ton ennemi te semblera préférable à ta vie ; tu ne verras plus la lumière ; il te faudra un guide pour te conduire ; tu ne posséderas point Carite ; tu n'auras point le plaisir d'être son époux ; tu ne jouiras point du repos que la mort procure, et tu seras privé des plaisirs qu'on goûte pendant la vie. Mais, comme un fantôme qui n'est ni mort ni vivant, tu seras errant sur la terre entre les ténèbres de l'enfer, et la lumière du soleil ; tu chercheras long-temps la main qui t'aura plongé dans les ténèbres, et ce qu'il y aura de plus cruel pour toi dans ton malheur, tu ne sauras de qui tu auras le plus à te plaindre de toi ou de moi. J'arroserai le tombeau de mon cher Tlépolême du sang qui sortira de tes yeux, que je sacrifierai à ses manes sacrés. Mais, pourquoi faut-il que ton juste supplice soit différé de quelques momens par mon retardement ? peut-être même que tu rêves présentement que tu me tiens dans tes bras, lorsque les miens te vont être si funestes. Quitte des ténèbres que cause le sommeil, éveille-toi pour entrer dans une autre nuit affreuse et cruelle, élève ton visage privé de la lumière, reconnois ma vengeance, conçois ton infortune, et repasse dans ton esprit tous les malheurs où tu es livré. C'est en cet état seul que tes yeux ont pu plaire à une femme vertueuse ; c'est ainsi que les torches nuptiales éclaireront ton hymenée ; les furies vengeresses en conduiront l'appareil, l'aveuglement t'accompagnera, et les remords de ta conscience ne te laisseront jamais en repos. Après que Carite lui eut ainsi prédit ce qui lui alloit arriver, elle prend son aiguille de tête, qu'elle lui enfonce plusieurs fois dans les yeux ; et le laissant ainsi aveuglé, pendant que la douleur qu'il ressent, et dont il ignore la cause, dissipe son sommeil, et les vapeurs du vin qu'il avoit bu, elle se saisit de l'épée que Tlépolême avoit coutume de porter, qu'elle tire du fourreau, passe au travers de la ville, et va droit au tombeau de son époux, comme une personne en fureur, qui médite quelque chose de terrible. Tous tant que nous étions de ses domestiques, nous courons après elle, ainsi que tout le peuple de la ville, nous exhortant les uns et les autres à lui arracher ce fer d'entre les mains ; mais si-tôt qu'elle fut proche du cercueil de Tlépolême, elle écarte tout le monde avec la pointe de son épée ; et voyant que chacun versoit des larmes, et faisoit des cris douloureux : Cessez, dit-elle, ces pleurs qui redoublent ma peine ; bannissez cette douleur, qui ne convient point à mon courage. Je suis vengée du cruel meurtrier de mon époux, j'ai puni le scélérat qui a rompu les liens de mon mariage : il est temps que ce fer m'ouvre le chemin des enfers pour aller rejoindre mon cher Tlépolême. Ensuite ayant conté par ordre tout ce que son mari lui avoit révélé en songe, et l'artifice dont elle s'étoit servie pour venir à bout de Thrasile, elle se plonge son épée dans le sein, et tombe baignée dans son sang, et après s'être agitée quelques instans, en proférant des mots interrompus, et qu'on ne pouvoit entendre, elle rend son ame généreuse. Aussi-tôt les amis de l'infortunée Carite ont pris son corps, et après l'avoir lavé avec beaucoup de soin (6), ils l'ont enfermé dans le même tombeau avec Tlépolême, et l'ont réunie pour jamais à son cher époux. Thrasile ayant appris tout ce qui venoit de se passer, n'a pas cru qu'il se pût donner une mort digne des malheurs qu'il avoit causés, et sachant qu'une épée ne suffisoit pas pour expier des crimes aussi grands que les siens, il s'est fait conduire au tombeau des deux époux, où après avoir répété plusieurs fois : Ombres que j'ai persécutées, voici votre victime qui vient d'elle-même s'offrir à vous ; il a fermé soigneusement la porte du sépulcre sur lui, résolu de se laisser mourir de faim (7), suivant l'arrêt qu'il en avoit déjà prononcé contre lui-même. Voilà ce que ce domestique de Carite racontoit avec beaucoup de larmes et de soupirs à ces pâtres qui en étoient extrêmement touchés. Alors ces valets craignant la domination d'un nouveau maître, et déplorant les malheurs de celui qu'ils venoient de perdre, et de toute sa maison, résolurent de s'enfuir. Le maître des haras, ce même homme qu'on avoit chargé d'avoir soin de moi, et à qui l'on m'avoit tant recommandé, pilla ce qu'il y avoit de plus précieux dans cette petite maison, qu'il gardoit dans un lieu bien fermé, dont il me chargea, ainsi que les autres bêtes de voiture ; et nous faisant partir, il quitta son ancienne habitation. Nous portions des enfans, des femmes, des poulets, des oies, des chevreaux et des petits chiens ; enfin tout ce qui, ne pouvant nous suivre assez vîte, auroit pu retarder notre fuite ; et quoique mon fardeau fût extrêmement pesant, je n'avois aucune peine à le porter, par la joie que je ressentois de fuir l'abominable paysan, qui vouloit me faire cette fâcheuse opération. Après que nous fûmes montés au haut d'une montagne fort élevée, couverte d'une forêt, et que nous fûmes descendus de l'autre côté dans la plaine, le jour commençant extrêmement à baisser, nous arrivâmes à un bourg fort riche et bien peuplé, dont les habitans nous avertirent de ne point marcher pendant la nuit, ni même le matin, à cause, disoient-ils, d'une quantité de loups furieux, et d'une grandeur extraordinaire, qui désoloient tout le pays, qui assiégeoient même les chemins, et qui attaquoient les passans, comme auroient pu faire des voleurs. Bien plus,que poussés quelquefois par une faim enragée, ils se jettoient jusques dans les métairies du voisinage, et que les hommes même n'étoient plus en sûreté contre la fureur de ces bêtes qui n'attaquoient auparavant que les animaux les plus timides. Ils ajoutoient encore que nous trouverions dans le chemin, par où nous étions obligés de passer, des cadavres d'hommes à moitié dévorés, et quantité d'ossemens dépouillés de leur chair. Qu'ainsi nous ne devions nous mettre en chemin, qu'avec beaucoup de précaution, et que pour nous garantir des périls qui nous menaçoient de tous côtés, il ne falloit pas marcher dans ces lieux dangereux, écartés les uns des autres, mais tous rassemblés en un peloton, et seulement quand il fait grand jour, et que le soleil brille beaucoup, parce que la lumière ralentit la fureur de ces cruels animaux. Mais ces maudits fugitifs qui nous emmenoient méprisant cet avertissement salutaire, et sans attendre même qu'il fût jour, nous firent partir, chargés comme nous étions, environ à minuit, par un empressement téméraire, et par l'inquiétude qu'ils avoient qu'on ne les poursuivît. Comme j'étois bien informé du danger où nous étions exposés, pour me mettre en sûreté contre les attaques de ces loups, je me fourrai le mieux que je pus au milieu des autres bêtes de charge qu'on faisoit marcher serrées, et nos conducteurs étoient fort surpris de me voir aller plus vite que les chevaux. Mais la diligence que je faisois, étoit moins un effet de ma vigueur, que de la peur dont j'étois saisi, et je pensois en moi-même que ce n'étoit autre chose que la peur qui avoit donné tant de vîtesse au fameux cheval Pégase, et que ce qui avoit fait dire qu'il avoit des ailes, ce fut le saut que la crainte d'être mordu par la chimère qui vomissoit du feu, lui fit faire jusqu'au ciel. Cependant ces pâtres qui nous emmenoient, s'étoient préparés comme pour un combat. Ils étoient armés de lances, d'épieux, de javelots ou de bâtons. Il y en avoit même quelques-uns qui avoient fait provision de pierres qu'ils trouvoient abondamment dans le chemin, et d'autres qui tenoient des perches pointues par le bout. Avec cela, ils portoient la plupart des torches allumées, pour épouvanter les bêtes féroces, et rien ne manquoit à cette troupe qu'une trompette pour ressembler à un petit corps d'armée prêt à donner combat. Mais, après avoir eu une terreur inutile, nous tombâmes dans un péril beaucoup plus grand que celui que nous avions craint ; car aucun loup ne vint nous attaquer, soit qu'ils eussent été épouvantés par le bruit que faisoit ce grand nombre de jeunes gens, qui marchoient ensemble, ou par les flambeaux allumés qu'ils portoient, soit qu'ils fussent allés d'un autre côté chercher leur proie, enfin l'on n'en vit pas un seul. Mais les paysans d'un village, par où nous vînmes à passer, prenant notre troupe pour des voleurs, furent saisis d'une grande frayeur, et songeant à leur propre sûreté, ils excitèrent contre nous par toutes sortes de cris, des chiens d'une grandeur terrible, qu'ils nourrissoient exprès pour leur défense, et qui étoient plus furieux et plus cruels que quelques loups et quelques ours que ce pût être. Ces dogues, outre leur férocité naturelle, étant animés par la voix et les clameurs de leurs maîtres, accourent sur nous de tous côtés, se jettent sur les hommes et sur les chevaux indifféremment ; et après s'être acharnés long-temps sur les uns et sur les autres, ils en renversèrent plusieurs par terre. Certainement c'étoit un spectacle bien surprenant, mais encore plus pitoyable de voir ce grand nombre de chiens en fureur, les uns se jetter sur ceux qui s'enfuyoient, les autres s'acharner contre ceux qui tenoient pied ferme, d'autres passer par-dessus le corps de ceux qui étoient par terre, et courir à travers de notre troupe, mordant tout ce qu'ils rencontroient. A ce grand péril qui nous pressoit, il s'en joignoit un autre encore plus terrible ; car ces paysans, du haut des toits de leurs maisons, et d'une petite colline qui étoit proche du village, firent voler sur nous une grêle de pierres, de manière que nous ne savions duquel des deux nous devions plutôt songer à nous garantir, ou des chiens qui nous attaquoient de près, ou des pierres, dont nous étions assaillis de loin. Il y en eut une qui blessa à la tête une femme que je portois. La douleur de ce coup lui fit faire aussi tôt des cris et des lamentations pitoyables, appellant à son secours son mari, qui étoit le chef de notre troupe. Cet homme essuyant le sang qui sortoit de la blessure, que sa femme venoit de recevoir, crioit de toute sa force aux paysans, en attestant les Dieux : Pourquoi, leur disoit-il, attaquez-vous avec tant de fureur de pauvres passans fatigués du voyage, et pourquoi nous accablez-vous ainsi ? avez-vous peur que nous ne vous volions ? quel est le tort que nous vous avons fait, dont vous vous vengez si cruellement ? encore n'habitez-vous pas dans des cavernes, comme des bêtes féroces, ou dans des rochers, comme des sauvages, pour vous faire un plaisir de répandre ainsi le sang humain. A peine eut-il achevé de parler, que cette grêle de cailloux cessa, et que les chiens rappellés par leurs maîtres s'appaisèrent. Enfin un des paysans qui étoit monté sur le haut d'un ciprès, prit la parole : Pour nous, dit-il, ce que nous en faisons n'est point dans l'envie de vous voler, ni de profiter de vos dépouilles ; mais nous nous sommes mis en devoir de nous garantir d'un pareil accident, que nous craignions de votre part. Au reste, vous pouvez présentement passer votre chemin en paix et en toute sûreté. A ces mots, nous continuâmes notre route, fort maltraités et blessés en différens endroits, les uns par les coups de pierre, les autres par les chiens, sans qu'aucun en eût été exempt.

Après avoir marché quelque temps, nous arrivâmes dans un bois agréable, couvert d'arbres fort élevés. Nos conducteurs jugèrent à propos de s'y arrêter pour manger et pour panser, le mieux qu'ils pourroient, les plaies qu'ils avoient en plusieurs endroits de leur corps. S'étant donc tous mis par terre de côté et d'autre, ils travaillèrent d'abord à reprendre des forces par la nourriture ; ensuite ils se hâtèrent de faire quelques remèdes à leurs blessures ; les uns les lavoient au bord d'un ruisseau qui couloit près de là ; les autres appliquoient des éponges mouillées sur leurs contusions, et d'autres bandoient leurs plaies avec du linge. Ainsi chacun faisoit de son mieux pour se raccommoder. Pendant ce temps-là, un vieillard les regardoit faire du haut d'une colline qui étoit proche ; des chèvres qui paissoient autour de lui, faisoient assez connoître que c'étoit un berger. Un des nôtres lui demanda, s'il n'avoit point de lait à vendre, ou du fromage mou ; mais ce vieillard branlant plusieurs fois la tête : Eh quoi, lui répondit-il, vous songez à boire et à manger ! ignorez-vous en quel lieu vous êtes. Après ces mots, il fit marcher son troupeau, et se retira fort loin. Le discours de ce berger, et sa fuite, allarmérent extrêmement nos gens, et pendant que tous effrayés, ils cherchoient à apprendre en quel endroit ils étoient, sans trouver personne qui pût les en instruire, ils apperçurent du côté du chemin un autre grand vieillard, accablé sous le poids des années, et ne marchant qu'avec peine tout courbé sur un bâton. Il s'approcha d'eux en pleurant à chaudes larmes. Après qu'il les eut regardés, il se jetta à leurs pieds ; et leur embrassant les genoux aux uns et aux autres : Puissiez-vous, leur dit-il, toujours en joie et en santé, parvenir à un âge aussi avancé que le mien ; mais je vous conjure par ce que vous avez de plus cher au monde, et par vous-même (8) de secourir un vieillard qui perd l'espoir de sa famille. Retirez des bras de la mort un jeune enfant qui m'appartient, et le rendez à ma vieillesse ; c'est mon petit-fils, et le cher compagnon de mon voyage. Il s'est par hasard détourné pour tâcher de prendre un moineau qui chantoit dans ce buisson, et il est tombé dans une fosse ici près, qui étoit cachée par des feuillages et de petits arbres. Il est près de mourir ; j'entens bien aux cris et aux plaintes qu'il fait, en m'appelant à son secours, qu'il est encore en vie ; mais n'ayant plus aucune force, comme vous le voyez, il m'est impossible de le secourir, et il vous sera facile à vous, qui êtes jeunes et vigoureux, d'assister un vieillard malheureux, et de lui conserver cet enfant, qui est son unique successeur, et le seul de sa famille. Les prières et les larmes de ce vieillard, qui s'arrachoit ses cheveux blancs, nous touchèrent tous de compassion. Un de nos bergers, plus hardi, plus jeune et plus fort que les autres, et le seul qui n'avoit point été blessé dans la malheureuse avanture qui venoit de leur arriver, se lève délibérément, et s'étant informé du lieu où l'enfant étoit tombé, il accompagna gaiement le vieillard qui lui montroit du doigt d'horribles buissons d'épines, qui n'étoient pas fort loin. Cependant, après qu'on nous eut fait repaître, et que nos bergers eurent achevé de manger et panser leurs blessures, chacun d'eux, plia bagage, et se remit en chemin après avoir appellé par son nom, plusieurs fois, celui qui étoit allé avec ce vieillard. Enfin, inquiets de ce qu'il tardoit si long-temps, ils l'envoyèrent chercher par un autre, pour l'avertir qu'il étoit temps de partir, et le remener avec lui. Ce dernier revint au bout de fort peu de temps, et tout tremblant et pâle comme la mort, il leur conta des choses étonnantes touchant leur camarade. Il leur dit qu'il l'avoit vu renversé sur le dos, à moitié mangé, proche d'un dragon d'une grandeur prodigieuse, qui achevoit de le dévorer, et que, pour le malheureux vieillard, il ne paroissoit en aucun endroit. Nos gens se hâtèrent de quitter ces lieux dangereux, cette nouvelle ayant du rapport avec le discours que leur avoit tenu le berger, qu'ils avoient vu sur le haut de la colline qui, sans doute, leur avoit voulu faire entendre, qu'il n'y avoit que ce dragon qui habitât le canton où ils étoient. Ils s'en éloignèrent donc fort vîte, en nous faisant doubler le pas à coups de bâton. Après avoir marché long-temps et d'une grande diligence, nous arrivâmes dans un bourg, où nous passâmes la nuit à nous reposer, et où j'appris une avanture bien extraordinaire, qu'il faut que je vous conte. Il y avoit un esclave à qui son maître avoit donné la conduite de toutes ses affaires, et qui faisoit valoir une grande métairie, où nous étions logés. Il avoit épousé une des esclaves qui servoient avec lui ; cependant il étoit devenu passionnément amoureux d'une femme de condition libre, qui n'étoit pas de la maison. Sa femme au désespoir de ce commerce, brûla tous lespapiers et les registres de son mari, et même tout ce qui étoit serré dans son magasin. Non contente de s'être ainsi vengée du mépris qu'il avoit fait d'elle, s'armant contre elle-même et contre son propre sang, elle attache une corde autour d'elle, à laquelle elle lie un enfant qu'elle avoit eu de son mariage, et se précipite avec lui dans un puits très-profond. Le maître extrêmement fâché de leur mort, prit l'esclave qui, par ses débauches, avoit été la cause d'une action si terrible, et l'ayant fait dépouiller tout nud, et frotter avec du miel, depuis les pieds jusqu'à la tête, il l'attacha avec de bonnes cordes à un figuier, dont le tronc pourri étoit plein d'une quantité prodigieuse de fourmis, qu'on voyoit aller et venir continuellement. Si-tôt qu'elles eurent senti l'odeur du miel, dont le corps de ce malheureux étoit frotté, elles s'attachèrent contre sa peau, et, par un nombre infini de petites morsures, mais fréquentes et continuelles, elles lui rongèrent peu à peu la chair et les entrailles, et après qu'il eut long-temps souffert un supplice si cruel, ses os furent enfin dépouillés entièrement, de manière qu'on les voyoit encore fort secs et fort blancs, attachés à cet arbre funeste. Nous quittâmes cette maudite maison, et nous nous remîmes en chemin, laissant les habitans de ce bourg encore très-affligés de ces malheurs. Après que nous eûmes marché tout le jour dans un pays plat, nous arrivâmes bien fatigués dans une ville fort belle et fort peuplée. Nos bergers résolurent de s'y arrêter et de s'y établir pour toujours, tant à cause que ce lieu leur paroissoit fort propre pour se cacher de ceux qui viendroient de loin exprès pour les rechercher, que parce que les vivres y étoient en abondance. On nous mena au marché tout ce que nous étions de chevaux et d'ânes, après nous avoir laissés trois jours à l'écurie pour nous refaire, et pour être mieux vendus. Quand le crieur eut déclaré à haute voix le prix de chacun de nous, tout fut acheté par de riches marchands, hors moi qui restai, la plupart de ceux qui venoient me regarder, ne s'y arrêtant point, et me laissant-là avec mépris. Ennuyé de toutes les perquisitions qu'on faisoit de mon âge, en me touchant les dents, je pris la main sale et mal propre d'un homme qui venoit souvent la fourrer dans ma bouche, et me gratter les gencives avec ces vilains doigts, et je la lui écrasai entre mes dents, ce qui fit que personne n'eut plus envie de m'acheter, comme étant un animal trop farouche. Alors le crieur public se rompant la tête à force de clabauder, faisoit cent mauvaises plaisanteries sur moi, avec sa voix enrouée. Jusqu'à quand, disoit-il, exposerons nous inutilement en vente cette vieille et misérable rosse, dont les jambes sont ruinées, qui est d'un vilain poil, outre cela, qu'il est furieux au milieu de sa paresse et de sa stupidité, et dont la peau n'est plus bonne qu'a faire un crible ? Que n'en faisons-nous un présent, s'il se trouve quelqu'un qui en veuille, et qui ne se soucie pas de perdre son foin. Par ces sortes de discours, ce crieur faisoit rire le peuple qui étoit autour de lui. Mais ma mauvaise fortune, qu'il m'avoit été impossible d'éviter, en quelqu'endroit que j'eusse été, ni de fléchir par tout ce que j'avois souffert, vint encore me regarder de travers, en me trouvant, par un hasard extraordinaire, un acheteur, tel qu'il le falloit pour faire durer mes malheurs. C'étoit un vieux eunuque chauve, à qui il pendoit encore quelques cheveux gris et crépus, l'un de ces misérables, qui font demander l'aumône à la déesse de Syrie (9) la portant par les chemins, et dans les villes, au son de quelques instrumens. Cet homme ayant fort grande envie de m'acheter, s'informe au crieur de quel pays j'étois. Celui-ci lui répond, que j'étois de Cappadoce (10), et d'une assez bonne force. L'autre lui demanda ensuite quel âge j'avois ; certain astrologue qui a fait son horoscope, répond le crieur en raillant, nous a assuré qu'il avoit cinq ans ; mais cet animal le peut savoir lui-même mieux que personne, par la déclaration de sa naissance, que ses parens ont faite au greffe public. Et quoique je me rende coupable des peines portées par la loi Cornélia (11), si de dessein prémédité je vous vends un citoyen Romain pour un esclave, ne laissez pas d'acheter sur ma parole ce bon serviteur, il vous rendra beaucoup de services utiles, tant aux champs qu'à la maison. Ce vilain homme qui me matchandoit, continua de lui faire un grand nombre de questions tout de suite, et lui demanda pour conclusion si j'étois bien doux : Ce n'est pas un âne, que vous voyez-là, lui répond le crieur, c'est un mouton prêt à faire tout ce qu'on veut, qui jamais ne mord, ni ne rue, et tel enfin qu'il semble qu'un homme modeste et paisible soit caché sous sa peau ; ce qui n'est pas difficile à connoître, et vous en ferez l'expérience aisément : vous n'avez qu'à mettre votre tête entre ses cuisses, et vous verrez quelle grande patience il vous montrera. Ainsi le crieur se moquoit de ce vieux débauché ; mais lui s'appercevant de la raillerie : Que la toute-puissante déesse Syrienne (12), mère de la nature, s'écria-t-il en colère, que le dieu Bacchus (13), que Bellone, que Cibelle et Vénus avec son Adonis, te puissent rendre aveugle, sourd et muet, maudit crieur qui te moques de moi depuis si long-temps ! Crois-tu, extravagant que tu es, continua-t-il, que j'aille exposer la déesse sur un âne vicieux et féroce, qui ne manqueroit pas de la jetter d'abord par terre et de la briser, et moi, malheureux, je serois obligé de courir de tous côtés les cheveux épars, et de chercher quelqu'un pour la raccommoder. Quand je l'entendis parler de la sorte, il me vint en pensée de me mettre à sauter tout d'un coup comme un furieux, afin de lui faire perdre l'envie de m'acheter. Mais cet homme empressé de m'avoir, prévint mon dessein, ayant compté dans le moment dix-sept deniers à mon maître, qui les reçut avec plaisir, dont j'étois bien fâché. En même-temps, attaché, comme j'étois, d'un licou de jonc, il me livre à Philèbe, c'étoit le nom de mon nouveau maître, qui me prend et m'emmène aussi-tôt à son logis. En entrant dans la maison : Jeunes filles, s'écria-t-il, je vous ai acheté un beau serviteur que je vous amène. Au reste, ce qu'il appelloit des filles n'étoit autre chose qu'une troupe d'eunuques qui firent tout d'un coup éclater une joie extraordinaire, en élevant leurs voix cassées, rauques et efféminées, s'imaginant, sans doute, que c'étoit quelque esclave propre à leur rendre de bons services. Mais d'abord qu'ils virent la supposition, non d'une biche à la place d'une fille (14), mais d'un âne au lieu d'un homme, ils se renfrognèrent le visage et firent cent railleries à leur maître (15), ensuite ils m'attachèrent au ratelier. Il y avoit parmi eux un jeune homme robuste (16) et bien taillé, qui jouoit parfaitement du hautbois, qu'ils avoient acheté au lieu, où l'on expose les esclaves en vente, de l'argent qu'ils avoient amassé de côté et d'autre ; ils le faisoient marcher jouant de son instrument, et ils s'en servoient dans la maison pour d'autres usages. D'abord qu'il m'eut apperçu, il m'apporta abondamment de quoi manger : Enfin, disoit-il avec un transport de joie, te voilà venu pour me seconder dans mes pénibles travaux ; puisses-tu vivre long-temps ! plaire à tes maîtres, et me donner le moyen de réparer mes forces. L'entendant parler de la sorte, je rêvois en moi-même aux nouvelles fatigues, où j'allois être exposé. Le lendemain ils sortirent tous habillés de couleurs différentes, ajustés d'une manière hideuse et ridicule, ayant le visage barbouillé avec de la boue, les paupières peintes, des espèces de mitres sur la tête, et des robes, les unes de lin, les autres de soie, et d'autres, couleur de safran ; quelques-uns en avoient de blanches, avec de petites raies, couleur de pourpre ; tous avec des ceintures autour du corps et des souliers jaunes. Ils me donnèrent la Déesse à porter, couverte d'un voile de soie, et tenant dans leurs mains de grands couteaux et des haches ; après s'être dépouillés les bras jusqu'aux épaules, ils se mettent aux champs en dansant, et sautant au son de la flûte, comme font les Bacchantes dans leurs plus grands transports. Après avoir passé devant quelques méchantes cabanes, ils arrivèrent à la maison de campagne d'un homme fort riche, faisant des cris et des hurlemens dès le pas de la porte ; ils y entrèrent comme des furieux (17) : si-tôt qu'ils y furent, ils se mirent à pancher la tête de tous côtés, tournant le cou de différentes manières, faisant aussi voler leurs cheveux épars en rond, et se mordant les bras de temps en temps, que chacun d'eux se taillada ensuite (18) avec son couteau à deux tranchans. Il y en eut un qui parut encore plus transporté que les autres ; il faisoit semblant d'avoir l'esprit absolument égaré, et par de grands soupirs qu'il tiroit du fond de son estomac, il vouloit persuader qu'il étoit plein de quelque divinité ; comme si la présence des Dieux n'étoit pas ordinairement avantageuse aux hommes, et qu'elle leur fût funeste, en les rendant plus foibles ou malades. Mais vous allez voir de quelle manière la providence les récompensa. Il commença par déclarer faussement qu'il étoit coupable, et à s'accuser à haute voix, d'un ton de prophète, qu'il avoit commis quelque faute contre les loix de la sainte religion. Ensuite il demanda à ses mains, qu'elles eussent à le punir, et à lui faire souffrir le supplice que son crime méritoit. En même-temps il prit un de ses fouets, que ces hommes efféminés portent ordinairement, qui est composé de plusieurs longues cordes de laine, où sont enfilés quantité de petits os de mouton, de figure quarrée, dont il se donna mille coups, et se déchira toute la peau, supportant sa douleur avec une fermeté admirable. Vous auriez vu la terre toute teinte du sang que ces infâmes s'étoient tiré en se talladant avec leurs couteaux, et se frappant avec leurs fouets, ce qui me causoit une inquiétude qui n'étoit pas médiocre. Voyant ce sang qui sortoit de tant de plaies, et en si grande abondance, je craignois que l'estomac de cette Déesse étrangère n'eût envie du sang d'un âne, comme l'estomac de certains hommes demande du lait d'ânesse.

Quand ils furent las, ou du moins qu'ils crurent s'être assez déchiquetés les membres, ils mirent fin à cette boucherie. Alors quantité de gens, à l'envie les uns des autres, leur offrant des pièces de monnoie de cuivre et même d'argent, ils tendirent leurs robes pour les recevoir. On leur donna, outre cela, un baril de vin, du lait, des fromages et quelque farine d'orge et de froment ; quelques-uns donnèrent aussi de l'orge pour l'âne qui portoit la Déesse. Ils ramassèrent toutes ces choses dans des sacs faits exprès pour ces sortes de quêtes, et me les chargèrent sur le corps ; de manière que, portant tout-à-la-fois leurs provisions et l'image de la Déesse, je leur servois en même-temps de temple et de magasin. C'est ainsi qu'allant de côté et d'autre, ils faisoient contribuer tout le pays. Un jour qu'ils étoient de bonne humeur, parce qu'ils avoient fait une quête plus abondante qu'à l'ordinaire, ils se disposèrent à se bien régaler, et à se réjouir dans un certain château. Ils demandent d'abord un mouton gras au fermier d'une métairie, après lui avoir dit sa bonne avanture, pour immoler, disoient-ils, à la déesse Syrienne qui avoit une fort grande faim, et ayant fait tous les apprêts du repas, ils vont aux bains. Au retour, ils amènent souper avec eux un paysan d'une taille et d'une force extraordinaire (19). A peine eurent-ils mangé de quelques légumes, qu'ils commencent à exercer leurs Je ne pus supporter la vue de ces crimes affreux, et je voulus m'écrier : O citoyens ! mais il me fut impossible de prononcer autre chose que la première syllabe, O, d'une voix, à la vérité, claire, forte et convenable à un âne, mais fort mal à propos dans ce moment-là ; car plusieurs jeunes gens du bourg prochain, qui cherchoient un âne qu'on leur avait volé la nuit, et qui alloient avec soin dans toutes les hôtelleries voir s'ils ne le trouveroient point, m'ayant entendu braire dans cette maison, et croyant que ce fût leur âne qu'on y avoit caché, y entrèrent avec précipitation à l'heure qu'on y pensoit le moins, dans le dessein de reprendre leur bien, et surprirent ces infâmes au milieu de leurs débordemens. Ces jeunes gens appellent aussi-tôt tous les voisins, et leur font part de cet horrible spectacle, donnant des louanges, en raillant, à la sainte chasteté de ces prêtres. Eux, consternés et fort affligés d'une si cruelle avanture, dont le bruit se répandoit déjà parmi le peuple, et qui les rendoit odieux et exécrables à tout le monde, ramassent tout ce qu'ils avoient, et sortent secrètement du château, environ à minuit. Après avoir fait un chemin assez considérable, avant le lever du soleil ; et s'étant trouvés au grand jour en des lieux écartés et déserts, ils raisonnent beaucoup entre eux, et se disposent à me faire mourir. Ils ôtent la Déesse de dessus mon dos, et l'ayant posée à terre, ils me dépouillent de mon harnois, m'attachent à un chêne, et me donnent tant de coups de ce fouet armé d'os de moutons, qu'ils me mettent à deux doigts de la mort. Il y en avoit un qui vouloit à toute forcé me couper les jarrets avec sa hache, parce que j'avois scandalisé si honteusement une chasteté aussi pure que la sienne. Mais les autres furent d'avis qu'on me laissât la vie, non par aucune considération pour moi, mais à cause de la Déesse qui étoit par terre. Ils me remettent donc ma charge sur le corps, et me faisant marcher à coups de plat d'épée, ils arrivent dans une grande ville. Un de ses plus considérables habitans, qui entendit le son des cymbales, le bruit des tambours, et les doux accens de la musique phrygienne (20), vint aussi-tôt au-devant de nous. C'étoit un homme fort religieux, et qui révéroit extrêmement les Dieux. Il reçut la Déesse dans sa maison, et nous logea tous dans des appartemens fort grands et fort spacieux. Il faisoit tous ses efforts pour se rendre cette divinité favorable par ses profonds respects, et par des sacrifices. Il me souvient que je fus en ce lieu-là dans un grand danger de perdre la vie. Certain homme de la campagne avait fait présent à notre hôte qui étoit son seigneur, de la cuisse d'un cerf, fort gras et fort grand, qu'il avoit tué à la chasse : on l'avoit pendu négligemment assez bas derrière la porte de la cuisine ; un chien de chasse s'étoit jetté dessus, et s'étoit sauvé avec sa proie. Quand le cuisinier se fut apperçu du malheur qui venoit de lui arriver, après s'être blâmé lui-même de sa négligence, s'être fort affligé, et avoir long-temps versé des larmes inutiles par la crainte que son maître qui devoit bientôt demander à souper, ne le châtiât rigoureusement, il prend une corde pour s'étrangler, ayant auparavant tendrement embrassé un petit enfant, qu'il avoit, pour lui dire adieu. Mais sa femme qui l'aimoit beaucoup, apprit bientôt l'accident qui venoit de lui arriver. Elle accourut à lui, et saisissant de toute sa force, avec ses deux mains, la funeste corde qu'il tenoit : Quoi, lui dit-elle, faut-il que la frayeur que ce malheur vous cause, vous fasse perdre l'esprit, et que vous n'y voyiez pas un remède que vous offre heureusement la providence des Dieux. S'il vous reste donc encore quelque raison dans cette extrémité, écoutez-moi avec attention. Conduisez l'Ane qu'on a amené ici, dans quelque endroit éloigné, et l'égorgez ; ensuite coupez-lui une cuisse qui ressemblera assez à celle du cerf que vous avez perdue ; mettez-la en hachis avec une bonne sausse, et servez-la à notre maître à la place de l'autre. Ce mauraut jugea à propos de conserver sa vie aux dépens de la mienne ; et après avoir extrêmement loué l'esprit de sa femme, il se mit à aiguiser ses couteaux pour exécuter le conseil qu'elle venoit de lui donner.

Fin du huitieme Livre.

REMARQUES SUR LE HUITIEME LIVRE.

(1) A la pointe du jour. Le texte dit, noctis gallicinio ; à l'heure de la nuit que les coqs chantent. A la pointe du jour veut dire la même chose, et est mieux en françois.

(2) Cependant quand Carite fut unie au vertueux Tlépolême. Il y a dans le latin. In boni Tlepolemi manum convenerat. Voyez la note 38 du sixième

livre, où j'ai expliqué les trois sortes de mariages des anciens.

(3) Ne commencez point vos nôces par un parricide. Le crime de Thrasile se pouvoit nommer un parricide, puisqu'il avoit tué son ami, et Carite en eût été en quelque façon complice, si elle eût épousé le meurtrier de son mari.

(4) L'agréable image de mon cher époux, que vous regardez comme votre frère, est encore présente à mes yeux. Le texte dit ensuite. Adhuc odor cinnameus ambrosii per nares meas percurrit ; Mon nez est encore tout parfumé de l'agréable odeur de son aimable corps. Quelque tour que j'eusse pu donner à cette phrase, je n'ai pas cru qu'elle présentât une idée agréable à l'esprit.

(5) Le temps qu'il faut pour porter le deuil de sa mort. Les veuves étoient obligées de porter le deuil de leurs maris pendant une année ; mais cette année n'étoit que de dix mois du temps de Romulus, et quoique dans la suite elle fût de douze mois, par l'addition qu'on y fit de Janvier et de Février, les veuves se régloient toujours sur l'ancienne coutume, jusqu'au temps de Théodose, qui ordonna qu'elles porteroient le deuil pendant l'année entière de douze mois, et elles étoient notées d'infamie, si elles se remariaient pendant ce temps-là. (6) On prit son corps, et après l'avoir lavé avec beaucoup de soin. C'étoit la coutume de laver les corps des défunts, avant que de les porter sur le bûcher, pour y être réduits en cendres. On recueilloit ces cendres dans une urne qu'on enfermoit dans un tombeau. Toutes les cérémonies des funérailles des anciens sont fort bien détaillés dans le sixième livre de l'Enéide. (7) Résolu de se laisser mourir de faim, &c. Le texte dit : Inedia statuit elidere sua sententia damnatum spiritum. Il y a un bel exemple d'une pareille résolution dans une ancienne inscription rapportée par Pricæus, et tirée d'un monument où s'étoit enfermée une désespérée, comme celui-ci : La voici. Inferno Plutoni Tricorporique uxori carissimæ, tricipitique Cerbero munus meum ferens, damnatam dedo animam, vivamque me hoc condo monimento, &c. Je livre à Pluton, Dieu des enfers, à sa très-chère femme la Triple-Hécate, et à Cerbère à trois têtes, mon ame que j'ai condamnée à la mort, dont je leur fais présent, et je m'enferme toute vive dans ce tombeau, &c. (8) Je vous conjure par ce que vous avez de plus cher au monde, et par vous-même. Je me suis servi de ces expressions, qui sont plus à notre usage et plus intelligibles, que si j'avois mis, comme il y a dans le texte : Je vous conjure par vos fortunes et par vos génies ; per fortunas vestrosque genios. Les anciens étoient persuadés qu'il y avoit un génie universel, comme une espèce d'intelligence répandue dans toute la nature. Ils croyaient encore une infinité de Génies-particuliers, dont les uns présidoient aux empires, aux provinces et aux villes, d'autres aux maisons des particuliers, à leurs familles, et à leurs personnes mêmes, que ce Génie particulier, qu'ils croyoient fils de Jupiter et de la Terre, présidoit à la nativité de tous les hommes, et que l'esprit de cette divinité étoit de les

porter à l'usage de la vie la plus délicieuse, à rechercher toutes les occasions de plaisir, et à les regarder comme de véritables dons du ciel, qui passent rapidement, et dont on doit ménager avec soin tous les momens ; et lorsque, suivant l'esprit de cette divinité, ils se livroient à la joie et au plaisir, cela s'appelloit genio indulgere. Chacun sacrifioit tous les ans à son Génie, et particulièrement le jour de sa naissance. Ces sacrifices étoient accompagnés de jeux, de danses et de festins. On n'y offroit ordinairement que des parfums, des essences précieuses, des fleurs et l'effusion du vin délicieux, et jamais on n'y immoloit des victimes. Ils regardoient comme une cruauté et comme une chose qui pouvoit avoir de mauvaises suites, d'ôter la vie à quelque animal le jour qu'eux-mêmes l'avoient reçue. Ils attribuoient à ce Génie particulier toute leur bonne conduite dans les affaires, les succès et les prospérités. Ils croyoient devoir à je ne sai quelle influence et inspiration de sa part ces heureux événemens, où il entre quelque chose de plus que les règles de la prudence humaine, et où souvent la fortune décide contre ces mêmes règles. Ce culte et cette vénération des anciens pour leur Génie faisoit que, lorsqu'on vouloit obtenir une grâce de quelqu'un, on ne croyoit pas pouvoir la lui demander par rien de plus fort et de plus sacré pour lui, que par son Génie. (9) Qui font demander l'aumône à la déesse de Syrie. C'étoit la grand'mère des Dieux, que l'on nommoit indifféremment, Rhéæ, Ops ou Cybèle. On la représentoit couronnée de tours. Son mari étoit Cœlus, qui signifie le Ciel, pour montrer que toutes choses sont produites du ciel et de la terre. Quelques-uns ont cru que cette déesse Syrienne étoit Junon. (10) Qui lui répond que j'étois de Cappadoce. Il y a une plaisanterie dans la réponse de ce crieur public. Il parle de cet âne comme d'un esclave, ce qui se voit encore mieux dans la suite ; c'est pour cela qu'il dit que cet animal est de Cappadoce ; de toutes les provinces celle dont on amenoit à Rome les meilleurs esclaves et en plus grand nombre. On en peut voir quelques preuves dans Perse, Sat. 6, et dans Juvenal, Sat. 7. La réputation des ânes d'Arcadie étoit grande ; mais, pour ceux de Cappadoce, il n'en est fait mention nulle part. (11) Et quoique je me rende coupable des peines portées par la loi Cornélia. Ce ne peut être que la loi Cornélia de falsis, dont l'auteur prétend parler ici. Elle est rapportée au 9 liv. du Code, titre 22, et au Dig. titre, ad legem Corneliam de falsis, parce qu'il est parlé dans cette loi de la supposition d'enfans ; car, pour ce qui est du Plagium, qui est le crime de celui qui vendoit un homme libre, comme s'il étoit esclave, il n'y a point de loi Cornélia qui en parle, mais bien la loi Fabia. (12) Que la toute-puissante déesse Syrienne, &c. Il semble en cet endroit que l'auteur distingue Cybèle de la déesse de Syrie, quoi qu'il y ait apparence que c'étoit même divinité adorée sous plusieurs noms. (13) Que le Dieu de Bacchus, &c. Le texte dit : d'un verbe grec, Sabazim, qui signifie faire bien du bruit et du tumulte, comme faisoient les bacchantes dans les orgies. Le mot même de Saboé étoit un de leurs cris, aussi-bien qu'Evyé ; il y a pourtant quelques auteurs qui prétendent que Sabazius étoit le fils de Bacchus, et non pas Bacchus lui-même. La déesse Syrienne, Sabazius, Bellone et Cybèle avoient la même espèce de prêtres à leur service, comme on le peut voir par cet endroit de Juvénal, Sat. 6.

Bellonæ matrisque Deûm chorus intrat Et ingens semivir.

Strabon dit aussi, 1. 10, que les sacrifices et les cérémonies de Sabazius étoient les mêmes que celles de Cybèle. (14) La supposition non d'une biche à la place d'une fille. C'est une allusion à ce qui arriva au port d'Aulide, lorsque Diane supposa une biche à la place d'Iphigénie, que les Grecs alloient lui sacrifier. (15) Et firent cent railleries à leur maître. Il y a en cet endroit bien des saletés retranchées. (16) Il y avoit parmi eux un jeune homme robuste. J'ai passé tout ce qui suit cela le plus légèrement qu'il m'a été possible. (17) Faisant des cris et des hurlemens dès le pas de la porte, ils y entrèrent comme des furieux. Remarquez l'insolence de ces misérables ; Ils entrent comme des furieux dans la maison d'un homme de qualité, sans lui en demander seulement la permission. Le respect qu'on a pour la Religion, a de tout temps donné lieu à bien des fripons et des gens indignes de s'en prévaloir. (18) Se mordant les bras de temps en temps, que chacun d'eux se taillada ensuite. On voit encore en Turquie certains religieux Mahométans qui font la même chose que ceux-ci faisoient. (19) Les doux accens de la musique Phrygienne. On peut voir dans un de ces fragmens d'Oraisons d'Apulée, qu'on nomme Florides, que le chant ou mode phrygien étoit consacré aux cérémonies de la Religion, comme le Lydien étoit destiné aux plaintes et aux chants lugubres, et le Dorien pour animer au combat.

Fin des Remarques du huitième Livre.

Livre IX

LES MÉTAMORPHOSES:
ou
L'ANE D'OR D'APULÉE,
PHILOSOPHE PLATONICIEN,

LIVRE NEUVIEME.

C'est ainsi que ce détestable bourreau armoit ses mains scélérates contre ma vie. Il n'y avoit pas de temps à perdre dans un danger si pressant ; il falloit prendre son parti sur le champ. Je résolus de me garantir par la fuite de la mort qu'on me préparoit ; et dans le moment, rompant le licou qui me tenoit attaché, je m'enfuis de toute ma force en ruant souvent, de peur qu'on ne m'arrêtât. Ayant bientôt traversé le premier portique, je me jette, sans balancer, dans la salle à manger, où le maître de la maison régaloit les prêtres de la Déesse, avec la viande des victimes qu'il avoit immolées. Je brise et renverse une bonne partie des viandes qui étoient apprêtées, les tables mêmes et d'autres meubles. Le maître du logis, fort fâché d'un si grand désordre, me fit mettre entre les mains d'un de ses gens, et lui ordonna de m'enfermer avec grand soin, en quelque endroit bien sûr, comme un animal fougueux et emporté, afin que je ne revinsse pas une autre fois avec une pareille insolence renverser son festin. M'étant donc sauvé par cette adresse des mains de ce maudit cuisinier, j'étois fort aise de me voir dans une prison qui me servoit d'azile. Mais certainement les hommes ont beau faire pour être heureux ; quand il ne plaît pas à la fortune, ils ne sauroient le devenir, et toute l'adresse et la prudence humaine ne peut s'opposer à l'ordre de la providence (1), ni même y rien changer. Ce que je venois d'imaginer pour me mettre en sûreté, du moins pendant quelque temps, fut ce qui me jetta dans un autre péril terrible, qui pensa me coûter la vie dans le moment ; car un des valets, comme je l'appris depuis à quelques discours que les domestiques tenoient entre eux, accourt tout troublé dans la salle du banquet ; et avec un visage effrayé, il rapporte à son maître, qu'un chien enragé étoit entré tout d'un coup dans la maison, par une porte de derrière, qui répondoit dans une petite rue ; qu'il s'étoit d'abord jetté en fureur sur les chiens de chasse ; qu'ensuite il avoit passé dans les écuries, où il avoit fait le même ravage sur les chevaux, et qu'enfin il n'avoit pas même épargné les hommes ; qu'il avoit mordu en plusieurs endroits le muletier Mirtil (2), Hephestion le cuisinier (3), Hypathius le valet de chambre, Apollonius le médecin (4), et plusieurs autres domestiques, comme ils vouloient le chasser ; il ajoutoit que quelques-uns des chevaux qui avoient été mordus, ressentoient déjà les effets de la rage. Cette nouvelle donna l'alarme à tous ceux qui étoient dans la salle, qui, s'imaginant par ce que l'on m'avoit vu faire, que j'étois attaqué du même mal, s'armèrent de tout ce qu'ils purent rencontrer, s'exhortant les uns et les autres à se garantir du péril qui les menaçoit, et se mirent après moi, comme des enragés qu'ils étoient bien plutôt que moi. Ils m'alloient mettre en pièces avec les lances, les épieux et les haches, que les valets leur fournissoient, si, pour me mettre à couvert de cet orage, je ne me fusse sauvé dans une des chambres où l'on avoit logé mes maîtres. Alors ceux qui me poursuivoient ayant fermé la porte sur moi, me tinrent assiégé là-dedans, en attendant que le poison de cette rage prétendue m'eût fait mourir, sans qu'ils s'exposassent au danger de m'attaquer. Me trouvant donc seul en liberté, je profitai de l'occasion que la fortune m'offroit ; je me couchai sur un lit, comme un homme, et je m'endormis, cette manière de reposer m'ayant été interdite depuis long-temps. M'étant bien remis de ma lassitude sur ce bon lit, je me levai gai et dispos. Il étoit déjà grand jour, et j'entendois ceux qui avoient passé la nuit à me garder, qui disoient entre eux ; mais pouvons-nous croire que ce malheureux âne soit continuellement dans les transports de la rage ? Il est plutôt à présumer que sa fureur est calmée, et que son accès est passé. Comme chacun disoit sur cela son avis, ils convinrent tous, qu'il falloit éprouver ce qui en étoit, et regardant par une fente au travers de la porte, ils me voient sur mes jambes, tranquille comme un animal qui se porte bien, et qui est doux et paisible ; ils ouvrent la porte, et examinent avec plus d'attention, si j'étois appaisé. Un d'entre eux, comme s'ils eût été envoyé du ciel pour me sauver la vie, apprit aux autres un moyen pour connoître si j'étois malade, qui étoit de mettre un vaisseau plein d'eau fraîche devant moi, disant que, si j'en approchois sans répugnance, et comme j'avois accoutumé de faire, c'étoit une marque que je n'avois aucun mal, et que je me portois fort bien ; au contraire, que, si je la fuyois, et que j'eusse de l'horreur de la voir et d'y toucher, c'étoit une preuve certaine que la rage continuoit de m'agiter, ajoutant que c'étoit l'expérience qu'on avoit coutume de faire en ces sortes d'occasions, et qu'on la trouvoit écrite même dans les anciens livres. Ils approuvent tous ce conseil, et dans le moment ils apportent un grand vaisseau plein d'une eau très-claire, prise d'une fontaine qui étoit près de la maison, et me le présentent en se tenant encore sur leurs gardes. Je vais d'abord au-devant d'eux, d'autant plus que j'avois une fort grande soif ; et baissant la tête, je la plongeai jusqu'au fond du vaisseau, et me mis à boire de cette eau qui m'étoit certainement bien salutaire. Alors je souffris avec tranquillité qu'ils me flattassent en me passant la main sur le corps et sur les oreilles, et qu'ils me ramenassent par mon licou ; enfin je leur laissai faire tout ce qu'ils voulurent pour m'éprouver, jusqu'à ce qu'ils fussent entièrement rassurés par ma douceur, sur la mauvaise opinion qu'ils avoient conçue de moi. M'étant ainsi sauvé de deux grands dangers, le lendemain on me remit sur le corps l'image de la Déesse, avec les choses qui servoient à son culte, et nous partîmes au son des castagnettes, des cymbales et des tambours (5), pour aller demander l'aumône dans les villages. Après que nous eûmes parcouru un assez grand nombre de maisons de paysans, et quelques châteaux, nous arrivâmes dans un bourg bâti sur les ruines d'une ville qui avoit été fort opulente autrefois, à ce que disoient les habitans. Nous entrâmes dans la première hôtellerie qui se rencontra, où l'on nous conta une histoire assez plaisante, de la manière dont la femme d'un pauvre homme lui avoit fait une infidélité ; je suis bien aise que vous la sachiez aussi. Cet homme, réduit dans une grande nécessité (6), n'avoit autre chose pour vivre que le peu qu'il pouvoit gagner par son travail journalier. Il avoit une femme qui étoit aussi fort pauvre, mais très-fameuse par l'excessive débauche où elle s'abandonnoit. Un jour son mari étant sorti de chez lui dès le matin, pour aller travailler, un homme hardi et effronté y entra secrètement l'instant d'après. Pendant que la femme et lui étoient ensemble, comme des gens qui se croient en sûreté, le mari qui ne savoit rien de ce qui se passoit, et qui n'en avoit même aucun soupçon, revint chez lui, bien plutôt qu'on ne l'attendoit, et louant en lui-même la bonne conduite de sa femme, parce qu'il trouvoit la porte de sa maison déjà fermée aux verroux, il frappe et siffle, pour marquer que c'étoit lui qui vouloit entrer. Sa femme qui étoit adroite, et fort stilée en ces sortes d'occasions, fait retirer l'homme d'auprès d'elle, et le cache promptement dans un vieux tonneau vuide, qui étoit au coin de la chambre, à moitié enfoncé dans la terre (7) ; ensuite ayant ouvert la porte à son mari, elle le reçoit en le querellant. C'est donc ainsi, lui dit-elle, que tu reviens les mains vuides, pour demeurer ici les bras croisés à ne rien faire, et que tu ne continueras pas ton travail ordinaire pour gagner de quoi avoir quelque chose à manger ? Et moi, malheureuse que je suis, je me romps les doigts jour et nuit, à force de filer de la laine, afin d'avoir au moins de quoi entretenir une lampe pour nous éclairer le soir dans notre pauvre maison. Hélas ! que Daphné, notre voisine, est bien plus heureuse que moi ! elle qui, dès le matin, se met à table, et boit tout le jour avec ses amans. Le mari se voyant si mal reçu ; que veux-tu, lui dit-il, quoique le maître de notre attelier, occupé à la suite d'un procès qui le regarde, ait fait cesser le travail, cela n'a pas empêché que je n'aie trouvé le moyen d'avoir de quoi manger aujourd'hui. Vois-tu, continua-t-il, ce tonneau inutile, qui occupe tant de place, et qui ne sert à autre chose qu'à nous embarrasser dans notre chambre ; je l'ai vendu cinq deniers, à un homme qui va venir dans le moment le payer et l'emporter : Prépare-toi donc à m'aider un peu à le tirer de là, pour le livrer tout présentement. En vérité, dit aussi-tôt cette artificieuse femme, en faisant un grand éclat de rire, mon mari est un brave homme, et un marchand fort habile, d'avoir laissé pour ce prix-là une chose que j'ai vendue il y a long-temps sept deniers, moi qui ne suis qu'une femme, et toujours renfermée dans la maison. Le mari bien aise de ce qu'il entendoit, qui est donc celui qui l'a acheté si cher, lui dit-il ? Pauvre innocent que tu es, lui répondit-elle, il y a déjà je ne sai combien de temps qu'il est dans le tonneau, à l'examiner de tous côtés. Le galant entra à merveille dans la fourberie, et sortant tout d'un coup de sa niche : Ma bonne femme, dit-il, voulez-vous que je vous dise la vérité, votre tonneau est trop vieux, et fendu en je ne sais combien d'endroits. Se tournant ensuite du côté du mari : Et toi, bonhomme, continua-t-il, sans faire semblant de le connoître, que ne m'apportes-tu tout présentement de la lumière, afin que je puisse être sûr, en grattant les ordures qui sont dedans, s'il pourra me servir ; car ne t'imagines-tu pas que je ne me soucie point de perdre mon argent (8) comme si je l'avois gagné par de mauvaises voies. Ce brave et subtil mari, sans tarder et sans avoir le moindre soupçon, allume la lampe, et lui dit : Rangez-vous de là et me laissez faire, jusqu'à ce que je vous l'aie rendu bien net. En même-temps il ôte son habit, prend la lumière, se fourre dans le tonneau, et commence à racler toute la vieille lie qui y étoit attachée. Le galant mit l'occasion à profit, et pendant ce temps, la femme qui se faisoit un plaisir de jouer son mari, baissant la tête dans le tonneau, lui montroit avec le doigt, tantôt un endroit à nettoyer, tantôt un autre, et puis encore un autre, et puis encore un autre, jusqu'à ce qu'enfin tout fin achevé ; et ce misérable manoeuvre fut encore obligé, après avoir reçu sept deniers, de porter le tonneau jusques dans la maison du galant de sa femme. Après que les saints prêtres de la Déesse eurent demeuré quelques jours dans ce bourg, où ils faisoient bonne chère, aux dépens du public, et qu'ils eurent amassé quantité de toutes sortes de choses, qu'ils gagnoient à dire la bonne avanture, ils inventèrent une nouvelle manière de faire venir de l'argent. Par une seule réponse qu'ils imaginèrent, qui pouvoit se rapporter à des événemens différens (9), ils trompoient ceux qui venoient les consulter sur toutes sortes de sujets. Voici ce que contenoit l'oracle :

Les bœufs, qu'au même joug on lie,
De la terre entr'ouvrent le sein,
Afin qu'avec usure elle rende le grain,
Que le laboureur lui confie.

Ainsi, si quelques-uns venoient les consulter, pour savoir les ordres du destin sur un mariage qu'ils vouloient faire, ils leur disoient que l'oracle répondoit juste à leur demande ; qu'il falloit qu'ils se missent sous le joug de l'hymenée, et qu'ils produiroient bientôt de beaux enfans. Si un autre venoit les interroger sur l'envie qu'il avoit d'acheter des terres, ils lui faisoient voir que c'étoit avec raison que l'oracle parloit de bœufs, de labourage et de riches moissons. Si quelque autre venoit consulter le sort sur un voyage qu'il devoit entreprendre, ils lui expliquoient que les plus doux de tous les animaux étoient déjà attelés ensemble, et prêts à partir, et que la fécondité de la terre signifioit que son voyage lui rapporteroit un gain considérable. Si quelqu'un avoit un combat à donner ou à poursuivre une troupe de voleurs, et qu'il voulût savoir si l'événement en seroit heureux ou malheureux, ils soutenoient que l'oracle, par sa réponse, lui promettoit la victoire, que ses ennemis seroient subjugués, et qu'il profiteroit d'un grand butin. Ces prêtres ne gagnèrent pas peu d'argent à cette manière captieuse de prédire l'avenir ; mais, fatigués des questions continuelles qu'on venoit faire, auxquelles leur oracle ne donnoit jamais que la même réponse, ils continuèrent leur route par un chemin bien plus mauvais que celui que nous avions fait la nuit précédente ; il étoit plein de grands trous et rompu en plusieurs endroits, par des rigoles qu'on y avoit faites pour donner de l'écoulement aux eaux, dont elles étoient encore à moitié pleines, et le reste étoit couvert de boue et fort glissant. Après que je me fus bien fatigué, et meurtri les jambes par plusieurs glissades et plusieurs chûtes, que je faisois à tout moment dans ce maudit chemin, je gagnai enfin, avec beaucoup de peines, un sentier uni qui étoit dans la campagne, quand tout d'un coup une troupe de cavaliers armés, vient fondre sur nous ; et après avoir eu assez de peine à retenir leurs chevaux, ils se jettent brusquement sur Philèbe et sur ses camarades, et les saisissant au colet, ils les frappent à coups de poing, les appelant sacrilèges et impudiques ; ensuite ils les attachent avec des menotes, en leur répétant sans cesse, qu'ils eussent à tirer de leurs sacs la coupe d'or ; qu'ils missent au jour ce vase, dont la valeur les avoit éblouis, jusqu'à leur faire commettre un sacrilège ; cette coupe qu'ils venaient de dérober jusques sur les autels de la mère des Dieux, lorsqu'enfermés dans son temple, ils faisoient semblant de célébrer ses secrets mystères (10) ; ajoutans qu'ils étoient ensuite sortis de la ville dès la pointe du jour, sans parler à personne, comme s'ils eussent pu fuir le châtiment que méritoit un si grand crime. En même-temps un de ces gens-là fourrant sa main dans le sein de la Déesse que je portois, trouva la coupe d'or et la fit voir à tout le monde. Ces infâmes hommes ne parurent ni consternés, ni même effrayés de se voir convaincus d'un tel sacrilège, et tournant la chose en raillerie : Voilà, disaient-ils, un grand malheur et une chose bien épouvantable ? Oh combien d'innocens, continuoient-ils, courent risque souvent d'être punis, comme s'ils étoient coupables, puisque des prêtres qui n'ont commis aucune faute, se trouvent en danger de perdre la vie, pour un petit gobelet, dont la mère des Dieux a fait présent à la Déesse de Syrie sa sœur qui étoit venue lui rendre visite. Malgré ces mauvais discours et plusieurs autres semblables, ces hommes les ramènent et les jettent en prison (11). L'on remit la coupe dans le temple, avec l'image de la Déesse que je portois, pour y rester toujours. Le lendemain on me conduisit au marché, où l'on me fit mettre en vente pour la seconde fois par le crieur public : un meunier, d'un château des environs, m'acheta sept deniers plus cher que n'avoit fait Philèbe ; et m'ayant aussi-tôt mis sur le corps une bonne charge de bled, qu'il venoit d'acheter aussi, il me mena à son moulin par un chemin fort rude, plein de pierres et de racines d'arbres. J'y trouvai quantité de chevaux ou mulets qui faisoient aller plusieurs meules différentes. Ce n'étoit pas seulement le long du jour, qu'on faisoit de la farine, ces sortes de machines tournoient même pendant toute la nuit, à la lumière de la lampe. De peur que l'apprentissage d'un tel exercice ne me rebutât d'abord, mon nouveau maître me reçut fort honnêtement chez lui, et me traita parfaitement bien ; car il me laissa tout ce jour-là dans l'écurie, et me donna abondamment de quoi manger ; mais cette félicité de ne rien faire et d'être bien nourri n'alla pas plus loin. Dès le lendemain on m'attacha pour faire aller une meule qui me paroissoit la plus grande de toutes, et après qu'on m'eut couvert la tête, on me mit dans un petit sentier creux qui formoit un cercle, pour y marcher, et en faire continuellement le tour. N'ayant pas oublié mes ruses ordinaires, je me montrai fort novice en cet exercice ; et quoique j'eusse vu souvent, pendant que j'étais homme, la manière dont on faisoit agir ces sortes de machines, cependant je restois là sans branler, avec une feinte stupidité, comme si ce travail m'eût été absolument inconnu, et que je n'eusse su comment m'y prendre. Je pensois que, lorsqu'on verroit que je n'y étois point propre, on me feroit faire quelqu'autre chose qui me fatigueroit moins, ou qu'on me nourriroit peut-être sans me faire travailler ; mais ma finesse ne me servit de rien, et me coûta bien cher : car plusieurs hommes armés de bâtons m'entourèrent, et comme je ne me défiois de rien, ayant la tête couverte, et ne voyant goutte, ils se donnèrent le signal, par un cri qu'ils firent tous à la fois, et me déchargèrent en même-temps un grand nombre de coups. Ils m'épouvantèrent tellement par leur bruit, que mettant bas tout artifice, et m'abandonnant sur les longes qui me tenoient attaché à la meule, je me mis à courir de toute ma force. Par un changement de conduite si subit, j'excitai une grande risée dans toute la troupe. Quand le jour fut près de finir, outre que j'étois fort fatigué, on m'ôta les cordes de jonc qui me tenoient attaché à la machine, et l'on me mit l'écurie. Quoique je fusse accablé de faim et de lassitude, et que j'eusse un grand besoin de réparer mes forces, cependant, excité par ma curiosité ordinaire, négligeant la mangeaille qui étoit devant moi en abondance, j'examinois soigneusement, avec une espèce de plaisir, la manière dont on gouvernoit cet affreux moulin. O dieu ! quelle espèce d'hommes travailloient là-dedans ; leur peau étoit toute meurtrie de coups de fouet ; ils avoient sur leur dos plein de cicatrices quelques méchans haillons déchirés qui les couvroient un peu, sans les habiller ; quelques-uns n'avoient qu'un petit tablier devant eux ; enfin les mieux vêtus, l'étoient de manière qu'on leur voyoit la chair de tous côtés ; ils avoient des marques imprimées sur le front (12), les cheveux à moitié rasés, et les fers aux pieds ; outre cela, ils étoient affreux par la pâleur de leur visage ; et la vapeur du feu, jointe à l'épaisse fumée des fours, où l'on cuisoit le pain, leur avoit mangé les paupières, et gâté entièrement la vue (13) ; ils étoient avec cela, tous couverts et tous blancs de farine, comme les athlètes le sont de poussière, lorsqu'ils combattent. Mais que vous dirai-je de mes camarades, les animaux qu'on faisoit travailler dans ce moulin, et comment pourrai-je vous les bien dépeindre ? quels vieux mulets, et quels chétifs et misérables chevaux hongres ! ils étoient là autour de la mangeoire, la tête basse, qui dévoroient des bottes de paille. Ils avoient le cou tout couvert de plaies ; une toux continuelle leur faisoit ouvrir les nazeaux ; les cordes de jonc, avec lesquelles on les attachoit pour tourner la meule, leur avoient entièrement écorché le poitrail ; leurs côtes étoient tellement dépouillées par la quantité de coups de bâton qu'on leur donnoit continuellement, que l'os en étoit découvert ; la corne de leurs pieds étoit devenue d'une largeur extraordinaire, à force de marcher, et par-dessus tout cela, ils avoient la peau toute couverte d'une gale invétérée. La peur que j'eus de tomber dans l'état misérable où je voyois ces pauvres bêtes, jointe au souvenir du bonheur dont je jouissois pendant que j'étois Lucius, que je comparois à l'extrémité où j'étois réduit, m'accabloit de tristesse, et la seule chose qui pouvoit m'être de quelque consolation dans la vie malheureuse que je menois, étoit le plaisir que j'avois de contenter ma curiosité naturelle, par tout ce que j'entendois dire, et tout ce que je voyois faire, personne ne se contraignant devant moi. Certainement c'étoit avec beaucoup de raison que le divin auteur de l'ancienne poésie grecque (14), voulant dépeindre un homme d'une sagesse et d'une prudence consommée, a dit : Que ce même homme s'étoit acquis les plus grandes vertus par ses voyages dans plusieurs villes, et par le commerce qu'il avoit eu avec quantité de nations différentes, car j'avoue que je ne laisse pas d'être redevable à ma figure d'âne, de ce qu'étant caché sous cette forme, j'ai éprouvé un grand nombre d'avantures qui m'ont instruit de bien des choses, si du moins elles ne m'ont pas rendu plus sage, et je vais vous conter une histoire qui m'a paru des plus plaisantes : La voici. Ce meunier qui m'avoit acheté, bon homme d'ailleurs et fort doux, étoit marié à la plus méchante, et la plus scélérate de toutes les femmes, qui le rendoit si malheureux de toutes façons, qu'en vérité j'étois souvent touché moi-même de son état ; car il ne manquoit aucun vice à cette maudite femme. Elle les possédoit tous généralement, sans en excepter aucun ; elle étoit pleine de malignité, cruelle, impudique, adonnée au vin, obstinée, acariâtre, d'une avarice sordide, et d'une avidité terrible à prendre le bien d'autrui ; prodigue pour ce qui regardoit ses infâmes débauches, et l'ennemie déclarée de la bonne foi et de la pudeur : A tout cela, elle joignoit l'impiété, elle méprisoit les Dieux immortels, et la vraie religion, et d'un esprit sacrilège, feignant de révérer, par de vaines cérémonies, un Dieu qu'elle disoit être seul et unique (15) ; elle trompoit tout le monde et son mari aussi, et dès le matin, elle s'enivroit, et le reste du jour elle se prostituoit. Cette abominable femme avoit conçu une aversion terrible contre moi ; car, avant qu'il fût jour, elle ordonnoit, étant encore dans son lit, qu'on fit travailler au moulin l'âne qu'on avoit acheté depuis peu, et si-tôt qu'elle étoit levée, elle me faisoit donner cent coups de bâton en sa présence. Lorsqu'on faisoit cesser le travail aux chevaux et aux mulets, pour les faire dîner, elle m'y faisoit encore rester long-temps après eux. Ces cruautés qu'elle exerçoit contre moi, avoient extrêmement augmenté ma curiosité sur ce qui regardoit ses mœurs et sa conduite. Je m'appercevois qu'un certain jeune homme venoit tous les jours la trouver jusques dans sa chambre, et j'aurois bien voulu le voir au visage, si ce qu'on me mettoit sur la tête pour me couvrir les yeux ne m'en eût empêché ; car je n'eusse pas manqué d'industrie pour découvrir, de manière ou d'autre, les débauches de cette méchante créature. Certaine vieille femme, qui étoit sa confidente, et qui conduisoit toutes ses intrigues, étoit continuellement avec elle, du matin jusqu'au soir. Elles commençoient par déjeûner ensemble, et en buvant l'une et l'autre, à qui mieux mieux, quantité de vin pur, la vieille imaginoit des fourberies pour tromper le malheureux meunier. Alors, quoique je fusse fort fâché de la méprise de Fotis qui, pensant me changer en oiseau, m'avoit changé en âne, j'avois du moins la consolation, dans ma triste difformité, de ce qu'avec mes grandes oreilles, j'entendois facilement ce qui se disoit assez loin de moi, et voici le discours qu'un jour cette vieille tenoit à la meunère.

Ma maîtresse, voyez donc ce que vous voulez faire de cet ami indolent et timide, que vous avez pris sans mon conseil, qui tremble à n'en pouvoir plus, quand il voit seulement froncer le sourcil à votre désagréable et odieux mari, et qui par conséquent vous cause tant de chagrin, par la langueur et la foiblesse de son amour, qui répond si mal à la passion que vous avez pour lui. Oh ! que Philésitère est bien un autre homme, continua-t-elle ! il est jeune, beau, libéral, vaillant, et tel que la vigilance inutile des maris ne fait que l'animer encore davantage. C'est, je vous jure, le seul homme qui mérite d'avoir les bonnes graces de toutes les femmes, et le seul qui soit digne de porter une couronne d'or sur la tête, quand ce ne seroit que pour ce qu'il imagina dernièrement avec tant d'esprit, contre un mari jaloux. Au reste, écoutez-moi, et remarquez la différence qu'il y a d'un tel homme à votre amant. Vous connoissez un nommé Barbarus, l'un des sénateurs de notre ville, que le peuple nomme communément le scorpion, à cause de son humeur aigre et piquante. Il a une femme qui est de bonne famille et d'une très-grande beauté, qu'il tient renfermée chez lui, avec toutes les précautions imaginables. Vraiment, dit la meunière, je la connois parfaitement bien ; vous voulez parler d'Arète, qui a été autrefois ma compagne d'école. Vous savez donc, reprit la vieille, l'histoire de Philésitère ? Nullement, répondit-elle ; mais je meurs d'envie de la savoir, et je vous prie, ma bonne mère, de me la conter d'un bout à l'autre.

La vieille femme qui étoit naturellement grande causeuse, prit aussi-tôt la parole. Ce Barbarus, dit-elle, étant prêt de partir pour un voyage dont il ne pouvoit se dispenser, et voulant apporter tous ses soins pour se conserver la fidélité de sa femme, qu'il aimoit beaucoup, en donna avis secrétement à Myrmex, l'un de ses valets, en qui il se confioit plus qu'à pas un autre, et lui ordonna de veiller à la conduite de sa maîtresse, le menaçant qu'il le mettroit en prison, chargé de fers ; qu'il lui feroit souffrir la faim, et qu'ensuite il le feroit expirer au milieu des tourmens, si aucun homme la touchoit seulement du bout du doigt, même en passant dans la rue ; ce qu'il lui protesta avec les sermens les plus sacrés. Ayant donc laissé Myrmex fort effrayé, et chargé d'accompagner continuellement sa femme, il part sans aucune inquiétude. Le valet étant bien résolu à se donner tous les soins que demandoit sa commission, ne vouloit jamais permettre à sa maîtresse de sortir. Elle passoit tout le jour renfermée chez elle à filer de la laine, sans qu'il la perdît de vue un seul moment, et ne pouvant se dispenser de la laisser aller quelquefois le soir aux bains publics (16), il la suivoit pas à pas, comme l'ombre fait le corps, et tenoit même toujours d'une main le bord de sa robe. Voilà de quelle manière cet infatigable surveillant s'acquittoit de son emploi.

Mais Philésitère étoit trop alerte sur les avantures de galanterie, pour n'être pas instruit de tous les charmes que cette femme possédoit. Cette haute réputation de vertu qu'elle avoit, et tous les soins qu'on prenoit pour la garder, ne servirent qu'à l'animer davantage. Il se mit en tête de ne rien négliger, et de s'exposer à tout pour en venir à bout ; et connoissant bien la fragilité humaine, et que l'or avoit la vertu d'abattre les portes les plus fortes, et d'applanir toutes les difficultés, il s'adresse à Myrmex qu'il rencontra seul heureusement ; il lui déclare la passion qu'il a pour sa maîtresse, et le conjure d'apporter quelque remède à son tourment, l'assurant qu'il étoit absolument résolu de mourir, si son amour n'étoit bientôt heureux. Au reste, lui disoit-il, dans une chose aussi facile que celle que je vous demande, vous n'avez rien à craindre, puisqu'il ne s'agit que de me faire entrer, à la faveur de la nuit, dans votre maison, où je ne resterai qu'un moment. Outre tout ce que Philésitère put lui dire pour le persuader, il se servit d'une puissante machine pour ébranler sa fidélité, il lui fit briller aux yeux sa main pleine de pièces d'or nouvellement fabriquées, lui disant qu'il lui en donneroit dix de tout son cœur, et qu'il en destinoit vingt pour sa maîtresse. Myrmex fut épouvanté de la proposition d'un crime qui lui paroissoit si affreux, et s'enfuit sans vouloir rien entendre davantage. Cependant l'éclat brillant de ces pièces d'or étoit toujours présent à ses yeux ; quoiqu'il en fût fort éloigné, et qu'il eût regagné sa maison au plus vîte, il croyoit toujours les voir, et il jouissoit en idée du gain considérable qu'on lui offroit. Ce malheureux étoit en proie à des sentimens opposés, qui le tourmentoient cruellement : d'un côté, il considéroit la fidélité qu'il devoit à son maître ; d'un autre côté, le profit qu'il pouvoit faire ; les supplices où il s'exposoit, lui revenoient dans l'esprit ; mais aussi quel plaisir auroit-ce été pour lui de posséder cet argent. A la fin, l'or l'emporta sur la crainte de la mort, et le temps ne diminuoit en rien l'extrême passion qu'il avoit de posséder cette belle monnoie. Sa maudite avarice ne lui donnoit pas même un moment de repos pendant la nuit, et malgré les menaces de son maître, elle lui fit oublier son devoir. Ayant donc mis bas toute honte, il va trouver sa maîtresse, sans différer plus long-temps, et conte ce que Philésitère lui avoit dit. Elle ne démentit point la légereté qui est si naturelle à son sexe, et dans le moment, elle engage son honneur pour ce métal abominable. Ainsi Myrmex transporté de joie, et souhaitant, aux dépens de sa fidélité, recevoir et tenir en ses mains l'or qu'il avoit vu pour son malheur, va trouver Philésitère, et lui conte, qu'enfin, après bien des peines, il étoit venu à bout de ce qu'il souhaitoit. Il lui demande en même-temps la récompense qu'il lui avoit promise, et il se voit tout d'un coup des pièces d'or dans la main, lui qui n'en avoit jamais seulement touché de cuivre. Quand la nuit fut venue, il conduisit ce brave champion seul, et bien enveloppé d'un manteau, jusques dans la chambre de sa maîtresse. A peine ces deux nouveaux amans avoient-ils sacrifié à l'Amour, et s'abandonnoient-ils à l'excès de leur amour, que le mari ayant choisi le temps de la nuit, arrive tout d'un coup, dans le. moment que personne ne l'attendoit. Il frappe, il appelle, il touche contre la porte avec une pierre, et le retardement qu'on met à la lui ouvrir, augmentant ses soupçons de plus en plus, il menace Myrmex de le châtier d'une cruelle manière. Tout ce que put faire ce valet, qu'un malheur si imprévu avoit tellement épouvanté, qu'il ne savoit quel parti prendre, fut de s'excuser sur l'obscurité de la nuit, qui l'empêchoit de trouver la clef de la porte, qu'il avoit cachée avec beaucoup de soin. Pendant ce temps-là, Philésitère qui avoit entendu tout ce bruit, se r'habille promptement, et sort de la chambre d'Arèté, mais avec tant de trouble et de précipitation, qu'il oublia de mettre ses souliers. Alors Myrmex mer la clef dans la serrure, et ouvre la porte à son maître qui juroit et tempêtoit de toute sa force. Pendant qu'il monte avec précipitation à la chambre de sa femme, ce valet fait secrètement évader Philésitère. L'ayant mis en liberté hors de la maison, et ne craignant plus rien, il ferme la porte, et retourne se coucher. Mais si-tôt qu'il fut jour, Barbarus se levant d'auprès de sa femme, apperçut sous le lit des souliers qu'il ne connoissoit point, qui étoient ceux de Philésitère. Cela lui fit d'abord soupçonner ce qui étoit arrivé, et sans rien témoigner de sa douleur à personne, il les prend secrètement, et les met sous son manteau, fait lier et garotter Myrmex par ses autres valets, et leur ordonne de le traîner après lui, vers la place du marché, dont en gémissant il prend le chemin à grands pas, persuadé que ces souliers lui serviroient à découvrir l'auteur de sa disgrace. Dans le temps qu'il passoit ainsi dans la rue, la douleur et la rage peintes sur le visage, suivi de Myrmex chargé de chaînes, qui n'avoit pas été pris sur le fait, à la vérité, mais qui se sentant coupable, pleuroit et se lamentoit, de manière qu'il excitoit, mais inutilement, la compassion de tout le monde, Philésitère le rencontre fort à propos, et quoique ce jeune homme eût une affaire qui l'appelloit ailleurs, cependant touché d'un tel spectacle, sans en être troublé, il fait réflexion à la faute, que sa précipitation lui avoit fait faire en sortant de la chambre d'Arèté, et jugeant bien que ce qu'il voyoit en étoit une suite, aussi-tôt usant d'adresses, et s'armant de résolution, il écarte de côté et d'autre les valets qui conduisoient Myrmex, se jette sur lui, en criant de toute sa force, et lui donnant quelques coups dans le visage, sans lui faire beaucoup de mal : Que ton maître, lui disoit-il, et tous les Dieux, que tu prens faussement à témoin de ton innocence, te puissent punir comme tu le mérites, scélérat et parjure que tu es ! qui volas hier mes souliers aux bains publics ; certainement tu mérites d'user tous ces liens, et d'être mis dans un cachot. Barbarus fut la dupe de l'artifice de ce hardi jeune homme, et ne doutant point de la vérité de ce qu'il disoit, retourne à sa maison, fait venir Myrmex, lui pardonne, et lui remettant les souliers entre les mains, il lui ordonne de les rendre à celui à qui il les avoit dérobés. A peine la vieille avoit-elle achevé son histoire, que la meunière s'écria : O que la femme qui possède un tel ami, est heureuse ! et moi, infortunée que je suis, j'ai un amant qui tremble au seul bruit que font ces meules, et qui craint jusqu'à ce misérable âne qui a la tête couverte. Je ferai en sorte, lui dit la vieille, de déterminer ce brave garçon à s'attacher à vous, et de vous l'amener tantôt. Ensuite elle la quitta, lui promettant qu'elle reviendroit le soir. Aussi-tôt cette honnête femme ordonne que, pour faire bonne chère, on apprête d'excellens ragoûts ; elle-même prépare du vin délicieux (17), et dispose un fort grand repas : en un mot, elle attend cet amant, comme si c'eût été un Dieu. Heureusement pour elle, ton mari étoit sorti, et devoit souper chez un foulon de ses voisins. L'heure de midi approchant, l'on me détacha du moulin pour me faire dîner ; mais ce qui me faisoit le plus de plaisir, ce n'étoit pas de ne point travailler, c'étoit de ce qu'ayant la tête découverte, et les yeux libres, je pouvois voir tout le manège de cette méchante femme. Enfin, quand la nuit fut venue, la vieille arriva, ayant à côté d'elle cet amant tant vanté. Il étoit extrêmement jeune, et fort beau garçon. La meunière le reçut avec toutes les caresses imaginables ; et le souper étant prêt, elle le fit mettre à table. Mais, peine eut-il touché du bout des lèvres la liqueur dont on boit avant le repas (18), qu'ils entendent le mari qui arrivoit bien plutôt qu'on ne l'attendoit. Cette brave femme lui donnant toutes sortes de malédictions, et souhaitant qu'il se fût rompu les jambes, cache le jeune homme, pâle et tremblant, sous un van dont on se servoit à séparer les autres grains d'avec le froment qui se trouva-là par hasard, et dissimulant son crime avec son artifice ordinaire, elle demande à son mari, d'un air tranquille, et comme une personne qui ne craint rien, pourquoi il étoit revenu si-tôt de chez son ami, avec qui il devoit souper.

Le meunier qui paroissoit fort affligé, lui répond, en poussant de tristes soupirs : Ne pouvant, dit-il, supporter le crime et l'infamie de sa malheureuse femme, je m'en suis revenu au plus vîte. O Dieux ! continua-t-il, de quelle sagesse et de quelle rétenue nous avons vu cette femme qui vient cependant de se perdre d'honneur et de réputation. Je jure par Cérès (19) que j'ai encore peine à croire ce que je viens de voir de mes propres yeux. L'effrontée meunière, sur ce qu'elle entendoit dire à son mari, curieuse d'en savoir toute l'histoire, le conjure de lui raconter tout ce qui s'étoit passé, et ne cessa point de l'en prier jusqu'à ce qu'il eût pris la parole, pour lui faire part des malheurs de son voisin, pendant qu'il ignoroit ceux de sa propre maison. La femme du foulon, mon ancien ami, dit-il, et mon camarade, qui avoit toujours parue honnête femme, qui pouvoit se glorifier d'avoir une très-bonne réputation, et qui gouvernoit sagement la maison de son mari, est devenue amoureuse d'un certain homme, et comme ils se voyoient fort souvent en cachette, il est arrivé que, dans le temps juste que nous venions des bains, le foulon et moi, pour souper, nous les avons surpris en flagrant délit. Notre arrivée l'ayant extrêmement surprise et troublée, elle a pris le parti sur le champ de faire mettre cet homme sous une grande cage d'osier fort élevée, entourée de draps qu'on blanchissoit à la vapeur du soufre qu'on faisoit brûler par-dessous. L'ayant ainsi bien caché, à ce qu'elle pensoit, elle est venue se mettre à table avec nous, sans marquer aucune inquiétude. Pendant ce temps-là, le jeune homme qui respiroit l'odeur âcre et désagréable du soufre, dont la fumée l'enveloppoit comme un nuage, et le suffoquoit, étoit prêt de rendre l'ame, et ce pénétrant minéral, suivant sa vertu ordinaire, le faisoit éternuer de temps en temps. Le mari qui étoit à table vis-à-vis de sa femme, entendant le bruit qui partoit de dessous la cage qui étoit {{{2}}} elle, et pensant que ce fût elle qui éternuoit, la salue la première fois (20), en disant ce qui se dit ordinairement en pareille occasion, ainsi que la seconde, la troisième fois, et plusieurs autres de suite ; jusqu'à ce qu'enfin, surpris de voir que ces éternuemens ne finissoient point, il entre en soupçon de la vérité du fait, et poussant brusquement la table, il va lever la cage, et découvre cet homme qui avoit presque perdu la respiration. Transporté de colère d'un tel outrage, il demandoit son épée avec empressement, et vouloit égorger ce malheureux qui étoit mourant, si je ne l'en eusse empêché, quoiqu'avec beaucoup de peine, dans la crainte que j'avois, que cela ne nous fît une affaire fâcheuse, et l'assurant que son ennemi alloit expirer dans un moment par la violence du soufre qui l'avoit suffoqué, sans qu'il fût besoin de nous rendre coupables de sa mort. L'état où il le voyoit effectivement, plutôt que tout ce que je lui pouvois dire, a suspendu sa fureur ; en sorte qu'il a pris ce jeune homme qui étoit presque sans vie, et l'a porté dans une petite rue proche de chez lui. Pendant ce moment-là, j'ai conseillé à sa femme, et même je lui ai persuadé de sortir de la maison, et de se retirer chez quelqu'une de ses amies, jusqu'à ce que le temps eût un peu calmé la colère de son mari ; parce que je ne doutois point, que dans l'emportement et la rage où il étoit, il ne se portât à quelque extrêmité qui leur seroit funeste à l'un et à l'autre ; et cet accident m'ayant ôté l'envie de manger chez lui, je m'en suis revenu chez moi. Pendant le discours du meunier, sa femme, avec une hardiesse et une impudence sans pareille, chargeoit de temps en temps la femme du foulon de malédictions : O la perfide, disoit-elle, ô l'impudique ! ajoutant à la fin, qu'une telle créature étoit l'opprobre et la honte de tout le sexe, de s'être ainsi abandonnée, et d'avoir souillé la maison de son mari par une infâme prostitution, sans aucun égard pour les sacrés liens du mariage ; que, s'étant ainsi déshonorée, on ne pouvoit plus la regarder que comme une malheureuse ; elle alloit même jusqu'à dire qu'il faudroit brûler vives toutes ces femmes-là. Cependant, comme elle se sentoit coupable elle-même, elle exhortoit son mari à s'aller coucher, afin de tirer plutôt son amant de la posture contrainte où il étoit sous ce van ; mais le meunier, dont le repas avoir été interrompu chez le foulon, et qui s'en étoit revenu sans manger, la prioit de lui donner à souper. Aussi-tôt elle lui servit, bien à contre-cœur, ce qu'elle avoir destiné pour un autre. Je souffrois alors une peine effroyable, en faisant réflexion à ce que cette méchante femme venoit de faire, quand elle avoit entendu le retour de son mari, et à l'effronterie qu'elle montroit malgré cela. Et je consultois sérieusement en moi-même si je ne trouverois point quelque moyen de rendre service au meunier, en lui découvrant les fourberies de sa femme, et si je ne pouvois point manifester le jeune homme aux yeux de tous les gens de la maison, en jettant le van qui le couvroit, et sous lequel il étoit couché comme une tortue. Pendant que j'étois ainsi affligé de l'outrage qu'on faisoit à mon maître, la providence des Dieux vint à mon secours ; car un vieillard boiteux qui étoit chargé du soin des chevaux, voyant qu'il étoit l'heure de les abreuver, nous conduisit tous ensemble à un étang qui étoit près de là ; ce qui me fournit une occasion favorable pour me venger. J'apperçus, en passant, le bout des doigts du jeune homme, qui débordoient de dessous le van, et passant la pointe du pied dessus, j'appuyai de manière que je les lui écrasai tout-à-fait. La douleur insupportable qu'il ressentit, lui fit faire un grand cri, et jettant en même-temps le van qui étoit sur lui, il parut aux yeux de tout le monde, et l'infâmie de cette impudente femme fut découverte. Le meunier ne parut pas fort troublé de voir la débauche de sa femme, et prenant un visage radouci, il commence à rassurer le jeune homme qui étoit tout tremblant, et pâle comme la mort. Ne craignez rien, mon enfant, lui dit-il, je ne suis point un barbare, mon humeur n'a rien de sauvage, je n'imiterai point la cruauté du foulon, mon voisin, en vous faisant mourir par la fumée du soufre, et je ne mettrai point un si aimable et si beau garçon que vous entre les mains de la justice, pour le faire punir suivant la rigueur de la loi qui est contre les adultères. Comme nous avons toujours vécu, ma femme et moi, dans une fort grande union, il est juste, suivant la doctrine des Philosophes, que ce qui lui plaît me plaise aussi ; mais il n'est pas juste que la femme ait plus d'autorité que le mari, ainsi vous passerez ici la nuit, si vous le trouvez bon (21). Le meunier, en plaisantant ainsi, emmene le jeune homme dans sa chambre, qui n'y alloit que malgré lui, et après avoir enfermé sa femme dans un autre endroit, il tira une douce vengeance de l'affront qu'il venoit de recevoir. Mais le lendemain, si-tôt que le soleil parut, il fit venir deux de ses valets les plus robustes, qui prirent le jeune garçon, et le tenoient en l'air pendant qu'il le fouettoit de toute sa force : Quoi donc, lui disoit-il alors, vous qui êtes si jeune, si délicat, et qui n'êtes encore qu'un enfant, vous convoitez, et vous débauchez déjà les femmes mariées et de condition libre, et vous voulez de si bonne heure acquérir le nom d'adultère. Après qu'il l'eut réprimandé par ces sortes de discours, et quelques autres semblables, et qu'il l'eut bien fouetté, il le mit dehors. C'est ainsi que ce jeune homme, le plus hardi de tous ceux qui cherchent des avantures amoureuses, sortit de ce mauvais pas contre son espérance, fort triste cependant de ce qui lui venoit d'arriver. Le meunier ne laissa pas de répudier sa femme, et de la chasser de sa maison. Cette femme, avec sa méchanceté naturelle, étant encore outrée de cet affront, quoiqu'elle l'eût bien mérité, eut recours à son esprit fourbe et déloyal, et ne songea plus qu'à mettre en œuvre tous les artifices dont son sexe est capable. Elle chercha avec soin une certaine femme qui étoit une scélérate, et qui avoit la réputation de faire tout ce qu'elle vouloit par ses enchantemens et ses poisons. Elle lui fit quantité de présens, et la conjura avec la dernière instance, de faire pour elle, de deux choses l'une, ou d'appaiser la colère de son mari, de manière qu'elle pût se raccommoder avec lui, ou si cela étoit impossible de lui envoyer quelque spectre ou quelque furie qui le tourmentât et lui ôtât la vie. Cette magicienne, dont le pouvoir s'étendoit jusques sur les Dieux mêmes, n'employa d'abord que les moindres efforts de son art détestable, pour calmer la fureur du mari, et rappeller sa tendresse pour sa femme. Mais, voyant qu'elle n'en pouvoit venir à bout, indignée de ce que ses enchantemens n'avoient rien produit, et ne voulant pas perdre la récompense qui lui étoit promise, elle commença à attaquer les jours du malheureux meunier, et à susciter contre lui l'ombre d'une certaine femme qui avoit péri de mort violente. Mais peut-être, lecteur scrupuleux, contrôlant ce que je viens de dire, me ferez-vous cette objection. Comment se peut-il faire, âne extravagant, qu'étant continuellement dans ton moulin, tu aies pu savoir des choses que tu nous dis toi-même, que ces deux femmes firent secrètement ? Apprenez donc comment, curieux comme je suis, et caché sous la forme d'un âne, j'ai pu être instruit de tout ce qui se fit pour faire périr le meunier mon maître. Environ à l'heure de midi, parut tout d'un coup dans le moulin une femme affreuse, triste et abattue, comme une personne coupable de quelque crime, à moitié vêtue de vieux haillons, les pieds nuds, pâle, maigre et défigurée, ayant ses vilains cheveux gris épars, couverts de cendre, et qui lui cachoient presque tout le visage. Cette femme, ainsi bâtie, prit le meunier par la main, avec un air honnête, et le mena dans la chambre où il couchoit, en marquant qu'elle avoit quelque chose à lui dire en particulier, et après en avoir fermé la porte, ils y restèrent long-temps. Mais, comme les ouvriers avoient moulu tout le bled qu'ils avoient, et qu'il falloit nécessairement en avoir d'autre pour continuer le travail, ils furent proche la chambre de leur maître, et lui demandèrent de quoi moudre. Après qu'ils l'eurent appelé plusieurs fois, et de toute leur force, voyant qu'il ne répondoit point, ils frappèrent à la porte, encore plus fort qu'ils n'avoient fait, et soupçonnant quelque chose de funeste, d'autant plus qu'elle étoit bien barricadée en-dedans, ils joignent leurs efforts pour en arracher les gonds, ou les briser, et enfin ils ouvrent la chambre. Ils n'y trouvent la femme en aucun endroit, mais ils voient leur maître pendu à une pièce de bois, et déjà sans vie. Ils le détachent, en gémissant et faisant des cris pitoyables, et ôtent la corde qu'il avoit autour du col ; ensuite, après avoir lavé son cors, et fait ses funérailles, ils le portèrent en terre, accompagnés d'un grand nombre de personnes.

Le lendemain, la fille du meunier, qu'il avoit eue d'un premier lit, arrive d'un château du voisinage où elle étoit mariée depuis long-temps, et parut dans une affliction terrible, s'arrachant les cheveux, et se frappant continuellement la poitrine avec ses deux mains. Elle savoit tous les malheurs de sa famille, quoique personne n'eût été l'en instruire. Car l'ombre de son père triste et défigurée, ayant encore la corde au col, lui étoit apparue la nuit en songe, et lui avoit révélé le crime de sa belle-mère, ses débauches, les enchantemens dont elle s'étoit servie, et la manière dont il étoit descendu aux enfers, étranglé par un spectre. Après qu'elle eut bien versé des pleurs, et poussé des gémissemens, ses amis qui venoient de tous côtés pour la voir, firent tant auprès d'elle, qu'enfin elle modéra les transports de sa douleur. Le neuvième jour de la mort de son père (22), elle fit, suivant la coutume, les dernières cérémonies de ses funérailles sur son tombeau. Ensuite elle mit en vente les esclaves, les meubles, et les bêtes de travail dont elle héritoit ; et tout le bien d'une seule maison fut dispersé de côté et d'autre au hasard. Pour moi, je fus vendu à un pauvre jardinier qui m'acheta cinquante deniers ; il disoit que c'étoit bien cher, mais qu'il le faisoit pour tâcher de gagner sa vie par mon travail et par le sien. Il me semble qu'il est à propos, que je vous rende compte de la manière, dont je vivois sous ce nouveau maître. Il avoit tous les matins coutume de me mener chargé d'herbes potagères dans une ville qui n'étoit pas loin de là, et après avoir livré sa marchandise aux revendeurs, il montoit sur mon dos, et s'en revenoit à son jardin. Pour lors, pendant qu'il bêchoit, qu'il arrosoit ou qu'il faisoit quelque autre chose, j'avois le plaisir d'être en repos sans rien faire. Mais, après l'agréable saison des vendanges, quand l'hiver et ses frimats furent de retour, je pâtissois extrêmement, étant exposé aux pluies froides, et à toutes les injures de la saison dans une étable découverte. Mon maître étoit si pauvre, qu'il n'avoit pas le moyen d'avoir seulement de la paille, ni quelque misérable couverture, ni pour lui ni pour moi. Il passoit l'hiver sous une méchante petite cabane couverte de branches d'arbres et de feuillages. Je souffrois encore beaucoup le matin, en marchant les pieds nuds dans de la boue froide et pleine de glaçons, et par-dessus tout cela, je n'avois point ma nourriture ordinaire : nous vivions de la même chose, mon maître et moi, mais bien misérablement ; car nous ne mangions que de vieilles laitues amères, montées en graines et à moitié pourries.

Une certaine nuit qu'il n'y avoit point de lune, et qu'il faisoit extrêmement noir, un bon père de famille, qui étoit d'un bourg du voisinage, s'étant égaré de son chemin, vint à notre jardin fort fatigué, aussi bien que le cheval qui le portoit, et tout percé de la pluie qui tomboit en abondance. Ayant été fort content de la manière honnête dont mon maître l'avoit reçu et lui avoit donné un asile qui n'étoit à la vérité ni commode, ni agréable, mais qui étoit fort utile pour le temps qu'il faisoit ; il voulut lui en marquer sa reconnoissance, et lui promit de lui faire présent de quelques mesures de bled et d'huile de ses terres, et de deux outres de vin. Le jardinier ne fut pas long-temps sans l'aller trouver ; il partit monté à crû sur mon dos, et fit soixante stades de chemin, portant un sac avec lui et des outres vuides. Etant arrivés à la métairie de ce bon homme, il reçut mon maître parfaitement bien, le fit mettre à table avec lui, et lui fit fort bonne chère. Pendant qu'ils s'excitoient à boire l'un et l'autre, il arriva un prodige bien surprenant. Une des poules, qui étoient dans la cour, se mit à courir en caquetant, comme si elle avoit voulu pondre. Le maître de la maison la regardant : O la bonne servante, dit-il, et féconde par dessus toutes les autres, qui nous nourris depuis si long-temps des œufs, que tu produis chaque jour, et qui même, à ce que je vois, songes encore à nous donner de quoi déjeûner. Hola ! garçon, continua-t-il, en s'adressant à un de ses gens, mettez dans ce coin le panier, où les poules ont accoutumé de pondre. Pendant que le valet faisoit ce que son maître lui avoit commandé, la poule, au lieu d'aller à ce nid ordinaire, vint pondre aux pieds du bonhomme son fruit prématuré, ce qui devoit lui donner bien de l'inquiétude ; car ce n'étoit point un œuf, mais un poulet formé, avec ses plumes, ses ergots, ses yeux et son cri ordinaire, qui se mit aussi-tôt à suivre sa mère. On vit un autre prodige beaucoup plus grand et bien plus terrible ; car la terre s'ouvrit sous la table où ils mangeoient, et il en sortit une fontaine de sang, dont une partie rejaillissoit jusques sur les plats. Et pendant que ceux qui y étoient présens, demeuroient saisis d'étonnement et de frayeur, arrive à grand hâte un valet qui venoit de la cave, qui annonce que tout le vin qu'on y avoit serré depuis long-temps, bouilloit dans les tonneaux, comme s'il y avoit un fort grand feu dessous. Dans le même temps, on vit plusieurs bélettes qui traînoient un serpent mort ; et de la gueule du chien du berger sortit une petite grenouille verte ; ensuite un mouton qui étoit proche de ce chien, sauta sur lui, et l'étrangla tout d'un coup. Des prodiges si affreux, et en si grand nombre, mirent le maître et tous les domestiques dans un tel étonnement, qu'ils ne savoient par où commencer, ni ce qu'il étoit plus à propos de faire, pour appaiser la colère des Dieux, et quelles sortes de victimes, et en quelle quantité on devoit leur immoler. Pendant qu'ils étoient ainsi tous saisis d'une frayeur mortelle, on vit arriver un valet qui vint apprendre à son maître la perte et la désolation de toute sa famille. Ce bonhomme avoit le plaisir de se voir trois. fils déjà grands, qu'il avoit pris soin de faire bien instruire, et qui avoient une fort bonne éducation. Ces jeunes gens étoient en liaison d'amitié de tout temps avec un homme qui vivoit doucement dans un fort petit héritage qu'il possédoit. Cet homme avoit un voisin jeune, riche, puissant, et qui abusoit de la grandeur de sa naissance, dont les terres fertiles et de grande étendue étoient contigues à son petit domaine. Ce Seigneur ayant quantité de gens attachés à lui, et étant le maître de faire tout ce qu'il vouloit dans la ville, persécutoit son pauvre voisin en ennemi déclaré, lui faisant tuer ses bestiaux, emmener ses bœufs, et gâter tous ses bleds avant qu'ils fussent en maturité. Après qu'il l'eut ainsi privé de toute espérance de récolte, il eut encore envie de le mettre hors de sa terre, et lui ayant fait un procès sans fondement, pour les limites de son petit héritage, il s'en empara comme d'un bien qui lui appartenoit.

Ce pauvre malheureux, qui d'ailleurs étoit un bon et honnête homme, se voyant dépouillé de son bien, par l'avidité de son puissant voisin, assembla, en tremblant de peur, plusieurs de ses amis, afin qu'ils rendissent témoignages des limites de son champ, et qu'il pût au moins lui rester de quoi se faire enterrer dans l'héritage de ses pères. Les trois frères, dont nous avons parlé, s'y trouvèrent entre autres, pour secourir leur ami dans son infortune, en ce qui pouvoit dépendre d'eux ; mais ce jeune furieux, sans être étonné ni confus de la présence de tant d'honnêtes gens, ne voulut rien rabattre de son injustice, ni même de ses insolens discours ; car, pendant qu'ils se plaignoient avec douceur de son procédé, et qu'ils tâchoient d'adoucir son emportement, à force d'honnêtetés et de soumission, il se mit tout d'un coup à jurer par lui-même, et par ce qu'il avoit de plus cher, qu'il ne se mettoit nullement en peine de la présence de tant de médiateurs, et qu'il feroit prendre par les oreilles l'homme pour qui ils s'intéressoient, et le feroit jeter sur l'heure même par ses valets, bien loin hors de sa petite maison. Ce discours offensa extrêmement toute la compagnie, et l'un des trois frères lui répondit avec assez de liberté, que c'étoit en vain que, se confiant en ses richesses, il faisoit de pareilles menaces, avec un orgueil de tyran, puisqu'il y avoit des lois qui mettoient les pauvres à couvert de l'insolence des riches. Ainsi que l'huile nourrit la flamme, que le soufre allume le feu, et qu'un fouet entre les mains d'une furie ne fait qu'irriter sa rage, de même ces paroles ne servirent qu'à enflammer davantage la férocité de cet homme : Allez tous vous faire pendre, leur dit-il en fureur, vous et vos lois. En même-temps il commanda qu'on détachât et qu'on lâchât sur eux ses chiens de cour, et ceux de ses bergers, qui étoient de grands animaux cruels, accoutumés â manger les bêtes mortes qu'on jette dans les champs, et qu'on avoit instruits à courir après les passans et à les mordre. Aussi-tôt ces chiens animés et furieux, au premier signal de leurs maîtres, se jettent sur ces hommes, en aboyant confusément et d'une manière affreuse, et les mordent et les déchirent de tous côtés ; ils n'épargnent pas ceux qui s'enfuient plus que les autres ; au contraire, ils les poursuivent et s'acharnent sur eux avec encore plus de rage. Au milieu de ce carnage, où chacun, tout effrayé, tâchoit de se sauver de côté et d'autre, le plus jeune des trois frères ayant rencontré une pierre en son chemin, et s'étant blessé au pied, tomba par terre, et servit de proie à la cruauté de ces animaux qui se jettèrent sur lui, et le mirent en pièces. D'abord que ces deux frères entendirent les cris qu'il faisoit en mourant, ils accoururent à son secours, et s'enveloppant la main gauche de leurs manteaux, ils firent tous leurs efforts pour écarter les chiens, et pour les chasser à coups de pierre ; mais ils ne purent jamais les épouvanter, ni vaincre leur acharnement sur leur malheureux frère qui expira à leurs yeux déchiré en morceaux, en leur disant pour dernières paroles, qu'ils eussent à venger sa mort, sur ce riche couvert de crimes. Alors ces deux frères ne se souciant plus de leur vie, s'en vont droit à lui, et transportés de colère, l'attaquent à coup de pierres. Mais cet impitoyable meurtrier, accoutumé à de semblables crimes, perce la poitrine de l'un d'un javelot qu'il lui lance, et quoique ce coup lui eût ôté la vie, il n'en fut point renversé ; car le javelot fut poussé avec tant de violence, que, l'ayant traversé de part en part, il étoit entré dans la terre, et soutenoit le corps de ce jeune homme en l'air. En même-temps un des valets de cet assassin, d'une taille et d'une force extraordinaire, voulant seconder son maître, avoit jetté une pierre au troisième de ces frères, pour lui casser le bras droit, mais la pierre ne faisant que lui effleurer le bout des doigts, étoit tombée sans lui faire de mal, contre la pensée de tous ceux qui étoient là. Ce coup favorable ne laissa pas de donner à ce jeune homme qui avoit de l'esprit, quelque petite espérance de trouver moyen de se venger. Feignant donc adroitement qu'il avoit la main estropiée de ce coup, il adresse la parole à cet homme riche, que la fureur transportoit. Jouis du plaisir, lui dit-il, d'avoir fait périr notre famille entière, repais ton insatiable cruauté du sang de trois frères, et triomphes fièrement du meurtre de tes voisins. Saches cependant que tu auras beau étendre les limites de tes terres, en dépouillant le pauvre de son héritage, il faudra toujours que tu aies quelques voisins. Tout mon regret est d'être estropié malheureusement de cette main ; car certainement je t'en aurois coupé la tête. Ce discours ayant mis le comble à la fureur de ce scélérat, il tire son épée, et se jette sur le jeune homme pour le tuer de sa propre main ; mais celui-ci n'étant pas moins vigoureux que lui, lui résiste, ce que l'autre ne croyoit pas qu'il pût faire, et l'ayant fortement saisi au corps, il lui arrache son épée, le perce de plusieurs coups, et le tue. En même-temps, pour ne pas tomber entre les mains des valets qui accouroient au secours de leur maître, il se coupe la gorge avec la même épée ; teinte encore du sang de son ennemi. Voilà ce qu'avoient annoncé ces prodiges qui venoient d'arriver, et ce qu'on étoit venu apprendre à ce père infortuné. Ce bon .vieillard accablé du récit de tant de malheurs, ne put proférer une seule parole, ni verser une seule larme ; mais prenant un couteau dont il venoit de couper du fromage, et quelques autres mets à ceux qui mangeoient avec lui, il s'en donna plusieurs coups dans la gorge, à l'exemple de son malheureux fils, et tomba sur la table, lavant avec les flots de son sang, les taches de cet autre sang qui y avoit jailli par un prodige. Mon jardinier déplorant la malheureuse destinée de cette maison, qui étoit détruite en si peu de temps, et très-affligé de la perte d'un homme qui vouloit lui faire du bien, après avoir payé par quantité de larmes le dîner qu'il venoit de faire, et frappé bien des fois ses deux mains l'une contre l'autre, qu'il remportoit vuides, monta sur mon dos, et reprit le chemin par où nous étions venus. Mais il ne put regagner son jardin sans accident ; car un grand homme que nous rencontrâmes, qui, par sa mine et son habit, paroissoit être un soldat d'une légion romaine (23), vint lui demander arrogamment, où il menoit cet âne à vuide. Mon maître qui étoit accablé de tristesse et qui d'ailleurs n'entendoit point la langue latine, continuoit toujours son chemin sans rien répondre. Le soldat, offensé de son silence comme d'un mépris, et suivant les mouvemens de son insolence ordinaire, le jette par terre, en lui donnant plusieurs coups d'un sarment qu'il tenoit en sa main (24). Le jardinier lui disoit humblement qu'il ne pouvoit savoir ce qu'il vouloit dire, parce qu'il n'entendoit pas sa langue. Alors le soldat lui parlant grec : où mènes-tu cet âne (25), lui dit-il ? Je vais, lui répondit mon maître, à la ville qui est ici proche. J'en ai besoin, lui dit le soldat, pour lui faire apporter, avec d'autres bêtes de charge, le bagage de notre capitaine qui est dans un château du voisinage. Il me prit en même-temps pour m'emmener. Le jardinier essuyant le sang qui couloit de la plaie que le soldat lui avoit fait à la tête, lui dit, en le conjurant par tout ce qu'il pouvoit espérer de plus heureux : Camarade, usez-en avec plus d'humanité et de douceur avec moi. De plus, cet âne paresseux, et qui, outre cela, tombe du haut-mal (26), a bien de la peine à porter de mon jardin qui est ici près, quelques bottes d'herbes au marché, après quoi, il est si las et si essoufflé qu'il n'en peut plus ; ainsi il s'en faut bien qu'il ne soit capable de porter des fardeaux un peu pesans. Enfin, voyant qu'il ne pouvoit fléchir le soldat par ses prières ; qu'au contraire, il ne faisoit que l'irriter encore davantage, et qu'il se mettoit en devoir de lui casser la tête avec le gros bout du sarment qu'il tenoit en sa main, il eut recours à un dernier expédient. Il se jetta à ses pieds, feignant de vouloir embrasser ses genoux pour exciter sa compassion ; et le prenant par les deux jambes, il fait un effort, et le renverse rudement par terre ; en même-temps, il saute sur lui, et se met à le mordre, et à lui frapper le visage, les mains et le corps à coups de poing et de coude, et même avec une pierre qu'il prit dans le chemin. Du moment que le soldat fut étendu par terre, il lui fut impossible de se défendre, ni de parer les coups ; mais il menaçoit continuellement le jardinier, que, s'il se pouvoit relever, il le hacheroit en morceaux avec son épée. Mon maître, crainte d'accident, la lui prit, et la jetta le plus loin qu'il put, et continua à le frapper encore plus violemment qu'il n'avoit fait. Le soldat étendu de son long, tout couvert de plaies et de contusions, ne vit d'autre moyen, pour sauver sa vie, que de contrefaire le mort. Le jardinier se saisit de son épée, monte sur mon dos, et sans songer à voir au moins son petit jardin, il s'en va fort vîte droit à la ville, et se retire chez un de ses amis, à qui il conte tout ce qui venoit d'arriver, le priant en même-temps de le secourir dans le péril où il étoit, et de le cacher, lui et son âne, pendant deux ou trois jours, jusqu'à ce qu'il fût hors de danger d'être recherché criminellement. Cet homme n'ayant pas oublié leur ancienne amitié, le reçut parfaitement bien. On me plia les jambes, et l'on me traîna le long du degré dans une chambre au haut de la maison ; le jardinier se mit en bas dans un coffre, dont il baissa la couverture sur lui. Cependant le soldat, à ce que j'ai appris depuis, étant revenu à lui, comme un homme ivre qui se réveille, se leve tout chancelant, et tout brisé des çoups qu'il avoit reçus, et s'en revient â la ville, se soutenant sur un bâton avec beaucoup de peine. Il n'osa parler à aucun bourgeois de la violence qu'il avoir exercée, et de sa foiblesse en même-temps. Il tint l'injure qu'il avoit reçue, secrète ; mais ayant rencontré quelques-uns de ses camarades, il leur conta sa disgrace. Ils jugèrent à propos qu'il se tînt caché pendant quelque temps, dans l'endroit où ils étoient logés ; car, outre la honte d'avoir essuyé un tel affront, il craignoit encore d'être châtié pour avoir perdu son épée (28). Ils lui dirent cependant qu'ils s'informeroient soigneusement de ce que nous étions devenus, et que, suivant les enseignes qu'il leur avoit donnés de nous, ils feroient leur possible pour nous découvrir et le venger. Un perfide voisin de la maison où nous étions retirés, ne manqua pas de nous déceler. Aussi-tôt les soldats ayant appellé la justice, dirent qu'ils avoient perdu en chemin un vase d'argent d'un grand prix, qui étoit à leur commandant ; qu'un certain jardinier l'avoit trouvé, et ne vouloit pas le rendre, et qu'il s'étoit caché chez un de ses amis. Les magistrats instruits de ce crime prétendu, et du nom de l'officier, viennent à la porte de la maison où nous étions, et déclarent à haute voix à notre hôte, qu'il eût à nous livrer, plutôt que de se mettre en danger de perdre la vie, et qu'on savoit certainement que nous étions chez lui. Notre hôte, sans s'étonner en aucune manière, et voulant sauver cet homme, à qui il avoit donné un asile, répond, qu'il ne sait ce qu'on lui demande, et assure qu'il y a déjà quelque temps qu'il n'a vu ce jardinier. Les soldats assuroient au contraire, en jurant par le génie de l'Empereur, qu'il étoit chez lui, et qu'il n'étoit point ailleurs. A la fin, les magistrats voulurent qu'on fît une perquisition dans la maison pour découvrir la vérité du fait. Ils y font donc entrer leurs licteurs et leurs huissiers, et leur ordonnent de faire une recherche exacte dans tous les coins de la maison. Leur rapport fut, qu'ils n'avoient trouvé personne, pas même l'âne du jardinier. La dispute recommença avec plus de violence de part et d'autre ; les soldats assuroient toujours, en implorant souvent le secours de César, que très-certainement nous y étions ; notre hôte assuroit le contraire, en attestant continuellement les Dieux, et moi, sous ma figure d'âne, inquiet et curieux à mon ordinaire, ayant entendu ce grand bruit, je passai ma tête par une petite fenêtre, pour regarder ce que c'étoit. Mais un des soldats ayant par hasard apperçu mon ombre, lève les yeux en haut, et me fait remarquer à tout le monde. Il s'élève aussi-tôt un grand cri, et dans le moment quelques-uns montent l'escalier fort vîte, me prennent et m'entraînent comme un prisonnier ; et ne doutant plus de la vérité, ils fouillent par toute la maison avec beaucoup plus de soin qu'auparavant, et ayant ouvert le coffre, ils y trouvent le malheureux jardinier. Ils le tirent de là, le présentent aux magistrats, et le mènent dans la prison publique, avec bon dessein de lui faire expier son action par la perte de sa vie, riant de tout leur cœur, et goguenardant de la sotte curiosité qui m'avoit fait mettre la tête à la fenêtre ; et c'est de là qu'est venu ce proverbe si commun : C'est le regard et l'ombre de l'âne (29). En parlant d'une affaire qui a été découverte par quelque indice grossier et ridicule, à quoi on ne s'attendoit point.

Fin du neuvieme Livre.

REMARQUES SUR LE NEUVIEME LIVRE.

(1) Ne peut s'opposer à l'ordre de la providence. Le texte dit, A la fatale disposition de la providence divine ; Divinæ providentiæ fatalis dispositio. Apulée fait voir par cette expression qu'il avoit des Dieux et du destin une idée plus raisonnable que le commun des Payens, puisqu'il nous insinue assez, que ce destin qu'ils considéroient comme une puissance supérieure à celle des Dieux mêmes, n'est que le décret fixe et permanent de la Providence du souverain des Dieux.

(2) Le multier Myrtil. En donnant ce nom à un cocher, il fait allusion à Myrtil, cocher d'Œnomaus, qui fit rompre le col à son maître dans la course de chariots qu'il fit contre Pelops, qui, pour récompense de sa perfidie, le jeta dans la mer appellée depuis Myrtoum, du nom de ce cocher.

(3) Hephæstion le cuisinier. Nom dérivé d'Hephæstos, qui en grec signifie Vulcain, Dieu du feu et de la cuisine.

(4) Apollonius le médecin. On voit assez que ce nom dérivé d'Apollon, Dieu de la médecine, convient à un Médecin.

(5) Nous partîmes au son des castagnettes et des cymbales. Ces espèces de castagnettes des anciens, qu'ils appelloient crotala, étoient bien plus grosses que les nôtres ; c'étoit deux demi-globes de cuivre, ou d'autre matière résonnante, dont ils tiroient le son, en les frappant des deux mains, l'un contre l'autre en cadence. La cymbale est encore aujourd'hui en usage ; c'est un triangle de fer garni de plusieurs anneaux, sur lequel on frappe en cadence avec une verge de fer. (6) Cet homme réduit dans une grande nécessité. J'ai passé légèrement sur quelques endroits de cette petite histoire, qui sont trop libres dans l'original, pour être mis en françois. (7) Un vieux tonneau vuide qui étoit au coin de la chambre, à moitié enfoncé dans la terre. Pline remarque, l. 14, chap. 21, que, dans les pays chauds, on mettoit le vin dans ces sortes de tonneaux qui étoient de terre cuite, et qu'on les enfonçoit dans la terre entièrement ou en partie. Il dit aussi un peu après, que les vins délicats doivent être conservés ainsi, et que, pour les vins qui ont de la force, on les laisse dans les tonneaux exposés à l'air. Quand ces sortes de tonneaux étoient enfouis en terre, ils passoient pour une espèce d'immeubles qui étoient censés vendus avec la maison où ils étoient, s'ils n'en étoient nommément exceptés. Ce qui paroît par la loi 76, au digeste, de contrahenda emptione et venditione. (8) Que je ne me soucie pas de perdre mon argent. Cela est sous-entendu dans le latin ; je l'ai ajouté dans le françois pour le rendre plus intelligible : Le texte dit seulement : Nisi putas

æs de malo habere. Si tu ne t'imagines que j'ai acquis mon argent par de mauvaises voies. Cela mis seul n'auroit pas été assez clair. (9) Par une seule réponse qu'ils imaginèrent, qui pouvoit se rapporter à des événemens différens. Cet endroit fait voir de quelle manière ces sortes de devins abusoient le peuple. Quintilien, dans sa 4e Déclamation, parle ainsi de ces oracles : Voici en quoi consiste la fourberie, non à répondre suivant ce que souhaitent ceux qui viennent à l'oracle, mais par l'obscurité et l'ambiguité des réponses qu'on leur fait, à les renvoyer dans une telle incertitude, que quelque évènement qui leur arrive, ils croient que c'est ce qui leur a été prédit. Tel est cet oracle dont parle Cicéron, rendu par Apollon à Crésus, roi de Lydie. Cræsus Halym penetrans magnam pervertet opum vim. Si Crésus passe le fleuve Halis pour aller à la rencontre de son ennemi, il renversera un florissant état. Crésus croyoit, dit Cicéron, abatre les forces de ses ennemis, il a abattu les siennes ; que l'une ou l'autre de ces deux choses arrivât, l'oracle se trouvoit toujours véritable. L'oracle que rapporte ici Apulée n'est pas de cette espèce ; il promet toujours un heureux évènement sur quoi que ce puisse être qu'on l'interroge. (10) Lorsqu'enfermés dans son temple, ils faisoient semblant de célébrer ses secrets mystères. Ces mystères se nommoient opertanea, cachés. Qui que ce soit n'y assistoit que les Prêtres, de. peur, disoient-ils, que la vue des profanes ne les souillât ; mais c'étoit un secret qu'ils avoient trouvé pour commettre toutes sortes d'abominations, sans être vus ni interrompus. (11) Et le jettent en prison. In Tullianum compingunt. Il y avoit dans la prison de Rome un endroit souterrain qui se nommoit Tullianum, parce qu'on croyoit par tradition, que le roi Servius Tullius l'avoit fait bâtir. Apulée se sert de ce nom en parlant de quelque prison que ce soit. (12) Ils avoient des marques imprimées sur le front. Quand les esclaves avoient commis quelque crime, ou qu'après s'être enfuis, on les avoit repris, leurs maîtres leur faisoient appliquer sur le front un fer chaud qui leur imprimoit des lettres, et quelquefois plusieurs mots qui marquoient la faute qu'ils avoient commise ; par exemple, s'ils avoient volé, on y voyoit ces mots écrits, cave à fure, donnez vous de garde du voleur, et l'on noircissoit ces caractères avec de l'encre, afin qu'ils parussent davantage. (13) Et la vapeur du feu .... leur avoit mangé les paupières, et gâté entièrement la vue. En ce temps-là les meuniers faisoient aussi le métier de boulanger en même-temps. (14) Le divin auteur de l'ancienne poésie grecque. C'est d'Homère dont il entend parler, qui commence son Odissée par la description de son héros, telle que notre auteur la donne ici. (15) Un Dieu qu'elle disoit être seul et unique. On voit assez qu'Apulée qui étoit payen, donne ici un trait de satyre aux chrétiens, en feignant que la méchante femme, dont il parle ici, étoit chrétienne. Les vaines cérémonies qu'il dit qu'elle observoit, et la débauche qu'il lui reproche, sont les couleurs ordinaires dont la calomnie payenne peignoit les assemblées des chrétiens, les hymnes qui s'y chantoient, et ces banquets charitables qui s'y faisoient en faveur des pauvres, et que l'on nommoit agapes. (16) Ne pouvant se dispenser de la laisser aller quelquefois le soir aux bains publics. Ç'auroit été une trop grande rigueur d'empêcher les femmes d'aller aux bains, il leur étoit presque impossible de s'en dispenser, parce qu'elles n'avoient pas en ce temps-là l'usage du linge. (17) Prépare du vin délicieux : Vina defæcat, dit le texte, ôte la lie du vin. Les anciens, avant que de boire le fin, le passoient à travers une chausse pour l'éclaircir. (18) La liqueur dont on boit avant le repas. C'étoit une liqueur composée qui excitoit l'appétit, par où les anciens commençoient leurs repas. (19) Je jure par Cérès. Il y a dans le texte, Je jure par cette sainte Cérès. Le meunier, en disant cela, montroit apparemment quelque petite figure de Cérès, qui était dans sa maison : j'ai eu peur que cela ne fût pas assez intelligible, si j'avois exprimé, comme dans le latin, par cette Cérés. Ce serment convient fort à celui qui le fait. (20) L'a saluée la première fois. On voit par ce passage, et par plusieurs autres des anciens, que c'étoit la coutume de saluer ceux qui éternuoient, en leur disant : Jupiter vous assiste, ou les Dieux vous favorisent, comme il se pratique encore aujourd'hui. Non-seulement ceux qui entendoient éternuer faisoient ces souhaits favorables, mais celui qui éternuoit avoit aussi coutume de les faire pour lui-même, lorsqu'il avoit éternué, comme on peut voir par une ancienne épigramme grecque de l'Anthologie fort outrée, contre un homme qui avoit le nez extrêmement grand ; cette épigramme dit, qu'il ne se disoit pas : Jupiter m'assiste, quand il éternuoit, parce que son nez étoit si grand et si éloigné de ses oreilles, qu'il ne s'entendoit pas éternuer. (21) Ainsi vous passerez ici la nuit, si vous le trouvez bon. Il y a quelques saletés retranchées en cet endroit, aussi-bien que dans ce qui suit. (22) Le neuvième jour de la mort de son père elle fit, suivant la coutume, les dernières cérémonies de ses funérailles. La coutume étoit de garder les morts jusqu'au huitième jour qu'on les brûloit, et le neuvième on renfermoit leurs cendres dans une urne qu'on mettoit dans un tombeau, avec des cérémonies, et même avec des jeux qu'on célèbroit en leur mémoire, comme on voit au 5e l. de l'Enéide, que Enée en fit faire en Sicile pour honorer l'anniversaire de la mort de son père. (23) Un soldat des légions romaines. Les armées des Romains étoient composées de deux sortes de troupes de légionnaires et d'auxiliaires. Les soldats légionnaires étoient proprement des Romains, et les auxiliaires étoient des peuples étrangers et alliés aux Romains. On faisoit plus de cas des soldats légionnaires que des autres. (24) D'un sarment de vigne qu'il tenoit en sa main. La marque qui distinguoit les centurions, étoit un sarment de vigne qu'ils portoient à la main, et dont ils se servoient pour châtier les soldats. Il y a apparence cependant que le soldat, dont il est question ici, n'étoit pas centurion, et qu'il en avoit seulement pris la marque pour se faire craindre davantage par les paysans. (25) Où il menoit cet âne. Notre auteur met ici un solécisme à la bouche de ce soldat, en lui faisant dire : ubi ducis, au lieu de quo ducis, pour mieux conserver le caractère d'un soldat qui est ordinairement fort ignorant, et fort peu poli dans le langage. (26) Qui, outre cela, tombe du haut mal. Le texte dit, *Morbo detestabili caducus* : Qui tombe de la maladie détestable. Ils nommoient ainsi l'épilepsie ou le mal caduc, parce que, quand quelqu'un en tomboit, ceux qui y étoient présens avoient soin de marquer, comme à toutes les autres choses de mauvaise augure l'horreur qu'ils en avoient, par des gestes d'aversion et en crachant sur le malade, pour éloigner d'eux-mêmes les mauvaises suites qu'ils croyoient, que la vue d'un pareil accident pouvoit leur attirer. (27) Il craignoit encore d'être châtié, suivant les lois militaires pour avoir perdu son épée. Il y a dans l'original, *Militaris etiam sacramenti gentium ob amissam spatham verebatur*. Il craignoit aussi d'être puni comme parjure pour la perte de son épée. J'ai cru que cela n'auroit pas été si intelligible ainsi que de la manière dont je l'ai exprimé, qui revient au même. Le génie du serment militaire, dont on parle ici, est le génie de l'Empereur, par lequel les soldats juroient, ce qui leur paroissoit un serment plus inviolable, que s'ils avoient juré par tous les Dieux ensemble, comme le remarque Tertullien dans son Apologétique. Ce serment militaire étoit de ne jamais déserter, de ne refuser point de souffrir la mort pour la République romaine, et d'exécuter courageusement tout ce que le général ordonneroit. Or la perte des principales armes, comme étoient la cuirasse, le bouclier, le casque et l'épée, passoit pour désertion, et étoit punie du même supplice, comme il paroît par la loi, qui *commeatus* 14 au digeste de *re militari*, §. 1. (28) C'est le regard et l'ombre de l'âne. J'y ai ajouté, en parlant d'une affaire, &c. qui n'est point dans le texte, pour donner quelque jour à cet ancien proverbe qui, étant connu du temps d'Apulée n'avoit pas alors besoin d'explication, et qui peut bien avoir pris son origine d'une avanture pareille à celle qu'il conte ici. Cependant plusieurs auteurs donnent d'autres explications du regard et de l'ombre de l'âne, comme de deux proverbes différens, que notre auteur a joints ensemble, pour n'en faire qu'un seul. Pour le regard de l'âne, ils rapportent qu'un jour un âne regardant par une fenêtre dans l'attelier d'un potier, cassa quelques-uns de ses pots ; qu'aussi-tôt le potier fit appeler en justice le maître de l'âne, lequel interrogé par les juges, de quoi il étoit accusé, du regard de mon âne, dit-il ; ce qui ayant fait rire toute l'assistance, passa depuis en proverbe, et se disoit, quand on attaquoit la réputation de quelqu'un sur des choses de peu d'importance, et qui ne valoient pas la peine qu'on y fit attention. A l'égard de l'ombre de l'âne, ils prétendent qu'on disoit ce proverbe, quand on vouloit parler de ces sortes de gens qui sont curieux de savoir des bagatelles, et qui négligent de s'instruire des choses nécessaires. Voici ce qui y a donné lieu. Un jour Démosthêne plaidant une cause pour un homme accusé d'un crime capital, et voyant que les juges n'avoient aucune attention à son discours, il s'avisa de leur dire : Messieurs, un jeune homme avoit loué un âne pour aller en quelque endroit ; comme il étoit en chemin, il voulut se reposer quelque temps, pendant la grande chaleur du jour, et se coucha à l'ombre de l'âne. L'ânier qui le conduisoit s'y opposa, lui disant, qu'il lui avoit loué son âne, à la vérité, mais qu'il ne lui avoit pas loué l'ombre de son âne ; et, sur cela, il appella le jeune homme en justice. Démosthène s'arrêta en cet endroit, et remarqua que toute l'assistance étoit fort attentive à ce récit. Quoi ! Messieurs, reprit-il en s'écriant, vous prêtez l'oreille à des bagatelles, et vous n'écoutez pas une affaire où il s'agit de la vie d'un homme.

Fin des Remarques du neuvième Livre.

Livre X

LES MÉTAMORPHOSES:
ou
L'ANE D'OR D'APULÉE,

PHILOSOPHE PLATONICIEN,

LIVRE DIXIEME.

Le lendemain, je ne sais ce qui arriva du jardinier, mon maître ; mais ce soldat qui, par son injuste violence, s'étoit attiré un si mauvais traitement, me détacha et m'emmena de l'écurie où l'on m'avoit mis, sans que personne s'y opposât, et ayant pris, de l'endroit où il logeoit, des hardes qui me paroissoient être les siennes, il me les chargea sur le corps, et m'ajusta dans un équipage de guerre ; car il me mit par-dessus cela un casque fort brillant, un bouclier qui l'étoit encore davantage, avec une lance extrêmement longue, le tout en manière de trophée, comme on a coutume de faire à l'armée ; ce qu'il avoit accommodé ainsi, non pour observer la discipline militaire, mais pour épouvanter les pauvres passans. Après que nous eûmes marché quelque temps dans une plaine par un chemin aisé, nous arrivâmes dans une petite ville ; nous ne fûmes point loger à l'hôtellerie, nous allâmes à la maison d'un certain décurion. Après que le soldat m'eut donné en garde à un valet, il s'en alla dans le moment trouver son colonel qui avoit mille hommes sous son commandement. Je me souviens qu'au bout de quelques jours il se commit un crime en ce lieu-là, bien horrible et bien extraordinaire. J'en vais mettre l'histoire dans mon livre, afin que sous la sachiez aussi. Le maître de la maison où nous étions, avoit un fils fort bien instruit dans les belles lettres, et qui, par une suite assez naturelle, étoit très-vertueux, très-modeste, et tel enfin qu'il n'y a personne qui ne souhaitât d'avoir un fils aussi-bien né qu'étoit celui-là. Sa mère étoit morte il y avoit long-temps ; son père s'étoit remarié, et avoit eu de ce second lit un autre fils qui n'avoit guères plus de douze ans. La mère de ce dernier qui s'étoit acquis une grande autorité dans la maison de son mari, plutôt par sa beauté que par ses mœurs, jetta les yeux sur son beau-fils, soit qu'elle fût d'un tempérament amoureux, soit que son mauvais destin la portât à commettre un si grand crime. Sachez donc, mon cher lecteur, que ce n'est point ici un conte, mais une histoire tragique, et que du brodequin, je monte au cothurne (1). Dans le temps que l'amour ne faisoit que de naître dans le cœur de cette femme, et qu'il étoit encore foible, elle lui résistoit en se contraignant au silence, et en cachant aux yeux de ce jeune homme une petite rougeur que sa vue lui faisoit naître ; mais, dans la suite, quand cet amour déréglé se fut absolument rendu maître de son ame, elle fut forcée de succomber sous sa violence ; et, pour mieux dissimuler les peines qu'elle souffroit, elle cachoit la blessure de son cœur sous une feinte maladie. Personne n'ignore que l'abattement du corps et du visage ne convient pas moins à ceux que l'amour tourmente, qu'à ceux qui sont malades. Elle avoit le teint pâle, les yeux mourans, à peine pouvoit-elle se soutenir ; son sommeil étoit inquiet et troublé, et ses fréquens soupirs exprimoient sa langueur. Si vous n'eussiez vu que les larmes qu'elle répandoit à tout moment, vous auriez cru qu'elle étoit tourmentée d'une fièvre très-ardente. O médecins ignorans ! que signifioit ce poux élevé, cette ardeur immodérée, cette difficulté de respirer, et ces fréquentes palpitations de cœur ? Grands Dieux ! sans être médecins, quand on voit une personne qu'un feu interne consume, sans qu'il paroisse violemment au-dehors, qu'il est aisé de connoître, pour peu qu'on ait d'expérience sur cette matière, que c'est un effet de l'amour. Cette femme tourmentée de plus en plus par la violence de sa passion, se résout enfin à rompre le silence. Elle ordonne qu'on lui fasse venir son beau-fils, nom qu'elle auroit bien voulu qu'il n'eut jamais eu, pour ne pas rougir en le prononçant. Le jeune homme se rend aussi-tôt aux ordres de sa belle-mère qui étoit malade, et regardant son obéissance comme un devoir, va la trouver dans sa chambre, avec un air fort affligé de l'état où il la voyoit. Elle, qu'un pénible silence avoit tant fait souffrir, se trouve interdite à sa vue : elle est dans une agitation terrible, et sa pudeur combattant encore un peu, elle rejette tout ce qu'elle avoit résolu de lui dire, et cherche par où elle commencera la conversation. Le jeune homme qui ne soupçonnoit rien, lui demande, d'une manière honnête, quelle est la cause de sa maladie. Cette femme le voyant seul avec elle, profite de cette malheureuse occasion ; elle s'enhardit, et lui parle ainsi en peu de mots, d'une voix tremblante, versant un torrent de larmes, et se cachant le visage avec le bord de sa robe : C'est vous, dit-elle, qui êtes la cause de mon mal ; c'est vous qui en êtes le remède, et qui seul pouvez me sauver la vie ; car vos yeux ont pénétré par les miens, jusqu'au fond de mon cœur, et y ont allumé un feu qui le dévore. Ayez donc pitié de moi, puisque c'est à cause de vous que je meurs, que le respect que vous avez pour votre père ne vous retiene point ; vous lui conserverez une épouse, qu'il est sur le point de perdre ; c'est la parfaite ressemblance que vous avez avec lui, qui me force à vous aimer, et qui servira d'excuse à ma passion. Au reste, nous sommes seuls, vous n'avez rien à craindre, il dépend de vous de me conserver la vie, le temps et l'occasion sont favorables, et ce qui n'est su de personne, est comme s'il n'étoit pas arrivé. Le jeune homme tout troublé d'une déclaration si peu attendue, quoiqu'il fût saisi d'horreur à la seule pensée d'un tel crime, crut néanmoins qu'il ne devoit pas irriter sa belle-mère par un refus trop précipité ; mais qu'il devoit plutôt l'adoucir par la promesse trompeuse de répondre une autre fois à ses desirs. Il lui promet donc tout ce qu'elle lui demande ; et l'exhorte en même-temps de prendre courage, de se bien nourrir, et d'avoir soin de sa vie, jusqu'à ce que son père fasse quelque voyage, et qu'il leur donne occasion par son absence d'être heureux l'un et l'autre. Ensuite il se retire de la présence de cette pernicieuse femme, et jugeant que, dans le malheur affreux qui menaçoit sa famille, il avoit besoin d'un bon conseil, il va dans le moment trouver un vieillard, d'une sagesse et d'une prudence reconnue, qui avoit eu soin de son éducation, à qui il fait confidence de ce qui venoit d'arriver. Après une longue délibération, ils jugèrent qu'il n'avoit rien de mieux à faire, que de se dérober par une prompte fuite à l'orage, que la fortune cruelle lui préparoit. Cependant sa belle-mère impatiente, et ne pouvant souffrir le moindre retardement à ses desirs, imagina quelques raisons, et persuada adroitement à son mari d'aller au plutôt à une de ses terres, qui étoit fort éloignée. D'abord qu'il fut parti, cette femme impatiente de remplir son espérance, sollicite son beau-fils de tenir la promesse qu'il lui avoit faite. Mais ce jeune homme alléguant tantôt une excuse, tantôt une autre, fait si bien qu'il évite de la voir, tant qu'enfin elle connut, à n'en pouvoir douter, par la contrariété des réponses qu'on lui faisoit de sa part, qu'elle ne devoit plus compter sur la parole qu'il lui avoit donnée ; ce qui changea tout d'un coup l'amour incestueux qu'elle avoit pour lui, en une haine encore plus détestable, et ayant appellé un ancien valet qu'elle avoit (2), homme capable de toutes sortes de crimes, elle lui communiqua ses pernicieux desseins, et ils conclurent ensemble que le meilleur parti qu'ils eussent à prendre, étoit de faire mourir ce malheureux jeune homme. Ce scélérat va donc aussi-tôt, par l'ordre de sa maîtresse, acheter du poison d'un effet très-prompt ; et le prépare pour la mort du fils aîné de la maison, en le délayant avec soin dans du vin. Mais, pendant qu'ils délibèrent entre eux du temps qu'ils prendront pour lui donner cette boisson, le plus jeune des deux frères, le propre fils de cette abominable femme, étant de retour de ses études du matin, et ayant soif après avoir mangé son déjeûné, trouve par hasard le vase plein de ce vin empoisonné, et le vuide d'un seul trait. A peine eut-il bu cette liqueur mortelle, qu'on avoit destinée pour son frère, qu'il expire sur le champ. Son précepteur épouvanté d'une mort si subite, donne l'alarme à la mère de l'enfant, et à toute la maison, par ses cris douloureux ; et chacun jugeant que ce malheur étoit l'effet du poison, les uns et les autres accusent diverses personnes d'un crime si noir. Mais cette maudite femme, l'exemple le plus grand de la méchanceté des marâtres, sans être touchée de la mort prématurée de son enfant, ni des reproches que sa conscience devoit lui faire, ni de la destruction de sa famille, ni de l'affliction que causeroit à son mari la perte de son fils, se servit de ce funeste accident pour hâter sa vengeance ; et dans le moment elle envoya un courrier après son mari (3), pour lui apprendre la désolation de sa maison. Le bonhomme revint sur ses pas en diligence. Si-tôt qu'il fut arrivé, sa femme s'armant d'une effronterie sans pareille, lui assure que son enfant a été empoisonné par son beau-fils. Il est vrai qu'elle ne mentoit pas tout-à-fait, puisque ce jeune enfant avoit prévenu par sa mort celle qui étoit préparée pour son frère qui, par conséquent, en étoit la cause innocente. Elle dit encore à son mari, que l'aîné s'étoit porté à commettre ce crime, parce qu'elle avoit résisté à tous les efforts qu'il avoit fait pour la séduire et la corrompre. Non contente de ces horribles mensonges, elle ajoute qu'il l'avoit menacée de la tuer avec son épée, parce qu'elle n'avoit pas gardé le silence sur ses infames poursuites. Ce père malheureux se trouve pénétré d'une vive douleur de la perte de ses deux enfans. On ensevelissoit le plus .jeune à ses yeux, et il savoit certainement que l'inceste et le parricide de l'aîné le feroient condamner à la mort ; outre que les feintes lamentations de sa femme, pour qui il avoit trop de foiblesse, l'engageoient à une haine implacable contre ce fils malheureux. A peine avoit-on achevé la cérémonie des funérailles du jeune enfant, que son père, cet infortuné vieillard, part du bûcher (4) qui étoit préparé, et va à grand pas au Sénat, les yeux baignés de nouvelles larmes, et s'arrachant ses cheveux blancs, tous couverts de cendre. Il se présente devant les juges, et par ses pleurs et par ses prières, embrassant même les genoux des sénateurs, il leur demande avec insistance la mort du fils qui lui restoit, trompé par la artifices de sa détestable femme. C'est un incestueux, leur disoit-il, qui a voulu souiller le lit de son père, c'est un parricide qui a empoisonné son frère, et un meurtrier qui a menacé sa belle-mère de la tuer.

Enfin ce bon-homme, par ses cris et ses lamentations, fit tant de pitié, et excita une telle indignation dans l'esprit des juges, et même de tout le peuple, que sans égard aux délais, qui étoient nécessaires pour rendre un jugement dans les formes, et sans attendre qu'une telle accusation fût bien prouvée, et que l'accusé eût donné ses défenses, tout le monde s'écria : Qu'il falloit venger le mal public, en lapidant publiquement le criminel. Mais les magistrats, par la crainte de leur propre danger, et de peur que de ce commencement d'émotion qu'on voyoit parmi le peuple, il n'en arrivât quelque désordre, au préjudice des lois et de la tranquillité publique, se mirent à réprimer le peuple, et à supplier les sénateurs, que la sentence fût prononcée dans toutes les règles, suivant la coutume de leurs ancêtres ; et après l'examen des raisons alléguées de part et d'autre, leur remontrant qu'on ne devoit point condamner un homme sans l'entendre, comme feroient des peuples barbares ou des tyrans, et qu'au milieu de la paix, dont on jouissoit, il ne falloit pas laisser un exemple si affreux à la postérité. Ce conseil salutaire fut universellement approuvé. Aussi-tôt le crieur public eut ordre de déclare à haute voix : Que tous les sénateurs eussent à se rassembler au sénat. Lorsqu'ils y furent tous assis, suivant le rang de leurs dignités, l'huissier appella d'abord l'accusateur qui s'avança, puis il cita le criminel qu'on présenta devant les juges ; ensuite il déclara aux avocats des parties, suivant qu'il se pratique dans l'aréopage à Athènes, qu'ils eussent à ne point faire d'exorde à leurs discours, et qu'ils expliquassent le fait simplement, sans chercher à exciter la compassion. Voilà de quelle manière j'ai appris que tout cela se passa, par ce que j'en ai entendu dire aux uns et aux autres, mais, pour le plaidoyer de l'avocat de l'accusateur, et les raisons dont l'accusé se servit pour se défendre, aussi-bien que leurs interrogatoires et leurs réponses, comme je n'y étois pas, et que je ne sortis point de mon écurie, je n'en ai pu rien savoir, et ne puis vous raconter des choses que j'ignore ; mais je vais écrire ce que je sais. D'abord que les avocats eurent fini leurs contestations, l'avis des sénateurs fut que les crimes dont on chargeoit le jeune homme, devoient être prouvés plus clairement, et qu'on ne devoit pas prononcer dans une affaire de si grande importance sur de simples soupçons, et sur-tout ils ordonnèrent que l'esclave qui savoit, à ce qu'on disoit, comme la chose s'étoit passée, fût amené devant eux pour être entendu. Ce scélérat, sans être troublé en aucune façon, ni par l'incertitude de l'évènement d'un jugement de cette importance, ni par la vue de tant de sénateurs assemblés, ni même, par les reproches de sa mauvaise conscience, commença à dire et à affirmer, comme des vérités, une suite de mensonges qu'il avoit inventés. Il assuroit que le jeune homme, indigné de voir que ses infâmes poursuites auprès de sa belle-mère étoient inutiles, l'avoit appellé, et que, pour se venger d'elle, il lui avoit donné la commission de faire mourir son fils, qu'il lui avoit promis une grande récompense, pour l'obliger au secret. Que lui ayant refusé de commettre un tel crime, l'autre l'avoit menacé de le tuer, et lui avoit donné du poison délayé de sa propre main dans du vin, afin qu'il le fît prendre à son frère, et que ce méchant homme ayant soupçonné qu'il négligeoit de le donner, et qu'il le vouloit garder pour servir de preuve contre lui, l'avoit présenté lui-même à ce jeune enfant. Après que ce malheureux, digne des plus grands châtimens, eut, avec une frayeur affectée, achevé sa déposition, qui paroissoit vraisemblable, l'affaire ne souffrit plus aucune difficulté, et il n'y eut pas un des sénateurs assez favorable au jeune homme, pour ne le pas condamner à être cousu dans un sac et jetté dans l'eau (5), comme convaincu des crimes dont on l'accusoit. Tous les juges étant de même avis, ils étoient prêts de mettre chacun leur billet de condamnation dans l'urne d'airain, suivant la coutume qu'on observe de tout temps : ces billets y étant mis une fois, décidoient du sort du criminel, sans qu'il fût permis après cela d'y rien changer, et dans le moment on le livroit au supplice. Alors un vénérable vieillard, médecin de profession, qui étoit un des juges, et qui s'étoit acquis une grande autorité dans le sénat, par sa prudence et son intégrité, couvrit l'urne avec sa main, de peur que quelqu'un n'y jettât son billet avec trop de précipitation, et parla au sénat en cette sorte. Je me réjouis, Messieurs, d'avoir vécu si longtemps, puisque, dans tout le cours de ma vie, j'ai été assez heureux pour mériter votre approbation, et je ne souffrirai point qu'on commette un homicide manifeste, en faisant mourir ce jeune homme sur de fausses accusations, ni qu'abusés et surpris par les mensonges d'un vil esclave, vous rompiez le serment que vous avez fait de rendre la justice. Je ne puis, au mépris des Dieux, et contre ma propre conscience, souscrire à cette injuste sentence, que vous êtes prêts de prononcer. Je vais donc vous apprendre, Messieurs, comme la chose s'est passée. Il y a déjà du temps que ce scélérat que vous voyez, me vint trouver, et m'offrit cent écus d'or, pour avoir de moi un poison fort prompt, dont un homme, disoit-il, accablé d'une maladie de langueur, et qui étoit incurable, avoit besoin, pour se délivrer des tourmens et des misères de cette vie. Voyant bien par les mensonges et les mauvaises raisons que ce scélérat me donnoit, qu'il méditoit quelque crime, je lui donnai une drogue ; mais, voulant prendre mes précautions, en cas qu'on fît quelques recherches sur cette affaire, je ne voulus pas d'abord prendre l'argent qu'il m'offroit, et je lui dis : mon ami, de peur que, parmi ces pièces d'or que tu me présentes, il n'y en ait quelqu'une de fausse ou d'altérée, remets-les dans ce même sac, et les cachetes avec ton anneau, jusqu'à demain, que nous les ferons examiner par un changeur. Il me crut, il cacheta l'argent, et si-tôt que j'ai vu ce malheureux paroître devant vous, j'ai donné ordre à un de mes gens d'aller au plus vîte prendre cet argent chez moi, et de me l'apporter. Le voici que je vous présente, qu'il le regarde, et qu'il reconnoisse son cachet. Or, comment peut-on accuser ce jeune homme-ci d'avoir donné à son frère un poison, que cet esclave a acheté lui-même. Dans le moment ce scélérat fut atteint d'une frayeur terrible ; un frisson le saisit, et il devint pâle comme la mort. Il commença à remuer tantôt un pied, tantôt l'autre, et à se gratter la tête, proférant entre ses dents quelques mauvais discours, de manière qu'il n'y avoit personne, à le voir ainsi, qui ne jugeât bien qu'il n'étoit pas tout-à-fait innocent. Mais, après qu'il se fut un peu remis, il ne cessa point de nier avec opiniâtreté tout ce que le médecin avoit dit, et de l'accuser de mensonge. Le vieillard voyant sa probité attaquée devant tout le monde, outre qu'il étoit engagé par serment à rendre la justice, redouble ses efforts pour convaincre ce méchant homme, jusqu'à ce que les archers ayant pris les mains de ce malheureux, par l'ordre des magistrats, y trouvèrent l'anneau de fer (6), dont il s'étoit servi, qu'ils confrontèrent avec le cachet qui étoit sur le sac. La conformité de l'un et de l'autre, acheva de confirmer les premiers soupçons qu'on avoit déjà conçus contre lui. On lui présenta dans le moment la roue et le chevalet, à la manière des Grecs, pour lui donner la question ; mais ce scélérat, avec une fermeté étonnante, s'opiniâtrant à ne rien avouer, ne put être ébranlé par aucun supplice, ni même par le feu. Je ne souffrirai point, dit alors le médecin, non certainement, je ne souffrirai point que vous condamniez au supplice ce jeune homme qui est innocent, ni que cet esclave évite la punition que son crime mérite, et se moque de notre jugement ; et je vais vous donne une preuve évidente du fait dont il s'agit. Lorsque ce méchant homme vint me trouver dans dessein d'acheter du poison, comme je ne croyois pas qu'il convînt à une personne de ma profession de rien donner qui pût causer la mort, et que je savois qu'on avoit appris et cultivé l'art de la médecine, pour conserver la vie aux hommes, et non pour la détruire, j'eus peur, si je le refusois inconsidérément, d'être cause qu'il n'exécutât le crime qu'il avoit médité, en achetant du poison d'une autre personne, ou enfin en se servant d'une épée ou de quelqu'autre arme ; ainsi je lui donnai, non du poison, mais du suc de mandragore, qui est, comme tout le monde sait, une drogue assoupissante, et qui cause un sommeil si profond à ceux qui en prennent, qu'il semble qu'ils soient morts. Vous ne devez pas être surpris si ce désespéré sachant bien qu'il mérite le dernier supplice, suivant nos lois, supporte ces tourmens comme de légères peines. Cependant, s'il est vrai que le jeune enfant ait pris la potion que j'ai préparée moi-même, il vit, il repose, il dort, et si-tôt que ce grand assoupissement sera dissipé, il reverra la lumière ; mais s'il a perdu la vie effectivement, vous pouvez rechercher d'autres causes de sa mort, qui me sont inconnues. Chacun approuva ce que ce vieillard venoit de dire, et dans le moment on court au sépulcre, où l'on avoit déposé le corps de l'enfant. Il n'y eut pas un de tout le sénat, ni des principaux de la ville, ni même du peuple, qui n'y courût par curiosité. Alors le père de l'enfant levant lui-même la couverture du cercueil, trouve son fils, qu'il avoit cru mort, ressuscité, son sommeil venant de se dissiper, et l'embrassant tendrement, sans pouvoir trouver de termes pour exprimer sa joie, il le tire du sépulcre, le montre au peuple, et le fait porter au sénat encore lié et enveloppé, comme il étoit, des linceuls de ses funérailles. Ainsi les crimes de ce méchant esclave, et de cette femme, encore plus méchante que lui, étant entièrement découverts, la vérité parut dans toute sa force aux yeux du public. La marâtre fut condamnée à un exil perpétuel ; l'esclave fut pendu, et les écus d'or furent laissés, du consentement de tout le monde, à ce bon médecin, pour le prix du somnifère qu'il avoit donné si à propos. C'est ainsi que, d'une manière digne de la providence des Dieux, se termina la fameuse et tragique avanture de ce bon père de famille qui, en peu de temps, ou plutôt dans un seul instant, retrouva ses deux fils, après avoir été sur le point de les perdre l'un et l'autre. Pour ce qui est de moi, vous allez voir de quelle manière la fortune me ballottoit dans ce temps-là. Ce soldat qui m'avoit acheté, sans que personne m'eût vendu à lui, et qui m'avoit acquis, sans bourse délier, étant obligé d'obéir à son colonel, qui l'envoyoit à Rome porter des lettres à l'Empereur, me vendit onze deniers à deux frères qui servoient un grand seigneur du voisinage. L'un étoit fort bon pâtissier, et l'autre excellent cuisinier. Comme ils étoient logés ensemble, ils vivoient en commun, et m'avoient acheté pour porter quantité de vaisseaux et d'ustenciles qui leur servoient à plusieurs usages lorsqu'ils voyageoient. Je fus donc pris par ces deux frères, pour troisième camarade. Je n'avois point encore éprouvé une plus favorable destinée ; car le soir, après le soupé, qui étoit toujours magnifique, et d'un fort grand appareil, ils avoient coutume de rapporter dans leur office quantité de bons morceaux de ce qu'on desservoit. L'un y serroit des restes de porc, de volailles, de poissons et de toutes sortes de ragoûts, et l'autre des pains, des gâteaux, des tourtes, des biscuits, et quantité de friandises et de confitures ; si bien que, lorsqu'après avoir fermé la porte de leur appartement, ils alloient aux bains pour se délasser, je me rassasiois de ces mets que m'offroit la fortune ; car je n'étois point assez fou ni assez âne pour manger du foin, pendant que je pouvois faire bonne chère. L'adresse, avec laquelle je faisois ce larcin me réussit quelque temps, parce que j'étois encore timide dans les commencemens, et que je ne prenois qu'un peu de chaque chose, outre que mes maîtres n'avoient garde de se défier d'un animal tel que moi. Mais, lorsque je fus devenu un peu plus hardi, je commençai à choisir mes morceaux, et à ne manger que ce qu'il y avoit de meilleur en viande et en pâtisserie ; ce qui les mit dans une fort grande inquiétude, et, sans se douter que je fusse capable d'une pareille chose, ils mirent tous leurs soins à rechercher qui ce pouvoit être qui leur causoit un tel dommage. Enfin ne sachant à qui s'en prendre, ils en vinrent à se soupçonner l'un et l'autre de ce honteux larcin, ils y prirent garde de plus près, et comptoient tout ce qu'ils serroient. A la fin, l'un d'eux perdant toute retenué, dit à l'autre : Il n'est ni juste, ni honnête que vous preniez tous les jours les meilleurs morceaux qui sont ici pour en profiter, en les vendant en cachette, et que vous vouliez cependant que nous partagions le reste également. Si notre société ne vous convient plus, il est fort aisé de la roinpre, nous n'en resterons pas moins frères et bons amis ; car je vois bien que les sujets de plainte que j'ai contre vous, venant à s'augmenter par le tort que vous me faites tous les jours, produiront à la fin une grande discorde entre nous. Certainement, lui, répondit l'autre, je loue votre hardiesse, de m'attribuer une chose que vous avez faite, et d'avoir prévenu par vos plaintes celles que je devrois vous faire, et que je renferme en moi-même, avec douleur, depuis long-temps, pour ne pas paroître accuser d'un larcin si honteux un homme qui est mon frère, et qui me doit être cher. Mais je suis bien aise de ce qu'en nous éclaircissant ensemble, nous allons chercher à mettre ordre aux pertes que nous faisons, de peur que notre inimitié croissant par notre silence, ne fasse naître entre nous une haine aussi terrible que celle qui étoit entre Etéocle et Polinice (7). Après s'être fait l'un à l'autre ces reproches, et quelques autres de même nature, ils firent serment tous deux, qu ils étoient innocens de ces larcins, et convinrent ensemble d'apporter tous leurs soins pour en découvrir l'auteur ; car, disoient-ils, ces sortes de mets ne conviennent point à cet animal qui reste seul ici ; cependant les meilleurs morceaux de ce que nous y serrons, disparoissent chaque jour, et il est bien certain qu'il n'y vient point de mouches aussi grandes que l'étoient autrefois les harpies quiemportoient les viandes de la table de Phinée (8). Cependant à force de me bien traiter, et de manger abondamment des mêmes choses, dont les hommes se nourrissent, ma peau s'étoit étendue, j'étois devenu gras et d'un embonpoint extraordinaire, et mon poil s'étoit fait propre et luisant. Mais cette beauté que j'avois acquise, fut cause que ma modestie reçut un grand affront ; car mes deux maîtres, surpris de me voir en si bon état, contre mon ordinaire, et remarquant que le foin qu'on me donnoit chaque jour, restoit sans être diminué en aucune façon, tournèrent toute leur attention sur moi, et après qu'ils eurent fermé la porte de leur appartement, à l'heure accoutumée, comme s'ils fussent sortis pour aller aux bains, ils se mirent à me regarder par un petit trou, et me virent appliqué à manger de toutes ces viandes qui étoient là de côté et d'autre. Alors, sans songer au dommage que je leur causois, et très-surpris du goût extraordinaire d'un âne, ils se prirent à rire de toute leur force, et ayant appelé plusieurs des domestiques de la maison, ils leur firent voir la gourmandise surprenante d'un animal tel que moi. Tous ces valets firent de si grands éclats de rire, que leur maître qui passoit près de là, les entendit, et demanda quel étoit le sujet qui faisoit ainsi rire ses gens. Quand il sut ce que c'étoit, il vint lui-même me regarder par le trou de la porte, et prit tant de plaisir à me voir faire, qu'il se mit à rire aussi à n'en pouvoir plus. Il fit ouvrir l'office, afin de me considérer de plus près ; car, sans me troubler en aucune manière, je continuois toujours de manger, voyant que la fortune commençoit à m'être favorable par quelque endroit, et la joie que je remarquois sur le visage de tout le monde, me donnant de la hardiesse. Enfin le maître de la maison, fort réjoui d'un. spectacle si nouveau, ordonna qu'on me menât dans la salle à manger, ou plutôt, il m'y mena lui-même, et fit servir devant moi quantité de toutes sortes de mets, où l'on n'avoit pas touché. Quoique je fusse honnêtement rassasié, cependant, pour me mettre encore mieux dans ses bonnes graces, je ne laissai pas de manger avec avidité de tout ce qui étoit sur la table. Les domestiques me présentoient, pour m'éprouver, tout ce qu'ils croyoient de plus contraire au goût d'un âne, comme des viandes apprêtées avec du benjoin, de la volaille saupoudrée de poivre, et du poisson accommodé avec une sausse extraordinaire (9). Pendant ce temps-là, la salle retentissoit des éclats de rire que chacun faisoit, de voir que je trouvois tout cela fort bon. Un plaisant qui se trouva là, s'écria, qu'il falloit donner un peu de vin à ce convive. Ce pendart ne dit pas mal, répondit le maître du logis, il se peut fort bien faire que notre camarade boira avec plaisir un coup de bon vin. Hola, garçon, continua-t-il, lave bien ce vase d'or, remplis-le de vin, et va le présenter à mon parasite, en l'avertissant en même-temps que j'ai bu à sa santé. Chacun resta attentif à ce que j'allois faire ; et moi, sans m'étonner, alongeant le bout des lèvres, je vuide avec plaisir, sans me presser, et d'un seul trait, cette grande coupe qui étoit pleine. Dans le moment, tous les spectateurs, d'une voix unanime, firent des vœux pour ma conservation ; et le maître de la maison, plein d'une joie extraordinaire, fit venir ses deux domestiques qui m'avoient acheté, et ordonna qu'on leur rendît quatre fois la somme que je leur avois coûté. En même-temps il me donna en garde à un de ses affranchis, qu'il aimoit beaucoup, et qui étoit fort riche, et lui ordonna d'avoir un très-grand soin de moi.

Cet homme me traitoit avec assez de douceur et de bonté, et pour se rendre plus agréable à son maître, et lui donner du plaisir, il s'étudioit à m'enseigner des tours de gentillesse. Premièrement, il m'apprit à me mettre à table, pour manger couché sur un lit, et appuyé sur le coude, comme font les hommes ; ensuite à lutter et à danser, en me tenant debout sur les pieds de derrière ; et ce qui surprenoit davantage, il m'apprit à me faire entendre par signes au défaut de la voix ; de manière qu'en haussant la tête, je marquois ce que je voulois, et en la baissant ce qui me déplaisoit ; et lorsque j'avois soif, je regardois le sommelier, et lui demandois à boire en clignottant les yeux. Je me rendois fort docile sur toutes ces choses, que j'aurois bien pu faire de moi-même, quand on ne me les auroit pas enseignées ; mais je craignois que, si je venois à faire ces gentillesses aussi bien qu'un homme, sans avoir été instruit, beaucoup de gens ne crussent que cela présageroit quelque événement funeste, et que, me regardant comme une espèce de monstre (10), ils ne me coupassent la tête, et ne régalassent les vautours à mes dépens. Le bruit qui se répandoit de tous côtés des tours d'adresse surprenans, que je savois faire, avoit rendu le maître à qui j'appartenois, fort considérable et fort fameux : Voilà, disoit-on celui qui a un âne qui est son convive et son camarade, qui sait lutter et danser, qui badine, qui entend tout ce qu'on lui dit, et qui se fait entendre par signes. Mais il faut du moins que je vous dise présentement, puisque j'aurois dû le faire d'abord, qui étoit mon maître, et d'où il étoit. Il se nommoit Thyasus ; il étoit de Corinthe, ville capitale de la province d'Achaïe, où, après avoir passé par toutes les dignités, comme il convenoit à un homme de sa naissance et de son mérite, il avoit été nommé à la première charge de magistrature, dont l'exercice duroit cinq ans. Pour répondre à l'éclat de l'emploi qui lui étoit destiné, il avoit promis de donner au peuple un spectacle de gladiateurs pendant trois jours ; mais sa magnificence n'en demeura pas là ; et, comme il aimoit la gloire et la réputation, il étoit venu exprès enThessalie, pour y acheter les bêtes féroces les plus rares, et les gladiateurs les plus fameux. Quand il eut trouvé ce qui lui convenoit, et qu'il eut donné ses ordres sur toutes choses, il se disposa à retourner chez lui à Corinthe. Il ne voulut point se servir dans son voyage de ses chars magnifiques, ni de ses chaises roulantes suspendues, dont les unes étoient fermées, et les autres découvertes. Tout ce brillant équipage le suivoit à vuide ; il ne monta point aucun de ses beaux chevaux de Thessalie ou des Gaules, qui sont si estimés, il se servit de moi pour le porter, m'ayant fait orner d'un harnois couvert d'or, et plein de sonnettes qui rendoient un son fort agréable, d'une bride d'argent, d'une selle superbe, dont les sangles étoient de diverses couleurs, avec une housse de pourpre, et pendant le chemin, il me parloit de temps en temps avec amitié ; il disoit entre autres choses, qu'il étoit ravi d'avoir en moi un convive et un porteur tout à la fois. Ayant achevé notre voyage, une partie par mer, et l'autre par terre, nous arrivâmes à Corinthe. D'abord tout le peuple accourut autour de nous, moins pour honorer Thyasus, à ce qui me sembloit, que par la curiosité qu'ils avoient de me voir ; et ma réputation étoit si grande en ce pays-là, que je ne valus pas une médiocre somme à l'affranchi qui étoit chargé d'avoir soin de moi. Lorsqu'il voyoit plusieurs personnes qui souhaitoient passionnément voir tous les tours que je savois faire, il tenoit la porte du lieu où j'étois fermée, et les faisoit entrer l'un après l'autre pour de l'argent, ce qui lui valoit beaucoup chaque jour. Entre tous ceux que la curiosité y attiroit, il y eut une femme de qualité, de grande considération et fort riche, qui vit avec tant de plaisir et d'admiration toutes les galanteries que je faisois, qu'elle fut touchée de mon mérite, à l'exemple de Pasiphaé (11), qui avoit bien aimé un taureau ; de manière qu'elle acheta de l'affranchi une de mes nuits pour une somme considérable ; et ce méchant homme ne songeant qu'a son intérêt, me livra, sans se mettre en peine de ce qui en pourroit arriver. Au retour du soupé, nous trouvâmes cette dame qui m'attendoit dans le lieu où j'avois accoutumé de coucher. Grands Dieux ! quel appareil magnifique ! Quatre eunuques dressoient un lit par terre, avec des couvertures de pourpre brodées d'or, et quantité de ces carreaux dont les femmes se servent pour être plus mollement et plus délicieusement ; ils se retirèrent et fermèrent la porte sur nous. Au milieu de la chambre étoit une lampe fort brillante. Cette femme, après s'être déshabillée, s'en approcha pour se frotter, et moi aussi, d'une huile très-précieuse ; elle m'en versa dans les nazeaux avec précaution ; ensuite me baisant d'une étroite et pressante affection, non comme ces courtisannes qui en font leur métier pour avoir de l'argent, mais bien d'un véritable amour ; ensuite elle me fit des caresses, et me tint des discours passionnés, comme si j'eusse été son amant. Je t'aime, je brûle pour toi, tu es le seul que je choisisse, je ne saurois vivre sans toi, et plusieurs autres discours par lesquels les femmes savent si bien attirer les hommes, et leur prouver de l'amour. M'ayant pris par le licol, elle me fait aisément coucher de la manière que je l'avois appris, et qui ne me paroissoit ni nouvelle ni malaisée, quoiqu'après bien du temps je dusse me jetter dans les bras d'une si belle femme. En outre, j'avois bu une assez grande quantité de bon vin, et l'odorante onction me provoquoit singulièrement à la volupté ; mais, ce qui m'inquiétoit le plus, étoit de savoir comment, avec d'aussi longues cuisses, je pourrois approcher une femme si douillette, ou bien serrer avec une corne aussi dure, des membres aussi blancs et si délicats, tout confits en lait et en miel ; comment encore, avec une si grande et si énorme bouche garnie de dents aussi larges que des pierres, je pourrois baiser ces petites lèvres empourprées d'une ambrosie rosée ; enfin comment, malgré la luxure qui la transportoit, elle pourroit endurer un combat si démésuré. Ah ! malheureux, me disois-je, tu gâteras cette gentille femme, et puis sacrifié aux bêtes féroces, tu augmenteras le présent que ton maître destine au peuple. Cependant elle ne cessoit de me provoquer, de me baiser, de m'adresser des paroles agréables, et de me jetter des œillades. Je te tiens, me disoit-elle, je tiens mon pigeon, mon moineau. Aussi-tôt elle me prouve que mes idées avoient été fausses, et ma crainte insensée ; car, me serrant d'une étroite embrassade, elle me reçut tout entier, et autant de fois que, pour l'épargner, je me retirois en arrière, s'approchant de moi avec fureur, elle m'empoignoit par l'échine en s'attachant à moi davantage ; de façon que je croyois manquer de quelque chose, pour assouvir sa volupté, et que je pensois que ce n'étoit pas sans cause que l'on disoit que la mère du Minotaure avoit pris si grand plaisir avec son adultère mugisant. Après avoir ainsi passé la nuit sans dormir, cette femme, pour éviter qu'on ne la vît, se retira avant la pointe du jour, ayant fait le même marché pour la nuit suivante avec l'affranchi qui ne demandoit pas mieux, tant à cause du grand profit qui lui en revenoit, que par l'envie qu'il avoit de faire voir une chose si extraordinaire à son maître, à qui il fut aussi-tôt en faire le conte. Thyasus lui fit un présent considérable, et résolut de donner ce spectacle au public. Mais, comme on ne pouvoit pas avoir cette brave personne qui avoit tant de bonté pour moi, parce que c'étoit une femme de qualité, et qu'on n'en trouvoit point d'autre, il fallut, à force d'argent, obtenir une malheureuse qui avoit été condamnée par le gouverneur de la province à être exposée aux bêtes. Voici son histoire à peu près telle que je l'entendis conter dans ce temps-là. Le père d'un jeune homme qu'elle avoit épousé, étant prêt de partir pour un grand voyage, ordonna à sa femme, qui étoit grosse, de faire périr son enfant (12), si-tôt qu'il seroit né, en cas que ce ne fût pas un garçon. Cette femme, pendant l'absence de son mari, mit une fille au monde. La tendresse naturelle de la mère s'opposant à l'exécution de l'ordre qu'elle avoit reçu, elle la fit élever dans son voisinage. Quand son époux fut de retour, elle lui dit qu'elle étoit accouchée d'une fille, et qu'elle l'avoit fait mourir. Cependant, au bout de quelques années que cette fille fut venue en âge d'être mariée, sa mère voyant bien qu'elle ne pouvoit pas lui donner un établissement convenable à sa condition, sans que son mari le sût ; tout ce qu'elle put faire, fut de découvrir son secret à son fils, d'autant plus qu'elle craignoit extrêmement, qu'emporté par le feu de sa jeunesse, il ne séduisit cette jeune fille, ne sachant point qu'elle fût sa sœur, comme elle ignoroit aussi qu'il fût son frère. Ce jeune homme qui étoit fort bien né, s'acquitta religieusement de son devoir envers sa mère, en lui gardant un secret inviolable, et envers sa sœur, en prenant d'elle tous les soins imaginables, quoiqu'il ne lui fit voir en public qu'une amitié ordinaire. Il commença par lui faire un bien qui lui étoit nécessaire. Il la retira chez lui, comme une fille de son voisinage, qui étoit dans le besoin, et qui ne recevoit aucun secours de ses parens ; ayant en même-temps formé le dessein de la marier dans peu avec un de ses intimes amis, et de lui donner une dot considérable. Mais ce dessein, qui étoit fort bon et fort innocent, ne put éviter les traits de la fortune ennemie. Elle fit naître une cruelle jalousie dans la maison de ce jeune homme, et sa femme se porta à commettre les crimes, pour lesquels elle venoit d'être condamnée à être livrée aux bêtes féroces, comme je l'ai dit d'abord. Elle commença par avoir de grands soupçons sur la conduite de cette jeune fille, qu'elle regardoit comme sa rivale, et la maîtresse de son mari ; ensuite elle conçut une haine effroyable contre elle, et enfin elle se résolut à la faire mourir cruellement. Voici de quelle manière elle s'y prit. Elle déroba l'anneau de son mari, s'en alla à la campagne, et de-là elle envoya un valet, en qui elle se confioit, qui étoit un scélérat, dire à la fille, que le jeune homme étoit à sa terre, et qu'elle ne tardât pas à venir l'y trouver seule, et sans aucune suite ; et de peur qu'elle n'en fît quelque difficulté, cette méchante femme donna à ce valet l'anneau qu'elle avoit pris à son mari, afin qu'en le montrant à la jeune fille, elle ajoutât foi à ce qu'il lui diroit. En effet, elle obéit aussi-tôt aux ordres de son frère, d'autant plus qu'on lui faisoit voir son cachet, et, suivant ce qu'il lui mandoit, elle se mit en chemin toute seule pour l'aller trouver. D'abord qu'elle fut arrivée, et que séduite par ces maudits artifices, elle se fut livrée elle-même dans le piège qu'on lui tendoit, cette détestable femme, transportée d'une jalousie effroyable, la fit dépouiller toute nue, et la fit fouetter jusqu'à ce qu'elle fût prête d'expirer. Cette pauvre malheureuse avoit beau crier, qu'elle ne méritoit point un traitement si barbare, que sa conduite avoit toujours été irréprochable, comme c'étoit la vérité : c'étoit en vain, pour prouver son innocence qu'elle déclaroit et qu'elle répétoit, que le jeune homme étoit son frère. Sa belle-sœur eut l'inhumanité de lui mettre un tison ardent entre les cuisses, et la fit ainsi mourir cruellement, comme si tout ce qu'elle lui entendoit dire pour sa justification eût été faux, et imaginé sur le champ. Le frère de cette fille, et celui qui devoit l'épouser, ayant appris sa mort, vinrent sur le lieu en diligence, et lui rendirent les derniers devoirs de la sépulture, fondans en larmes, et touchés d'une affliction extraordinaire. Mais le jeune homme ne put supporter le déplaisir que lui causoit la mort de sa sœur, qui avoit perdu la vie d'une si cruelle manière, par la méchanceté de la personne, de qui elle devoit le moins attendre un pareil traitement ; et plein de douleur, de rage et de désespoir, il tombe malade d'une fièvre très-violente, de manière qu'il se trouva lui-même en fort grand danger. Sa femme qui, depuis longtemps, n'avoit plus pour lui les sentimens d'une épouse, et qui n'en méritoit plus le nom, fut trouver un médecin qui avoit la réputation d'être un grand scélérat, et très-fameux par la quantité de personnes qu'il avoit expédiées de sa propre main. Elle lui offrit cinquante mille sesterces, s'il lui vouloit vendre un poison fort subtil pour faire mourir son mari. Après qu'ils eurent fait leur convention ensemble, ils dirent que le malade avoit besoin de prendre cette merveilleuse médecine que les savans nomment par excellence la potion sacrée (13), pour lui adoucir les entrailles, et en chasser les mauvaises humeurs ; mais, au lieu de cette potion salutaire, ils lui en préparèrent une pour lui ôter la vie. Le médecin étant donc venu apporter ce breuvage bien préparé, et voulant le faire prendre lui-même au malade, en présence de ses domestiques et de quelques-uns de ses parens et de ses amis ; cette femme, avec une effronterie sans pareille, dans le dessein de profiter de l'argent qu'elle avoit promis à ce scélérat, et pour se défaire du complice de son crime, porte la main sur le vase dans le temps qu'il le présentoit à son mari : Non, non, dit-elle, Monsieur le Médecin, vous ne donnerez point cette potion à mon très-cher époux, que vous n'en ayez bu une bonne partie auparavant. Que sai-je, s'il n'y a point quelque poison caché dedans ; et vous ne devez pas trouver étrange, vous qui êtes un homme si sage et si savant, que j'aie du scrupule et de l'inquiétude sur ce qui regarde la santé de mon mari, etque j'apporte sur cela toutes les précautions que demande la tendresse que j'ai pour lui. Le médecin frappé comme d'un coup de foudre par l'étrange hardiesse de cette abominable femme, se trouble entièrement, et n'ayant pas le temps de délibérer sur le parti qu'il avoit à prendre, il boit une bonne partie de la potion, crainte de donner lieu de soupçonner son crime, en hésitant et en laissant remarquer sa frayeur et son embarras. Le jeune homme, à son exemple, prend le vase qu'il lui présente ensuite, et boit le reste. D'abord que cela fut fait, le médecin se lève pour s'en retourner promptement chez lui, afin de se garantir de l'effet mortel du poison, en prenant de l'antidote. Mais cette cruelle femme continuant la méchanceté qu'elle avoit commencée, ne voulut jamais le laisser sortir : je ne vous perdrai point de vue, lui dit-elle, jusqu'à ce qu'on ait vu l'effet de la médecine que vous venez de donner. Cependant, après qu'il l'eut long-temps importunée par ses prières et ses instances redoublées, elle consentit enfin, quoiqu'avec beaucoup de peine, qu'il s'en allât. Mais le breuvage qu'il avoit pris, avoit porté sa malignité du fond de ses entrailles dans toutes ses veines ; ensorte qu'il n'arriva chez lui qu'avec bien de la difficulté, fort malade, et avec un assoupissement et un mal de tête effroyable : et après avoir conté à sa femme avec assez de peine ce qui s'étoit passé, et lui avoir donné ordre d'aller demander au moins le prix de la mort qu'il avoit procurée et de la sienne, ce brave médecin rendit l'ame. Le jeune homme n'avoit pas vécu plus longtemps que lui ; il avoit péri du même genre de mort, au milieu des fausses larmes de sa femme. Après qu'il eut été mis dans le tombeau, au bout de quelques jours qui avoient été employés à faire les cérémonies de ses funérailles, la femme du médecin vint demander le prix sa mort et de celle de son mari. Mais la veuve du malheureux jeune homme, conservant toujours son caractère de méchanceté, affecta de lui montrer une bonne foi, dont elle étoit bien éloignée, et lui répondant honnêtement, elle lui promit d'en user parfaitement bien, et de lui payer sans retardement ce qu'elle lui devoit, pourvu qu'elle voulût bien lui donner encore un peu de poison, dont elle avoir besoin, dit-elle, pour achever ce qu'elle avoit commencé ; ce que la veuve du médecin lui promit, séduite par ses discours artificieux, et pour se faire encore un plus grand mérite auprès de cette femme qui étoit fort riche, elle part dans le moment, et va chez elle en diligence quérir la boîte, où étoit le poison, qu'elle lui donne toute entière. Cette scélérate ayant entre ses mains des armes pour faire bien des maux, ne songea plus qu'à multiplier ses crimes. Elle avoit une petite fille du mari qu'elle venoit de faire mourir ; elle ne put supporter de la voir héritière, suivant les loix, du bien qu'avoit son père, et voulant s'emparer de tout son patrimoine, elle résolut de s'en défaire. Sachant donc bien que les mères héritent de leurs enfans par leur mort (14), elle se montra aussi indigne mère qu'elle avoit été indigne épouse, et prenant l'occasion d'un dîné, où elle invita sur le champ la femme du médecin, elle l'empoisonna et sa fille en même-temps. Le poison eut bien-tôt dévoré les entrailles délicates de la jeune enfant ; elle mourut peu de temps après. A l'égard de la femme du médecin, quand elle sentit le ravage que cette détestable drogue faisoit dans son corps, elle soupçonna d'abord ce que c'étoit ; voyant ensuite la peine qu'elle avoit à respirer, qui s'augmentoit de plus en plus, elle ne fut que trop certaine qu'elle étoit empoisonnée. Aussi-tôt elle va chez le gouverneur de la province, criant de toute sa force, qu'elle venoit lui demander justice, et qu'elle avoit des crimes affreux à lui révéler. Quantité de peuple s'amasse autour d'elle, et bien-tôt elle est admise à l'audience du gouverneur. Après qu'elle lui eut bien expliqué toute l'histoire des méchancetés abominables de cette cruelle femme, qu'elle venoit de quitter, il lui prend tout d'un coup un étourdissement ; sa bouche, qui étoit encore à moitié ouverte, pour continuer de parler, se ferme, et après avoir fait entendre quelque temps le bruit de ses dents, qu'elle frottoit avec violence les unes contre les autres, elle tombe morte. Le gouverneur, homme fort sensé et de grande expérience, ne voulut pas différer la punition que méritoit une si grande empoisonneuse. Dans le moment, il ordonna qu'on lui amenât les femmes de chambre de cette détestable créature, dont il arracha la vérité à force de tourmens. Sur leur déposition, il condamna leur maîtresse à être livrée aux bêtes féroces : supplice, à la vérité, moindre encore qu'elle ne méritoit, mais on n'avoit pu en imaginer un plus terrible et plus digne d'une si méchante femme. Cependant j'étois accablé d'une grande tristesse (15), de me voir destiné à paroître devant tout le peuple, avec une femme comme celle-là, et j'avois souvent envie de me tuer, plutôt que d'approcher d'une créature si odieuse, et de me déshonorer par une telle infamie dans un spectacle public ; mais n'ayant point de mains, il m'étoit impossible, avec mes mauvais pieds, dont la corne étoit ronde, de tirer une épée de son fourreau pour me la passer au travers du corps. La seule chose qui me consoloit un peu dans mes malheurs, c'étoit de voir que le printemps commençoit à ramener les fleurs et la verdure, que les prés s'émailloient déjà de diverses couleurs, et que les roses alloient bientôt parfumer l'air en s'épanouissant, et me rendroient ma première forme de Lucius. Enfin le jour destiné à la fête publique étant arrivé, l'on me conduisit dans l'arène, le peuple me suivant avec de grandes démonstrations de joie. Les jeux commencèrent par d'agréables danses. Pendant ce temps-là, j'étois devant la porte de l'amphithéâtre qui étoit ouverte, où je paissois de fort belle herbe, et de temps en temps je jettois la vue sur le spectacle qui me faisoit fort grand plaisir. Il étoit composé d'une troupe charmante de jeunes garçons et de jeunes filles, habillés magnifiquement, qui, par leurs gestes et les figures différentes de leurs pas concertés, exécutoient parfaitement bien la danse Pyrrhique (16). Tantôt ils formoient un cercle tous ensemble, tantôt ils alloient obliquement d'un coin du théâtre à l'autre, se tenant tous par la main ; quelquefois ils formoient un bataillon quarré, ensuite ils se séparoient en deux troupes. Après qu'ils eurent fait une infinité de figures différentes, la trompette donna le signal pour faire finir ce divertissement. En même-temps on leva une toile, et il parut une décoration propre à la représentation du jugement de Paris. On voyoit une montagne faite de charpente fort élevée, telle qu'Homère dans ses vers dépeint le mont Ida ; elle étoit couverte d'arbres verds et de quantité d'arbustes. Le machiniste avoit eu l'adresse de faire sortir de son sommet une fontaine qui formoit un ruisseau ; quelques chèvres paissoient sur ses bords. Le berger de ce troupeau étoit un jeune homme, vêtu magnifiquement à la Phrygienne, telle qu'on représente Paris, avec une grande mante brodée de couleurs différentes, et sur sa tête un bonnet d'étoffe d'or. Ensuiteparut un jeune garçon fort gracieux, qui n'avoit pour tout habillement qu'un petit manteau sur l'épaule gauche. De ses cheveux blonds qui étoient parfaitement beaux, sortoient deux petites aîles dorées, et semblables l'une à l'autre. Le caducée qu'il tenoit en sa main, faisoit connoître que c'étoit Mercure. Il s'avança en dansant, et présenta à celui qui faisoit le personnage de Paris une pomme d'or, en lui faisant entendre par signes l'ordre de Jupiter ; ensuite il se retira de fort bonne grace, et disparut. Alors on vit paroître une fille d'un air majestueux, qui représentoit Junon ; car sa tête étoit ceinte d'un diadème blanc, outre qu'elle tenoit un sceptre en sa main. Une autre entra fièrement, qu'on reconnoissoit aisément pour la déesse Pallas, ayant sur sa tête un casque brillant, couronné d'une branche d'olivier, portant un bouclier, tenant une pique, et dans le même état enfin qu'elle se fait voir dans les combats. Ensuite une troisième s'avança, d'une beauté surprenante, et fort supérieure à celle des deux autres. Elle représentoit Vénus, par l'éclat de ses divines couleurs, et Vénus telle qu'elle étoit, lorsqu'elle étoit fille. Toutes les beautés de son corps se faisoient voir à découvert, à quelques-unes près, qui étoient cachées par une étoffe de soie légère et transparente, que le vent agitoit. Cette Déesse paroissoit avec deux couleurs différentes ; toute sa personne étoit d'une blancheur à éblouir, parce qu'elle tire son origine du ciel, et sa draperie étoit azurée, parce qu'elle sort de la mer où elle a pris naissance. Ces trois Déesses avoient chacune leur suite. Junon étoit accompagnée de Castor et de Pollux (18), représentés par deux jeunes comédiens qui avoient l'un et l'autre un casque rond sur la tête (19), dont le sommet étoit orné de deux étoiles fort brillantes. La Déesse, d'un air simple et modeste, s'avance vers le berger, au son charmant des flûtes, et lui fait entendre par ses gestes, qu'elle lui donnera l'empire de toute l'Asie, s'il lui adjuge le prix de la beauté.

Ensuite celle que ses armes faisoient connoître pour Pallas, étoit suivie de deux jeunes hommes armés, et tenans leur épée nue à la main, ils représentoient la Terreur et la Crainte qui accompagnent par-tout la Déesse des combats. Derrière elle un joueur de haut-bois faisoit entendre des airs de guerre, et mêlant des sons aigus parmi des tons graves, il excitoit à danser gaiement, comme on fait au son d'une trompette. Pallas remuant la tête, et marquant dans ses yeux une noble fierté, s'avance en dansant, avec beaucoup d'action, et fait entendre à Paris par des gestes pleins de vivacité, que, s'il lui accorde la victoire sur ses rivales, elle le rendra fameux par sa valeur et ses grands exploits. Après elle, Vénus parut d'un air riant, et charma tous les spectateurs. Elle étoit entourée de plusieurs jeunes enfans, si beaux et si bien faits, qu'il sembloit que ce fût la véritable troupe des amours qui venoit d'arriver de la mer ou des cieux ; outre qu'ils avoient de petites aîles, des flèches, et tout le reste de l'ornement qui leur convient. Quelques-uns portoient des flambeaux allumés devant leur maîtresse, comme si elle eût été à quelque nôce. Elle avoit encore à sa suite une aimable troupe de jeunes filles, sans compter les Graces et les Heures qui, pour se rendre leur Déesse favorable, semoient des fleurs devant ses pas. C'est ainsi que ce galant cortège faisoit cour à la mère des plaisirs, en lui prodiguant les trésors du Printemps. Aussi-tôt les flûtes commencèrent à jouer tendrement des airs Lydiens qui firent un fort grand plaisir à tout le monde ; mais Vénus en fit bien davantage, lorsqu'on la vit danser avec des attitudes charmantes de la tête et du corps, conformant avec justesse ses mouvemens gracieux aux doux sons de la musique. Faisant voir dans ses yeux, tantôt une langueur pleine de passion, tantôt de la fierté, et quelquefois même ne dansant, pour ainsi dire, que des yeux. Si-tôt qu'elle fut proche de Paris, elle les fit entendre par le mouvement de ses bras, que s'il la préféroit aux deux autres Déesses, elle lui feroit épouser une femme d'une excellente beauté, en un mot, aussi belle qu'elle. Alors le jeune berger Phrygien lui présenta sans hésiter la pomme d'or qu'il tenoit en sa main, pour marquer qu'il lui adjugeoit la victoire. Vous étonnez-vous donc hommes indignes, ou plutôt bêtes, qui suivez le barreau, vautours à robe longue, si tous les juges présentement vendent la justice pour de l'argent, puisque, dans les premiers temps, la faveur a corrompu le jugement qu'un homme devoit rendre entre trois Déesses, et qu'un berger nommé juge de leur différend par Jupiter même, a vendu, pour le prix de ses plaisirs, la première sentence qu'on ait jamais rendue, qui a causé la perte de toute sa maison. N'avons-nous pas aussi dans la suite un autre jugement fort célèbre, rendu par tous les chefs de la Grèce, quand Palamède, un des plus savans et des plus habiles hommes de son temps, fut condamné comme un traître sur de fausses accusations. Ulisse encore, dont le mérite étoit fort médiocre pour la guerre, n'obtint-il pas les armes d'Achille, par préférence au grand Ajax, si fameux par ses exploits. Mais que dirons-nous de ce jugement qui fut rendu par les Athéniens, ces grands législateurs, ces hommes si sages et si éclairés dans toutes les sciences. Ce vénérable vieillard (Socrate), doué d'une prudence divine, qu'Apollon avoit déclaré le plus sage des mortels, ne fut-il pas opprimé par l'envie et les artifices d'une détestable conspiration, comme s'il avoit été un corrupteur de la jeunesse à qui il n'enseignoit que la vertu, et ne périt-il pas par un poison de cigue, laissant à sa patrie une tache éternelle d'ignominie par sa condamnation ; puisque, même encore aujourd'hui, les plus grands philosophes suivent sa très-sainte secte, préférablement à toutes les autres, et ne jurent que par son nom, dans le desir qu'ils ont d'acquérir le vrai bonheur. Mais de peur que quelqu'un ne blâme la vivacité de mon indignation, et ne dise en lui-même, souffrirons nous qu'un âne vienne ainsi nous moraliser, je reprens le fil de mon discours, dont je m'étois écarté. Lorsque Paris eut rendu son jugement, Junon et Pallas sortirent du théâtre fort tristes et fort fâchées, et marquant par leurs gestes leur colère et leur ressentiment sur l'injure qu'on venoit de leur faire. Mais Vénus, contente et de bonne humeur, marqua sa joie en dansant avec toute sa suite. Alors on vit jaillir du haut de la montagne une fontaine de vin, où l'on avoit délayé du saffran (20). Elle retomboit en forme de pluie odoriférante sur les chèvres qui paissoient-là autour ; ensorte que, de blanches qu'elles étoient, elles devinrent jaunes. Après que l'odeur délicieuse de cette pluie se fut répandue parmi tous les spectateurs, la terre s'ouvrit, et la montagne disparut. En même-temps un huissier s'avance au milieu de la place, et demande, de la part du peuple, qu'on tire des prisons cette femme, dont j'ai parlé, qui avoit été condamnée pour ses crimes à être exposée aux bêtes. On dressoit déjà le lit, sur lequel nous devions paroître

l'un et l'autre, qui étoit fort enflé par la quantité de duvet dont il étoit garni ;
les couvertures de soie en étoient magnifiques, et le bois du lit brilloit par
les ouvrages d'écaille de tortue, qui étoient dessus. Cependant, outre la
honte d'être ainsi exposé aux yeux du public, avec une aussi méchante
femme et aussi criminelle que celle qu'on y avoit destinée, je craignois
encore pour ma propre vie ; car je pensois en moi-même que, pendant que
je serois avec elle, quelque bête que ce pût être qu'on lâchât sur elle, cet
animal ne seroit pas assez sage, assez bien instruit, ou assez sobre pour
dévorer une femme à mes côtés, sans me toucher, parce que je n'étois pas
condamné. Etant donc alors plus en peine encore pour la conservation de
ma vie, que pour celle de ma pudeur ; pendant que mon maître prenoit le
soin de faire dresser le lit, que ses valets étoient occupés les uns aux
préparatifs d'une chasse qu'on devoit représenter, les autres à regarder le
spectacle, et que personne ne se mettoit en peine de garder un âne aussi
doux que je le paroissois, je me vis en liberté d'exécuter ce que j'avois
imaginé, et je me retirai peu à peu sans faire semblant de rien. Etant arrivé à
la porte de la ville, je me mis à courir de toute ma force. Après avoir fait
trois lieues entières au galop, j'arrivai à la ville de Cenchrée, que l'on dit être
une belle colonie des Corinthiens ; elle est située sur le golfe d'Egine, qui
fait partie de la mer Egée ; elle a un très-bon port, et est extrêmement
peuplée. Comme je fuyois le monde, je fus chercher un endroit écarté sur le
bord de la mer, et je me couchai sur le sable pour me délasser ; car le soleil
étoit prêt de finir sa course, m'abandonnant ainsi au repos, un doux
sommeil s'empara de tous mes sens. Fin du dixieme livre.
Fin du dixieme Livre.

REMARQUES SUR LE DIXIEME LIVRE.
\
(1) Du brodequin je monte au cothurne, c'est-à-dire, je passe d'un stile
familier et enjoué, à un stile sérieux et tragique. Ceux qui jouoient la
comédie, avoient une chaussure basse et ordinaire aux personnes du
commun ; les Latins la nommaient soccus, que j'ai exprimé par brodequin ;
et ceux qui jouoient la tragédie usoient d'une autre chaussure qui étoit fort
élevée, qu'ils appelloient cothurne.
(2) Un ancien valet qu'elle avoit. Il y a dans le texte, dotali servo, un
esclave qui faisoit partie de sa dot. Les esclaves que les femmes amenoient à
leurs maris, comme faisans partie de leur dot, et qui étoient pour cela
appelés dotales, passoient au pouvoir de leurs maris, comme tous les autres
effets qui composoient leur dot. Elles en avoient quelquefois d'autres
qu'elles se réservoient à elles en propre ; on les appelloit receptitii ; reservés.
Les uns et les autres étoient d'ordinaire entièrement dévoués à leurs
maîtresses, avec qui ils avoient été dès leur enfance dans la maison de leur
père, et étoient fort peu fidèles aux maris dans les choses où les femmes

avoient des intérêts opposés aux leurs.

(3) *Un courier après lui.* Parmi les esclaves, il y en avoit dont l'emploi étoit d'aller et de venir pour les affaires de la maison ; et dans les comédies on leur donne ordinairement le nom de dromo qui signifie coureur. Quelques gens de qualité ont encore aujourd'hui de ces sortes de valets qu'ils nomment coureurs. (4) *Part du bûcher qui étoit préparé.* Les anciens, comme on a déjà dit, gardoient les corps des défunts huit jours, et pendant ce temps-là on dressoit le bûcher pour les brûler, et l'on préparoit le reste des choses nécessaires pour la pompe funèbre. Les plus proches parens du mort tournoient le dos au bûcher en y mettant le feu, pour marquer que c'étoit avec regret qu'ils lui rendoient ce funeste office. (5) *A être cousu dans un sac.* J'y ai ajoûté, et jetté dans l'eau, pour faite entendre cet endroit qui regarde le supplice des parricides, parce qu'il ne suffisoit pas dans la traduction de dire simplement cousu dans un sac. La coutume étoit d'enfermer dans ce même sac avec le criminel un singe, un serpent et un chien, et on le jettoit en cet état dans la mer ou dans un lac ou une rivière, en cas qu'on fût trop éloigné de la mer. (6) *Ils y trouvèrent l'anneau de fer.* Au commencement de la république romaine, les chevaliers et même les sénateurs ne portoient aux doigts que des anneaux de fer ; le luxe s'étant accru dans la suite, ils en portèrent d'or enrichis de pierres précieuses, et ceux de fer restèrent aux esclaves. (7) *Une haine aussi terrible entre nous, que celle qui étoit entre Etéocle et Polynice.* Ces deux fils d'Œdipe qui les avoit eus de Jocaste sa propre mère, après s'être fait long-temps la guerre, résolurent de la terminer par un combat singulier, où ils se tuèrent tous deux, et leurs corps étant mis sur un même bûcher, la flamme se partagea en deux, sans qu'on pût jamais la réunir, ce qui marquoit même après leur mort, l'inimitié irréconciliable qui avoit été entre eux. (8) *Les Harpies qui emportoient les viandes de la table de Phynée.* Le roi Phynée ayant fait crever les yeux à ses enfans d'un premier lit, à la persuasion de leur marâtre, en fut puni par les Dieux qui l'aveuglèrent et qui envoyèrent les Harpies qui enlevoient les mets de dessus sa table. Ces Harpies étoient des oiseaux monstrueux qui avoient le visage de fille. A la fin, elles furent chassées par les deux fils de Borée, Zethés et Calais, et confinées dans les isles Strophades. (9) *Du poisson accommodé avec une sauce extraordinaire.* Il y a dans le texte. *Assaisonné d'une sauce étrangère.* C'étoit une espèce de saumure qui leur venoit particulièrement d'Espagne. (10) *Et que me regardant comme une espèce de monstre, &c.* En effet, il auroit paru prodigieux et monstrueux qu'un âne, sans avoir été instruit, eût si bien imité l'homme. Au reste, pour peu qu'on ait lu Tite-Live, on y aura trouvé une infinité d'exemples de monstres ou d'animaux prodigieux immolés et jettés dans la mer, ou détruits par quelque autre manière que ce soit, par ordre des Haruspices, afin d'expier par leur destruction tout ce qu'ils présageoient de sinistre. (11) *Pasiphaé, fille du Soleil, femme du roi Minos,* s'amouracha

d'un taureau, d'où vient ce fameux Minotaure, dont les poëtes parlent tant. (12) De faire périr son enfant. C'étoit un usage chez les anciens de faire mourir ceux qu'il leur plaisoit de leurs enfans, si-tôt qu'ils étoient nés ; lorsqu'ils jugeoient qu'ils en auroient eu un trop grand nombre, à proportion du bien qu'ils avoient pour les élever. Ils faisoient mourir les filles plus ordinairement que les garçons, parce que la dot, qu'il falloit donner aux filles pour les marier, leur étoit à charge. (13) La potion sacrée. C'étoit une médecine faite avec de l'ellébore. (14) Sachant donc bien que les mères héritent de leurs enfans par leur mort. Ces sortes de successions, dont les pères et les mères héritoient de leurs enfans, contre l'intention ordinaire de la nature, s'appelloient immaturæ, prématurées ; tristes ou luctuosæ, tristes ou déplorables. C'est l'empereur Claudius qui le premier a accordé aux mères la succession de leurs enfans, pour les consoler en quelque façon de leur perte. (15) Cependant j'étois accablé d'une grande tristesse. J'ai passé légèrement sur plusieurs expressions trop libres, qui sont dans l'original en cet endroit. (16) La danse Pyrrhique. Elle avoit été inventée par Pyrrhus qui la dansa le premier autour du tombeau de Patrocle, l'ami intime de son père Achille. (17) Avec un grand manteau brodé de couleurs différentes. Il y a dans le latin. Barbaricis amiculis humeris defluentibus ; avec un manteau à la mode des Barbares, c'est-à-dire, à la Phrygienne, ou brodé ; car, quoique les Grecs appellassent tous les autres peuples barbares, ce sont les Phrygiens dont l'auteur entend parler ici, à cause de l'art de broder qu'ils ont inventé ; c'est pourquoi phrygiones en latin, veut dire brodeur en françois : on les appelloit aussi Barbaricarii. (18) De Castor et de Pollux. Ils étoient, comme tout le monde sait, fils de Jupiter et de Leda, femme de Tindarus roi de Sparte. Ils furent changés en astres, et placés dans la troisième maison du Zodiaque, sous le nom de Gemini. (19) Un casque rond sur la tête. Ces casques ronds représentoient les deux moitiés de la coque de l'œuf, dont ces deux Dieux étoient sortis, et les étoiles qui étoient dessus, représentoient leurs astres. (20) Une fontaine de vin où l'on avoit délayé du saffran. C'étoit la coutume de ces temps-là de faire jaillir, par le moyen de petits tuyaux, dans les théâtres une liqueur, soit d'eau ou de vin, où l'on avoit délayé du saffran qui répandoit ainsi son odeur dans toute l'assemblée. Pline, liv.2, chap. 6, parlant du saffran, dit : Sed vino mire congruit præcipuè dulci tritum ad theatra replenda. Le saffran s'accommode merveilleusement bien avec le vin, dans lequel on le délaye pour remplir les théâtres de son odeur. Properce, liv. 4, élégie 1.

Pulpita solemnes non oluere crocos.

Le théâtre n'a point été parfumé de saffran à l'ordinaire.

Fin des Remarques du dixième Livre.

Livre XI

LES MÉTAMORPHOSES:
ou
L'ANE D'OR D'APULÉE,
PHILOSOPHE PLATONICIEN,

LIVRE ONZIEME.

Un mouvement de frayeur m'ayant réveillé tout d'un coup à l'entrée de la nuit, j'apperçus la lune dans son plein, fort brillante, qui sortoit des flots de la mer. Comme je n'ignorois pas que la puissance de cette grande Déesse (1) est fort étendue, que toutes les choses d'ici-bas se gouvernent par sa providence, que non-seulement les animaux, mais même les êtres inanimés, ressentent les impressions de sa lumière et de sa divinité, et que tous les corps qui sont dans les cieux, sur la terre et dans la mer, s'augmentent ou diminuent, suivant qu'on la voit croître ou décroître (2) ; je pris l'occasion de la solitude et du silence de la nuit, pour adresser une prière à cette auguste Déesse, que je voyois briller dans les cieux, puisque la fortune, lasse de me persécuter, m'offroit enfin cette occasion qui me donnoit quelque espérance de voir finir ma misère. M'étant donc bien réveillé, je me lève promptement, je vais me laver dans la mer (3), pour me purifier. Je plonge ma tête sept fois dans l'eau (4), suivant la doctrine du divin Pythagore qui nous apprend que ce nombre est le plus convenable aux choses qui regardent la religion ; ensuite, plein de joie et d'espérance, je fis cette prière à la Déesse avec tant d'affection, que j'avois les yeux tous baignés de larmes. Reine du ciel, soit que vous soyez la bienfaisante Cérès (5), mère des bleds, qui, dans la joie que vous ressentîtes d'avoir retrouvé votre fille, ôtâtes aux hommes l'ancien usage du gland, dont ils vivoient à la manière des bêtes, en leur enseignant une nourriture plus douce ; vous qui avez choisi votre séjour dans les campagnes d'Eleusis : soit que vous soyez la céleste Vénus qui, dans le commencement du monde, ayant produit l'amour, avez uni les deux sexes, et éternisé le genre humain, et qui êtes présentement adorée dans le temple de Paphos, que la mer environne : soit que vous soyez la sœur d'Apollon qui, par les secours favorables que vous donnez aux femmes enceintes, avez mis au monde tant de peuples, et qui êtes révérée dans le magnifique temple d'Ephèse (6) : soit enfin que vous soyez Proserpine, dont le nom formidable se célèbre la nuit par des cris et des hurlements affreux ; qui, par votre triple forme (7), arrêtez l'impétuosité des spectres et des phantômes, en les retenant dans les prisons de la terre, qui, parcourant diverses forêts, êtes adorée sous des cultes différens ; vous qui êtes le second flambeau de l'univers, et qui, par vos humides rayons, nourrissez les plantes, et répandez différemment votre lumière, à proportion que vous approchez ou reculez du soleil. Grande Déesse, sous quelque nom, sous quelque forme, et par quelques cérémonies qu'on vous révère, secourez-moi dans mes extrêmes disgraces ; relevez-moi de ma chûte malheureuse, et faites que je puisse enfin jouir d'un doux repos, après tous les maux que j'ai soufferts : qu'il suffise des travaux et des périls où j'ai été exposé. Otez-moi cette indigne figure de bête, dont je suis revêtu, et me rendez à mes parens et à mes amis, en me faisant redevenir Lucius ; que, si je suis l'objet de la haine implacable de quelque Dieu qui me persécute si cruellement pour l'avoir offensé, qu'il me soit au moins permis de mourir, s'il ne m'est pas permis de vivre dans un autre état. Après cette prière qui fut encore suivie de quelques lamentations tristes et touchantes, mes sens accablés de langueurs se laissèrent une seconde fois aller au sommeil, au même endroit où je m'étois déjà endormi. A peine avois-je fermé les yeux, qu'il me sembla que, du milieu de la mer sortoit une divinité qui éleva d'abord une tête respectable aux Dieux-mêmes, et qui ensuite faisant sortir des flots peu à peu tout son corps se présenta devant moi. Je tâcherai de vous la dépeindre telle que je la vis, si cependant la foiblesse des expressions humaines peut me le permettre, ou si cette même divinité m'inspire toute l'éloquence qui est nécessaire pour un si grand sujet. Ses cheveux épais, longs et bouclés ornoient sans art sa tête divine, et tomboient négligemment sur ses épaules. Elle étoit couronnée de diverses fleurs qui, par leur arrangement, forrnoient plusieurs figures différentes ; elle avoit au-dessus du front un cercle lumineux en forme de miroir, ou plutôt une lumière blanche qui me faisoit connoître que c'étoit la lune. Elle avoit à droite et à gauche deux serpens, dont la figure représentoit assez bien des sillons (8), sur lesquels s'étendoient quelques épis de bled. Son habillement étoit d'une robe de lin fort déliée, de couleur changeante, qui paroissoit tantôt d'un blanc clair et luisant, tantôt d'un jaune de safran, et tantôt d'un rouge couleur de roses (9), avec une mante d'un noir si luisant, que mes yeux en étoient éblouis. Cette mante qui la couvroit de part et d'autre, et qui, lui passant sous le bras droit, étoit rattachée en écharpe sur l'épaule gauche, descendoit en plusieurs plis, et étoit bordée d'une frange que le moindre mouvement faisoit agréablement flotter. Le bord de la mante, aussi bien que le reste de son étendue, étoit semé d'étoiles, elles environnoient une lune dans son plein, qui jettoit une lumière très-vive ; autour de cette belle mante étoit encore attachée une chaîne de toutes sortes de fruits et de fleurs. La Déesse avoit dans ses mains des choses fort différentes ; elle portoit en sa droite un sistre d'airain, dont la lame étroite et courbée en forme de baudrier, étoit traversée par trois verges de fer, qui, au mouvement du bras de la Déesse, rendoient un son fort clair. Elle tenoit en sa main gauche un vase d'or, en forme de gondole (10), qui avoit sur le haut de son anse un aspic, dont le cou étoit enflé et la tête fort élevée ; elle avoit à ses pieds des souliers tissus de feuilles de palmier. C'est en cet état que cette grande Déesse, parfumée des odeurs les plus exquises de l'Arabie heureuse, daigna me parler ainsi. Je viens à toi, Lucius, tes prières m'ont touchée, je suis la nature, mère de toutes choses, la maîtresse des élémens, la source et l'origine des siècles, la souveraine des divinités, la reine des manes, et la première des habitans des cieux. Je représente en moi seule tous les Dieux et toutes les Déesses (11) ; je gouverne à mon gré les brillantes voûtes célestes, les vents salutaires de la mer, et le triste silence des enfers. Je suis la seule divinité qui soit dans l'univers, que toute la terre révère sous plusieurs formes, avec des cérémonies diverses, et sous des noms différens. Les Phrygiens, qui sont les plus anciens et les premiers hommes (12), m'appellent la mère des Dieux, déesse de Pessinunte (13). Les Athéniens, originaires de leur propre pays (14), me nomment Minerve Cécropienne (15). Chez les habitans de l'isle de Cypre, mon nom est Vénus de Paphos. Chez les Candiots, adroits à tirer de l'arc, Diane Dictinne (16). Chez les Siciliens qui parlent trois langues (17), Proserpine Stygienne (18). Dans la ville d'Eleusis on m'appelle l'ancienne déesse Cérès, d'autres me nomment Junon, d'autres Bellone, d'autres Hécate, d'autres Némésis Rhamnusienne (19) ; et les Ethiopiens, que le soleil à son lever éclaire de ses premiers rayons, les peuples de l'Ariane (20), aussi-bien que les Egyptiens qui sont les premiers savans du monde, m'appellent par mon véritable nom, la reine Isis, et m'honorent avec les cérémonies qui me sont les plus convenables. Tu me vois ici touchée de l'excès de tes misères, continue la Déesse, tu me vois propice et favorable, arrête le cours de tes larmes, finis tes plaintes, et chasse la tristesse qui t'accable: Voici bientôt le temps que ma divine providence a marqué pour ton salut ; écoutes donc avec attention les ordres que je vais te donner. Le jour qui va suivre cette nuit, m'est consacré de tout temps ; demain mes prêtres doivent m'offrir les prémices de la navigation, en me dédiant un navire tout neuf, et qui n'a point encore servi ; présentement que les tempêtes qui règnent pendant l'hiver ne sont plus à craindre, et que les flots, devenus plus paisibles, permettent qu'on puisse se mettre en mer. Attends cette fête avec dévotion, et d'un esprit tranquille ; car le grand prêtre, suivant mon avertissement, portera pendant la cérémonie, une couronne de roses attachée à son sistre qu'il tiendra de la main droite. Suis donc la pompe avec empressement et avec confiance en ma bonté, perce la foule du peuple, et lorsque tu seras proche du prêtre, fais comme si tu voulois lui baiser la main, et mange des roses, aussi-tôt tu te dépouilleras de la forme de cet indigne animal, qui m'est odieux depuis long-temps. Ne crains point de trouver aucune difficulté à ce que je t'ordonne ; car, dans ce moment que je suis prêt de toi, je suis aussi proche de mon prêtre, et je l'avertis en songe de tout ce que je veux qu'il fasse. Je ferai ensorte que le peuple, malgré la foule, te laissera le passage libre, et qu'au milieu de la joie et des agréables spectacles de cette fête, n'aura d'aversion pour cette figure abjecte et méprisable, sous laquelle tu parois, et que personne n'aura la malignité de t'imputer rien de fâcheux, en expliquant en mauvaise part le changement subit de ta figure. Souviens-toi seulement, et n'en perds jamais la mémoire, que tout le reste de ta vie doit m'être dévoué jusqu'à ton dernier soupir. Il est bien juste que tu te reconnoisse entièrementit redevable de la vie à une Déesse, qui, par son secours, t'a remis au nombre des hommes. Au reste, tu vivras heureux et plein de gloire sous ma protection, et lorsqu'après avoir accompli le temps que tu dois être sur la terre, tu seras descendu aux enfers, dans cet hémisphère souterrain, où tu auras l'avantage d'habiter les champs élisées, tu ne manqueras pas d'être régulier à m'adorer, moi qui brille dans les ténèbres de l'Acheron, et qui règne dans le palais infernal, et j'y recevrai tes hommages avec bonté. Si, avant ce temps-là, par tes respects, si, par un ferme attachement au culte qui m'est dû, et par une chasteté inviolable, tu te rends digne de mes graces, tu connoîtras que je puis seule prolonger le terme de ta vie, au-delà des bornes que le destin y a prescrites. Après que cette puissante Déesse m'eût ainsi déclaré ses volontés, elle disparut (21) ; et dans le moment m'étant réveillé, je me levai tout en sueur, plein de frayeur, de joie et d'admiration de la présence si manifeste de cette grande Divinité. Je fus me laver dans la mer, l'esprit fort occupé des ordres souverains qu'elles m'avoit donnés, et repassant en moi-même tout ce qu'elle m'avoit dit. Peu de temps après, le soleil ayant chassé les ténèbres de la nuit, commença à montrer ses premiers rayons. Aussi-tôt tous les chemins furent remplis d'une infinité de peuples qui venoient avec allégresse pour se rendre à la fête. La joie étoit si grande de tous côtés, outre celle que je ressentois, qu'il me sembloit qu'elle s'étendoit jusques sur les animaux, et que le jour et même les êtres inanimés avoient une face plus riante ; car, après la gelée blanche de la nuit précédente, le soleil ramenoit le plus beau jour de la nature, en sorte que les oiseaux, réjouis du retour du printemps, remplissoient l'air de leurs chants mélodieux, et par de doux concerts, rendoient hommage à la souveraine mère des temps, des astres et de tout l'univers. Les arbres mêmes, tant ceux qui rapportent des fruits, que ceux qui ne servent qu'à donner de l'ombrage, ranimés par la chaleur des vents du midi, et embellis par leur verdure renaissante, faisoient entendre un agréable murmure, qu'excitoit le doux mouvement de leurs branches. La mer ne faisoit plus gronder ses tempêtes et ses orages ; ses flots tranquilles mouilloient doucement le rivage, et la brillante voûte des cieux, n'étoit obscurcie par aucun nuage. Cependant le pompeux appareil de cette fête commence à se mettre en marche. Tous ceux qui le composoient s'étoient ajustés de différentes manières, chacun suivant son goût et son inclination. L'un avec un baudrier sur le corps, représentoit un soldat ; un autre étoit en chasseur, avec une casaque, un petit sabre au côté, et un épieu dans sa main ; celui-ci, chaussé avec des souliers dorés, vêtu d'une robe de soie, et paré magnifiquement de tous les ornemens qui conviennent au beau sexe, ayant ses cheveux accommodés sur le haut de sa tête, représentoit une femme par son ajustement et par sa démarche ; celui-là avec ses bottines, son bouclier, sa lance et son épée,

sembloit sortir d'un combat de gladiateurs ; cet autre étoit en magistrat, avec
une robe de pourpre, et des faisseaux qu'on portoit devant lui ; tel aussi
s'étoit mis en philosophe par son manteau, son bâton, ses sandales et sa
barbe de bouc. Il y en avoit encore qui étoient en oiseleurs et en pêcheurs ;
les uns portant des hameçons, et les autres des roseaux pleins de glu. J'y vis
aussi un ours apprivoisé, qu'on portoit dans une chaise, habillé en femme
de qualité, et un singe coëffé d'un bonnet brodé et habillé d'une robe à la
Phrygienne, couleur de safran, tenant une coupe d'or en sa. main, et
représentant Ganimède. On y voyoit encore un âne à qui l'on avoit attaché
des aîles, qui suivoit un vieillard fort cassé, vous eussiez dit que c'étoit
Pégase et Bellerophon, et n'auriez pu vous empêcher de rire, en les voyant
l'un et l'autre. Au milieu de tout ce peuple joyeux et plaisamment déguisé, la
pompe particulière de la Déesse protectrice s'avançoit. Elle étoit précédée
de plusieurs femmes habillées de blanc, qui, avec un air fort gai, portoient
diverses choses dans leurs mains. Elles avoient des couronnes de fleurs
printannières sur la tête ; elles en avoient d'autres qu'elles semoient sur le
chemin par où la troupe sacrée devoit passer. On en voyoit d'autres avec
des miroirs attachés sur les épaules qui représentoient à la Déesse tous ceux
qui la suivoient, comme s'ils fussent venus au-devant d'elle. Quelques-unes
tenoient des peignes d'yvoire, et par les gestes de leurs bras et les
mouvemens de leurs doigts, faisoient semblant de peigner et d'ajuster les
cheveux de la reine des dieux, et d'autres versoient goutte à goutte devant
ses pas du baume et des huiles précieuses. Outre tout cet appareil, une
infinité d'hommes et de femmes tâchoient de se rendre favorable la Déesse
des astres, en portant des torches, des flambeaux de cire, des lampes, et
toutes sortes de lumières artificielles. Ensuite une troupe de musiciens
faisoient retentir l'air par des concerts mélodieux de voix et de flûtes. Ils
étoient suivis par un chœur de jeunes garçons parfaitement beaux, vêtus de
robes blanches destinées pour les cérémonies qui chantoient par reprises un
poëme ingénieux qu'un excellent poëte inspiré par les Muses avoit composé
pour expliquer le sujet de cette grande fête. Parmi eux, marchoient des
joueurs de flûte, consacrés au grand Sérapis (22), qui faisoient entendre sur
leurs flûtes traversières les airs destinés au culte de ce Dieu dans son temple.
Plusieurs huissiers marchoient ensuite, qui avertissaient le peuple de se
ranger, et de laisser le chemin libre aux simulacres des Dieux ; après eux,
suivoient en foule des troupes de gens initiés dans les sacrés mystères,
hommes et femmes de toutes sortes d'âges et de conditions, vêtus de robes
de lin d'une blancheur éclatante. Les femmes avoient leurs cheveux
parfumés d'essence, et enveloppés d'un voile transparent ; et les hommes
avoient la tête rase et luisante. Ces astres terrestres, ces vénérables ministres
de la vraie religion, faisoient un fort grand bruit avec des sistres d'airain,
d'argent et même d'or ; ensuite les principaux d'entre les prêtres, revêtus
d'aubes de lin fort blanches, qui leur descendoient jusqu'aux pieds,

portoient les symboles des Dieux. Le premier tenoit une lampe très-brillante ; elle n'étoit pas faite comme celle dont nous nous servons pour nous éclairer le soir pendant nos repas, c'étoit un vase d'or, en forme de gondole, qui, de l'endroit le plus large, jettoit une fort grande flamme. Le second soutenoit avec ses deux mains de petits autels, qu'on appelle les secours, nom que la providence secourable de la grande Déesse leur a donné. Le troisième portoit le caducée de Mercure, avec une palme, dont les feuilles étoient d'or. Le quatrième tenoit en l'air le symbole de la justice ; c'étoit une main gauche, dont les doigts étoient étendus, et qui par sa paresse naturelle et son manque d'adresse, semble mieux convenir à la justice qu'une main droite. Ce même prêtre tenoit un vase d'or, en forme de mammelle (23), dont il versoit du lait. Le cinquième portoit un van d'or plein de petites branches de même métal, et un autre une bouteille. Les Dieux suivoient immédiatement, qui ne dédaignoient point d'être portés par des hommes. L'un avoit une tête de chien ; l'autre, qui est le messager des cieux et des enfers, tenoit sa tête droite, et avoit le visage à moitié noir et à moitié doré (24) ; il avoit un caducée dans sa main gauche, et dans sa droite une palme verte. Après lui, paroissoit une vache élevée sur ses pieds de derrière, figure de la Déesse, mère féconde de toutes les choses ; un des prêtres la portoit sur ses épaules, avec une démarche pompeuse ; une autre tenoit une corbeille où étoient renfermés les secrets et les mystères de la religion : celui qui le suivoit, portoit dans son bienheureux sein l'adorable image de la souveraine Divinité qui n'avoit rien de la forme d'un oiseau ou d'une bête, soit domestique ou sauvage, ni même de l'homme, mais qui, vénérable par sa singularité et par l'artifice de sa construction, marquoit la sublimité de la religion, mieux qu'aucun discours ne l'auroit pu faire, et faisoit voir qu'on doit cacher ses mystères sous un profond. silence. C'étoit une petite urne d'or (25), parfaitement bien travaillée, ronde par le fond ; on y voyoit gravés les merveilleux hiérogliphes des Egyptiens ; son orifice qui n'étoit pas fort élevé, s'étendoit d'un côté, et formoit un long tuyau ; de l'autre, elle avoit une anse fort grande, qu'entortilloit jusqu'au haut un aspic, dont le cou plein d'écailles s'élevoit en se courbant. Enfin le moment favorable que la puissante Déesse m'avoit promis, approchoit, et le prêtre tel qu'elle me l'avoit dépeint, s'avançoit portant ce qui devoit finir mes malheurs. Il tenoit en sa main droite le sistre de la Déesse et une couronne de roses, qui étoit véritablement une couronne pour moi, puisque, par la divine providence, après avoir surmonté tant de travaux et évité tant de périls, je remportois la victoire sur la fortune ennemie qui me persécutoit depuis si long-temps. Quoique je me sentisse pénétré tout d'un coup d'une joie extraordinaire, je ne m'avançai point avec trop d'empressement, dans la crainte que j'eus, que la course précipitée d'un animal tel que moi, ne troublât l'ordre et la cérémonie de la fête ; mais d'une démarche posée, telle qu'auroit pu l'avoir un homme, je m'avançai respectueusement au travers de la foule du peuple qui se rangeoit, comme par une inspiration de la Déesse, et me laissoit le passage libre. Je m'approchai du prêtre insensiblement. Si-tôt qu'il m'apperçut, il se souvint de l'avertissement qu'il avoit eu la nuit en songe ; ce que je connus bien, car il s'arrêta d'abord saisi d'admiration, de voir que les choses se rapportoient aux ordres qu'il avoit reçus, et de lui-même étendant la main, il approcha de ma bouche la couronne qu'il tenoit. Je pris en tremblant et avec une palpitation de cœur extraordinaire cette couronne, composée de roses fraîches et vermeilles, et je la dévorai avec avidité. Je vois aussi-tôt l'effet de la promesse des Dieux. D'abord je perds cette indigne forme d'animal dont j'étois revêtu ; tout ce poil affreux que j'avois sur le corps tombe et ne paroît plus ; ma peau qui étoit épaisse et dure devient tendre et délicate ; mon grand ventre se rapetisse ; la corne de mes pieds s'étend et forme des doigts ; mes mains cessent d'être des pieds, et redeviennent propres à leurs fonctions ; mon cou s'accourcit ; mon visage et ma tête prennent une figure ronde ; mes longues oreilles diminuent et reviennent dans leur premier état ; mes dents énormes deviennent semblables à celles des hommes ; et cette grande queue, que j'étois si fâché d'avoir, disparoît entièrement. Tout le peuple reste dans l'admiration. Les personnes pieuses adorent le pouvoir si manifeste de la grande Déesse, dans la facilité d'une telle métamorphose, et d'un miracle semblable à ceux que les songes produisent pendant le sommeil, et avec une voix haute et unanime, tendant les mains au ciel, ils publient tous cet éclatant bienfait de la Déesse. Pour moi, saisi d'étonnement, et pénétré ou plutôt accablé, pour ainsi dire, de l'excès de ma joie, je restois dans le silence, n'ayant pas la force d'ouvrir la bouche, quoique l'usage de la parole me fût rendu, et je ne savois par où commencer ni par quelles expressions assez dignes je pourrais marquer ma reconnoissance à la puissante Divinité qui m'avoit été si favorable. Cependant le prêtre qui avoit été instruit par la Déesse de tous les maux que j'avois soufferts depuis ma disgrace, demeura aussi fort surpris lui-même d'une si grande merveille. Il ne laissa pas néanmoins de faire signe qu'on me donnât une robe de lin pour me couvrir ; car, d'abord que j'eus quitté cette honteuse forme d'âne, je me trouvai tout nud, et je n'avois que mes mains pour me cacher. Aussitôt un des ministres de la religion ôta sa première robe de dessus lui, et me la mit promptement sur le corps. Quand cela fut fait, le prêtre me regardant avec un visage où la joie étoit peinte, me parla ainsi : Lucius, après tous les maux que vous avez soufferts, après tant de rudes assauts que la fortune vous a livrés, et toutes les tempêtes que vous avez essuyées, vous êtes enfin arrivé au port du repos, et vous avez trouvé grace devant les Dieux (26) ; ni votre illustre naissance, ni votre propre mérite, ni même toutes les sciences que vous possédez, ne vous ont servi de rien, et vous étant laissé aller au penchant d'une ardente jeunesse, vous vous êtes livré aux indignes voluptés de l'amour, et votre malheureuse curiosité vous a coûté bien cher. Cependant, après tant d'affreuses disgraces, où l'aveugle fortune vous a plongé, elle vous a conduit, contre son intention et par sa persécution même, à cet heureux état, dont on jouit, lorsqu'on s'est consacré au culte de la religion ; qu'elle se retire donc, et qu'elle cherche un autre objet pour exercer ses fureurs ; car sa rage ne peut rien contre ceux que notre grande Déesse prend à son service et en sa défense. Quel avantage cette aveugle fortune a-t-elle retiré de vous avoir fait tomber entre les mains des voleurs, de vous avoir fait essuyer de si grandes fatigues, par tant de voyages, dans des chemins difficiles, de vous avoir livré aux dangers d'être dévoré par les bêtes sauvages, et de vous avoir exposé chaque jour aux horreurs de la mort ? Vous voilà présentement sous la protection d'une autre fortune qui voit clair et illumine tous les autre Dieux par l'éclat de sa lumière. Prenez donc, Lucius, un visage plus gai et plus convenable à cette robe blanche dont vous êtes revêtu ; accompagnez avec joie la pompe de la Déesse qui a daigné prendre soin de vous. Que les impies voient le miracle qu'elle a fait en votre personne, qu'ils le voient et qu'ils reconnoissent leurs erreurs : Lucius est maintenant délivré de tous ses malheurs ; le voilà qui jouit des faveurs de la grande Déesse Isis, et qui triomphe de la mauvaise fortune. Cependant, afin que vous soyez plus en sûrété et mieux protégé, engagez-vous dans cette sainte milice, c'est un parti que vous serez bien aise un jour d'avoir embrassé, et dès ce moment consacrez-vous, de votre bon gré, au culte et au ministère de notre religion ; car, si-tôt que vous aurez commencé à servir la Déesse, vous jouirez avec encore plus de plaisir des avantages de votre liberté. Ainsi parla cet illustre prêtre, en poussant de profonds soupirs ; ensuite la pompe sacrée continua sa marche. Je la suivis au milieu des ministres de la Déesse. Je fus bientôt connu et remarqué de tout le peuple, les uns me désignant aux autres par un mouvement de tête, et me montrant avec la main, chacun parloit de mon avanture. Voilà, disoit-on, celui à qui la toute-puissante Déesse a rendu la forme humaine ; il est certainement très-heureux d'avoir mérité par l'innocence et la probité de ses mœurs, cette insigne faveur des cieux, de renaître, pour ainsi dire, et d'être reçu dans le ministère des choses sacrées. Après qu'on eut marché quelque temps au milieu des acclamations et des vœux de tout le peuple, nous arrivâmes au bord de la mer, et au même endroit, où, sous ma figure d'âne, j'avois passé la nuit. On y rangea par terre les images des Dieux, suivant l'ordre accoutumé ; ensuite le grand prêtre, par d'augustes prières, que sa sainte bouche prononçoit, consacra à la Déesse un navire artistement construit, où l'on voyoit les merveilleux caractères des Egyptiens peints de tous côtés, et qu'on avoit purifié avec une torche ardente, un œuf et du soufre (27). Sur la voile blanche de cet heureux vaisseau étoient écrits en gros caractères les vœux qu'on renouvelloit pour recommencer d'heureuses navigations. On dresse le mât ; c'étoit un pin rond, fort grand et fort beau, dont la hune étoit extrêmement ornée. On voyoit sur la poupe une oie en sculpture, avec son long cou recourbé, toute dorée, et fort brillante, et le vaisseau tout entier étoit fait de bois de citronier parfaitement bien travaillé. Le peuple, aussi-bien que les prêtres, commencèrent à porter, à l'envie les uns des autres, des corbeilles pleines d'aromates et de plusieurs choses propres aux sacrifices, qu'ils jettoient dans le vaisseau. Ils versèrent aussi dans la mer une composition faite avec du lait et d'autres matières. Quand le navire fut chargé de toutes ces pieuses offrandes, on détacha l'ancre qui le tenoit arrêté, et dans le moment un vent doux et propice, l'éloigna du rivage, et le poussa en pleine mer. Lorsqu'on l'eut perdu de vue, les prêtres reprirent toutes les choses sacrées qu'ils avoient mises à terre, et retournèrent au temple avec allégresse, et dans le même ordre qu'ils étoient venus. D'abord que nous y fûmes arrivés, le grand prêtre, ceux qui portoient les images des Dieux, et ceux qui étoient initiés depuis long-temps dans les sacrés mystères, entrèrent dans le sanctuaire de la Déesse, où l'on remit par ordre tous ces Dieux qui étoient si bien travaillés, qu'ils paroissoient vivans. Alors celui d'entre les prêtres qui étoit le sécrétaire, se tenant debout à la porte, appella tous les Pastophores (28) à l'assemblée : c'est ainsi qu'on nomme ceux qui composent cette très-sainte société ; ensuite étant monté dans une chaire fort élevée avec un livre à la main, il lut tout haut des prières pour la prospérité de l'Empereur, du Sénat, des Chevaliers et de tout le peuple Romain, pour le bonheur de la navigation, et pour la prospérité de tous ceux qui composent notre empire ; il finit en prononçant en grec, suivant la coutume, que la cérémonie étoit achevée,, et qu'on pouvoit se retirer (29). Le peuple répondit en souhaitant que tout ce qu'on avoit fait, pût être pour le bien et l'utilité de tout le monde, et chacun s'en retourna chez soi, la joie peinte sur le visage, après avoir jetté des rameaux d'olivier, de la verveine, et des couronnes de fleurs devant la statue d'argent de la Déesse, qu'on avoit posée sur un autel, et lui avoir baisé les pieds. A mon égard, je ne pouvois me résoudre à m'en éloigner pour un seul instant, et les yeux toujours attachés sur cette sainte image, je rappellois dans mon esprit tous mes malheurs passés. Cependant la renommée avoir déjà déployé ses aîles pour aller publier par-tout dans mon pays l'avanture surprenante qui m'étoit arrivée, et le bienfait que j'avois reçu de la Déesse. Aussi-tôt mes parens, mes domestiques et mes esclaves mettant bas la tristesse que le faux bruit de ma mort leur avoit causée, accourent transportés de joie et avec des présens, pour voir un homme que les Dieux avoient conservé et retiré, pour ainsi dire, des enfers. Leur vue, à laquelle je ne m'attendois pas si-tôt, me fit un fort grand plaisir. Je les remerciai de leurs offres honnêtes, mes gens avoient eu soin de m'apporter suffisamment ce qui m'étoit nécessaire. Après que je les eus salués l'un après l'autre, comme je le devois, et que je leur eus conté mes travaux passés et ma joie présente, je retournai devant l'image de la Déesse, que je ne me lassois point de considérer, et je fis marché pour le louage d'une maison dans l'enceinte du temple où j'établis ma demeure pour un temps. Je me trouvois continuellement dans la société des prêtres, et j'étois assidument attaché au service de la Déesse dont je ne me séparois point. Je ne passai pas une seule nuit, et le sommeil ne ferma pas mes yeux un moment, qu'elle ne m'apparût en songe, et ne me donnât des avertissemens. Elle m'ordonna plusieurs fois de me faire initier dans sa religion. Quoique j'y fusse destiné depuis long-temps, et que je le souhaitasse avec beaucoup de passion, une pieuse crainte me retenoit, parce qu'examinant avec soin les devoirs du ministère de la religion, je connoissois qu'il n'étoit pas aisé de s'en bien acquitter ; que la chasteté qu'on étoit obligé de garder, étoit une chose fort difficile, et qu'il falloit bien de la prudence et de la circonspection pour se maintenir dans l'innocence, au milieu de tant de dangers où l'on est exposé dans la vie. Ainsi l'esprit toujours occupé de ces pensées, malgré toute mon envie, je différois insensiblement de jour en jour à me faire recevoir. Il arriva qu'une nuit, pendant mon sommeil, je crus voir le grand prêtre ; il me sembla qu'il m'offroit plusieurs choses qu'il portoit dans son sein ; que je lui en demandois la raison, et qu'il me répondoit : Que tout cela m'étoit envoyé de Thessalie, et même que mon valet, nommé Candidus, venoit d'en arriver. Lorsque je fus éveillé, je cherchai long-temps dans mon esprit ce qu'une telle vision pouvoit me présager, d'autant plus que je savois bien certainement n'avoir jamais eu de valet qui s'appellât Candidus : Cependant, de quelque manière que j'interprétasse ce songe, je trouvois que ces choses qu'on m'offroit ne pouvoient m'annoncer que du profit. Etant ainsi occupé de l'espérance de quelque événement avantageux, j'attendois qu'on ouvrît les portes du temple, à l'heure qu'on a coutume de le faire tous les matins. Quand nous y fûmes entrés, et qu'on eut tiré le rideau qui couvroit l'adorable image de la Déesse, nous nous prosternâmes tous devant elle. Pendant ce temps, le prêtre alla à tous les autels l'un après l'autre, et mit tout en ordre pour le service divin ; ensuite, avec les oraisons accoutumées, il répandit un vase plein d'eau d'une fontaine qui étoit dans le lieu le plus secret du temple, et aussi-tôt tous les prêtres annoncèrent la première heure du jour, et firent les prières du matin. Dans ce moment, arrivèrent de mon pays les valets que j'y avois laissés, dans le temps que Fotis, par sa malheureuse méprise, me changea en âne. Mes parens avoient eu soin de me les renvoyer, et mon cheval aussi qui avoit été à plusieurs maîtres, et qu'ils avoient recouvré, l'ayant reconnu à une marque qu'il avoit sur le dos. J'admirai la justesse de mon songe, en ce qu'avec le gain qu'il m'avoit promis, il m'avoit annoncé la restitution de mon cheval, en me le désignant sous le nom d'un valet nommé Candidus, à cause de la couleur du poil de cet animal. Je continuai à faire toute mon occupation du service de la Déesse, flatté de l'espérance des biens qu'elle me promettoit à l'avenir, confirmé par des bienfaits présens, et, dès ce moment, le desir que j'avois d'être reçu dans la religion, s'augmentoit tous les jours de plus en plus. J'allai trouver plusieurs fois le grand prêtre, pour le conjurer, avec toutes les instances possibles, de m'initier enfin dans les mystères de la nuit consacrée. Mais lui qui étoit un homme grave et grand observateur des loix de cette chaste religion, différoit ma réception, en me parlant avec la même douceur et la même bonté que les pères ont accoutumé de faire à leurs enfans, pour modérer leurs desirs prématurés ; et me donnant de bonnes espérances, il tâchoit d'adoucir et de calmer l'inquiétude de mon esprit. Il me disoit que, lorsque quelqu'un devoit être initié, la Déesse faisoit connoître sa volonté sur le jour qu'on devoit prendre pour cet effet, sur le prêtre qu'elle choisissoit pour en faire la cérémonie, et sur la dépense qu'il y falloit faire. Qu'ainsi nous devions attendre avec une patience pleine de soumission, et que je prisse garde d'éviter les deux extrémités ; d'avoir trop d'empressement avant le commandement de la Déesse, ou trop de négligence après avoir été appellé ; qu'il n'y avoit pas un de ses prêtres, qui eût assez perdu l'esprit, ou plutôt qui se souciât si peu de perdre la vie, pour ôser commettre le crime et l'impiété de me recevoir, s'il n'en avoit eu l'ordre exprès de la Déesse, puisque notre vie et notre mort sont dans ses mains, et que l'initiation dans les mystères se faisoit en forme d'une mort volontaire, et d'une vie que l'on ne tenoit plus que de la bonté de la Déesse ; qu'elle avoit même coutume de choisir pour son service des hommes d'un âge fort avancé, capables cependant de garder sous le silence ses mystères secrets, et que, par sa providence, elle les faisoit pour ainsi dire, renaître et entrer dans la carrière d'une nouvelle vie ; qu'il falloit donc que j'attendisse l'ordre des cieux, quoique par la bonté de la Déesse qui s'étoit manifestée d'une manière si éclatante à mon égard, je fusse destiné à ce bienheureux ministère ; que je devois, dès ce jour, m'abstenir des viandes profanes et défendues, comme les autres religieux, afin que mon esprit pût mieux atteindre aux secrets les plus cachés de cette sainte religion. C'est ainsi que le prêtre me parla : je lui obéis en modérant mon impatience, et j'assistois tous les jours très-assidument au service divin, l'esprit tranquille, et gardant un silence respectueux. Enfin la bonté de la puissante Déesse ne trompa point mon espérance, elle ne voulut pas me faire languir davantage par un plus long délai, et dans une nuit obscure, elle m'avertit fort clairement pendant mon sommeil, que le jour que j'avois tant souhaité étoit arrivé ; elle m'instruisit aussi de la dépense, qu'elle vouloit que je fisse pour ma réception, et me désigna en même-temps son grand prêtre lui-même pour en faire la cérémonie, en me disant qu'il y avoit une union entre lui et moi, causée par l'influence des astres. Après que cette grande Divinité m'eut ainsi annoncé ses ordres, je m'éveillai un peu avant le jour, l'esprit fort content, et dans l'instant j'allai chercher le grand prêtre à son appartement. Je le trouvai qui sortoit de sa chambre, je le saluai et le suivis, dans la résolution de lui demander encore plus instamment que je n'avois fait, d'être admis dans le sacré ministère, comme une chose qui m'étoit due. Mais, si-tôt qu'il m'eut apperçu, il me parla le premier : O mon cher Lucius, me dit-il, que vous êtes heureux de ce que l'adorable Déesse vous honore ainsi de ses faveurs ; qu'attendez-vous ? pourquoi n'êtes-vous pas plus empressé ? voici le jour que vous avez souhaité si constamment et avec tant de passion : c'est en ce jour que, suivant le commandement de cette Divinité, vous allez par mon ministère lui être dévoué. En même-temps ce bon vieillard m'ayant pris par la main, me mena à la porte du temple. Après qu'elle fut ouverte avec les cérémonies accoutumées, et que le sacrifice du matin fut achevé, il tira du fond du sanctuaire certains livres pleins de prières écrites avec des caractères inconnus, qui contenoient les termes des formules sacrées en abrégé, sous des figures de toutes sortes d'animaux, et d'une grande quantité de différens accens ; les uns formés comme des nœuds, les autres ronds, en façon de roues, et les autre tortueux, comme les tenons qui attachent la vigne à ses soutiens, ce qui étoit ainsi pour empêcher que les profanes trop curieux ne pussent les lire. Il me lut dans ces livres ce que je devois préparer pour le sacrifice de mon initiation. Je n'y perdis pas un moment, et j'eus bientôt acheté moi-même, et fait acheter par mes amis toutes les choses nécessaires, et plus encore qu'on ne m'en avoit demandé. Lorsque l'heure fut venue, à ce que disoit le prêtre, il me conduisit aux bains prochains, accompagné de tous les religieux. Après que je me fus lavé, et qu'il eut fait les prières qu'on fait d'ordinaire en cette occasion, il me purifia, en jettant de l'eau sur moi, ensuite les deux tiers du jour étant déjà passés, il me ramena dans le temple, et me plaça devant l'image de la Déesse, où, après m'avoir dit en secret des choses qu'il ne m'est pas permis de révéler, il me commanda tout haut devant les assistans de jeûner pendant dix jours, en m'abstenant de boire du vin, et de manger de la chair d'aucun animal. J'observai ce commandement avec beaucoup de régularité. Enfin le jour étoit arrivé où je devois me présenter pour être initié. Le soleil panchoit déjà vers la fin de sa course, lorsque le peuple accourt de toutes parts, on me fait plusieurs présens, suivant l'ancienne coutume de la religion ; ensuite le prêtre ayant fait retirer tous les profanes, me prend par la main, et me conduit dans le sanctuaire du temple, couvert comme j'étois d'une robe de lin toute neuve. Peut-être, lecteur curieux, me demanderez-vous avec empressement ce qui se passa dans la suite, je vous le dirois s'il m'étoit permis de vous le dire, et vous l'apprendriez s'il vous étoit permis de l'entendre ; mais les langues qui révéleroient, et les oreilles qui l'écouteroient, se rendroient également coupables d'une indiscrétion et d'une curiosité téméraire. Je vais cependant contenter en ce que je pourrai le pieux desir que vous avez d'en savoir quelque chose. Ecoutez donc, et soyez persuadé de la vérité de ce que je vais dire. Je fus conduit aux portes du trépas, et je posai le pied jusques sur l'entrée du palais de Proserpine ; j'en revins passant par tous les élémens ; je vis au milieu de la nuit le soleil brillant d'une lumière très-vive ; j'arrivai en la présence des Dieux du ciel et des enfers, et je les adorai de fort près. Ce sont-là des choses que vous ne sauriez comprendre, quoique vous les ayez entendues. Je vais donc vous raconter seulement ce qu'on peut faire entendre aux profanes sans crime. Le point du jour arriva, et les cérémonies étant achevées, je sortis du sanctuaire, vêtu de douze robes sacrées (30), habillement mystérieux, mais dont aucune loi ne me défend de parler, d'autant plus que tous ceux qui s'y trouvèrent, me virent en cet état ; car le prêtre m'ordonna de monter sur un siège fort élevé, qui étoit dans le milieu du temple vis-à-vis l'image de la Déesse. J'étois orné d'une robe de lin, parfaitement bien brodée, par-dessus j'avois un manteau magnifique qui pendoit derrière moi jusqu'à terre, et de quelque côté qu'on me regardât, tout mon habillement étoit plein de figures d'animaux de différentes couleurs ; on y voyoit des dragons des Indes, et des griffons qui naissent chez les Hyperboréens, avec la tête et les aîles d'un oiseau (31), et le reste du corps d'un lion ; les prêtres nomment cet ajustement l'habit olympique. Je tenois de la main droite un flambeau allumé, et j'avois une couronne de palmier, dont les feuilles formoient comme des rayons autour de ma tête. Etant ainsi paré comme l'image du soleil, et posé comme une statue, on tira le rideau qui me cachoit aux yeux du peuple, et je fus exposé à ses regards. Toute cette cérémonie étant achevée, je célébrai l'heureux jour de ma réception, en donnant de délicieux festins qui se passèrent avec beaucoup de joie et de gaieté ; les mêmes cérémonies durèrent trois jours de suite, commençant toujours par le sacré déjeûner, et finissant par le sacrifice. Pendant le peu de temps que j'y demeurai, je goûtois un plaisir qui ne se peut exprimer, en contemplant l'image de la Déesse qui m'avoit procuré un bienfait au-dessus de toute reconnoissance. Cependant, après lui avoir fait, selon ses ordres, d'humbles remercîmens qui n'étoient pas dignes d'elle, à la vérité, mais qui étoient, selon mon pouvoir, je me préparai, sans beaucoup d'empressement, à retourner dans mon pays. Après que je me fus arraché, avec beaucoup de peine, aux liens du desir ardent qui me retenoient auprès d'elle, un jour enfin prosterné à ses pieds, les yeux baignés de larmes, et baisant plusieurs fois la terre, je lui fis cette prière que mes fréquens sanglots interrompoient à tous momens. O sainte et perpétuelle conservatrice du genre humain, qui toujours attentive à répandre libéralement vos bienfaits sur les hommes, faites voir une tendresse de mère à ceux qui sont tombés dans quelque malheur ; il ne se passe pas un seul jour, ni même un seul instant, que vous n'exerciez vos bontés, que vous ne fassiez voir aux mortels des effets de votre protection, tant sur la mer que sur la terre, et qu'après avoir écarté les orages dont cette vie est agitée, vous ne leur tendiez une main secourable, qui a le pouvoir de retarder les arrêts des parques, de calmer les bourasques de la fortune, et de détourner les malignes influences des astres. Les Dieux du ciel et des enfers vous révèrent, vous réglez le mouvement des cieux, vous illuminez le soleil (32), vous gouvernez tout l'univers, les enfers vous sont soumis, les étoiles suivent vos volontés, vous faites la joie de toutes les divinités, vous réglez l'ordre des saisons, les élémens vous obéissent, c'est par votre ordre que les vents agitent les airs, que les nuages s'épaississent, que les semences produisent leur germe, et que ce même germe vient en maturité. Les oiseaux de l'air, les bêtes sauvages des montagnes, les serpens cachés dans la terre, et les monstres qui nagent dans la mer, vous adorent en tremblant ; mais je n'ai point assez de capacité pour publier vos louanges, ni assez de bien pour vous offrir de dignes sacrifices. Je ne puis trouver de termes pour exprimer tout ce que je pense de votre divine majesté ; mille bouches, ni une suite éternelle de discours ne pourroient jamais y suffire. Je ferai donc tout ce que peut faire un homme qui n'est pas riche, mais qui est pénétré des plus vifs sentimens de religion : Je conserverai toute ma vie dans le fond de mon cœur votre divine image et votre très-sainte majesté, et je l'aurai toujours présente à mon esprit. Après que j'eus fait cette prière, j'allai prendre congé du grand Prêtre que je regardois comme mon père, et l'embrassant avec affection, je lui demandois pardon de ce que je n'étois pas en état de lui marquer ma reconnoissance, par des présens dignes des bienfaits que j'avois reçus de lui. Enfin, après lui avoir fait de longs remercîmens, je le quittai dans le dessein de reprendre le chemin de ma maison paternelle, après en avoir été absent si long-temps. Au bout de peu de jours, inspiré par la Déesse, je me dispose à partir, et je m'embarque sur un vaisseau qui alloit à Rome. Les vents favorables me conduisirent sans accident et en fort peu de temps au port d'Ostie (33). De-là je pris une chaise roulante qui me porta en diligence dans cette sainte ville (34), où j'arrivai la veille des ides de Décembre, au commencement de la nuit. Le plus grand de mes soins fut ensuite d'aller tous les jours me prosterner devant la suprême divinité de la reine Isis, qu'on y révère avec de profonds respects, sous le nom d'Isis du champ de Mars, à cause que son temple y est situé. J'étois très-assidu à adorer la Déesse, étranger à la vérité dans ce temple, mais naturalisé dans sa religion. Cependant au bout de l'année de ma réception dans ses mystères, elle eut la bonté de m'apparoître encore en songe, et de m'avertir de me faire initier pour la seconde fois. J'étois fort en peine de ce que cela vouloit dire, et quelle en seroit l'issue ; car il me sembloit que j'avois été suffisamment initié. Pendant que j'examinois, tant par mes propres lumières que par les avis des prêtres, le pieux scrupule qui m'agitoit, je découvris une chose bien nouvelle et bien surprenante : J'étois à la vérité initié dans les sacrés mystères de la Déesse, mais je ne l'étois pas dans ceux du grand Dieu, le souverain père de tous les Dieux, l'invincible Osiris ; car bien que ces divinités soient unies ensemble, ou plutôt ne fassent qu'une même chose, il y a cependant une fort grande différence entre les cérémonies qui se pratiquent pour se consacrer au service de l'une ou de l'autre, et je devois connoître que j'étois aussi appellé au ministère de la religion du grand dieu Osiris. Je n'eus pas long-temps lieu d'en douter. La nuit suivante un de ses prêtres m'apparut en songe, vêtu d'une robe de lin, portant des Thyrses, des branches de lierre et plusieurs autres choses, qu'il ne m'est pas permis de dire. Il posa tout cela dans ma chambre ; ensuite s'étant assis sur une chaise, il m'avertit du festin que je devois faire pour entrer dans cette grande religion ; et afin que je pusse le reconnoître par quelque endroit, il me fit remarquer qu'il étoit boiteux du pied gauche. Les Dieux m'ayant ainsi fait connoître leur volonté, il ne me resta plus aucune incertitude dans l'esprit, et le lendemain matin, après que j'eus rendu mes hommages à la Déesse, je m'informai soigneusement aux uns et aux autres, s'il n'y avoit point quelqu'un des ministres du temple, qui eût une démarche pareille à celle du prêtre qui m'avoit apparu en songe. Il se trouve en effet, et j'apperçus dans le moment un des Pastophores tout semblable à celui que j'avois vu la nuit, non-seulement par sa manière de marcher, mais aussi par le reste de sa personne et par son habillement. J'ai su depuis qu'il s'appelloit Asinius Marcellus, nom qui avoit quelque rapport à l'état, où je m'étois vu. Je m'approchai de lui avec empressement, il n'ignoroit pas ce que j'avois à lui dire, ayant été averti, de la même manière que je l'avois été, qu'il devoit m'initier dans les sacrés mystères, et la nuit précédente au milieu de son sommeil, il lui avoit semblé que, pendant qu'il faisoit des couronnes pour le grand dieu Osiris, il lui avoit entendu dire, de cette même bouche, dont il prononce les destins de tous les mortels, qu'il lui envoyoit un citoyen de Madaure, fort pauvre, à la vérité ; qu'il falloit cependant qu'il le reçût, sans différer, au nombre de ceux qui sont consacrés au service de sa religion ; que, par sa providence, il feroit acquérir à cet homme une grande réputation du côté des sciences, et que, pour lui qui le devoit initier, il lui procureroit un gain considérable. Etant ainsi désigné pour être reçu dans les sacrés mystères d'Osiris, j'en différois, malgré moi, la cérémonie, n'étant pas en état d'en faire les frais ; car mes voyages avoient consommé le peu de bien que j'avois, et les frais que j'étois obligé de faire à Rome pour entrer dans cette religion, étoient bien plus considérables que ceux que j'avois faits dans la province pour être reçu prêtre d'Isis. Ma pauvreté mettant donc un obstacle à mes desirs, je souffrois une peine incroyable dans cette cruelle situation (35). Cependant le Dieu me pressoit souvent d'accomplir ma vocation, ce qui me mettoit un trouble extraordinaire dans l'esprit. Enfin, par son ordre exprès, je vendis mes hardes, et quoiqu'elles fussent peu considérables, je ne laissai point d'en faire la somme qui m'étoit nécessaire. S'il étoit question de te procurer quelque plaisir, me disoit cette Divinité, tu n'épargnerois pas ton manteau, et, lorsqu'il s'agit de te faire initier dans mes mystères, tu hésites et tu crains de te réduire dans une pauvreté dont tu n'auras jamais lieu de te repentir. Après que j'eus donc préparé tout ce qui étoit nécessaire, je passai, pour la seconde fois, dix jours entiers, sans manger de rien qui eût eu vie, et je fus initié dans les secrets mystères du grand dieu Serapis. Je m'acquittai ensuite des fonctions divines avec une parfaite confiance ; ce qui me procuroit un grand soulagement, et me donnoit moyen de vivre avec plus de commodité, parce que la divine providence me favorisoit et me faisoit gagner de l'argent à plaider des causes en latin. Au bout de quelque temps, je fus bien surpris du commandement que je reçus des Dieux, de me faire consacrer pour la troisième fois. Alors, avec une inquiétude et une peine d'esprit extraordinaire, je cherchois continuellement en moi-même ce que pouvoit signifier cet ordre surprenant, je ne comprenois point ce qui pouvoit manquer à la cérémonie de ma réception qui avoit même été réitérée. Il faut, disois-je, que ces deux prêtres ne m'aient pas bien conseillé, ou du moins qu'ils aient omis quelque chose ; et à dire la vérité, je commençois à avoir mauvaise opinion de leur bonne foi. Pendant que j'étois livré à ces inquiétudes, aussi troublé que si j'eusse perdu l'esprit, le Dieu favorable m'apparut la nuit en songe, et me tira de peine : Il ne faut point, me dit-il, que tu sois effrayé du long enchaînement des cérémonies de la religion, comme si jusqu'ici on avoit manqué à quelque chose dans celles de ta réception ; au contraire, tu dois avoir un grand contentement, de ce que les Dieux te comblent de tant de faveurs, et te réjouir de recevoir trois fois un honneur que les autres ont bien de la peine à obtenir une fois, et tu peux t'assurer que, par la vertu de ce nombre de trois, tu seras heureux à jamais. Au reste, tu verras que cette troisième consécration t'est extrêmement nécessaire, si tu fais réflexion que la robe de la Déesse, avec laquelle tu as été initié en Grèce, est restée dans son temple, et qu'ainsi tu ne saurois t'en servir à Rome dans les fêtes solemnelles, ni lorsqu'on te l'ordonnera. Obéis donc aux Dieux avec joie, et fais-toi initier encore une fois dans les sacrés mystères de religion, ce qui te puisse être heureux, propice et salutaire. Ensuite cette divine majesté m'instruisit de tout ce que je devois faire. Je n'y perdis pas un seul moment ; et ayant été aussi-tôt informer mon prêtre de ce que j'avois vu, je me résolus de passer encore dix jours dans une grande chasteté, et sans manger de rien qui eût eu vie, suivant la loi indispensable qui le prescrivoit. Après cela, j'achetai les choses qui étoient nécessaires pour la cérémonie, et suivant les mouvemens de ma piété, j'achetai de tout abondamment. A la vérité je n'eus pas lieu de me repentir de mes peines, ni des dépenses que j'avois faites ; car, par la divine providence, le gain que je faisois dans le barreau, m'avoit déjà mis assez à mon aise. Enfin, au bout de quelques jours, Osiris, le plus puissant et le premier d'entre les plus grands Dieux, m'apparut en songe, sans être caché sous aucune forme étrangère, et daignant me parler clairement, il m'ordonna de m'attacher sérieusement à acquérir de la réputation en exerçant la profession d'Avocat, sans m'embarrasser des mauvais discours de ceux qui seroient jaloux de la science que mes travaux et mes études m'avoient acquise ; et afin que je ne fusse pas confondu dans la troupe des autres prêtres, ce Dieu m'éleva au rang de ses pastophores, et m'honora même d'une dignité de décurion (36), qui duroit cinq ans. Depuis ce moment-là, avec ma tête rase, que je ne prenois aucun soin de cacher, je m'acquittai toujours avec plaisir des devoirs de cette sainte et ancienne société, dont l'établissement étoit environ du temps de Sylla.

Fin du onzieme et dernier Livre.

REMARQUES SUR L'ONZIEME LIVRE.

(1) La puissance de cette grande Déesse, c'est la lune qui, sous le nom d'Isis, Hécate, Proserpine, &c. est prise pour toutes les divinités féminines, comme sous le nom d'Osiris, on doit entendre toutes les divinités masculines, comme Jupiter, Apollon, Bacchus, &c.

(2) Que tous les corps qui sont dans les cieux, s'augmentent ou diminuent suivant qu'on la voit croître ou décroître. On croyoit anciennement, et même à présent, c'est une opinion assez générale, que les poissons qui sont dans les coquillages de la mer, comme les huîtres, les moules, &c. s'augmentent ou diminuent suivant le croissant ou le décours de la lune, aussi-bien que la moëlle qui est dans les os des animaux, et la sève qui est dans les plantes ; mais les physiciens d'aujourd'hui ne sont plus dans cette opinion, ils ont fait plusieurs expériences qui les en ont désabusés.

(3) Et vais me laver dans la mer. Les anciens avoient coutume de se purifier en se baignant dans la mer ou dans les rivières, avant que de s'employer aux choses qui regardoient la religion. Les Romains avoient dans leurs temples l'eau lustrale, dont ils se purifioient. Les Turcs encore aujourd'hui pratiquent ces ablutions avant que d'entrer dans leurs mosquées, aussi-bien que les Indiens et plusieurs autres nations.

(4) Je plonge ma tête sept fois dans l'eau. On a observé de tout temps le nombre de sept, comme renfermant quelque chose de mystérieux dans la religion. Nous voyons même qu'Elisée commanda à Naaman de se plonger sept fois dans le Jourdain, pour se guérir de sa lepre. On pourroit en citer bien d'autres exemples. (5) Soit que vous soyez la bienfaisante Cérès. J'ai déjà remarqué que c'est la même divinité que la lune ; ainsi tous les autres noms qu'il lui donne ensuite, n'expriment que la même Déesse, suivant les différens effets qu'on lui attribue. (6) Dans le magnifique temple d'Ephèse. On fut 220 ans à bâtir ce temple aux dépens de toute l'Asie mineure, il passoit pour une des sept merveilles du monde : un particulier nommé Hérostrate y mit le feu 356 ans avant la venue de Jésus-Christ la même nuit qu'Alexandre le Grand vint au monde. On lui demanda pourquoi il avoit commis un si grand sacrilège ; c'est, répondit-il, afin de rendre mon nom immortel. On fit des lois qui défendoient de parler jamais de lui, son nom n'a pas laissé de parvenir jusqu'à nous, et ce qu'il avoit souhaité est arrivé. (7) Par votre triple forme. On représentoit cette Déesse sous trois figures avec des têtes de différens animaux ; savoir d'un cheval, pour marquer la

vitesse de la lune dans le ciel ; d'un cerf, pour marquer qu'elle étoit Diane, la déesse de la chasse ; et d'un chien, pour marquer qu'elle étoit Proserpine, la déesse des enfers, ou le chien Cerbère. (8) Des sillons qui s'élevoient en forme de serpens. C'est parce que les sillons sont faits comme des serpens qui rampent, ou parce que le char de Cérès est tiré par des serpens aîlés. Minutius donne à cette déesse un serpent pour ceinture. (9) Tantôt d'un blanc clair et luisant, tantôt d'un jaune de saffran, et tantôt d'un rouge, couleur de roses. La lune paroît rouge quand elle se lève, à cause des vapeurs de la terre, au travers desquelles nous la voyons ; quand elle est plus haute au-dessus de l'horison, elle paroît jaune, et quand elle est vers le milieu de son cours, elle paroît blanche, parce qu'entre elle et nous, il n'y a plus assez de vapeurs pour empêcher qu'on ne la voie dans son pur éclat. (10) Un vase d'or en forme de gondole. Les Egyptiens représentoient Isis avec un vase à la main, en forme de gondole ou petit bateau, pour signifier le cours des eaux et particulièrement les inondations du Nil. (11) Je représente en moi seule tous les Dieux et toutes les Déesses. On voit par-là que les anciens, (au moins ceux qui avoient de l'esprit) ne reconnoissoient qu'un Dieu sous plusieurs noms ; ils appelloient même quelquefois les Déesses du nom masculin, Dieu, Pollentemque Deum Venerem ; le puissant Dieu Vénus, dit Calvus, poëte ancien. (12) Les Phrygiens qui sont les plus anciens et les premiers hommes. Les Phrygiens et les Egyptiens étoient en dispute sur l'ancienneté de leur origine, elle fut décidée en faveur des Phrygiens. Voici l'histoire, que rapporte Hérodote sur ce sujet. Psammeticus, roi d'Egypte, voulant savoir qui avoient été les premiers hommes sur la terre, donna deux enfans nouveaux-nés à élever à un berger, et lui ordonna de faire ensorte qu'ils n'entendissent jamais la voix d'aucune personne, et de prendre garde au premiet mot qu'ils prononceroient, si-tôt qu'ils pourroient parler. Le berger les fit nourrir par des chèvres, et au bout de deux ans ; un jour qu'il rentroit dans sa cabane, les enfans se mirent à crier bech, et à le répéter plusieurs fois. Le Roi en ayant été informé, les fit apporter devant lui, et leur ayant entendu prononcer le même mot, donna ordre qu'on s'informât, s'il signifioit quelque chose en quelque sorte de langue que ce pût être ; il se trouva que c'étoit le terme, dont les Phrygiens se servoient pour dire du pain ; et sur cela, l'on jugea qu'ils étoient avant les Egyptiens, et les premiers hommes qui eussent été sur la terre. Cette histoire ne dément point le caractère fabuleux d'Hérodote, et la raison de décider pour l'ancienneté en faveur des Phrygiens est plaisamment fondée. Le bech que prononçoient ces enfans, semble bien plutôt une imitation du bêlement de leurs mères nourrices les chèvres, qu'une demande de pain, aliment dont ils n'avoient encore aucune connaissance. (13) Déesse de Pessinunte. Pessinunte est une ville de Phrygie, où Cibèle avoit un temple, d'où sa statue fut enlevée et portée à Rome pendant la seconde guerre punique. On choisit pour la recevoir dans son logis Scipion Nasica, comme le plus honnête homme d'entre les Romains. (14) Les Athéniens originaires de leur propre pays, le texte dit, Autochtones Attici. C'est l'épithète perpétuelle des Athéniens, parce qu'on croyoit qu'ils n'étoient point venus d'aucun autre pays habiter le leur, comme la plupart des autres nations, mais qu'ils en étoient originaires, et y avoient toujours demeurés. (15) Minerve Cecropienne. Minerve étoit la Déesse tutélaire des Athéniens ; elle est appellée Cecropienne, parce que ces peuple s'appelloient Cecropii, de Cecrops, leur premier roi. (16) Dianne Dyctinne. On l'appelloit ainsi d'un mot grec qui signifié rets ou filet, parce qu'on s'en sert à la chasse où elle préside. (17) Les Siciliens qui parlent trois langues. Ils parloient leur langue naturelle, ils parloient grec aussi par la communication des Grecs qui s'étoient établis chez eux, ensuite ils parlèrent latin, lorsqu'ils furent sous la domination des Romains. (18) Proserpine Stygienne. Les Siciliens l'appellent Stygienne, parce que ce fut en Sicile que Pluton l'enleva. (19) Némésis Rhamnusienne. Cette Déesse est appelée ainsi d'une ville qui s'appelloit Rhamnonte dans le pays Attique où elle étoit particulièrement adorée ; elle étoit crue fille de la justice, et regardant de la profondeur de l'éternité les choses d'ici-bas, elle récompensoit les bons et punissoit les méchans. Martianus Capella dit qu'elle étoit la même que la Fortune. (20) Les peuples de l'Ariane. Ces peuples habitent aux environs de la mer Caspienne, au pied du mont Caucase au-dessus de la Perse. (21) Après que cette puissante Déesse m'eut ainsi déclaré ses volontés, elle disparut. Le texte dit, in se recessit ; elle se retira en elle-même. Apulée représente ici la Déesse Isis, comme mère de toute la nature et divinité universelle, remplissant toutes choses, elle ne pouvoit donc se retirer nulle part où elle ne fût déjà ; ainsi il dit avec raison qu'elle se retira en elle-même. Je ne l'ai pas exprimé pour éviter l'obscurité. Elle disparut, que j'ai mis à la place, signifie ce que veut dire l'Auteur, quoiqu'à la vérité la manière dont il le dit, est bien plus belle ; mais en françois il faut être clair sur toutes choses. (22) Consacré au grand Sérapis. Sérapis, divinité des Egyptiens, est la même qu'Apis et Osiris, que les Perses adoroient sous le nom de Mithra, qui est le soleil. Sérapis comprenoit en lui tous les Dieux, de même qu'Isis comprenoit toutes les Déesses. (23) Un vase d'or fait en forme de mammelle. Ce vase étoit le simbole de la fécondité de la nature. (24) Le visage à moitié noir et à moitié doré. On représentoit ainsi Mercure ; ces couleurs différentes désignoient le ciel et les enfers, parce qu'il étoit l'ambassadeur et le truchement des Dieux de ces deux Empires. (25) Une petite urne d'or parfaitement bien travaillée. C'étoit sans doute une représentation bien extraordinaire de la divinité que cette urne ; mais cela ne paroîtra pas si étrange à ceux qui auront lu dans Quinte-Curce, que la figure de Jupiter Ammon ressembloit à un nombril, et dans Tacite, que la représentation de Vénus Paphienne, n'étoit point une figure humaine, mais une piramide ronde. Il y a bien de l'apparence que, par cette urne chargée de figures hiéroglifiques, les Egyptiens avoient voulu marquer le débordement du Nil, qu'ils regardoient comme le plus grand bien de leur pays, et dont ils reconnoissoient avoir obligation à leur Déesse Isis. (26) Et vous avez trouvé grace devant les Dieux. J'ai cru que cette expression faisoit mieux entendre en françois ce que l'auteur veut dire, que si j'avois mis vous êtes arrivé à l'autel de miséricorde, qui est dans le texte. Il y avoit à Athènes un autel consacré par les Héraclides, c'est-à-dire les descendans d'Hercule, pour conserver la mémoire du secours que les Athéniens leur avoient donné contre Euristée, roi d'Argos. Cet autel se nommoit l'autel de la miséricorde, et servoit d'asyle aux malheureux. Notre auteur y fait ici allusion. (27) Qu'on avoit purifiée avec une torche ardente, un œuf et du soufre, on y mettoit aussi quelquefois de l'eau. Ovide, l. 7, des Métamorphoses.

Terque senem flammâ, ter aquâ, ter sulphure lustrat.

Elle purifie ce vieillard à trois fois avec du feu, de l'eau et du soufre. C'est Médée qui travaille à rajeunir Eson. Ovide encore dans l'Art d'aimer.

Et veniat quæ lustret anus lectumque locumque,
Referat et tremula sulphuret ova manu.

Et qu'il vienne une vieille qui ait soin de purifier le lit et la chambre, et qui apporte pour cela dans sa main tremblante du soufre et des œufs. (28) Les Pastophores, c'est-à-dire ceux qui portoient le manteau sacerdotal dans les cérémonies. (29) Que la cérémonie étoit achevée, et qu'on pouvoit se retirer. Après les cérémonies telles que celles-ci, ou après les sacrifices, un des prêtres congédioit le peuple, en disant ; le peuple peut se retirer (30) Vêtu de douze robes. Ce pouvoit être pour marquer les douze signes du Zodiaque, par lesquels Isis, qui est la lune, passe tous les mois. (31) Et des griffons qui naissent chez les Hiperboréens, avec la tête et les aîles d'un oiseau, j'y ai ajouté, et le reste du corps d'un lion, qui me paroissoit manquer à la description entière du griffon, suivant l'idée que nous en avons. Ce prétendu animal que nous nommons griffon, du mot, grips, étoit appelé picus par les anciens Latins, au rapport de Nonius. (32) Vous illuminez le soleil. Il est aisé de voir par-là, qu'Apulée n'entend pas seulement parler de la lune par cette Divinité, mais de la nature même qui est l'ame du monde, ou plutôt l'être souverain ; car on ne peut pas dire que la lune illumine le soleil. (33) Au port, j'y ai ajouté d'Ostie, quoiqu'il ne soit pas dans le texte, parce que c'est le port dont l'auteur entend parler, qui est le plus proche de Rome. (34) Dans cette sainte ville. On appelloit Rome sainte, à cause que toutes les religions du paganisme y étoient reçues, qu'il y avoit quantité de temples et de chapelles, et que le peuple Romain étoit fort religieux. (35) Je souffrois une peine incroyable dans cette cruelle situation. Il y a dans le texte, quod ait vetus proverbium : Inter sacrum et saxum positus cruciabar ; comme dit le vieux proverbe : Je souffrois une grande peine étant entre la pierre et l'autel. Ce proverbe est pris de la coutume des sacrifices, où le prêtre tuoit la victime au pied de l'autel, en la frappant avec une pierre, et en disant, quand il étoit question d'une alliance jurée avec un autre peuple, Que le premier des deux nations qui violera le traité, soit frappé par Jupiter comme je frappe la victime avec cette pierre. (36) Dignité de décurion. Il entend par cette dignité ceux qui avoient sous leur conduite un certain nombre de prêtres: On nommoit aussi décurions les sénateurs des villes municipales, et des colonies romaines. On nommoit encore décurion dans les troupes, un officier qui commandoit à dix cavaliers, et quelquefois à un plus grand nombre.

Fin des Remarques du onzième et dernier Livre.

Du Démon ou esprit familier de Socrate

DU DÉMON,
ou
ESPRIT FAMILIER DE SOCRATE,
PAR APULÉE,
PHILOSOPHE PLATONICIEN.

AVERTISSEMENT.

Ce petit Traité, dans lequel Apulée prétend donner une juste idée du Démon ou Esprit familier de Socrate, n'est pas le moins curieux de ses ouvrages. Il a paru assez important à S. Augustin, pour mériter qu'il le réfutât fort sérieusement, comme il a fait dans le huitième livre de la Cité de Dieu, dont il occupe huit chapitres entiers (*). Notre auteur, à l'occasion de ce Démon de Socrate, a fait entrer dans ce livre toute la doctrine des Pythagoriciens et des Platoniciens, puisée chez les Chaldéens, touchant les Dieux, les Démons, les Génies, les Manes, et généralement tout ce qu'on appelle Esprits. Il contient en abregé tout ce que Platon en dit dans (**) six de ses Dialogues, et dans l'Apologie de Socrate. Plutarque (***) a traité le même sujet dans un long Dialogue qui en porte le nom, son récit et le détail qu'il en fait, sont cependant différens. Il n'est pas difficile de voir que c'est dans ces sources que le Comte de Gabalis, et tous les autres qui ont écrit avant lui de cette matière, ont puisé leurs rêveries. Ce livre, au jugement de Wowerius, contient la Métaphysique de Platon ; c'est pour cela, dit-il, qu'il est placé dans les Ouvrages d'Apulée immédiatement après les trois livres qui contiennent la Physique, la Morale et la Dialectique de ce Philosophe. Comme il y est traité de la nature des Génies et des Démons, par le ministère desquels Apulée prétend que se produisent les miracles magiques, les prédictions des Devins, et tous les autres effets qui paroissent surpasser les forces ordinaires des causes naturelles, j'ai cru qu'après la lecture des livres de l'Ane d'or, remplis des prodiges de la magie, et des merveilles opérées par la force des enchantemens, le Lecteur ne seroit pas fâché de trouver ici la traduction d'un Livre où les causes en sont marquées. (*) Chap. 14=22. (**) Le Thoage, le Banquet, le Phèdre, le Phœdon, le Timée et l'Epinomis.

(***) Voyez tom. xiv, pag. 362 de la belle édition de cet Ouvrage en 18 vol. in-8°, ou in-4°. 1784, Paris, Bastien.

DU DÉMON,
OU ESPRIT FAMILIER DE SOCRATE

Platon a divisé en trois tout ce qui est dans la nature, et particulièrement les êtres animés, et il a cru qu'il y avoit des Dieux supérieurs, d'autres inférieurs, et d'autres qui tiennent le milieu ; et l'on doit concevoir qu'ils diffèrent entre eux, non-seulement par la distance des lieux qu'ils habitent, mais aussi par l'excellence de leur nature ; ce qui ne se connoît pas par une seule ou par deux raisons, mais par un fort grand nombre.

Pour plus de netteté, Platon commence par leur différente situation. Il a assigné le ciel aux Dieux immortels, comme il convient à la dignité de leur essence ; et ces Dieux célestes nous sont connus, les uns seulement par les yeux de l'entendement, et les autres par les yeux corporels.

Flambeaux de l'univers, toujours vifs et brillans,
Vous qui réglez le cours des saisons et des ans.

Géorgiques de Virg. l. I. Nous voyons non-seulement ces Dieux suprêmes ; le soleil, père du jour, et la lune, rivale du soleil, et l'honneur de la nuit. Soit qu'elle répande une lumière différente, suivant qu'elle paroît, en croissant, à moitié, aux trois quarts, ou dans son plein, plus lumineuse à mesure qu'elle s'éloigne du soleil, et marquant les mois de l'année par son croissant et son décours toujours égaux, soit que sa blancheur lui soit propre, ainsi que le croient les Chaldéens, et qu'ayant une moitié lumineuse, et l'autre qui ne l'est pas, elle nous paroisse ainsi changeante, à cause de la circumvolution de son disque mipartie ; soit que, n'ayant aucune blancheur d'elle-même, elle ait besoin d'une lumière étrangère, et qu'étant un corps opaque et poli, comme une espèce de miroir, elle reçoive les rayons du soleil, tantôt obliquement, et tantôt directement, et que, pour me servir de l'expression de Lucréce,

Son corps répande une fausse lumière,

sans m'arrêter à examiner ici, laquelle de ces deux opinions est la véritable, il est certain qu'il n'y a point de Grec ni de Barbare qui ne conjecture facilement que la lune et le soleil sont des Dieux ; et non-seulement ces deux astres, mais aussi ces cinq étoiles que le vulgaire appelle errantes, qui néanmoins par des mouvemens certains et invariables, font éternellement leur cours divin avec un ordre merveilleux. Elles ne suivent pas à la vérité la même route les unes ni les autres ; mais toutes, avec une égale rapidité, font voir, par leurs admirables changemens, tantôt leurs progressions, et tantôt leurs rétrogradations, selon la situation, la courbure et l'obliquité des cercles qu'elles décrivent, qui sont parfaitement connus par ceux qui sont versés dans la connoissance du lever et du coucher des signes du Zodiaque. Vous qui suivez les sentimens de Platon, mettez au nombre de ces Dieux visibles,

Les Hyades[1], l'Arcture[2] avec l'une et l'autre Ourse.

aussi-bien que ces autres Dieux brillans qui, dans un temps serein, embellissent la céleste cour, lorsque la nuit étale ces tristes et majestueuses beautés, dont elle a coutume de se parer, et que nous voyons, (comme dit Ennius) les gravures éclatantes et diversifiées de ce parfait bouclier du monde. Il y a une autre espèce de Dieux que la nature a refusé à nos regards, et que cependant, avec admiration, notre imagination nous représente, lorsqu'avec attention nous les considérons des yeux de l'esprit. En voici douze qu'Ennius a exprimés en deux vers latins,

Juno, Vesta, Minerva, Ceres, Diana, Venus, Mars,

Mercurius, Jovi, Neptunus, Vulcanus, Apollo.

Sans les autres de même nature, dont les noms sont depuis long-temps assez familiers à nos oreilles, et dont notre esprit conçoit les différens pouvoirs par les divers bien-faits, qu'on en reçoit ici-bas dans les choses que chaque divinité gouverne. Au reste, ce grand nombre de profanes que la philosophie rejette, qui n'ont nulle connoissance des choses saintes, que la raison n'éclaire point ; ces hommes, dis-je, sans religion, et incapables de parvenir à la connoissance de la vérité, déshonorent les Dieux par un culte scrupuleux, ou par un mépris insolent, la superstition causant la timidité des uns, et l'impiété, l'arrogance et la fierté des autres. Il y en a beaucoup qui révèrent tous ces Dieux qui sont dans le ciel, loin du commerce des hommes, mais ils les honorent par un culte illégitime ; tous les craignent, mais d'une crainte grossière et ignorante ; quelques-uns, en petit nombre, nient leur existence, mais avec la dernière impiété. Platon croit que ces Dieux sont des substances immatérielles, animées, sans commencement ni fin, qui ont existé de toute éternité, et qui existeront éternellement, distinguées de la matière par leur propre essence, jouissantes de la suprême félicité, due à leur nature intelligente, bonnes sans la communication d'aucun bien externe, mais par elles-mêmes, et qui ont facilement, simplement, librement et parfaitement tout ce qui leur convient. Le père de ces Dieux est le souverain Seigneur et Créateur de tous les êtres ; il est dégagé de la nécessité d'agir ou de rien souffrir, et n'est soumis à aucun soin. Mais, pourquoi voudrois-je en parler présentement, puisque Platon, qui étoit doué d'une éloquence divine, et dont les raisonnemens étoient dignes des Dieux immortels, assure très-souvent que l'immense et ineffable grandeur de cette divinité est tellement au-dessus de nos conceptions, que tous les discours humains n'ont point d'expressions qui puissent même en donner la moindre idée. Qu'à peine les sages peuvent parvenir à la connoissance de ce Dieu, lors même que leur ame détachée, pour ainsi dire, de leur corps, s'élève à la plus haute contemplation, et qu'enfin ils n'apperçoivent quelquefois quelques rayons de sa divinité, que comme on voit un éclair qui brille un instant au milieu d'une épaisse obscurité. Je passerai donc sous silence cet endroit où non-seulement je manque de termes pour exprimer dignement un si grand sujet, mais même où Platon, mon maître, en a manqué, et je n'en dirai pas davantage sur une matière qui est infiniment au-dessus de mes forces. Je descendrai du ciel sur la terre, où l'homme tient le premier rang entre les animaux, quoique la plupart des hommes corrompus, faute d'une bonne éducation, imbus de mille erreurs, et noircis de crimes affreux, aient presque entièrement étouffé la douceur de leur naturel, et soient devenus si féroces, qu'on peut dire que l'homme s'est rendu le plus méprisable de tous les animaux; mais il n'est pas question présentement de discourir des erreurs, il s'agit de la division de la nature. Les hommes sont sur la terre doués de raison et de l'usage de la parole ; ils ont une ame immortelle enveloppée d'une matière périssable : leur esprit est inquiet et léger, leur corps est terrestre et infirme, leurs mœurs sont différentes, leurs erreurs sont semblables, toujours entreprenans, espérans jusqu'au dernier soupir, travaillans vainement, sujets aux caprices de la fortune, et enfin tous soumis à la mort. Éternels cependant dans leur espèce, ils changent seulement en ce qu'ils se succèdent les uns aux autres en fort peu de temps. Ils n'acquièrent la prudence que bien tard, et trouvent bien-tôt la fin d'une vie qu'ils passent dans des misères continuelles. Vous avez donc deux espèces d'êtres animés, les Dieux qui diffèrent infiniment des hommes par l'élévation de leurs demeures célestes, par l'éternité de leur vie, et la perfection de leur nature, n'ayant nulle communication prochaine avec les hommes, puisqu'ils en sont séparés par un si grand espace ; outre que la vie dont ils jouissent ne souffre jamais la moindre altération, et est éternelle, qu'ici-bas celle des hommes s'écoule et trouve sa fin, et que les esprits des Dieux sont élevés à la félicité, et ceux des hommes abattus dans les calamités. Mais, quoi ? est-ce que la nature ne s'est point unie elle-même par quelque enchaînement ? a-t-elle voulu se diviser entre les Dieux et les hommes, et demeurer, pour ainsi dire, interrompue et imparfaite ; car, comme dit le même Platon, aucun Dieu ne converse avec les hommes, et c'est une des plus grandes preuves de leur dignité, de ce qu'ils ne se souillent point par aucun commerce avec nous. On en voit quelques-uns foiblement, j'entens les astres ; et les hommes sont encore incertains de leur grandeur et de leur couleur. Les autres ne se connoissent que par l'entendement et même avec beaucoup de peine ; ce qui, sans doute, n'est pas surprenant dans les Dieux immortels, puisque même parmi les hommes, celui qui, par les faveurs de la fortune, se trouve élevé sur le trône chancelant d'un empire, se laisse difficilement aborder, et passe sa vie sans témoins et caché dans le sanctuaire de sa grandeur ; car la familiarité fait naître le mépris, et la rareté excite l'admiration. Que faut-il donc faire, me dira quelque orateur ? Suivant votre opinion, qui a quelque chose de divin, à la vérité, mais en même-temps de fort cruel, s'il est vrai que les hommes soient absolument bannis du commerce des Dieux immortels ; si, relégués ici bas sur la terre, toute communication leur est interdite avec les habitans des cieux, et s'il est vrai qu'au lieu que le berger visite ses troupeaux, et l'écuyer ses haras, nul d'entre les Dieux ne vient visiter les hommes pour réprimer la férocité des méchans, rendre la santé aux malades, et secourir ceux qui sont dans la nécessité. Aucun Dieu, dites-vous, ne se mêle des choses humaines. A qui donc adresserai-je mes prières ? à qui ferai-je des vœux ? à qui immolerai-je des victimes ? qui invoquerai-je dans tout le cours de ma vie, comme le consolateur des malheureux, l'ami des bons et l'ennemi des méchans ? Enfin, qui prendrai-je à témoin de mes sermens ? dirai-je, comme Iülus, dans Virgile : Je jure par cette tête, par laquelle mon père faisoit ordinairement son serment[3] ! Mais Iülus, Enée, votre père, pouvoit bien jurer ainsi parmi les Troyens ses compatriotes, et peut-être même parmi les Grecs qu'il connoissoit par les batailles où il s'étoit trouvé contre eux ; cependant, si, entre les Rutulois qu'il n'y a pas long-temps que vous connoissez, il ne s'en trouve aucun qui ajoute foi au serment que vous faites sur cette tête, quel Dieu répondra pour vous ? Sera-ce votre bras et votre javelot, comme au féroce Mezence, qui ne juroit jamais que par ce qui lui servoit à combattre.

Ce dard et cette main sont mes uniques Dieux.

L. 10 de l'Enéide.

Loin ces Dieux si cruels ! une main lasse de meurtres, et un javelot rouillé par le sang, ni l'un ni l'autre ne sont pas dignes que vous les invoquiez, et que vous juriez par eux, puisque cet honneur n'est dû qu'au plus grand des Dieux, et même, comme dit Ennius, le jurement s'appelle le serment de Jupiter[4].

Que me conseillez-vous donc ? Jurerai-je tenant un caillou à la main qui représente Jupiter, suivant l'ancienne coutume des Romains ? Certainement, si l'opinion de Platon est véritable, que les Dieux n'ont aucun commerce avec les hommes, cette pierre m'entendra plus facilement que Jupiter ; mais cela n'est pas vrai, car Platon

vous répondra sur son opinion par ma bouche. Je ne prétens pas, dit-il, que les Dieux soient si éloignés et si différens de nous, que nos prières ne puissent parvenir jusqu'à eux ; car je ne leur ôte pas le soin, mais seulement l'administration des affaires d'ici-bas. Au reste, il y a de certaines puissances moyennes qui habitent cet intervalle aérien qui est entre le ciel et la terre, par le moyen desquelles nos vœux et nos bonnes actions passent jusques aux Dieux. Ces puissances que les Grecs nomment Démons, qui sont entre les habitans de la terre et des cieux, portent les prières et les supplications, et rapportent les secours et les bienfaits, comme des espèces d'interprètes et d'ambassadeurs entre les hommes et les Dieux ; c'est par leur ministère, comme dit Platon dans son Banquet, qu'arrivent toutes les révélations et les présages, de quelque nature qu'ils puissent être, aussi bien que les divers miracles que font les magiciens ; car chacun de ces démons ou esprits, prend soin des choses qui regardent l'emploi qui lui est assigné, soit en faisant naître des songes, en disposant les entrailles des victimes, en gouvernant le vol ou le chant des oiseaux, en inspirant les prophètes, en faisant briller les éclairs dans les nues, ou en lançant la foudre ; en un mot, en dirigeant tout ce qui sert à connoître l'avenir. Et l'on doit être persuadé que toutes ces choses s'exécutent par la puissance, la volonté et le commandement des Dieux, mais par la médiation et le ministère des Démons ; car c'est par leur entremise et leur soin qu'Annibal est menacé en songe de perdre la vue, que les entrailles des victimes annoncent à Flaminius la défaite de son armée, que les augures font connoître à Attius Navius qu'il peut faire le miracle de couper avec un rasoir une pierre à aiguiser. C'est par eux que certains signes prédisent à quelques-uns leur avénement à l'Empire, qu'un aigle vient couvrir la tête du vieux Tarquin, que celle de Servius Tullius paroît tout en feu : enfin toutes les prédictions des devins, les expiations des Etruriens, les lieux frappés de la foudre, les vers des Sybilles, et généralement toutes les choses de cette nature, sont, comme je l'ai dit, les ouvrages de certaines puissances qui tiennent le milieu entre les hommes et les Dieux. Car il ne convient point à la dignité des Dieux du ciel, qu'aucun d'entre eux représente des songes à Annibal, ôte des mains des prêtres la victime qu'immoloit Flaminius, conduise le vol des oiseaux que consultoit Attius Navius, mette en vers les oracles des Sybilles, découvre la tête de Tarquin, et la recouvre aussi-tôt, ou environne de flammes celle de Servius, sans la brûler ; les Dieux suprêmes ne daignent pas s'abaisser à ces occupations, c'est là l'emploi de ces Dieux mitoyens qui habitent tout cet espace aérien, qui est entre le ciel et la terre ; de la même manière que les animaux qui sont ici-bas habitent des lieux différens, suivant la différence de leur nature qui destine les uns à marcher sur la terre, et les autres à voler dans l'air. Car, puisqu'il y a quatre élémens que tout le monde connoît, qui divisent la nature, pour ainsi dire, en quatre grandes parties, et qu'il y a des animaux particuliers à la terre, et d'autres au feu, suivant Aristote qui assure que certains animaux ailés volent dans les fournaises ardentes, et passent toute leur vie dans le feu, naissent avec lui, et meurent lorsqu'il s'éteint ; puisque d'ailleurs, ainsi que je l'ai dit ci-devant, nous voyons tant d'astres différens au-dessus des airs, c'est-à-dire, dans le feu élémentaire. Pourquoi la nature laisseroit-elle ce quatrième élément de l'air qui est si vaste, vuide de toutes choses et sans habitans ? Pourquoi ne s'engendreroit-il pas aussi-bien des êtres animés dans l'air, que dans le feu, dans l'eau et dans la terre ? car vous pouvez assurer que ceux qui croient que les oiseaux sont les habitans de l'air, se trompent extrêmement, puisqu'aucun oiseau ne s'élève plus haut que l'Olympe, qui est de toutes les montagnes la plus. élevée, et qui cependant, selon les géomètres, n'a pas dix stades de hauteur perpendiculaire, et qu'il y a un si prodigieux, espace d'air jusqu'au ciel de la Lune où commence le feu élémentaire.

Quoi donc ! cette grande quantité d'air qui s'étend depuis la Lune jusqu'au sommet du mont Olympe, n'aura-t-il point ses êtres particuliers ? et cette partie de l'univers sera-t-elle impuissante et inanimée ? Car, si vous y prenez garde, les oiseaux sont plutôt des animaux terrestres qu'aériens, puisqu'ils passent leur vie sur la terre, qu'ils y prennent leur nourriture, qu'ils y reposent et qu'ils ne sont aériens que parce qu'en volant ils traversent l'air qui est voisin de la terre : Au reste, lorsque leurs aîles qui leur servent de rames sont fatiguées, la terre est pour eux comme un port où ils prennent du repos. Si la raison demande donc évidemment qu'on conçoive qu'il doit y avoir dans l'air des êtres animés qui lui soient particuliers, il ne nous reste plus qu'à examiner, de quelle espèce et de quelle nature ils sont. Ils ne sont point terrestres en aucune manière, parce que leur propre poids les ferait descendre en bas ; aussi ne sont-ils point ignées, crainte que par leur chaleur ils ne s'élevassent jusqu'à la sphère du feu élémentaire. Formons donc des êtres d'une nature mitoyenne et conforme à la nature du lieu qu'ils habitent : Il faut, pour cela, nous imaginer et représenter à notre esprit des corps constitués, de manière qu'ils ne soient pas si pesans que ceux qui sont terrestres, ni si légers que les célestes, mais qui soient en quelque façon différens des uns et des autres, ou bien qui tiennent de tous les deux, soit qu'ils n'aient rien de commun avec eux, soit qu'ils participent de la nature des uns et des autres, ce qui est, à la vérité, plus facile à concevoir ainsi que de l'autre manière. Il faut donc que les corps de ces démons aient en même-temps quelque pesanteur, qui les retiennent pour n'être pas élevés en haut, et quelque légèreté qui les soutienne pour ne pas tomber en bas. Mais afin que vous ne pensiez pas que j'imagine des choses incroyables à la manière des Poètes, je commencerai par vous donner un exemple de cet équilibre ; car les nuées sont à-peu-près semblables à la légèreté des corps de ces démons ; si elles n'avoient absolument aucune pesanteur, on ne les verroit jamais, comme nous les voyons fort souvent, abaissées au-dessous du sommet d'une haute montagne, l'entourer, comme une espèce de collier. Au reste, si leur densité et leur pesanteur étoit telle qu'elle ne fût tempérée par aucune légèreté qui les soutînt, il est certain que d'elles-mêmes elles tomberoient violemment contre terre, ainsi que pourroit faire une pierre ou une masse de plomb. Mais on les voit suspendues et mobiles dans cette mer aérienne, aller de côté et d'autre, suivant qu'elles sont poussées par les vents, changeant peu à-peu de figure, à mesure qu'elles s'approchent ou qu'elles s'éloignent ; car, si elles sont trop pleines d'eau, elles s'abaissent pour produire de la pluie. Ainsi, plus les nuages sont chargés d'humidité, plus on les voit noirs et épais s'approcher doucement de la terre, et moins ils en sont chargés, plus on les voit brillans et semblables à des pelotons de laine s'élever rapidement en haut. N'entendez-vous point ce que Lucrèce dit si élégamment sur le tonnerre :

Cet effroyable bruit qu'excite le tonnerre
N'est que l'effet commun des vapeurs de la terre.
Et qu'un amas confus de nuages ardens,
Qui se heurtent et s'échauffent agité par les vents.

Lucrèce. l. 6. Si les nuées qui proviennent de la terre et qui y retombent, volent dans les airs, que pensez-vous enfin des corps des Démons qui sont d'une matière infiniment plus subtile et moins condensée ? car il ne sont point composés de la matière noire et impure, dont les nuages sont formés, mais du plus clair, du plus fluide et du plus pur de l'élément de l'air ; ce qui fait qu'il n'est pas aisé à aucun homme de les voir, à moins qu'ils ne se rendent visibles par l'ordre des Dieux, parce que leurs corps n'ont aucune solidité terrestre qui occupe la place de la lumière qui puisse s'opposer à nos yeux, et où les rayons de notre vue venant à heurter s'arrêtent nécessairement. Mais ils sont d'une matière rare, brillante et subtile, de manière que ces mêmes rayons les pénètrent à cause de leur peu de densité, que leur éclat nous éblouit, et que nos regards ne peuvent avoir de prise sur eux à cause de la subtilité de la matière dont ils sont formés. C'est ainsi que la Minerve d'Homère descend, par l'ordre de Junon, au milieu des Grecs, pour modérer le courroux d'Achille.

Présente à ses regards, pour tout autre invisible.

C'est ainsi que dans Virgile, Juturne se trouve au milieu d'une nombreuse armée, pour secourir son frère.

Au milieu des soldats, nul ne la sauroit voir.

Par une raison différente de celle du soldat fanfaron de Plaute, qui se vante, qu'avec son bouclier il éblouissoit les yeux de ses ennemis. Mais, pour ne pas m'étendre davantage sur de pareils exemples, les poètes (en quoi ils ne s'éloignent pas de la vérité) feignent qu'il y a des Dieux du nombre de ces Démons qui ont de la haine pour de certains hommes et de l'amitié pour d'autres. Ils prétendent qu'ils donnent aux uns de l'élévation dans le monde, et les rendent heureux, qu'ils abaissent les autres, et les accablent de disgraces. Il s'ensuit de-là que ces Dieux sont susceptibles de pitié, de colère, de tristesse et de joie, qu'ils éprouvent les divers changemens de l'esprit humain, et qu'ils sont exposés à tous les orages de cette mer tumultueuse de pensées, où flottent notre cœur et notre esprit. Ces troubles et ces tempêtes sont bien opposés à la tranquillité des Dieux célestes ; car tous ces habitans des cieux ont toujours l'esprit dans le même état et dans une perpétuelle égalité. Il n'est jamais ébranlé de sa situation ordinaire, ni par la douleur, ni par le plaisir, et jamais son éternelle et permanente disposition n'est sujette à aucun changement subit, soit par l'impression de quelque puissance étrangère, parce que rien n'est plus puissant que Dieu, soit par son propre mouvement, parce que rien n'est plus parfait que Dieu. En effet, comment celui qui change d'un premier état à un autre meilleur, peut-il être estimé parfait, d'autant plus principalement qu'il n'y a personne qui, par son propre choix, prenne une nouvelle situation, à moins qu'il ne soit las et ennuyé de celle où il étoit auparavant ; car ce changement d'action ne peut point avoir son effet sans la destruction de ce qui le précédoit. C'est pourquoi Dieu ne doit faire aucune fonction temporelle, soit en donnant du secours, ou en marquant de l'affection : ainsi il ne doit ressentir ni la colère, ni la pitié ; il ne peut être agité ni par la tristesse, ni par la joie, mais libre et dégagé de toutes les passions de l'esprit, rien ne peut jamais l'affliger ni le réjouir, et il n'est point sujet à avoir aucun desir, ou aucune aversion subite pour quoi que ce puisse être. Mais toutes ces choses et les autres semblables conviennent à l'état mitoyen des Démons ; car ils tiennent le milieu entre les Dieux et nous, aussi-bien par la nature de leur substance, que par l'espace qu'ils habitent, étant immortels comme eux, et sujets aux passions comme nous. Ainsi toutes les affections qui ébranlent l'ame ou qui l'appaisent, leur sont communes avec les hommes. La colère les irrite ; la pitié les fléchit : on les gagne par des offrandes ; on les adoucit par les prières ; le mépris les révolte ; le respect les réconcilie, et les mêmes mouvemens qui causent nos altérations, produisent leurs inégalités. Enfin, pour les définir exactement, on peut dire que les Démons sont des êtres animés, dont l'esprit est raisonnable, l'ame passive, le corps aérien, et la durée éternelle. De ces cinq attributs, les trois premiers sont les mêmes que les nôtres ; le quatrième leur est propre, et le dernier leur est commun avec les Dieux ; mais ils diffèrent d'eux par les passions. C'est pourquoi je crois avoir eu raison de dire que leur ame est passive, puisqu'en effet elle souffre les mêmes agitations que la nôtre ; ce qui prouve combien les différens cultes et les diverses expiations qui se pratiquent dans la religion, sont raisonnables ; car, dans le nombre de cette espèce de Divinités différentes, à qui nous adressons nos vœux, nos victimes, nos offrandes ; les uns se plaisent aux cérémonies nocturnes, les autres à celles qui se pratiquent le jour ; ceux-là veulent un culte caché ; ceux-ci un culte public ; la joie convient aux uns, la tristesse aux autres. Ainsi les Egyptiens honorent les leurs par des gémissemens, les Grecs par des danses, et les Barbares par le son des instrumens. De même voyons-nous que toutes les autres choses qui ont rapport aux cérémonies religieuses, les assemblées, les mystères, les emplois des prêtres, les devoirs des sacrificateurs, mêmes les images des Dieux, les ornemens, le culte de leurs temples, le choix et la couleur des victimes : Toutes ces choses, dis-je, ont leurs différences, suivant la diversité des pays, et tirent leur solemnité de l'usage des lieux où elles sont pratiquées, comme on le peut voir à la colère, que ces Dieux font éclater dans les songes, dans les prédictions ou dans les oracles, lorsque, par mépris ou par négligence, nous avons omis quelque circonstance dans leurs cérémonies. J'en pourrois citer une infinité d'exemples, mais ils sont si connus et en si grand nombre, que tous ceux qui ont voulu les recueillir jusqu'à présent, en ont beaucoup plus omis qu'ils n'en ont dit. C'est pourquoi je ne m'amuserai point à rapporter ces sortes de choses, que personne n'ignore, quoique tout le monde n'y ajoute pas foi : j'aime mieux discourir des différentes espèces de Démons, dont les Philosophes font mention, parce que cette énumération nous conduira à une connoissance plus distincte du pressentiment de Socrate et de son Génie ou Démon familier ; car l'ame de l'homme, dans le temps même qu'elle est dans son corps, peut en un sens être appellée un Démon ou un Dieu.

[5]Cette ardeur, ces transports nous viennent-ils des Cieux,
Ou de nos passions nous faisons-nous des Dieux.

Ainsi donc une bonne inspiration est un bon Démon, et comme nous l'avons dit, les bienheureux sont appellés gens dont le Démon est bon, pour signifier que leur ame est douée de toutes sortes de vertus. C'est ce que j'appelle en notre langue Génie, sans pouvoir répondre pourtant que ce terme réussisse ; je l'appelle ainsi, parce que ce Génie, qui n'est autre chose que notre ame, quoiqu'il soit immortel, est en quelque façon [6] engendré avec nous ; de sorte que cette expression dont nous nous servons communément, je vous conjure par votre Génie et par vos genoux que j'embrasse, me paroît exprimer parfaitement le sentiment que nous avons du rapport et de l'union étroite de notre ame avec notre corps, dont l'assemblage nous fait ce que nous sommes. Nous appellons encore Démon dans une autre signification, cette même ame affranchie et délivrée des liens du corps, quand le cours de notre vie est achevé, c'est ce que les anciens Latins ont appellé Lemures. Or, entre ces derniers, ceux qui, prenant soin de leur postérité, s'attachent au gouvernement de nos familles, et y entretiennent la paix et la tranquillité, s'appellent Lares ou Dieux familiers. Ceux qui, au contraire, pour avoir mal vécu sur la terre, n'ont aucune demeure certaine, et condamnés à une vie errante et vagabonde, n'ont d'autre emploi que d'effrayer les bons, et de tourmenter les méchans : Ceux-là, dis-je, sont appellés Larves ou Phantômes. Mais, comme il est impossible de deviner la destinée de chacun d'eux en particulier, et de discerner les Lares d'avec les Larves ; on les honore les uns et les autres, sous le nom général de Dieux Manes, ce titre de Dieux étant ajouté par respect ; car, à proprement parler, nous ne devons reconnoître pour Dieux que ceux qui, s'étant gouvernés pendant leur vie, selon la prudence et l'équité, sont révérés comme tels parmi les hommes, et célébrés par des exemples et par des fêtes, comme Amphiaraüs, dans la Béotie, Mopsus, en Afrique, Osiris, en Egypte ; celui ci chez un peuple, celui là chez un autre, et Esculape chez toutes les Nations. Mais cette division regarde les ames qui ont autrefois habité des corps humains ; car il y a des Dieux d'une autre espèce, et pour le moins en aussi grand nombre, qui les surpassent de beaucoup en dignité, et qui ayant toujours été affranchis des entraves et des liens du corps mortel, ont une puissance plus étendue, entre lesquels le sommeil et l'amour ont deux facultés opposées, l'amour celle de réveiller, et le sommeil celle d'assoupir. Dans cette nombreuse troupe de Génies sublimes, Platon prétend que chaque homme a le sien, arbitre souverain de sa conduite, toujours invisible et assidu, témoin non-seulement de ses actions ; mais de ses plus secrètes pensées. Et, quand après la mort nous paroissons en jugement devant les Dieux, c'est ce même Génie, à la garde duquel l'homme fut constitué, qui s'en saisit pour le conduire devant son juge ; et là, présent aux discours que nous faisons pour notre défense, il nous reprend, lorsque nous avançons quelque mensonge, il jure pour nous, quand nous disons la vérité, et c'est sur son témoignage que notre sentence nous est prononcée. C'est pourquoi vous, à qui j'expose ces divins mystères de Platon, réglez sur ce principe toutes vos actions et toutes vos pensées, et songez qu'il ne se passe rien ni au-dedans ni au-dehors de votre ame, dont ce Génie tutélaire ne soit le témoin ; qu'il examine tout, qu'il voit tout, qu'il entend tout, et qu'il pénètre jusques dans les replis les plus cachés de votre cœur, comme votre conscience même. Ce Génie, dis-je, nous tient en sa garde ; ce gouverneur propre et particulier à chacun de nous, inspecteur domestique, observateur assidu et inséparable de toutes nos actions, ne fait nulle graces aux mauvaises, comme il ne fait point d'injustice aux bonnes. Appliquez-vous à le connoître, à le cultiver, et à le rendre propice, comme Socrate, par la justice et par l'innocence de vos mœurs, et alors il vous aidera de sa prévoyance dans les choses que vous ignorez, de ses conseils dans vos irrésolutions, de ses secours dans vos périls, et de son assistance dans vos adversités ; tantôt dans vos songes, tantôt par des signes visibles, quelquefois même en se manifestant à vous, quand il sera nécessaire ; il vous donnera les moyens de prévenir les maux, d'attirer les biens, de vous relever dans l'abaissement, de vous soutenir dans les occasions chancelantes, de voir clair dans les affaires obscures, de vous conduire dans la bonne fortune, et de vous rétablir dans la mauvaise. Il ne faut donc pas s'étonner que Socrate, cet homme admirable, à qui Apollon même donna le nom de Sage, ait connu son Génie, et qu'à force de le cultiver, il s'en soit fait non-seulement un gardien fidèle, mais, pour ainsi dire, un compagnon et un ami familier qui a détourné de lui tout ce qu'il en falloit éloigner, lui a fait deviner tout ce qu'il devoit prévoir, et l'a averti de tout ce qu'il devoit connoître ; en telle sorte que dans les choses où la sagesse humaine est en défaut, l'inspiration lui tenoit lieu de prudence, et décidoit en un moment ce que les plus mûres délibérations n'auroient pu décider. Car il y a bien des occasions où les plus sages sont souvent obligés d'avoir recours aux devins et aux oracles. Homère ne nous a-t-il pas fait voir, comme dans un grand miroir, les fonctions de la prudence et de la divination distinctement séparées ? Quand la division s'est mise entre Agamemnon et Achille, tous deux les premiers des Grecs, l'un par sa puissance, et l'autre par sa valeur, et qu'il est question de trouver un homme recommandable par son expérience et par la force de ses discours, qui puisse fléchir l'orgueil du fils d'Atrée, appaiser la férocité du fils de Pelée, et les retenir l'un et l'autre par son autorité, par son exemple et par son éloquence, quel est celui sur qui on jette les yeux ? On choisit le sage Nestor, vieillard vénérable par un long usage des choses de la vie, joint au talent de persuader, et qui, dans un corps affoibli par les années, renfermoit une prudence mâle et vigoureuse, soutenue de tous les charmes et de tous les avantages de la parole. De même, lorsque les affaires du parti deviennent douteuses et chancelantes, et qu'il s'agit d'envoyer, à la faveur de la nuit, deux hommes capables de pénétrer dans le camp des ennemis, et d'en examiner le fort ou le foible, ne choisit-on pas Ulisse et Diomède, afin d'appuyer la force par le conseil, le bras par l'industrie, la valeur par la bonne conduite ? Mais, d'un autre côté, quand les Grecs, découragés par les vents contraires qui assiègent leur flotte dans le port d'Aulide, sont sur le point de se séparer ; et qu'ils se trouvent réduits à chercher dans les entrailles des animaux la cause de toutes les difficultés qui s'opposent à leur navigation, et d'expliquer le signe redoutable de ces oiseaux dévorés par un dragon avec leur mère, alors ces deux grandes lumières de la Grèce, Nestor et Ulisse se taisent ; et le divin Calchas, interprète des Dieux examinant les victimes, l'autel et le nid de ces oiseaux dévorés, donne aux Grecs le moyen de poursuivre leur route, et leur prédit que la guerre doit durer dix ans.

La même chose se pratique chez les Troyens. Quand ils sont obligés d'avoir recours à la divination, ce sénat si sage dans ses délibérations, garde le silence, Hicétaon, Lampus, Clitius se taisent, et attendent, comme tous les autres, les augures odieux d'Hélenus, ou les prédictions de Cassandre, qui avaient le malheur de n'être jamais crues. De la même manière Socrate, quand le secours de la prudence ordinaire lui manquoit, se laissoit conduire à la vertu divinatrice de son Génie, lui obéissoit promptement et avec exactitude ; ce qui lui attiroit d'autant plus la bienveillance de ce Démon favorable. Et de ce que ce Démon ou Génie arrêtoit ordinairement Socrate dans quelques-unes de ces entreprises, et ne le poussoit jamais à aucune, il est fort facile d'en rendre la raison ; c'est que Socrate, le plus parfait des hommes, et le plus attentif à tous ses devoirs, n'avoit jamais besoin d'être excité, mais souvent d'être détourné de ses entreprises, lorsqu'elles l'exposoient à quelque péril imprévu, afin qu'il se tînt sur ses gardes, et qu'il les abandonnât pour les reprendre une autre fois plus sûrement, ou pour les conduire d'une autre manière. Dans ces rencontres, il disoit qu'une certaine voix divine se faisoit entendre à lui ; ce que Platon rapporte expressément, afin qu'on ne s'imagine pas que sa prévoyance ne fût que l'effet de l'observation qu'il auroit faite des paroles des hommes, qui auroient frappé par hasard ses oreilles ; car, s'étant un jour trouvé avec Phèdre dans un lieu hors de la ville et sans témoins, dans le temps qu'il étoit à l'ombre sous un arbre épais, il ouit une voix qui l'avertit de ne point traverser les eaux du fleuve Ilissus, avant qu'il eût appaisé la colère de l'Amour, en se rétractant de ce qu'il avoit avancé contre lui. Et d'ailleurs, s'il eût écouté les conseils des hommes et les présages ordinaires, il auroit été souvent déterminé à agir, comme il arrive à ceux qui, par excès de timidité, consultant moins leur propre pensée, que les conseils des Devins, vont de rue en rue, écoutant les uns et les autres, et pensent, pour ainsi dire, plutôt des oreilles que de l'esprit. Mais de quelque façon qu'on l'entende, il est certain que ceux qui consultent ces Devins, quelque confiance qu'ils aient en ce qu'ils écoutent, n'entendent pourtant que la voix d'un homme, au lieu que Socrate ne dit pas simplement qu'il entendoit une voix ; mais que c'étoit une certaine voix divine, ce qui dénote qu'il ne s'agissoit point d'une voix ordinaire, puisque, si cela étoit il ne diroit pas une certaine voix, mais seulement une voix, ou la voix de quelqu'un en particulier ; comme quand la courtisanne de Térence dit : [7]J'ai cru entendre présentement la voix de ce Capitaine. Car celui qui dit : j'ai oui une certaine voix, marque, ou qu'il ne sait d'où cette voix est partie, ou qu'il doute en quelque sorte de ce qu'il a oui, ou qu'enfin il y a eu en cela quelque chose de mystérieux et extraordinaire, comme dans celle qui se faisoit entendre à Socrate, et qui parvenoit à lui, disoit-il, d'une manière divine dans la nécessité de ses affaires. Et certainement je croirois que ce n'étoit pas simplement par la voix, mais encore par des signes visibles que son Génie se manifestoit à lui : car souvent ce n'est pas une voix qu'il dit avoir ouie, c'est un signe divin qui s'est offert à lui. Or, ce signe peut n'être autre chose, que l'image même du Génie qui n'étoit visible que pour Socrate, comme la Minerve d'Homère pour Achille. Je ne doute point que plusieurs de ceux qui m'écoutent n'aient quelque peine à me croire sur ma parole, et que la figure de ce Démon qui se faisoit souvent voir à Socrate, ne leur paroisse quelque chose de trop merveilleux. Mais Aristote qui, ce me semble, est d'une autorité suffisante, leur répondra pour moi, que les Pithagoriciens étoient étonnés toutes les fois qu'ils entendoient quelqu'un assurer qu'il n'avoit jamais vu de Génie. Or, si cette faculté peut être accordée à quelques-uns, pourquoi Socrate ne l'auroit-il pas eue plutôt qu'un autre, lui qui, par la grandeur de sa sagesse, égaloit en quelque sorte les Dieux ? Car rien n'approche tant de la Divinité qu'un mortel parfaitement bon, parfaitement sage, et qui par sa vertu, surpasse autant les autres hommes, qu'il est lui-même surpassé par les Dieux immortels. Pourquoi donc l'exemple et le souvenir de Socrate ne nous encourage-t-il pas à étudier une semblable philosophie, et à chercher la connoissance de semblables Dieux ? Je ne vois pas ce qui pourroit nous en détourner, et je suis étonné que tout le monde souhaitant de vivre heureux, et sachant que ce n'est qu'en cultivant son esprit qu'on peut parvenir à la félicité, il se trouve néanmoins si peu de personnes qui s'attachent à le cultiver. Celui qui veut voir plus clair qu'un autre, a soin de ses yeux, qui sont l'organe de sa vue ; pour se rendre léger à la course, il faut habituer ses pieds à courir ; pour devenir bon lutteur, il faut fortifier ses bras par l'usage de la lutte, et ainsi des autres parties du corps, selon le genre d'exercice auquel on veut s'adonner. Ces principes étant plus clairs que le jour, je ne saurois assez admirer le peu de soin qu'on prend de nourrir son ame par la raison ; car enfin l'art de bien vivre est également nécessaire à tous, à la différence des autres arts, comme vous diriez la peinture ou la musique, qu'un honnête homme peut négliger sans honte et sans déshonneur. Je ne joue pas si bien de la flûte qu'Isménias, mais ce n'est pas une honte pour moi de n'être pas flutteur ; je ne suis pas peintre comme Appelles, ni sculpteur comme Lysippe ; à la bonne heure, je ne suis pas obligé de faire des statues ni des tableaux. Vous pourrez, sans rougir, dire la même chose de tous les arts du monde. Mais voyons, diriez-vous de même ? moi ! je ne sais pas vivre en homme de bien comme Socrate, comme Platon, comme Pithagore ; mais je ne suis pas obligé de bien vivre. Je suis sûr que vous n'oseriez faire un aveu de cette nature. Mais il y a une chose plus admirable encore, c'est qu'en négligeant la philosophie, on ne veut pourtant point passer pour grossier, et que la plupart des hommes se montrent aussi sensibles à la honte d'ignorer, qu'à la peine d'apprendre : et pour preuve de cela, examinez les registres de leurs frais journaliers, vous y trouverez des dépenses outrées en superfluités, aucune dépense appliquée à eux directement, c'est-à-dire, à cultiver leur esprit, leur génie, leur ame qui est proprement le sanctuaire de la philosophie. Ils font bâtir des maisons de campagne magnifiques, meubles superbes, grand nombre de domestiques ; mais, parmi toutes ces grandeurs, au milieu de cette opulence, vous ne trouvez de misérable que le maître qui s'y mire, qui s'y promène et qui les cultive avec tant de soin, tandis qu'il est lui-même inculte, sot et ignorant. Ainsi vous trouverez ces édifices qui ont consumé le patrimoine de la plupart des hommes brillans, nobles, richement ornés, des châteaux qui le disputeroient à des villes, des maisons parées comme des temples, nombre d'esclaves vêtus comme des maîtres, meubles précieux, toutes choses dans l'abondance ; excepté celui qui les possède, qui, comme Tantale au milieu de ses richesses, pauvre, misérable et indigent, court après une eau trompeuse et fugitive, toujours affamé de la sagesse et de la félicité, sans laquelle il n'y a point de véritable vie : Et il ne voit pas qu'on regarde un homme comme un cheval qu'on marchande. Quand nous voulons acheter un cheval, nous ne regardons pas à son harnois, ni à son poitrail, ni aux ornemens dont sa têtière est embellie, on ne va pas examiner si ses bossettes sont relevées d'or, d'argent et de pierreries, si sa tête et son encolure sont enrichies d'ouvrages bien travaillés, si sa selle est d'une étoffe teinte en pourpre, ses sangles dorées et son mors bien ciselé. On met à part toutes ces dépouilles étrangères, on l'examine tout nud, son corps, sa vivacité, on veut que sa taille soit noble, qu'il ait de la vigueur pour courir, de la force pour porter son homme, et comme dit Virgile : [8]La tête fine, le ventre étroit, la croupe large, et le poitrail traversé de muscles qui rendent témoignage de sa force. On veut, outre cela, que les reins et l'épine du dos soient doubles ; car il ne suffit pas que le cheval soit léger, il faut que le cavalier soit à son aise. Ainsi, quand vous examinez un homme, ce ne sont point les choses étrangères qu'il faut considérer ; c'est l'homme même dénué de tout, comme notre Socrate ; car j'appèle étranger ce que nous tenons de nos pères ou de la fortune, et nulle de ces choses n'entre dans les louanges que je donne à Socrate. Il n'y entre ni rang, ni noblesse, ni suite d'aïeux illustres, ni amas de richesses que l'on puisse envier ; car tout cela, comme j'ai déjà dit, lui est étranger. Lorsque vous dites, fils de Prothanius, c'est Prothanius que vous louez, en faisant voir que son nom ne fait point de déshonneur à ses descendans. Vous pourrez de même parcourir tous les autres avantages. Cet homme est d'un sang illustre, direz vous : vous faites l'éloge de ses aïeux. Il est puissamment riche, ne vous fiez pas à la fortune : il est fort et vigoureux, une maladie peut l'affoiblir : il est léger à la course, la vieillesse l'appesantira ; il est tout-à-fait bel homme, donnez-vous patience, il cessera de l'être. Mais, dites-vous, il est parfaitement instruit dans toutes sortes da disciplines, et il a toute la sagesse et toute la conduite qu'un homme peut avoir. Ho, voilà qui est bien, vous faites son éloge présentement ; car ses qualités ne lui viennent point par voie de succession, elles ne dépendent point du hasard, elles ne lui sont point données à terme, elles ne périront point avec sa santé, et ne changeront point avec l'âge. Ce sont-là les dons que Socrate a possédés, et qui lui ont fait mépriser les autres. Que ne vous donnez-vous donc tout entier et sans différer à l'étude de la sagesse, si voulez que vos louanges vous soient propres, et que celui qui voudra les célébrer, puisse vous louer de la même manière qu'Accius loue Ulisse au commencement de sa tragédie dé Philoctete.

Héros plus renommé que ton propre pays,
Fameux par ton grand cœur, fameux par ta sagesse,
Redoutable fléau du parti de Pâris,
Et sévère vengeur des affronts de la Grèce,
Sage fils de Laërte, &c.

Vous voyez qu'il nomme son père le dernier, et que toutes les louanges qu'il lui donne sont à lui. Laërte, Anticlée, Acrise n'y ont aucune part ; et cet éloge, à proprement parler, appartient en propre à Ulisse. Homère n'a pas prétendu nous faire remarquer autre chose dans ce héros, lorsqu'il lui a donné pour compagne inséparable la Prudence, figurée, à la manière des poètes, sous le nom de Minerve. C'est avec cette heureuse compagne qu'il a affronté toutes sortes de dangers, et qu'il a surmonté toutes sortes d'adversités. Sous cette protection, il est entré dans l'antre du ciclope, et en est sorti ; il a vu les bœufs du soleil, et ne les a point profanés ; il est descendu aux enfers, et en est revenu. Sous la conduite de cette même sagesse, il a passé par devant Scilla et lui a échappé, il a fait le tour de Caribde sans y être englouti, il a mis le pied chez les Lotophages sans y rester, et a écouté les sirenes sans en approcher.

FIN.

Notes

1. Ce sont sept étoiles qui sont à la tête du taureau.

2. L'étoile qui est à la queue de la grande ourse.

3. L.9 de l'Enéide.

4. Jusjurandum quasi Jovis jurandum.

5. Nisus à Curialus, l. 9 de l'Enéide.

6. Genius à Genendo.

7. Dans l'Eunuque.

8. L. 3 des Géorgiques.